Das Blender-Buch

Carsten Wartmann beschäftigt sich seit Beginn der 80er Jahre intensiv mit Computern und deren Programmierung – anfangs mit einem VC-20 von Commodore – sowie speziell mit Computergrafik. Der Amiga ermöglichte ihm dann die Erzeugung erster Animationen. Während seines Studiums der Bioverfahrenstechnik war er an der Produktion der meisten Animationen der Berliner Firma »imago viva« beteiligt. Hier kam er auch mit dem 3D-Programm Blender in Kontakt, über das er bisher zahlreiche Vorträge hielt und Artikel in Fachzeitschriften veröffentlichte.

Nach den ersten zwei Auflagen des Blender-Buchs arbeitete Carsten Wartmann zwei Jahre als Autor für die Blender-Firma »Not a Number« in Amsterdam und veröffentlichte in dieser Position zwei Bücher und unzählige Artikel über Blender. Im Jahr 2002 wurde er einer der beiden Geschäftsführer der Berliner Firma »imago viva« und war dort verantwortlich für die Produktion von Echtzeitsimulationen mit Blender. Während dieser Zeit begann Carsten Wartmann auch, an der FH Koblenz Lehrveranstaltungen über Computergrafik zu halten – natürlich unter Verwendung von Blender als 3D-Programm. Inzwischen ist Blender immer noch das wichtigste Programm (neben Linux als OS, GIMP und Inkscape), das Carsten Wartmann zum Bestreiten seines Lebensunterhalts als freiberuflicher 3D Artist, Autor und Dozent benutzt.

Das Blender-Buch wurde in Vorauflagen ins Englische, Italienische und Indonesische übersetzt.

Papier
plus
PDF.

Zu diesem Buch – sowie zu vielen weiteren dpunkt.büchern – können Sie auch das entsprechende E-Book im PDF-Format herunterladen. Werden Sie dazu einfach Mitglied bei dpunkt.plus[+]:

www.dpunkt.de/plus

Carsten Wartmann

Das Blender-Buch

3D-Grafik und Animation mit Blender

5., aktualisierte und erweiterte Auflage

Carsten Wartmann
cw@blenderbuch.de

Lektorat: René Schönfeldt
Copy-Editing: Alexander Reischert, Redaktionsbüro Aluan, Köln
Satz: Petra Strauch, Bonn
Herstellung: Frank Heidt
Umschlaggestaltung: Helmut Kraus, www.exclam.de
Druck und Bindung: M.P. Media-Print Informationstechnologie GmbH,
33100 Paderborn

Bibliografische Information der Deutschen Nationalbibliothek
Die Deutsche Nationalbibliothek verzeichnet diese Publikation in der Deutschen
Nationalbibliografie; detaillierte bibliografische Daten sind im Internet über
http://dnb.d-nb.de abrufbar.

ISBN:
Buch 978-3-86490-051-8
PDF 978-3-86491-442-3
ePub 978-3-86491-443-0

5., aktualisierte Auflage 2014
Copyright © 2014 dpunkt.verlag GmbH
Wieblinger Weg 17
69123 Heidelberg

Vorwort

Anfang 1998 fand ich im Internet zum ersten Mal Hinweise auf ein freies 3D-Programm, das zuerst in einer Version für SGI-Rechner erschienen war und nun auch auf Linux portiert werden sollte. Die Webseiten der holländischen Firma NeoGeo sahen sehr vielversprechend aus und ich wartete einige Wochen gespannt auf die angekündigte Linux-Version.

Im April 1998 war es dann so weit: Ich lud mir die Datei mit dem »Linux« im Namen auf meinen Rechner.

Mein erster Eindruck: Das 800 KB große Archiv konnte doch nicht vollständig sein? – Doch, tatsächlich, ein komplettes 3D-Animationsprogramm! Der Einstieg war etwas kompliziert, war doch Blender von der Bedienung her recht eigen. Mittlerweile erscheinen mir aber andere 3D-Programme umständlich und schwerfällig.

Die allermeisten Informationen und auch das Handbuch zu Blender waren allerdings in Englisch verfasst. Daher entschied ich mich nach dem Verfassen einiger Artikel, ein Buch über Blender zu schreiben, das Ihnen hier in der nunmehr fünften, weitreichend aktualisierten Auflage vorliegt.

In den letzten Jahren hat sich sehr viel in Blender getan: Mit der Version 2.5 wurde Blender praktisch komplett umgekrempelt, ein neuer Unterbau sowie eine neue Oberfläche wurden entwickelt und es kamen sehr viele neue Funktionen hinzu. Blender machte dadurch noch einen Schritt in Richtung der kommerziellen Programme. Und Blender wird konstant weiterentwickelt, dem wird mit der 5. Auflage des Blender-Buchs Rechnung getragen. Und die Entwicklung bleibt nicht stehen – wir blicken also in eine aufregende Zukunft.

Mein Dank geht an Ton Roosendaal für dieses tolle Programm, meine Freunde, die mich beim Schreiben des Buchs unterstützt haben, und ein ganz besonderer Dank an meine Frau Andrea für die unermüdliche Korrektureinarbeitung und natürlich an meinen Lektor René Schönfeldt für die gute und produktive Zusammenarbeit.

Allen Lesern danke ich für die vielen Rückmeldungen, die mir halfen, das Buch weiter zu verbessern!

Carsten Wartmann
Berlin, Februar 2014

Geleitwort zur dritten Auflage 2007

This is – if my memory serves me correctly – already the fourth book about Blender written or edited by Carsten Wartmann. That means Carsten is not only the first known Blender book author but also a record author!

By the time I write this foreword I've not seen all of the book yet. So, as for you reader, I'll let myself be surprised what's in the whole book ... but be assured it will be well written, sometimes even funny, but always to the point and with insight how to communicate complex 3D issues to new users of Blender.

In 2002 Blender became open source, and this was truly the best thing ever happened to Blender. Now, almost five years later, we have proven that this software is not only one of the most popular 3D suites available – with millions of downloads per year – but also widely adopted by professionals to use for movie, video and game productions.

I hope that this book will be for you the beginning of a bright new future as 3D Blender artist!

Ton Roosendaal
Chairman Blender Foundation
Amsterdam Februar 2007

Geleitwort zur ersten Auflage 1999

It is now almost two years since Blender was released on the internet. Only in my wildest dreams I could have envisioned what would happen in this time!

Now Blender is used by thousands of professional users, students and all kind of 3D interested people. The Blender-community is very active on the internet, we have many Blender-sites and even more tutorials online.

Besides the internet activity, Blender gets attention from publishers around the world, first a japanese book was published, then an english book and now a german book, which you read at the moment. I've read what Carsten has written about Blender and I think his book definitely is an excellent introduction for new users to get into Blender.

I'm very proud to present you this guide to Blender and wish you »Viel Spaß beim Lesen des Buchs und bei der Beschäftigung mit Blender!«

Ton Roosendaal
Blender-Entwickler

Inhaltsverzeichnis

1 Einleitung

Mit der zunehmenden Verbreitung des Internets bis in unsere Wohn- und Arbeitsräume wächst bei vielen der Wunsch, dieses Medium um eine dritte Dimension zu erweitern. Forciert durch die moderne Medienelektronik und Kinofilme, die vor computergenerierten Effekten nur so strotzen und nun auch im Wohnzimmer als Stereo-(3D-)Bilder ankommen, möchten viele Menschen auch einmal solche Effekte produzieren oder zumindest verstehen, wie diese Effekte funktionieren. Mit Blender ist ein Programm erhältlich, das genau diesen Einstieg bietet, ohne dabei den fortgeschrittenen und professionellen Anwender einzuschränken.

Als eines der wenigen Programme berechnet Blender sowohl Bilder und Animationen, die man aus Kino- und Fernsehproduktionen kennt, als auch interaktive 3D-Grafik, wie sie in so gut wie allen modernen Spielen eingesetzt wird.

1.1 Die Geschichte von Blender

Blender ist ursprünglich eine Entwicklung des niederländischen Animationshauses »NeoGeo«. Als firmeninterne Animationssoftware wuchs Blender dort mit den Aufträgen und wurde stetig weiterentwickelt. Nahezu zeitgleich mit der Veröffentlichung einer freien Version von Blender im Internet (Mai 1998) zog sich »NeoGeo« aus dem Geschäft zurück. Dies war der Zeitpunkt, an dem sich Ton Roosendaal sowie Frank van Beek, »Väter« und Hauptprogrammierer von Blender, entschieden, die Firma »Not a Number« zu gründen, um Blender weiterzuentwickeln.

Blender 1.x

Damit wurde Blender zu einem Produkt – allerdings zu einem in der Geschäftswelt sehr ungewöhnlichen, denn die frei erhältliche Variante von Blender war keine stark eingeschränkte Demoversion, sondern voll funktional, und die Lizenz ließ die uneingeschränkte Verwendung auch für kommerzielle Produktionen zu. Die Verbreitung von Blender auf CD war aber ausdrücklich von einer Genehmigung abhängig. Neben dem Vertrieb des Blender-Handbuchs wurde ein Softwareschlüssel von »Not a Number« ver-

C-Key

trieben, der den freien Blender zum »Complete Blender« mit vielen weiteren Funktionen freischaltete (der sogenannte C-Key).

Abb. 1.1
Fast 15 Jahre Blender-Entwicklung
(V1.63 und 2.67b)

Blender 2.x »Game
Blender«

Mit der Weiterentwicklung von Blender gingen immer wieder Eigenschaften des »Complete Blender« in den freien Blender über, bis in Version 1.80 alle ehemaligen C-Key-Features freigeschaltet wurden.

Die Blender-Version 2.x wurde dann mit Funktionen erweitert, mit denen man komplette interaktive 3D-Welten oder -Spiele erstellen und auch in Blender abspielen konnte. Besonderer Schwerpunkt war hier die Erstellung von Spielen. Hiermit sollte ein Standard für 3D-Grafik im Internet geschaffen werden inklusive der entsprechenden geschäftlichen Möglichkeiten. Leider waren die Ziele sehr hoch gesteckt, die Konkurrenz groß, und das Geschäftsziel konnte nicht erreicht werden. Nach einem Neustart (April 2001) als Nachfolgefirma »NaN« mit stark reduzierter Belegschaft musste auch diese Idee aufgegeben werden. Blender drohte in der Versenkung zu verschwinden, sämtliche Rechte an Programm und Quellcode gingen an den Konkursverwalter.

»Freikaufen« des
Quellcodes

Um Blender zu retten, wurde als Initiative von Ton Roosendaal die »Blender Foundation« gegründet, die durch Verhandlungen mit dem Konkursverwalter erreichte, dass der komplette Quellcode für eine Einmalzahlung von 100.000 Euro »freigekauft« werden konnte. Am 18. Juli 2002 wurde die Spendenaktion in der Blender-Community gestartet und bereits am 7. September 2002 konnte verkündet werden, dass genügend Geld bereitstand. Und so wurde Blenders Quellcode schließlich am 13. Oktober 2002 unter der GNU General Public License [GNU] veröffentlicht.

Blender Conference

Seit der Veröffentlichung von Blender unter der GPL wird jedes Jahr die Blender Conference in Amsterdam veranstaltet, jeweils ein Wochenende, an dem Künstler und Entwickler ihre Arbeiten präsentieren können und heftig über die weitere Entwicklung von Blender diskutiert wird.

Elephants Dream

Heute hat die Entwicklung von Blender ein Tempo angenommen, das in der Softwarewelt seinesgleichen sucht. Einen großen Anteil an der aktuellen Entwicklung hatte sicherlich das von der Blender Foundation initiierte »Orange«-Projekt, das das erste »Open Movie« produzierte, also einen mit Open-Source-Software produzierten Film. Der Film selbst, wie auch alle seine Produktionsdateien, wurden parallel auf DVD und im Internet veröffentlicht und können gemäß der Open-Content-Lizenz frei genutzt werden. Finanziert wurde das Projekt wie alle folgenden Blender-Filme aus DVD-Vorverkäufen, Spenden und Sponsorings. »Elephants Dream« [ELE] stellte außerdem einige Rekorde auf, unter anderem als erste in Europa erschienene HD-DVD. Alle während des Projekts entwickelten Features von Blender gingen mit Version 2.42 in den Quellcode von Blender ein.

Elephants Dream

Nach dem großen Erfolg von »Elephants Dream« (als Film, aber auch als »Entwicklungshilfe« für Blender) folgten weitere Projekte. Mit dem »Project Peach« wurde ein ganz anderer Stil geplant: »Niedlich und flauschig« war das Ziel von Ton Roosendaal, und so kam es, wie es kommen musste: »Big Buck Bunny«, so der Filmtitel, bekam als Hauptdarsteller vier Nagetiere. Wieder erhielt Blender mit diesem Open Movie einen enormen Entwicklungsschub, besonders bei der Partikeldarstellung und der Renderpipeline. Durch den Film selbst erhielt Blender weltweite Anerkennung als 3D-Software.

Big Buck Bunny

Mit den Charakteren und Assets aus »Big Buck Bunny« entstand im folgenden »Apricot«-Projekt ein »Spiel zum Film«. Trotz andauernder Schwierigkeiten und dem Weggang der Entwickler, deren Game Engine an sich genutzt werden sollte, kam am Ende ein Spiel mit mehreren Leveln und einer guten grafischen Anmutung heraus. Hier profitierte hauptsächlich die Blender-Game Engine von den Entwicklungen.

Yo Frankie!

Im Mai 2009 wurde schließlich das Projekt »Durian« begonnen, das einige hochgesteckte Ziele verfolgte: Es sollte komplett mit der neuen (nicht einmal fertigen) Blender-Version 2.5x produziert werden – und das in 4K, also einer Auflösung von ca. 4000 Bildpunkten in der Horizontalen, was etwa dem Doppelten normaler Kinoprojektoren entspricht. Dabei wurde von Anfang an Wert auf auf eine wirkliche Story gelegt und so konnte das Projekt mit Fördermitteln der Niederländischen Filmförderung so weit verlängert werden, dass fast alle Ziele erreicht wurden und die Premiere von »Sintel« – so der offizielle Titel – pünktlich, wenn auch nur in 2K stattfinden konnte. Die 4K-Version wurde dann etwas später nachgeliefert.

Sintel

Das Besondere an der Produktion von Sintel war, dass gleichzeitig eine lange vorbereitete, fast komplette Umstellung im Blender-Sourcecode stattfand, die zu einem leichter zu erweiternden Kern und einer einfacher zu bedienenden grafischen Oberfläche führte.

Mit Projekt »Mango« wurde dann Ende 2011 ein neuer Open Movie »Tears of Steel« [TOS] begonnen. Ziel war es diesmal, einen Mix von Realaufnahmen und Computergrafik zu machen. Dies erforderte unter anderem einen Motion Tracker, mit dem Kamerabewegungen der realen Kameras aus den Aufnahmen extrahiert und dann auf die Blender-Kameras übertragen werden, um eine perfekte Integration zu erzielen. Aber auch die komplette Pipeline an Tools wurde für die Arbeit an visuellen Effekten und Color Grading verbessert. Gerendert wurde fast ausschließlich mit der neuen Renderengine »Cycles«.

Tears of Steel

Zukunft   Wenn Sie dieses Buch in den Händen halten, hat die Entwicklung von Blender nicht gestoppt, seit Mango wurden die Tools konsequent weiterentwickelt, die Stabilität von Blender nochmals erhöht und die Bedienbarkeit weiter verbessert. Auch für die weitere Zukunft können wir gespannt sein, was sich in Blender tun wird.

1.2 Wen spricht das Buch an?

Dieses Buch soll kein Handbuchersatz für Blender sein. Das »richtige« Handbuch zu Blender ist die Blender-eigene komplette Referenz, die im Moment allerdings nur online zu erhalten ist [WIKI]. Das vor Ihnen liegende Buch (oder das auf Ihrem Reader angezeigte eBook [EBOOK]) bietet stattdessen einen schnellen, praktisch orientierten und kompakten Einstieg in die Welt der 3D-Grafik und -Animation, ohne dass man dafür teure oder in ihrer Funktionsvielfalt eingeschränkte Programme benötigt.

Blender ist durch seine Flexibilität für nahezu alle Arten der Computergrafik geeignet und spricht zahlreiche unterschiedliche Zielgruppen an:

- Allgemein Computerinteressierte können mit Blender kostenlos in die Welt der 3D-Grafik und -Animation einsteigen.
- Studenten lernen die Grundlagen der 3D-Grafik mit einem Programm, das auch für den heimischen Rechner geeignet ist.
- Lehrer können jeden Schülerarbeitsplatz kostenlos mit dem Programm ausrüsten.
- Videoamateure erzeugen Animationen und Vorspanne für ihre Videofilme.
- Unabhängige Filmemacher, aber auch Studios benutzen Blender für die visuellen Effekte in Filmen.
- Webdesigner entwickeln 3D-Objekte für Internetseiten und WebGL sowie Logos und Schriftzüge.
- Computerspieler erschaffen neue Welten und Objekte für Spiele oder versuchen sich sogar an einem eigenen Spiel.
- Mutimediadesigner erzeugen Grafiken und Animationen für CD- und DVD-Projekte.
- Wissenschaftler visualisieren ihre Forschungsergebnisse und erstellen Lehrfilme.
- Ingenieure und Techniker zeigen mit Animationen die Funktion von technischen Geräten und Vorgängen.
- Architekten visualisieren ihre Entwürfe und machen sie virtuell begehbar.
- Programmierer möchten die Entwicklung von 3D-Programmen anhand des Blender-Quellcodes verstehen lernen und an der Entwicklung von Blender in einem multinationalen Team arbeiten.
- Anhänger und Verfechter des Open-Source-Gedankens helfen durch Fehlerberichte, Blender besser und noch stabiler zu machen.

1.3 Fähigkeiten von Blender

Während seiner bewegten Entwicklung wurde Blender schon von allen oben genannten Personengruppen erfolgreich benutzt, da Blender für jeden Anwendungszweck Funktionen zu bieten hat, die man bei anderen Programmen entweder teuer kaufen muss oder die gar nicht vorhanden sind. In den webbasierten Diskussionsforen [BA], [BP] von Blender finden sich zahlreiche Erfahrungsberichte, die teilweise auch zu neuen Funktionen in Blender führten.

Die wichtigsten Fähigkeiten von Blender sind in der folgenden Liste zusammengetragen. Hier werden viele Begriffe benutzt, die für einen Einsteiger eventuell noch völlig unbekannt sind. Wer sich allerdings schon einmal mit dem Funktionsumfang von 3D-Programmen beschäftigt hat, wird viele Begriffe wiedererkennen. Allen Einsteigern sei versichert, dass sie nach Lektüre des Buches viele der Begriffe kennen und diese Möglichkeiten kreativ anzuwenden wissen. Nicht zuletzt soll diese Liste neugierig machen.

Allgemein

- Modellierung mit Polygonnetzen (Meshes, BMesh), Subdivision-Surface-Meshes, Kurven (Bézier, NURBS), NURBS-Flächen, 3D-Texten, Metaballs
- Sculping von Meshes (Mesh Bildhauerei)
- Animation mit Keyframes, Pfaden (Pfadobjekt, Kurven), Morphing, Vertex Keys, IK-Systemen, Skelettsystemen, Lattices, skriptgesteuerten und physikbasierten Animationen
- Partikelsysteme zur Erzeugung von Feuer, Rauch, Explosionen, Fell, Pflanzen oder Fischschwärmen
- Fluid-, Rauch-, Feuer- und Kleidungssimulation
- Komplette Echtzeitgrafik-Umgebung (»Game Engine«)
- Skriptsprache (Python) zur Erweiterung der Funktionalität, zum Modellieren und zur Animation, inklusive integriertem Texteditor
- Schnittsystem für die Nachbearbeitung von Animationen
- Composer für die Aufbereitung von Animationen und Realfilm, Keying und Color Correction
- Feature und Object Tracking, Masking für die Integration von Computergrafik in Realfilm
- Kompaktes Dateiformat (*.blend), volle Kompatibilität zwischen den verschiedenen Rechnern und auch den Blender-Versionen
- Umfangreiche Import- und Exportmöglichkeiten zu anderen 3D-Formaten
- Schneller Renderer inklusive Raytracing, Ambient Occlusion und Indirect Light (Blender Intern)
- Cycles Renderer für fotorealistische, physikbasierte Berechnungen
- Vielfältige Bild- und Animationsformate: Targa, JPEG, PNG, AVI, H.264, MPEG-4, HDR-Formate

Die Oberfläche

▦ Freie Aufteilung der Fenster/Arbeitsfläche

▦ 3D-Fenster: Wireframe, Solid, OpenGL, OpenGL texturiert, gerendert

▦ Skalierbare Button Windows (Fenster mit Schaltflächen), anpassbar an die Bildschirmauflösung

▦ Layer, mehrere Arbeitsflächen, mehrere Szenen pro Datei

▦ GUI in Python programmiert und leicht anpassbar

Berechnung

▦ vier leistungsfähige Renderengines für jeden Zweck, weitere per Add-on nutzbar

▦ Oversampling gegen Aliasing (harte Kanten)

▦ Auflösungen bis 10.000 x 10.000 Pixel

▦ Special Effects wie Partikel, Feuer, Rauch, Flüssigkeiten, Objektkollisionen

▦ Schnelle Schattenberechnung durch Shadow Buffer, weiche Schatten oder Raytracing-Schatten

▦ Selektive Beleuchtung über das Layer-System

▦ Motion Blur (Bewegungsunschärfe) für Animationen

▦ Farbmanagement für einen linearen Arbeitsablauf

▦ Panorama Rendering zur Erstellung von navigierbaren Panoramen für Spiele und Multimedia-CDs

Geringe Größe des Downloads

Diese gesamte Funktionalität steckt in etwa 40 bis 80 Megabyte Archiv, das entpackte Programm benötigt etwa 200 MB auf der Festplatte. Solange eine 3D-Grafikkarte vorhanden ist, lässt sich Blender auch auf langsameren Rechnern gut einsetzen.

Szenen-DNA

Szenen werden dank eines ausgeklügelten Speicherformats (ähnlich der Erbsubstanz DNA) sehr schnell gespeichert und geladen. Im Gegensatz zu den meisten anderen Programmen sind die Dateien von Blender groß teils auf- und abwärtskompatibel, d.h., eine ältere Blender-Version kann noch Dateien öffnen, die mit dem neuesten Blender erzeugt wurden. Eine Ausnahme sind z.B. die Animationsdaten, die mit Blender >2.5x erzeugt wurden und in Blender-Versionen <2.5x geöffnet werden. Einen weiteren Bruch gab es leider durch die Einführung des neuen Mesh-Systems »BMesh«. Diese Kompatibilität ist insbesondere für die zukünftige und stetig fortschreitende Entwicklung von Blender wichtig. Es wird nie einen Blender geben, der die alten(!) Dateien nicht mehr lesen kann, wie es bei vielen anderen Programmen üblich ist. Zudem wird jemand, der mit einer älteren Version arbeitet, immer auch die Dateien, die mit der neuen Version erzeugt wurden, lesen können (mit Einschränkungen, s.o.) und nicht gezwungen, eine neue Version zu installieren.

Alle Informationen, die eine Szene betreffen, können (müssen aber nicht) in einer einzelnen Datei gespeichert werden, z.B. auch die gesamten persönlichen Einstellungen des Animators. Trotzdem bleibt über ein ausgeklügeltes System jedes Objekt der Szene für andere Szenen erreichbar und kann in diese hinzugeladen oder nur verbunden werden, was eine Teamarbeit von mehreren Animatoren sehr erleichtert.

Eine herausragende Eigenschaft von Blender ist die Verfügbarkeit auf nahezu allen modernen Hardwareplattformen unter allen Betriebssystemen. Blender ist damit eines der wenigen wirklichen Multiplattformprogramme. Hierdurch können Firmen und Institutionen (Universitäten!) auch bei stark heterogener Rechnerhardware ein Programm erhalten, um z. B. mit dem Aufbau von Renderfarmen ihre Hardware optimal zu nutzen.

Meiner Meinung nach ist Blender ein absolut professionell zu verwendendes Animationsprogramm mit einem (als Open Source naturgemäß) unschlagbar günstigen Preis. Das konnte schon bei etlichen Projekten unter Beweis gestellt werden.

Blender im Vergleich

1.4 Ziel dieses Buches

Dieses Buch möchte und kann auch nicht die englische Online-Referenz [WIKI] von Blender ersetzen. Das Dokumentationsmaterial, DVDs und andere Artikel um Blender werden direkt von der Blender Foundation vertrieben und die Verkaufserlöse sind ein wesentlicher Faktor, um auch weiterhin den weltweit operierenden Entwicklern eine gute Basis (Gehälter, Server, Foren, Mailinglisten) zur Verfügung zu stellen und auf wichtigen Messen und in den Medien präsent zu sein. Hiermit möchte ich Sie auch ermutigen, bei neuen Open-Movie-Projekten eine DVD zu kaufen, um Blenders Entwicklung direkt anzuschieben oder aber direkt zu spenden [BFFUND].

http://www.blender. org/education-help/

Das Ziel dieses Buchs ist es, den Benutzer von Blender anhand von Beispielen zum Experimentieren und Benutzen von Blender zu animieren und dabei nicht nur die Oberfläche anzukratzen, sondern ihm auch zu einem tieferen Einblick in die 3D-Grafik zu verhelfen. Es ist durch die riesige Funktionsvielfalt von Blender allerdings ein unmögliches Unterfangen, alle Möglichkeiten von Blender anhand von praktischen Beispielen zu erklären. Im Handbuch dagegen sind alle Knöpfe und Parameter kurz erklärt ohne viele Beispiele zu deren Benutzung, es bietet sich daher als Referenz zu Blender an. Im Moment ist das Handbuch nur im Internet einzusehen.

Lernen mit Beispielen

1.5 Sprachliche Konventionen

In der Computergrafik kommen und kamen viele wichtige Impulse und Entwicklungen aus Ländern, in denen Englisch gesprochen wird. Insbesondere die USA mit ihren großen Filmfabriken bringt immer wieder erstaunliche Effekte hervor. Zusammen mit der Leitmesse für Computergrafik, der

Blender spricht Englisch.

SIGGRAPH Messe [SIGGRAPH] in den USA, hat sich so Englisch als Standardsprache der Computergrafik etabliert.

So taten auch die ursprünglichen Entwickler von Blender gut daran, Blender nicht auf Niederländisch zu lokalisieren, obwohl dies für die Verwendung als Inhouse-Software sicher gerechtfertigt gewesen wäre.

Inzwischen ist Blender durch die Arbeit der weltweiten Entwicklergemeinde fast in jede Sprache mehr oder weniger gut übersetzt. Ich persönlich halte aber nichts von der gewaltsamen Übersetzung aller Fachausdrücke, und was nach einer Übersetzung der Oberflächenelemente übrig bleibt, ist oft ein schlimmes »Denglisch«. Hinzu kommt, dass wenn man einmal die wichtigsten Fachbegriffe erlernt hat, auch ohne große Englischkenntnisse den Diskussionen in der internationalen Community folgen kann. Ich hoffe, die Verwendung der englisch-internationalen Version in diesem Buch trägt dazu bei, dass die gesamte Blender-Gemeinde eine Sprache spricht, und verhindert so eine Nationalisierung, wie sie die Benutzer manch kommerzieller Software spaltet.

Auszeichnung der Tastendrücke

In reinen Text-Tutorien werden Tasten oft als AKEY, BKEY etc. ausgezeichnet. In diesem Buch verwende ich stattdessen einen speziellen Font (Linux Biolinum Keyboard, [LIBERTINE]), um die Tasten grafisch darzustellen. Diese Darstellung hebt sich gut im Fließtext ab, und mit Kenntnis der Tastaturkürzel kann man schnell die wichtigen Stellen im Text ausmachen und nachvollziehen. Einzelne Tasten erscheinen als Ⓐ, dann Ⓑ und Ⓒ bzw. zusammengerückt als Ⓢ Ⓧ ⓪ ⏎, wenn sie direkt hintereinander gedrückt werden sollen. Tastenkombinationen, bei denen eine Taste gehalten werden muss, während die zweite gedrückt wird, werden als Strg-Ⓐ notiert. Die Cursortasten als ← → ↑ ↓, die Leertaste als Leerz. Der wichtige Ziffernblock wird mit Pad 0 bis Pad 9 und Pad+, Pad÷ etc. dargestellt.

Normale Tasten müssen nicht gedrückt gehalten werden, sondern es reicht ein kurzer Druck, um die Funktion zu starten und auszuführen. So ruft z.B. Ⓖ das Verschieben eines Objekts auf und man kann dann – während das Objekt mit der Maus bewegt wird – schon die nächste Taste anvisieren oder eine zweite Taste drücken, die die aktuelle Aktion noch verändert.

Auszeichnung der Programmtexte

Für die Texte aus der Oberfläche und den Menüs habe ich eine Schriftart gewählt, die der Bildschirmdarstellung ähnlich ist, wie z.B. die Beschriftung eines Knopfes als End: 250 oder ein Menüeintrag als View→Save As...

Parent-Icon als Beispiel

Obwohl sich Blender zweihändig mit Maus und Tastatur am besten und schnellsten bedienen lässt, sind natürlich aufgrund des begrenzten Tastenvorrats nicht alle Funktionen per Tastatur zugänglich. So macht Blender dann auch ausgiebig Gebrauch von Icons, also kleinen bildhaften Beschreibungen und beschrifteten Knöpfen. Um den Lesefluss nicht zu sehr zu hemmen, wird im Text soweit möglich der Name der Funktion genannt (der sich dann auch im Such-Menü (Leerz.) finden lässt) und in der Randspalte das entsprechende Icon abgebildet.

Die Maustasten habe ich entweder direkt im Textfluss als linke, mittlere oder rechte Maustaste beschrieben oder mit ihren Icons 🖱, 🖱 und 🖱 ausgezeichnet.

Die Maustasten

1.6 Buchbegleitende Dateien

Begleitend zu den Übungen und Anleitungen habe ich auf meiner Homepage `http://blenderbuch.de/daten/Dateien.php` die Dateien zu den einzelnen Schritten der Übung abgelegt und fortlaufend nummeriert. Diese Dateien verwenden Sie als Startpunkt für Ihre eigenen Experimente oder als Begleitung zu den Übungen, falls Ihre Zeit nicht ausreicht, sie komplett durchzuarbeiten, oder falls Ihnen ein Schritt in der Anleitung nicht klar ist. Auch wenn ich nicht explizit auf eine Datei verweise, finden Sie sicherlich noch einige weitere interessante Dateien. Einen Hinweis auf eine ladbare Datei gibt das Datei-Icon in der Randspalte. Hier finden Sie auch einen Link zu einer großen Zip-Datei die alle Dateien und die Extras gesammelt enthält.

Als weiteres Extra gibt es auch Videos der einzelnen Übungen auf meinem YouTube Kanal »DasBlenderBuch« [YT]. Diese Videos können Sie als schnellen Überblick oder als Hilfe wenn beim Lesen etwas unklar bleibt benutzen.

Videos zum Buch

1.7 Kontakt und Support

Gerne beantworte ich Ihnen Fragen zum Buch oder zu Problemen mit Übungen aus dem Buch, auch Kritik und Lob dürfen Sie mir gerne per E-Mail an `cw@blenderbuch.de` senden. Fehlerbereinigungen (Erratas) oder Anpassungen an neue Blender-Versionen poste ich auf meiner Google+-Blender Buch-Seite [GPLUS]. Hier werde ich auch buchbegleitende Videos sammeln.

Suchen Sie professionelle Hilfe bei Ihren Projekten oder einen Blender-Lehrer, dann schauen Sie sich doch einmal mein Profil beim Blender Network [NETWORK] (englisch) oder auf meiner Homepage [TRAINING] (deutsch) an.

1.8 Überlebenstipps für Umsteiger von Blender 2.4x

In diesem Abschnitt werde ich noch einige Tipps geben, die es Nutzern älterer Blender-Versionen (<2.5x) leichter machen, auf aktuelle Blender-Versionen umzusteigen. Darüber hinaus gebe ich auch Umsteigern von anderen 3D-Paketen ein paar Hilfen mit auf den Weg.

Von älteren Blender-Versionen und anderen 3D-Paketen zu Blender

1.8.1 Umsteiger von anderen 3D-Programmen

Die folgenden Hinweise gelten für Umsteiger von anderen 3D-Modellie-rungsprogrammen.

- Verabschieden Sie sich von den System-File-Dialogen, lernen Sie die File Windows von Blender nutzen und schätzen.
- Blender benutzt ein Koordinatensystem, bei dem die x-y-Ebene (Papier-ebene) auf dem Tisch liegt und die z-Achse nach oben in den Raum zeigt.
- Gespiegelt wird in Blender **entlang** einer Achse und nicht – wie bei uns im Matheunterricht gelernt – **an** einer Achse.
- Es gibt jetzt ein Quad View (View → Toggle Quad View ⌨Strg-⌨Alt-⌨-⌨Q).
- Für Umsteiger gibt es Presets (auch aus dem Splash Screen heraus wählbar), die grundlegende Bedienungen von anderen Programmen nachstellen.
- Tastenbefehle können angepasst werden. Hierbei (wie auch beim vor-herigen Punkt) ist aber zu beachten, dass man sich damit etwas von der Community entfernt und es nicht mehr so einfach ist, Tutorials und Übungen zu folgen.

1.8.2 Umsteiger von Blender-Versionen vor 2.5

Grenzen der Entwicklung

Blender stieß mit den Versionen der 2.4x-Reihe irgendwann an die Grenzen seiner Erweiterbarkeit: Sowohl das Layout als auch der technische Unter-bau waren nicht mehr sinnvoll zu erweitern, obwohl immer mehr fort-schrittliche Funktionen genau dies erfordert hätten. Daher wurde dieser Unterbau für die Blender-Version 2.5x komplett neu programmiert und in 2.6 weitergeführt. Augenscheinlich resultiert dies in einer neuen Oberflä-che, intern in einem komplett neuen Event-System (Ereignisse wie Tasten-drücke, Mausbewegungen etc.) und einer neuen Datenstruktur namens RNA (in Anlehnung an die DNA-Methode, mit der Blender seine Dateien speichert und verwaltet), die einen direkten Zugriff auf alle Interna Blen-ders für Anwender und neue Funktionen bietet. Die Oberfläche wird nun durch Python-Skripte gezeichnet, was eine schnelle und einfache Anpas-sung möglich macht und auch dynamische Prozesse in der Oberfläche erlaubt. Durch das neue Event-System werden in naher Zukunft z.B. auch Makro-Aufzeichnung und eine komplette History der ausgeführten Befehle möglich.

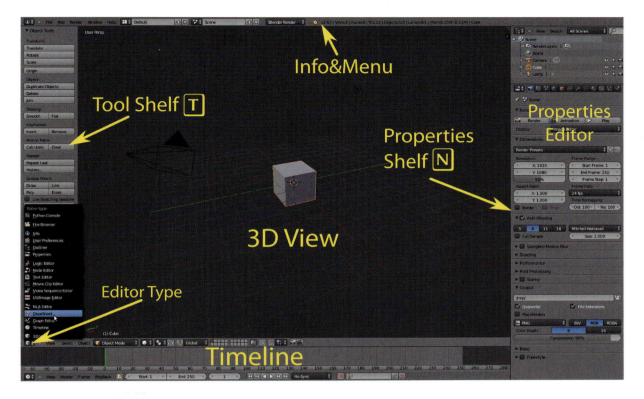

Die Oberfläche hat sich gegenüber Blender 2.49 deutlich geändert. Die 3D Views sind praktisch als einzige noch nahezu unverändert. Andere Bereiche wie der Node Editor oder der UV Image Editor wurden im Rahmen von Verbesserungen leicht geändert, sind aber noch wiederzuerkennen.

Abb. 1.2
Die neue Oberfläche

Die Oberfläche ist jetzt viel stärker vertikal orientiert und so auch für die aktuellen Breitbildmonitore optimiert. Die alten Buttons Windows waren zwar etwas übersichtlicher, aber eine Erweiterung war dort kaum noch möglich, ohne schließlich doch scrollen zu müssen. Die einzelnen Panels im Properties Editor lassen sich natürlich auch jetzt noch minimieren. Neu ist allerdings, dass man die Hauptfunktion jetzt auch bei minimiertem Panel aus- oder anschalten kann.

Vertikale GUI

Das Tool Shelf bietet je nach Objekt und Aufgabe die passenden Tools an, ohne dass man in verschiedenen Buttons Windows suchen muss. Weiterhin ist es hier möglich, Parameter für die gerade aufgerufene Funktion zu ändern.

Tool Shelf

Dadurch dass es jetzt keine schwebenden Fenster (Floating Panels) mehr gibt, mussten Bereiche wie die Transform Properties oder Background Images in die nun allgemeinen Properties weichen (weiterhin über das Tastenkürzel N erreichbar).

Die Toolbox ist Geschichte (s.u.): Auf der prominenten Leertaste liegt jetzt das Such-Menü. Wenn Sie einen Befehl suchen, lohnt es sehr, hier ein

Such-Menü

paar Buchstaben des Befehlsnamens einzugeben, um die passende Funktion zu finden und so auch die Tastenkombination angezeigt zu bekommen.

Fensterln für Fortgeschrittene: Window Manager

Fenster lassen sich in der Größe ändern, indem man mit der Maus über die Fensterkante fährt, bis der Mauscursor zu einem Doppelpfeil wird, und dann per Click & Drag mit der linken Maus die Fenstergrenze verändert.

Teilen   Fenster oder Areas der Editoren (z.B. 3D View) werden aufgeteilt, indem man per linker Maus eine der Ecken im Fenster anklickt, hält und in das Fenster zieht, das aufgeteilt werden soll.

Zusammenfügen   Bereiche zusammenfügen geschieht, indem per Click & Drag eine der Ecken aus dem zu erhaltenden Fenster in das zu schließende Fenster gezogen wird. Alternativ können Fenster auch durch das Area-Options-Menü geteilt und zusammengefügt werden. Dieses Menü erscheint, wenn man 🖱 über einer Fensterkante (Mauscursor ist ein Doppelpfeil) drückt.

Header   Der Header eines Fensters kann durch einen Rechtsklick darauf und Auswahl von Flip to Bottom bzw. Flip to Top zwischen oben und unten im Fenster umgeschaltet werden.

Fenstertausch   Durch Strg-Click & Drag von einer Fensterecke in ein anderes Fenster können die Fenstertypen getauscht werden.

Neue Fenster   Blenders Oberfläche kann nun auch in separate Fenster aufgeteilt werden, wobei in jedem neuen Fenster die Oberfläche frei gestaltet werden kann – ideal für Multimonitor-Setups. Um ein Fenster von der Oberfläche abtrennen und frei bewegen zu können, halten Sie die ⇧-Taste, klicken auf die Fensterecke und ziehen diese in das abzutrennende Fenster hinein. Dies ist vielleicht nicht die intuitivste Methode, aber sehr effektiv und ohne große Mausbewegungen möglich. Wenn Sie das neue Fenster nicht mehr benötigen, schließen Sie es einfach.

Weiterhin gibt es in Blender jetzt eine echte Vierseitenansicht (Strg-Alt-Q oder im View-Menü), die im Gegensatz zum oben beschriebenen Aufteilen eines Fensters die Eigenschaften von z.B. 3D Cursor und Shading-Typ miteinander teilt und somit wie in anderen Programmen arbeitet.

Wo zum Teufel ist dieser Button hin?

Besonders Umsteiger oder Einsteiger, die noch mit Tutorials von Version 2.4x arbeiten, werden oft ausrufen: »Wo zum Teufel ist dieser Button hin?« Hier ein paar Tipps, wie man sich schneller zurechtfindet.

- Wo ist die Toolbox (Leerz.)?
  Die Toolbox existiert nicht mehr. Objekte erzeugt man jetzt (wie auch schon früher) mit ⇧-A. Die anderen Funktionen der Toolbox sind entweder im Tool Shelf (T), in den entsprechenden Tabs oder über die Suchfunktion (Leerz.) zu finden. Alternativ gibt es ein Add-on »Dynamic Spacebar Menu«, das die Funktionen der alten Toolbox simuliert.

- User Preferences
  Die User Preferences verstecken sich nun nicht mehr hinter dem Info Window bzw. dessen Header-Leiste, sondern haben einen eigenen Editor bekommen, den Sie auch über File → User Preferences (Strg-Alt-U) aufrufen können. Gespeichert werden die Voreinstellungen wie gehabt per Strg-U oder über den Button Save As Default aus dem Preference-Fenster heraus.

- Set Smooth/Solid?
  Da es keine Editing Buttons mehr gibt, sind diese und ähnliche Funktionen jetzt im Tool Shelf (T) oder per Suchfunktion zu finden (Shade Smooth/Flat).

- Spin/Screw/Flip Normals/Remove Doubles
  Wie früher auch finden sich diese Funktionen bei aktiviertem Edit Mode im Specials-Menü (W) oder auch in der Tool Shelf (T).

- Background Images
  Background Images werden jetzt im Properties Shelf (N) vergeben und nicht mehr im View-Menü. Alternativ können nun auch Empties Bilder zeigen.

- Logic Buttons
  Die Logic Buttons sind nicht (wie z.B. die Material Buttons) in die Properties Tabs gewandert, sondern haben jetzt einen eigenen Window Type, den Logic Editor, aufzurufen über den Editor Type unten links in jedem Fenster oder ⇧-F2.

- Game-Engine-Physik
  Die Einstellungen zur Game-Engine-/Echtzeit-Physik sind in das Physics-Panel gewandert, dort allerdings nur zu sehen, wenn als Render Engine Blender Game angewählt ist.Das Weiterschalten um zehn Bilder in einer Animation ist jetzt ⇧-↑, ↑ alleine schaltet jetzt zum nächsten Keyframe des aktiven Objekts.

▫ Ipo-Kurven

Ipo-Kurven nennen sich jetzt F-Curves und werden im Graph Editor bearbeitet. Da das gesamte Animationssystem praktisch neu programmiert wurde, ist der Graph Editor für Umsteiger etwas gewöhnungsbedürftig. Animationen werden jetzt viel stärker im Dope Sheet und als Actions bearbeitet und dann im NLA-Editor verwendet.

▫ Circle Select

Circle Select wird jetzt durch C und nicht mehr B B aufgerufen.

2 Grundlagen der 3D-Grafik

Dieses Kapitel soll, ohne mathematische Kenntnisse vorauszusetzen, ein grundlegendes Verständnis der 3D-Grafik vermitteln. Denn ein wenig Grundlagenwissen ist erforderlich, um die hinter den Kulissen des Programms ablaufenden Prozesse und somit auch die Beschränkungen und Stärken der einzelnen Techniken zu verstehen. Nicht zuletzt erleichtert dieses Verständnis auch die Einarbeitung in andere 3D-Programme und verhilft zu besseren Animationen. Ungeduldige Naturen können mit dem Schnelleinstieg in Kapitel 3 beginnen, in dem Schritt für Schritt eine (sehr einfache) Animation mit Blender erstellt wird.

Ein kurzer Blick hinter die Kulissen

Vertiefend können Sie die Artikel benutzen, die begleitend zur SIGGRAPH [SIGGRAPH], der bedeutenden Computergrafikmesse in Los Angeles, erscheinen. Hier ist ein gewaltiger Fundus von (englischsprachigen) Grundlagenartikeln über die Computergrafik vorhanden, der immer sehr aktuell und nahe an der laufenden Entwicklung ist. Für die mathematischen Grundlagen der Computeranimation ist online auch das Werk von Rick Parent [PARENT] zu empfehlen.

Literatur zur 3D-Grafik

Neben diesen sehr grundlegenden Artikeln gibt es eine Vielzahl von Büchern über einzelne Aspekte der Computergrafik und die sehr empfehlenswerte Möglichkeit, sich über Internetforen [BA], [BP] mit anderen Benutzern auszutauschen.

2.1 Farben

Weißes Licht, das z. B. von der Sonne oder einer Glühbirne ausgestrahlt wird, setzt sich aus einem Spektrum von verschiedenen Wellenlängen zusammen.

Das menschliche Auge reagiert auf Wellenlängen von ca. 400 bis 700 Nanometern (nm), dies entspricht einem Farbbereich von Blauviolett nach Rot. Sind alle Wellenlängen gleich stark vertreten, so erscheint das Licht

$1\,nm = 10^{-9}\,m$

weiß. Ein Objekt erscheint farbig, wenn seine Oberfläche bestimmte Wellenlängen absorbiert und andere reflektiert.

Helligkeit und Sättigung

Neben der Farbigkeit von Licht wird die allgemeine Erscheinung von Farbe für das menschliche Auge noch von zwei weiteren Faktoren bestimmt: Die *Helligkeit* wird durch die Intensität (Energie) des Lichts bestimmt. Die *Farbsättigung* bestimmt die Reinheit der Farbe, eine geringe Sättigung ergibt Pastelltöne, mithin »unreine« Farben. Eine hohe Sättigung dagegen ergibt reine, leuchtende Farben. Diese Zusammenhänge werden mit dem HSV-Modell (s. u.) beschrieben.

2.1.1 Farbmodelle

Der Begriff *Farbmodell* bezeichnet die Art, wie technische Geräte (Computer, Drucker, Bildschirme etc.) Farben speichern und verarbeiten. Allgemein sind verschiedene Farbmodelle gebräuchlich, die jeweils ihre Stärken und Schwächen haben.

RGB-Farbmodell

Im sogenannten RGB-Farbmodell werden die drei Grundfarben Rot, Grün und Blau zur gewünschten Farbe kombiniert. Das RGB-Modell ist ein additives Farbmodell, d. h., die gesättigten Grundfarben ergeben zusammen Weiß. Dieses Prinzip wird von Computermonitoren und Fernsehern verwendet, die auf Kathodenstrahltechnik basieren, bei der drei Elektronenstrahlen rote, grüne und blaue Farbschichten zum Leuchten bringen. Bei LC- oder TFT-Monitoren arbeiten Flüssigkristalle als Lichtventile und lassen rotes, grünes oder blaues Licht mehr oder weniger durch.

Abb. 2.1
Farbdreieck des RGB-Modells

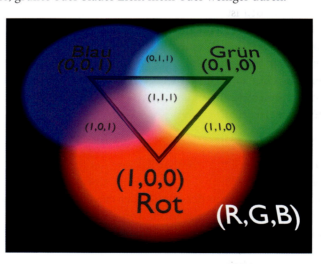

Da nur relative Anteile der Grundfarben definiert werden und nicht bestimmte Wellenlängen, kann sich eine Farbe auf verschiedenen Ausgabegeräten unterscheiden. Insbesondere bei der Ausbelichtung oder dem Ausdruck und der damit einhergehenden Umrechnung auf ein anderes Farbmodell können Farbverfälschungen auftreten, falls die Geräte vorher nicht aufwändig farbkalibriert wurden.

`Grundlagen/RGBSpots.blend` ist eine Szene, in der ein Farbdreieck für das RGB-Modell aus drei farbigen Scheinwerfern erstellt ist. An diesem Farbdreieck (die drei Ecken stellen die Grundfarben dar) kann man das additive Farbmodell erläutern.

Die Mischfarben lassen sich aus der Addition der einzelnen Komponenten (Rot, Grün und Blau) berechnen. Die Sättigung der einzelnen Komponenten wird in einem Bereich von 0,0...1,0 angegeben: 0,0 bedeutet keine Farbe, 1,0 ist die volle Sättigung dieser Farbe. Um eine Farbe zu definieren, werden die Intensitäten der Farbkomponenten in einer Matrizenschreibweise angegeben, also z. B. für ein gesättigtes Rot (1,0,0). Die Addition aller drei gesättigten Farbkomponenten ergibt ein Weiß (1,1,1), wie hier dargestellt:

```
Grün (0, 1, 0) + Blau (0, 0, 1) = Cyan (0, 1, 1)
Cyan (0, 1, 1) + Rot (1, 0, 0) = Weiß (1, 1, 1)
```

Einander im Dreieck gegenüberliegende Farben sind sogenannte Komplementärfarben, deren Mischung immer Weiß ergibt. Neben Cyan und Rot aus dem Beispiel sind auch Gelb und Blau sowie Violett und Grün komplementäre Farbpaare.

HSV-Farbmodell

Das HSV-Farbmodell ist intuitiver zu verstehen und zu benutzen als das RGB-Modell. Hierbei steht *Hue* für den Farbton, *Saturation* für die Sättigung, *Value* für den Wert oder die Intensität. Man sucht sich mit dem Hue-Wert einen Farbton aus und stellt die gewünschte Farbreinheit mit dem Saturation-Wert ein sowie die Intensität mit dem Value-Wert. Mathematisch wird mit dem Saturation-Wert Weiß addiert oder subtrahiert und mit dem Value-Wert Schwarz.

CMYK-Farbmodell

Das CMYK-Farbmodell (Cyan, Magenta, Yellow, Black) wird von Blender nicht unterstützt. Da es aber in der allgemeinen Computergrafik (insbesondere im Desktop-Publishing) eine wichtige Rolle spielt, soll es hier nicht unerwähnt bleiben.

Computermonitore, Kinofilm oder Diafilm funktionieren nach einem additiven Farbmodell, bei dem das Licht verschiedener Wellenlängen gemischt wird – wie beim oben beschriebenen RGB-Modell. Bei Ausdrucken oder Papierbildern kommt dagegen das CMYK-Farbmodell als subtraktives Farbmodell zum Einsatz, d. h., die Farbpigmente absorbieren oder filtern das weiße Licht und das reflektierte Licht bestimmt die Farbe des Bildes. Prinzipiell sollte die Mischung von Cyan, Magenta und Yellow ausreichen, um alles Licht auszulöschen und ein Schwarz zu ergeben. Allerdings produzieren die erhältlichen Pigmente nur ein Schwarzbraun, weshalb Ausgabegeräte (Drucker, Belichter etc.) als vierte Komponente schwarze Pigmente einsetzen. Mathematisch erfolgt die Umrechnung vom RGB-Modell zum CMY-Modell nach folgenden einfachen Formeln:

```
C = 1 - R
M = 1 - G
Y = 1 - B
```

Farbkalibrierung Technisch ist aber eine aufwändige Kalibrierung der verwendeten Geräte nötig, da sich die gängigen Farbpigmente nicht ideal verhalten und die Ergebnisse durch die Kalibrierung korrigiert werden müssen.

2.2 Emotionale Wirkung von Farben

Nicht zu unterschätzen ist die psychologische Wirkung von Farben. Die Farbenlehre ist zwar seit jeher umstritten wie kaum eine andere Disziplin in der Gestaltung, es kann aber nicht schaden, sich einmal Gedanken über die Wirkung von Farben zu machen und sich selbst zu fragen, ob und welche Wirkungen Farben auf einen selbst haben. Die in der Wissenschaft gefundenen Regeln sind nicht in Stein gemeißelt, sondern stark vom Kulturkreis, der Mode und dem Kontext, in dem sie auftauchen, abhängig.

Die Farbvergabe sollte zuerst nach dem Motto »Weniger ist mehr!« erfolgen, es sei denn, man verfolgt das Ziel, eine sehr unruhige Komposition zu erreichen. Zur Vertiefung dieses Themas kann unter anderem [BRUGGER] dienen. Beispiele für die Bedeutung von Farben sind:

- Rot Gefahr, Stop!, negativ, Aufregung, Hitze, aber auch Liebe, Erotik
- Grün Wachstum, positiv, organisch, Los!
- Dunkles Blau stabil, beruhigend, vertrauenswürdig, erwachsen
- Helles Blau jugendlich, maskulin, kalt
- Rosa jugendlich, feminin, warm
- Weiß rein, sauber
- Schwarz seriös, schwer, Tod
- Gold konservativ, stabil, wertig
- Grau integer, neutral, kalt

Zu bedenken ist, dass einige Farben nicht in jedem Kulturkreis die gleiche Bedeutung haben. So ist Schwarz in vielen Kulturen die Farbe der Trauer, in einigen asiatischen Ländern wird dagegen in Schwarz geheiratet.

2.3 Physiologische Farbwirkung

Für die Farbwahl können Sie sich nach einigen Regeln richten, die sich aus dem Aufbau des menschlichen Sehapparates ergeben:

- Vermeiden Sie Kombinationen von gesättigten Grundfarben wie intensivem Rot und Blau. Verschiedene Wellenlängen besitzen im Auge nämlich einen unterschiedlichen Schärfepunkt. So scheint ein roter Punkt auf blauem Grund näher zu sein, er scheint über dem Grund zu schweben. Das Auge bemüht sich in diesem Fall andauernd um eine Schärfekorrektur und ermüdet schnell.
- Vermeiden Sie reines Blau als Farbe für Text, dünne Linien und kleine Formen, da im Zentrum der Netzhaut keine Rezeptoren für Blau vorhanden und so kleine blaue Strukturen schlecht zu erkennen sind. Als Hintergrund ist Blau aber geeignet, da es insbesondere bei Computermonitoren das Raster verschwinden lässt.
- Vermeiden Sie Farbgrenzen, deren Farben sich nur im Blauanteil unterscheiden. Da Blau im Auge nicht so stark zur Helligkeitsinformation beiträgt, diese aber für die Konturerkennung sehr wichtig ist, erscheinen die Kanten unruhig.
- Das Erkennen von Kanten ist schwierig, wenn sich die Farben nur im Farbton, aber nicht in der Helligkeit unterscheiden, da die Konturerkennung im Auge-Gehirn-System stärker auf Helligkeitsunterschiede reagiert.
- Ältere Menschen benötigen höhere Helligkeiten, um Farben zu unterscheiden.
- Komplementärfarben sind gut zu unterscheiden.
- Viele Menschen (9–10 %!) sind farbenblind für bestimmte Farbkombinationen (mehrheitlich Rot-Grün-Blindheit). Daher sind Grafiken, die auf einem Kontrast von reinen Farben beruhen (z. B. Rot und Grün), für diese Menschen nicht entschlüsselbar, da beide Farben den gleichen Grauwert haben.

2.4 Koordinatensysteme

Um einen Punkt im Raum zu beschreiben, d. h. seine genaue Lage anzugeben, ist die Angabe von Koordinaten, bezogen auf einen vorher definierten Bezugspunkt, erforderlich. Solch ein Bezugspunkt ist der Nullpunkt des Koordinatensystems. Die Koordinaten geben die Position eines Punktes ausgehend vom Nullpunkt wie die Schrittzahlen auf einer Schatzkarte an und werden üblicherweise als Zahlenpaare (bei zwei Dimensionen) oder als Tripletts in Klammern geschrieben. So wird für den Punkt aus Abbildung 2.2 geschrieben:

P1(3,5; 4,0; 3,0)

Abb. 2.2
Ein Punkt in Blenders Koordinatensystem.
Da Punkte im mathematischen Sinn keine
räumliche Ausdehnung haben,werden hier zur
Verdeutlichung Kugeln verwendet.

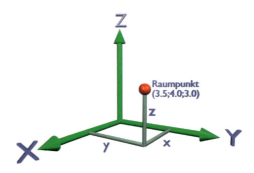

Im angelsächsischen Raum und in Blender wird statt des Kommas ein Punkt geschrieben und die Zahlen werden mit einem Komma abgetrennt.

Die Zahlen geben nacheinander den Abstand des Punktes vom Ursprung, dem Nullpunkt, in x-, y- und z-Richtung an. Man erreicht den oben beschriebenen Punkt, indem wir 3,5 Einheiten in Richtung der x-Achse gehen, dann 4 Einheiten in y-Richtung und schließlich 3 Einheiten an der z-Achse »hochsteigen«.

2.5 Punkte, Kanten, Flächen und Körper

Nachdem Sie im vorherigen Abschnitt gesehen haben, wie ein Punkt im Raum einer 3D-Szene platziert wird, soll jetzt eine *Fläche* definiert werden. In Abbildung 2.3 werden links vier Punkte P1 bis P4 platziert. Die Zahlenpaare geben jeweils die x- und y-Koordinaten der Punkte an, auf z als dritte Koordinate wird hier noch verzichtet. Die Punkte liegen alle auf einer Ebene, d. h., die z-Koordinaten sind gleich, zum Beispiel null. Das Koordinatensystem zeigt die Richtung der Achsen an. Somit ergibt sich folgende Liste von Punkten:

P1(0,0), P2(0,1), P3(1,1), P4(1,0)

Abb. 2.3
Der Weg von einzelnen Punkten zu einer
Fläche

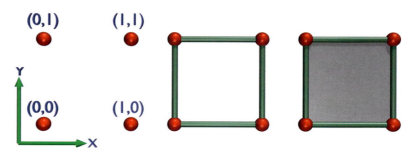

Genau diese Koordinaten speichert und verarbeitet ein 3D-Animationsprogramm. Zwischen diesen Punkten P kann man nun Linien ziehen (hier durch die Zylinder dargestellt), die diese Punkte verbinden. Eine solche Verbindung ergibt eine *Kante* K, durch die zwei Punkte verbunden werden. Für das Quadrat in Abbildung 2.3 wird folgende Liste erstellt:

```
K1(P1,P2), K2(P2,P3), K3(P3,P4), K4(P4,P1)
```

Mit diesen Informationen ergibt sich die sogenannte *Drahtgittergrafik*: Objekte werden dabei durch ihre Kanten dargestellt. 3D-Programme benutzen diesen Drahtgittermodus, da er schnell darzustellen ist und schon einen guten Überblick der Szene ergibt. Der Nachteil ist aber, dass die Linien kaum einen Tiefeneindruck hinterlassen: Es ist schwierig einzuschätzen, welche Linien vorne oder hinten in der Szene liegen.

Eine wirkliche räumliche Darstellung erhält man erst, wenn zwischen den Punkten *Flächen* aufgespannt werden. Die einfachste Fläche ist ein Dreieck, es wird von drei Punkten aufgespannt. Zugleich ist das Dreieck in fast allen 3D-Programmen die Grundfläche, aus der jede beliebige Fläche entweder zusammengesetzt oder angenähert (z. B. bei Kreisflächen) werden kann.

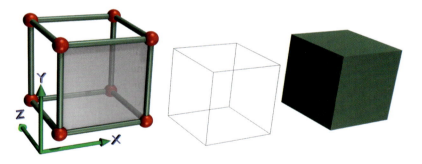

Abb. 2.4
Darstellung eines Würfels

In Abbildung 2.4 wurden nun zu dem Quadrat aus der vorherigen Abbildung weitere vier Punkte hinzugefügt und der Beobachtungsstandpunkt verändert, damit die neuen Punkte nicht von den vorderen Punkten verdeckt werden. Jetzt ergibt sich schon ein sehr räumlicher Eindruck.

Wenn Sie das in der Mitte dargestellte Drahtgittermodell intensiv betrachten, kann es vorkommen, dass sich plötzlich die räumliche Orientierung des Würfels verändert, die hinteren Kanten scheinen nach vorne zu »springen«. Der rechte Würfel ist dagegen eindeutig als dreidimensionales Modell zu erkennen. Für diesen Eindruck spielt auch die Beleuchtung eine große Rolle, die im Kapitel 7 beschrieben wird.

Nicht unerwähnt bleiben soll hier die Tatsache, dass es neben der Darstellung von Körpern (Polygonobjekten, Meshes in Blender) mittels Flächen (Polygonen) noch weitere Methoden gibt, die teilweise auch in friedlichem

Nebeneinander in vielen 3D-Programmen arbeiten und sich hervorragend ergänzen. So können z. B. Körper durch mathematische Gleichungen beschrieben werden, was es ermöglicht, Körper voneinander abzuziehen, zu addieren etc.

Diese mathematisch beschriebenen Objekte haben auch den Vorteil, in ihrer Auflösung nicht begrenzt zu sein: Eine Rundung bleibt rund, egal wie nah das Objekt von der virtuellen Kamera betrachtet wird. Bei Polygonobjekten wird schon bald die flächige Struktur, insbesondere an den Objektkanten, erkennbar. Auch in der Auswahl der geeigneten Modellierungsart für ein spezielles Objekt liegt eine Kunst, die ein Animator beherrschen sollte.

2.6 Umrechnung von 3D nach 2D

Zurzeit gibt es keine erschwinglichen und gleichzeitig ergonomischen 3D-Anzeigegeräte. Heutige 3D-Fernseher und -Monitore sind zum stundenlangen Modellieren und Arbeiten nicht geeignet. Auch 3D-Brillen basieren auf zwei zweidimensionalen Bildern, die z. B. durch LC-Monitore getrennt dem linken und rechten Auge zugespielt werden.

Geräte, die tatsächlich im Rechner konstruierte Objekte dreidimensional ausgeben können, sind etwa computergesteuerte Fräsen (CNC) oder Stereolithografiesysteme, bei denen durch einen UV-Laser Kunstharz gehärtet wird und so ein echtes dreidimensionales Werkstück entsteht.

Für alle anderen Zwecke ist aber eine Umrechnung auf die Zweidimensionalität des Ausgabemediums nötig. Dabei gibt es unterschiedliche Methoden, das Auge zu überlisten.

2.6.1 Parallelprojektion

Bei der Parallelprojektion wird die Koordinate für die Tiefeninformation im simpelsten Fall schlicht weggelassen und die beiden übrigen Koordinaten können einfach auf dem Bildschirm dargestellt werden. Dies ist die sogenannte orthogonale *Parallelprojektion*.

Abb. 2.5
Orthogonale Parallelprojektion

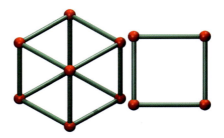

Je nachdem, welche Koordinate weggelassen wird, erhält man eine Draufsicht, Seitenansicht oder Vorderansicht. Dieses Verfahren wird häufig in der sogenannten *Dreiseitenansicht* für technische Zeichnungen verwendet, mit dem Vorteil, dass der Handwerker direkt die Abmessungen des Werkstücks von der Zeichnung abnehmen kann, da keine Verzerrungen zur Darstellung benutzt werden und die Darstellung somit maßhaltig ist. Auch 3D-Programme bieten diese Ansicht, da die Dimensionen und Positionen eines Punktes oder Objekts leicht abgelesen werden können.

Der dreidimensionale Eindruck dieser Projektionsart ist aber nur sehr schwach und oft auch verwirrend. Deshalb wird neben der Dreiseitenansicht noch eine vierte Ansicht dargestellt, die ein anderes Projektionsverfahren benutzt. Das ergibt dann die für viele Programme typische Aufteilung in vier Hauptfenster.

Neben der orthogonalen Parallelprojektion existieren weitere Parallelprojektionen, wie z. B. die *Kabinettprojektion*, bei der in die Tiefe gehende Linien um die Hälfte verkürzt und im 45°-Winkel gezeichnet werden, – eine Projektion, die aus der Schule bekannt sein dürfte – oder die *isometrische Parallelprojektion*, die in vielen Computerspielen mit einer Sicht von schräg oben benutzt wird.

2.6.2 Perspektivische Projektion

Sie kennen das aus eigener Erfahrung: Weiter entfernt liegende Gegenstände werden kleiner wahrgenommen. Diese scheinbare Verkleinerung macht einen großen Teil unseres Raumeindrucks aus. Zeichner verwenden dies in der sogenannten *Fluchtpunktperspektive*: Alle nach hinten zeigenden Linien laufen, wenn man sie verlängert, in einem Punkt zusammen. Dies wird besonders bei zum Horizont verlaufenden Eisenbahnschienen deutlich.

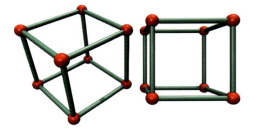

Abb. 2.6
Zentralprojektion

Diese Art der Zentralperspektive ist die am häufigsten genutzte Art, 3D-Grafik auf einem zweidimensionalen Medium darzustellen. Dabei werden verschiedene Methoden benutzt, um diese Perspektive zu berechnen.

So können die Berechnungen von einer virtuellen Kamera vor dem Bildschirm oder von einem Fluchtpunkt hinter der Bildebene durchgeführt werden.

2.7 Beleuchtungsberechnung

In Abbildung 2.7 sind vier Kugeln mit verschiedenen Arten der Beleuchtungsberechnung dargestellt. Die Kugel A ist nur als flache Scheibe zu erkennen, die gesamte Oberfläche hat die gleiche Farbe.

Bei Kugel B kommt ein Verfahren zum Einsatz, das für jede Fläche die Stärke des einfallenden Lichts berechnet: Es entsteht ein deutlich räumlicher Eindruck. Bei Kugel C werden zusätzlich noch die sogenannten Glanzpunkte berechnet, die auf matt (diffus) spiegelnden Oberflächen entstehen.

Abb. 2.7
Verschiedene Arten der
Beleuchtungsberechnung

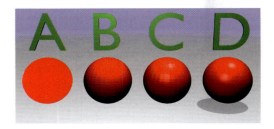

Die drei ersten Kugeln scheinen aber noch merkwürdig unbestimmt über der Grundfläche zu schweben, obwohl sie wie Kugel D genau auf der Fläche liegen. Der Trick ist, dass bei Kugel D der Schattenwurf mitberechnet wird und unser Sehapparat aus der Entfernung von Schatten zum Objekt die Information zur Lage des Objekts über dem Boden bestimmt.

Zusätzlich ist Kugel D noch viel glatter als die Kugeln B und C. Es sind nicht mehr die einzelnen Flächen erkennbar, hierfür kommt wiederum ein Interpolationsverfahren zum Einsatz, das innerhalb der Flächen für weiche Verläufe sorgt.

Die Beleuchtungsmodelle B und C werden neben der Drahtgitterdarstellung dazu benutzt, die 3D-Szene in Programmen darzustellen, da sie insbesondere mit 3D-Grafikkarten sehr schnell berechnet und somit in Echtzeit dargestellt werden können. Auch für Darstellungsart D in Echtzeit sind Computer heutzutage schnell genug. Auf den Schattenwurf verzichten allerdings die meisten 3D-Programme, in Spielen ist dies heutzutage dagegen Standard.

2.8 Material und Textur

Wenn man sich in seiner Umwelt umschaut, bemerkt man: Objekte werden nicht nur durch ihre äußere Form charakterisiert, sondern auch durch ihre Oberflächeneigenschaften wie Farbe und Textur (Oberflächenbeschaffenheit).

Will man in der 3D-Grafik einem Körper bestimmte Oberflächeneigenschaften zuweisen, so spricht man von einem *Material*.

Dies definiert dann die Eigenschaften der Oberfläche, wie z. B. Farbe, Glanz oder Durchsichtigkeit. Im Allgemeinen werden aber noch viele weitere Eigenschaften im Material gespeichert, die teils nichts mit der Realität zu tun haben, es aber ermöglichen, spezielle Effekte zu erzielen, z. B. Objekte, die keinen Schatten werfen oder nicht sichtbar sind, aber Schatten empfangen etc.

Abb. 2.8
Drei Materialien:
einfarbig, texturiert,
spiegelnd

In der Computergrafik gibt es zwei Hauptarten, diese Eigenschaften zu definieren: entweder über direkte Werteingaben (z. B. durch die mathematische Beschreibung von Rot oder die Angabe, dass ein Objekt zu 30 % durchsichtig ist) oder über die Definition ganzer Oberflächen durch sogenannte *Texturen*. Texturen sind im einfachsten Fall Bilder, die dann steuern, welche Farbe das Objekt an einer bestimmten Stelle hat oder auch wie rau die Oberfläche dort ist.

In Abbildung 2.8 ist ein Objekt beispielhaft mit verschiedenen Materialien versehen. Der linke Affenkopf besitzt nur ein einfaches Material, das im Wesentlichen die Farbe und die Form des Glanzpunktes steuert. Der mittlere Affenkopf hat ein Material, das mit einer Bildtextur von Ziegelsteinen den Eindruck erweckt, er wäre gemauert. Der rechte Affenkopf hat ein Material, das zu 70 % reflektiert und daher die Umgebung widerspiegelt.

2.9 Transformationen

Unter Transformationen versteht man die Änderung von Objekten im virtuellen Raum. Mögliche Transformationen sind z. B. das Verschieben (Translation), die Drehung (Rotation) und die Größenänderung (Skalierung).

In der realen Welt ist für jede Transformation eines Objekts (z. B. eines Steins) eine gewisse Energie nötig. In der virtuellen Welt einer Computergrafikszene ist natürlich keine Energie nötig, die entsprechenden Transformationen werden durch mathematische Berechnungen erzielt, üblicherweise durch sogenannte Matrizenberechnungen. Glücklicherweise kommen die Benutzer in den meisten Programmen mit diesen Transformationen nicht in Berührung und können sie interaktiv durchführen, im Allgemeinen mit einer direkten Kontrolle auf dem Bildschirm.

So ist das *Verschieben* eines Punktes vom Ursprung (0,0,0) aus nach rechts an den neuen Punkt (3,0,0) nur eine Addition von drei Koordinateneinheiten zu der x-Koordinate des Punktes. Sollen komplexe Objekte, bestehend aus vielen Punkten, verschoben werden, so führt das Programm diese Addition einfach für alle Punkte nacheinander durch.

Das *Rotieren* von Punkten erfolgt nach komplizierteren Rechenvorschriften, die aber für einen Computer nur einen geringen weiteren Aufwand bedeuten. Dabei gibt es immer ein Zentrum der Rotation: Dies ist entweder eine Koordinatenachse des Objekts selbst oder eine Achse des globalen Koordinatensystems, um das die Drehung stattfindet. Eine Drehung um einen Punkt wird aus aufeinander folgenden Drehungen um mehrere Achsen zusammengesetzt.

Verschieben und Rotieren sind die aus unserer Alltagserfahrung bekanntesten Transformationen, die wir täglich zigmal ausführen. Das Skalieren ist schon seltener. 3D-Objekte werden einfach skaliert, indem die Koordinaten der Punkte mit einem Skalierungsfaktor multipliziert werden. Bei positivem Faktor wird das Objekt größer, d.h., die Punkte entfernen sich vom Ursprung des Objekts, bei negativem Faktor nähern sie sich dem Ursprung.

Dieses Buch kann und soll nicht die Mathematik hinter der 3D-Grafik erklären, oft hilft es aber, sich dieser Mathematik bewusst zu sein, auch wenn das tiefe Verständnis nicht vorhanden oder nötig ist.

2.10 Animation

Animation ist die Bewegung eines Objekts im dreidimensionalen Raum. Solch eine Bewegung kann dadurch erzeugt werden, dass jeweils ein Bild berechnet wird, das Objekt dann ein wenig bewegt wird usw. Dies ist die Technik, die auch beim klassischen Trickfilm benutzt wird. Für eine Sekunde Kinofilm, in dem pro Sekunde 24 Bilder gezeigt werden, muss dieser Schritt somit 24-mal ausgeführt werden. Prinzipiell ist diese Art zu animieren auch heute möglich und wird in manchen Fällen auch noch genutzt, um spezielle Effekte zu erzielen.

Im Zeichentrick wurde dann das *Keyframing* eingeführt (Key, engl. für Schlüssel) eingeführt. Ein Hauptzeichner erstellt die Schlüsselszenen (Keyframes), und andere Zeichner erstellen die Bilder, die zwischen diesen Schlüsselszenen liegen (Interframes, Inbetweens). Da wir in der Computeranimation in der glücklichen Lage sind, einen extrem fleißigen und nie müden Kollegen zu haben – unseren Computer –, liegt es nahe, die Berechnung der Zwischenbilder von ihm erledigen zu lassen.

Abb. 2.9
Lineare Bewegung

Eine solchermaßen definierte Bewegung ist in Abbildung 2.9 gezeigt. Es wurden zwei Keyframes definiert: der Startpunkt der Kugel links und der Endpunkt der Bewegung rechts. Der Computer bzw. das 3D-Programm hat dann die Zwischenbilder gleichmäßig über die gesamte Bewegung »interpoliert«. Eine Interpolation ist eine mathematische Zwischenwertberechnung nach verschiedenen Verfahren. Im einfachsten Fall berechnet es eine gerade Verbindung zwischen den Hauptpunkten, es können aber auch Kurven interpoliert werden.

Abb. 2.10
Bewegung mit Beschleunigung und Abbremsen

Diese gleichmäßigen (linearen) Bewegungen sehen allerdings nicht besonders realistisch aus, da in der realen Welt alle Körper eine Masse besitzen, dementsprechend träge auf Änderungen ihrer Position reagieren und sich so eine Beschleunigung bzw. ein Abbremsen ergibt.

Auch diese per Hand nur schwer zu berechnende Art der Bewegung beherrscht der Computer mit der entsprechenden Programmierung, wie in Abbildung 2.10 gezeigt. Die Abstände der Kugeln ändern sich hier zu Beginn und am Ende der Bewegung. Da die Zeit zwischen den Bildern gleich bleibt, ergeben sich daraus unterschiedlich schnelle Bewegungen.

Durch die Computerunterstützung ist es nun auch ein Leichtes, weitere Keyframes einzufügen oder vorhandene zu löschen, ohne die Animation zu zerstören oder per Hand völlig neu aufzubauen. In der Abbildung 2.11 wurde ein weiterer Keyframe in der Mitte der Animation eingefügt, in dem die Kugel höher platziert wurde. Das Programm interpoliert nun weich zwischen drei Schlüsselpositionen.

Abb. 2.11
Ein weiterer Keyframe wurde hinzugefügt.

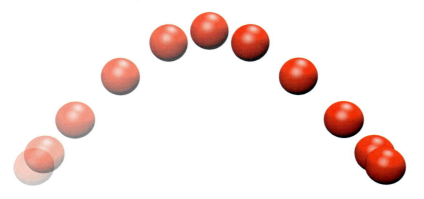

Neben der Möglichkeit, Objekte per Keyframe-Animation zu bewegen, gibt es in der Computergrafik noch einige weitere, z. B. eine Bewegung entlang eines durch Kurven definierten Weges (Pfadanimation). Man kann Bewegungen aber auch anhand von physikalischen Simulationen berechnen: Zum Beispiel kann durch entsprechende mathematisch-physikalische Formeln berechnet werden, wie ein Würfel auf eine Fläche fällt, wie ein Vorhang im Wind weht oder wie eine Flüssigkeit in einem Gefäß schwappt. In diesem Moment visualisiert die Computergrafik nicht nur einen Effekt, nein, dies ist jetzt eine *Simulation*.

Die Keyframe-Animation ist aber eine der nachvollziehbarsten Animationstechniken und wird auch sehr häufig benutzt. Darüber hinaus bietet Keyframing Möglichkeiten, die anders nur mit viel Aufwand zu realisieren sind. Neben der Animation von Position, Orientierung im Raum oder Größe von Objekten sind durch Keyframing auch Animationen z. B. der Farbe eines Objekts oder der Dichte von Nebel in einer Szene erzielbar. Ein gutes Programm erlaubt es dem Animator, möglichst alle Parameter einer Szene per Keyframing zu ändern und zu kontrollieren.

2.11 Bildberechnung

Auch für die Berechnung von 3D-Grafik gibt es eine Vielzahl von Verfahren, die unterschiedlich gute Ergebnisse erzielen. Dabei hängt die Qualität der berechneten Bilder oft nicht nur von der aufgewendeten Rechenzeit ab, sondern auch von der geschickten Implementierung des Verfahrens.

Das sogenannte *Raytracing*-Verfahren wird verwendet, um realistische Spiegelungen und Lichtbeugung (z. B. in Glasobjekten) zu berechnen. Trotz immer schnellerer Rechner und diverser Optimierungen des Verfahrens ist es nach wie vor sehr zeitintensiv und dementsprechend teuer, wenn es gilt, längere Animationen zu erzeugen. Deshalb wird in vielen der Einstellungen bekannter Computeranimationsfilme kein Raytracing eingesetzt.

Der Vorläufer des Raytracing-Verfahrens ist das sogenannte *Scanline-Rendering*, bei dem im einfachsten Fall (Raycasting) für jeden Punkt in dem zu berechnenden Bild ein »Taststrahl« in die Szene geschickt wird. Trifft der Strahl auf eine Fläche, so wird ein Punkt in dem Bild gesetzt. Auf diese Weise ist natürlich nur ein Schwarz-Weiß-Bild zu erhalten, daher wird die Farbe des Punktes anhand der Flächenfarbe und der aktuellen Beleuchtungssituation berechnet. Hierfür ist natürlich eine vorherige Berechnung der Lampen nötig. Das Scanline-Verfahren kann so nahezu beliebig kompliziert werden, wenn z. B. Transparenzen, Bewegungsunschärfe, Schatten etc. mit in den Berechnungsprozess einfließen sollen.

Im Blender Internal Renderer (kurz BI) werden beide Verfahren kombiniert und so die Stärken beider Verfahren ausgespielt, d. h. die Schnelligkeit des Scanline-Rendering und bei Bedarf die höhere Qualität des Raytracings.

Im neuen Cycles Renderer werden moderne physikbasierte Verfahren zur Bildberechnung eingesetzt, um so einen leicht zu beherrschenden und zu erweiternden Renderer für die Produktion zu erhalten.

Die einzelnen berechneten Bilder werden dann schnell hintereinander abgespielt, um den Eindruck einer fließenden Bewegung zu erzielen.

Das menschliche Auge empfindet ab etwa 20 Bildern pro Sekunde eine Bewegung als fließend. Ein sehr einfaches Verfahren ist das alte Daumen- kino, beim Kinofilm werden 24 Bilder pro Sekunde gezeigt, Video und Fernsehverfahren verwenden 25 oder 30 Bilder pro Sekunde, einfache Com- putervideos ohne schnelle Bewegungen werden oft nur mit 15 Bildern pro Sekunde abgespielt, natürlich bieten heutzutage alle großen Videoplattfor- men auch Videos in Full-HD (1920 × 1080) mit 60 Bildern pro Sekunde an. Auch im Kino hält nun langsam eine Bildrate von 48 Bildern pro Sekunde Einzug.

2.12 Echtzeitgrafik

Dank immer schnellerer Rechner und insbesondere spezieller 3D-Grafik- karten, die die 3D-Berechnung dem Prozessor abnehmen, wird heutzutage verstärkt sogenannte Echtzeitgrafik benutzt. Hierbei waren der Siegeszug der Personalcomputer in die Wohnungen und im Besonderen die Compu- terspieleindustrie Motoren der Entwicklung.

Heutige Computerspiele auf Rechnern mit Grafikkarten der neuesten Generation bieten fast filmreife Grafiken und Animationen, die immer und unmittelbar auf die Eingaben und Befehle des Spielers reagieren, wobei zudem jede Perspektive möglich ist. In einer Sekunde müssen somit min- destens 25 Bilder berechnet werden, um eine flüssige Animation zu erzeu- gen. Dabei werden Qualitäten erreicht, die noch vor wenigen (!) Jahren stundenlange Rechenzeiten pro Bild benötigt hätten.

Die Technik hinter diesen Spielen sind sogenannte »Game Engines«, also frei übersetzt »Spieletriebwerke«. Natürlich steht der ernsthaften Verwen- dung von Echtzeitgrafik nichts entgegen, man denke nur an den riesigen Bereich von professionellen Flug-, Schiffs- und Autosimulatoren.

Auch mit Blenders Game Engine ist man prinzipiell in der Lage, sämt- liche Spiele und Simulationen zu erstellen. Aber da sie so universell ist, kann sie nicht mit hochgezüchteten spezialisierten Game Engines mithal- ten. Nicht zu vergessen, dass die Erstellung eines komplexen Spieles heut- zutage Millionen von Euro kostet und hunderte Programmierer und Desi- gner Jahre daran arbeiten!

3 Schnellstart

Dem Einsteiger, aber auch dem Umsteiger von anderen 3D-Programmen stellt Blender einige Hürden bei der Bedienung in den Weg, die erst einmal überwunden werden müssen. Seit der Blender-Version 2.4x hat sich in diesem Bereich viel getan: Blender soll nun nicht nur für Profis optimiert sein, sondern auch Anfängern den Einstieg erleichtern und Umsteigern Hilfen bieten.

Einstiegshürden

Vielleicht haben Sie Blender schon einmal gestartet und noch nicht einmal ein Objekt selektieren können? Oder Sie haben die Fenster verschoben und dies nicht wieder rückgängig machen können? Oder Sie haben sich gewundert, warum Tastendrücke nicht wirken. In einigen Grundfunktionen ist Blender immer noch so anders als andere Programme, dass sich diese »Erfolge« fast zwangsläufig einstellen. Um frustrierende Erlebnisse zu verhindern und sofort ein paar Resultate zu erzielen, dient dieser Schnellstart, der Sie »an die Hand nimmt« und beispielhaft zeigt, wie Sie ein 3D-Objekt in Blender animieren. Anschließend wird noch gezeigt wie dieses Objekt eigentlich erzeugt wurde.

Blender ist anders.

Ich empfehle diesen Schnellstart auch, wenn Sie schon mehr Erfahrungen mit 3D-Grafik haben, denn die direkte und unmittelbare Beschäftigung mit einem Programm hat einen Lerneffekt, der durch reines Lesen in der Regel nicht zu erreichen ist. Mit ein wenig Routine bei der Bedienung von 3D-Programmen werden Sie dieses Kapitel innerhalb von ein paar Minuten mit einer ersten Animation in Blender beenden, aber auch ein Einsteiger wird nicht viel länger auf die ersten Erfolgserlebnisse warten müssen.

3.1 3... 2... 1... Blender starten

Zuerst sollten Sie das für Ihr Betriebssystem passende Blender-Paket von `http://www.blender.org/download/get-blender/` laden. Für Microsoft Windows gibt es üblicherweise die Auswahl zwischen einem Installer und einer gezippten Version, die Sie einfach an einen Ort Ihrer Wahl auf der Festplatte entpacken. Der Installer wird gestartet und danach folgen Sie den Anweisungen. Für Linux-Distributionen sollten Sie zuerst schauen, ob es Blender in der Paketverwaltung Ihres Linux-Systems schon in der passenden Version gibt. Mac-OS-X-Anwender laden sich je nach System die passende Datei und entpacken sie.

Je nach Betriebssystem können Sie Blender auf unterschiedliche Weise starten: aus einem Startmenü, per Verknüpfung auf dem Desktop, über die Kommandozeile oder direkt aus dem Installationsordner durch einen doppelten Mausklick auf die ausführbare Blender-Datei.

Ein Neubeginn   Sobald Blender das erste Mal startet, kopiert es eine anpassbare Voreinstellungsdatei in das Heimatverzeichnis des Benutzers. Sollten Sie also bei Ihren Experimenten einen neuen Anfang benötigen, so können Sie diese Voreinstellungsdatei mit [Strg]-[N] oder dem Eintrag New aus dem File-Menü wieder laden und neu beginnen. Noch weiter geht der Eintrag Load Factory Settings aus dem File-Menü, falls Sie einmal auch die Standarddatei »verkonfiguriert« haben.

Abb. 3.1
Der erste Start

Willkommen!   Blender präsentiert sich nach dem Start mit einem Splash Screen (Begrüßungsbildschirm), der nicht nur schön anzusehen ist, sondern auch wichtige Informationen zur Blender-Version sowie Links zu Dokumentationen und weiteren Informationsquellen enthält. Sobald Sie mit Blender Szenen gespeichert haben, finden Sie im Splash Screen auch diese zuletzt gespeicherten Dateien. Der Splash Screen verschwindet, wenn Sie ihn mit der Maus anklicken oder außerhalb in das Blender-Fenster klicken.

Je nach Betriebssystem oder Window-Manager unterscheiden sich die Fensterrahmen und -elemente. Blender selbst sieht aber immer gleich aus und lässt sich auch immer gleich bedienen, da es seine eigene grafische Oberfläche (GUI) mitbringt.

3.2 Grundfunktionen

In Abbildung 3.2 ist das Fenster von Blender direkt nach dem Start dargestellt und mit Anmerkungen versehen, die einige Oberflächenelemente benennen. Wenn Ihnen nicht alle Begriffe bekannt sind, so macht das überhaupt nichts. Im Laufe dieses Buches lernen Sie sie kennen und dann kann diese Abbildung als Referenz und Erinnerungshilfe dienen.

Blender ist für eine zweihändige Bedienung ausgelegt und optimiert. Eine Hand führt Tastaturkommandos aus, die andere Hand bedient die Maus – das hat sich als sehr effiziente Methode der Bedienung erwiesen. Hinzu kommt noch, dass die wichtigsten Tastaturkommandos in Blender direkt mit einem einzelnen Tastendruck (im Gegensatz zu Alt +Taste bei anderen Programmen) aufgerufen werden und so kaum »Fingerakrobatik« nötig ist.

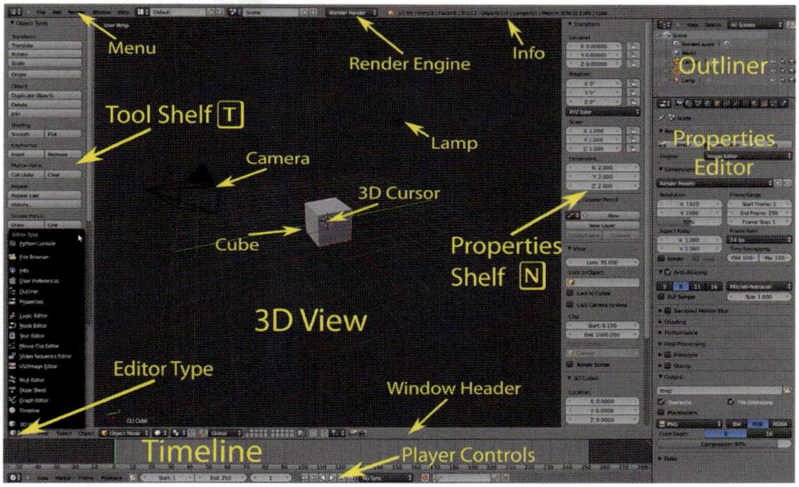

Zweihändige Bedienung

Abb. 3.2
Oberfläche mit Anmerkungen

Die größte Abweichung von Blender zu anderen Programmen ist, dass Objekte mit der **rechten** Maustaste selektiert werden. Versuchen Sie einmal die Kamera oder die Lichtquelle in der Standardszene zu selektieren, indem Sie die Maus über das jeweilige Objekt bewegen und dann mit der rechten Maustaste klicken. Als Rückmeldung wird das Objekt dann orange dargestellt oder umrahmt.

Rechte Maustaste

Die linke Maustaste wird in Blender, wie auch von anderen Programmen her gewohnt, dazu benutzt, Knöpfe zu aktivieren und den 3D Cursor zu setzen. Mit dessen Hilfe können Objekte exakt im Raum platziert und gedreht werden. Weiterhin erscheinen neue Objekte immer am 3D Cursor. Platzieren Sie nun den 3D Cursor ein paar Mal mit der linken Maustaste im 3D-Fenster.

Linke Maustaste

3D Cursor

Mittlere Maustaste 🖱   Die mittlere Maustaste dreht zusammen mit Mausbewegungen die Ansicht in 3D-Fenstern oder verschiebt 2D-Fensterinhalte. Zusammen mit der ⌂-Taste wird der Fensterinhalt verschoben und zusammen mit der Strg-Taste wird die Ansicht gezoomt. Ein eventuell vorhandenes Mausrad zoomt auch.

Aktives Fenster   Tastenkommandos werden immer für das gerade aktive Fenster ausgeführt. Das ist in Blender immer dasjenige, über dem sich die Maus befindet. Ein Anklicken, um ein Fenster zu aktivieren, ist nicht nötig.

3.3 Eine Szene laden

Zum Start dieses Schnelleinstiegs laden Sie bitte die Szene `Schnellstart/DuschDasGLSL00.blend` von meiner Website `http://blenderbuch.de/daten/Dateien.php` und speichern sie auf Ihrer Festplatte. Immer wenn Sie in der Randspalte dieses Buches das Icon für eine Datei sehen, verweise ich auf eine Datei von meiner Site.

In Blender öffnen Sie eine Datei von der Festplatte, indem Sie Open aus dem File-Menü aufrufen oder F1 drücken. Es erscheint ein File Window (Dateidialog), wie in Abbildung 3.3 zu sehen.

Abb. 3.3
Das File Window

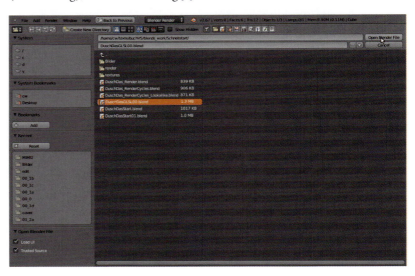

Patent-Icon   Im System-Panel werden Ihre Festplatten und Netzwerkfreigaben aufgelistet. Ein Einzelklick mit der linken Maustaste auf ein Laufwerk wechselt dorthin, genauso öffnen Sie auch einen Ordner. Einen Ordner höher geht es mit dem Parent-Icon oder durch Klicken auf die zwei Punkte (..) in der Liste der Dateinamen.

Sobald Sie sich im richtigen Ordner befinden, kann eine Datei durch einen Doppelklick mit der linken Maustaste geladen werden, oder Sie wäh-

len die Datei mit der linken Maus und drücken dann den Open Blender
File-Knopf oder ⏎ auf der Tastatur. Es sollte jetzt eine Szene wie in Abbildung 3.4 zu sehen sein.

Probleme mit der Darstellung

Sollten auf Ihrem Rechner Probleme bei der Darstellung der Szene auftreten (fehlende Texturen oder Schatten), so laden Sie stattdessen die Szene
`Schnellstart/DuschDas00.blend`.
Neuere Treiber für Ihre Grafikkarte könnten das Problem beheben.

Das große 3D-Fenster oben in der Mitte zeigt die Szene aus der Kameraperspektive: Das breite Fenster unten ist der Logic Editor, in dem das Verhalten der Objekte in der (Echtzeit-)Animation gesteuert wird. Auf der rechten Seite befindet sich das Property-Panel, in dem Einstellungen der Szene
über Materialien bis zur Physik vorgenommen werden. Oben links befindet
sich der Outliner, in dem alle Objekte der Szene tabellarisch gelistet sind.

Abb. 3.4
Die vorbereitete Szene

3.4 Echtzeit

Wir beginnen bei diesem Schnellstart mit der Echtzeitgrafik. Sie wird soge-
nannt, weil die Bilder in Echtzeit so schnell berechnet werden, dass die Einzelbilder bei Animationen vom Auge als kontinuierliche Bewegung wahrgenommen werden. Die Echtzeitgrafik hat den Vorteil, dass wir nicht auf
Ergebnisse warten müssen. Natürlich gibt es auch Nachteile, vor allem in
der Darstellungsqualität. Diese Aspekte werden in späteren Kapiteln noch
ausführlich diskutiert.

　　Die Echtzeitgrafik in Blender wurde ursprünglich rein für die Erstellung
von Computerspielen (»Game Engine«) konzipiert, ist aber heutzutage

Game Engine

ohne Probleme in der Lage, auch alle anderen Arten von interaktiver Grafik darzustellen, etwa Produktvisualisierungen oder Simulationen. Hierbei ist es nicht erforderlich, im klassischen Sinne zu programmieren. Vielmehr wird die Ablaufsteuerung mit der Maus aus vorgefertigten Elementen, den sogenannten Logic Bricks, zusammengestellt.

Gentlemen, start your engines!

Die Echtzeitgrafik oder Game Engine kann jederzeit ohne weitere Maßnahmen gestartet werden. Bewegen Sie dazu die Maus über das große 3D-Fenster und drücken Sie dann P auf der Tastatur: Die Ansicht bekommt einen schwarzen Rahmen und innerhalb eines Wimpernschlages läuft die Echtzeitgrafik und berechnet 60 Bilder in der Sekunde. Da noch keine Bewegung definiert wurde, sehen wir hiervon natürlich noch nichts. Beendet wird die Game Engine durch Esc.

3.4.1 Logisches Denken

Logic Editor

Im Logic Editor (⬆-F2) von Blender – in der geladenen Szene der breite Bereich unten – befindet sich die Schaltzentrale, um Logik und Verhaltensweisen an Objekte zu vergeben.

Der Hauptbereich ist spaltenweise aufgeteilt in Sensors, Controllers und Actuators – gleichsam die Sinne, das Gehirn und die Muskeln eines Objekts in der Echtzeitgrafik. Die Sinne (Sensors) erfühlen z.B. Tastendrücke oder Kollisionen, das Gehirn (Controller) verarbeitet die Informationen der Sensoren und steuert dann die Muskeln (Actuators), die Aktionen auslösen oder das Objekt bewegen.

Als ersten Schritt zu unserer Echtzeitanimation müssen wir die entsprechenden Logic Bricks hinzufügen. Für die einfachste Animation sind das jeweils ein Logic Brick für Sensor, Controller und Actuator. Klicken Sie auf Add Sensor und wählen Sie aus dem Menü Always aus.

Erstellen Sie danach auf ähnliche Weise noch einen And Controller und einen Motion Actuator durch Anklicken von Add Controller bzw. Add Actuator, damit Sie eine Ansicht wie in Abbildung 3.5 gezeigt erhalten.

Abb. 3.5
Neue Logic Bricks

Als Nächstes müssen die Logic Bricks noch untereinander verbunden werden. Klicken Sie hierzu mit der linken Maustaste in den kleinen Punkt rechts an einem Logic Brick, halten Sie die Maustaste gedrückt und ziehen

Verbindungen

Sie dann die entstehende Linie zu dem Kreis am Logic Brick rechts, also

z. B. vom Always Sensor zum And Controller. Dann lassen Sie die Maustaste los. Die Logic Bricks sind nun miteinander verbunden.

Verbindungen kann man trennen, indem nochmals eine Verbindung über eine bereits vorhandene gezogen oder mit der Maus und gehaltenen Tasten Strg - die Verbindung »zerschnitten« wird; beim Löschen eines Logic Brick wird die Verbindung natürlich auch automatisch gelöscht. Verbinden Sie nun auf gleichem Wege noch den And Controller mit dem Motion Actuator.

Die Logik sieht nun wie in Abbildung 3.6 aus. Der Always Sensor »feuert« immer, der And Controller reicht diese Information nur weiter (mangels 2. Eingang) und der Motion Actuator macht nichts, da wir noch nicht definiert haben, welche Bewegung er ausführen soll.

Abb. 3.6
Fertige Logik

Hierzu ist es nötig, sich etwas in dem 3D-Raum, den die Szene ja beschreibt, zu orientieren. Links unten im 3D-Fenster (3D View) sehen Sie ein kleines Koordinatensystem.

3D-Raum

Die x-Achse zeigt nach rechts, die y-Achse ragt in den Raum hinein und die z-Achse nach oben. Dies wird in einigen anderen 3D-Programmen unterschiedlich gehandhabt. Aber wenn Sie sich an den Geometrieunterricht in der Schule erinnern, ist die x-y-Ebene praktisch Ihr Arbeitsblatt auf dem Tisch und die dritte Dimension, also die z-Achse, ragt nach oben.

Koordinaten

Um nun die Flasche um die z-Achse zu drehen, müssen wir zunächst eine Rotation pro Zeiteinheit (praktisch eine Drehgeschwindigkeit) definieren. Dies geschieht getrennt für die einzelnen Achsen in der Rot:-Zeile des Motion Actuator. Klicken Sie mit der linken Maustaste auf das Feld Z:0°, geben Sie über die Tastatur 1 ein und bestätigen Sie die Eingabe mit . Starten Sie nun die Echtzeit-Engine, indem Sie die Maus über die 3D-Ansicht bewegen und dann P drücken: Die Flasche sollte sich nun drehen. Zum Beenden der Echtzeitanimation drücken Sie Esc.

Drehung

Der Wert 1 entspricht einem Grad Drehung nach rechts (vom Koordinatenursprung aus gesehen!). Dies ist nicht viel, aber da der Motion Actuator ja 60 Mal in der Sekunde aufgerufen wird, summiert sich das zu einer sanften langsamen Drehung. Experimentieren Sie mit verschiedenen Werten (bei Nachkommastellen den Dezimalpunkt verwenden), kehren Sie die Bewegung durch Voranstellen eines Minus um oder probieren Sie einmal die anderen Achsen, bis Sie ein Gefühl für die Bewegungen bekommen.

Drehgeschwindigkeit

3.4.2 Die Arbeit sichern

Als Nächstes sollten wir unseren Fortschritt und die Arbeit an der Szene sichern. Blender stürzt meiner Erfahrung nach eher seltener als andere Programme ab, aber auch das Betriebssystem kann abstürzen oder der Strom ausfallen.

Speichern als... Ähnlich wie beim Laden einer Szene wird der Speicher-Dialog durch `F2` oder den Menüeintrag File → Save As eingeleitet und es erscheint ein File Window, mit dem Sie auf Ihrer Festplatte navigieren können.

Der Dateiname kann durch Anklicken des Dateinamens und Eingabe per Tastatur in der zweiten Zeile oben geändert werden. Wenn der Dateiname rot hinterlegt erscheint, dann sind Sie im Begriff, eine bestehende Datei zu überschreiben! Nachdem Sie einen Namen vergeben haben, können Sie durch `↵` oder den Button Save As Blender File das Speichern bestätigen.

3.4.3 Interaktion in der Echtzeitgrafik

Interaktion Bisher ist unsere Szene einer normalen Animation technisch kaum voraus, und die Stärken der Echtzeitgrafik treten noch nicht hervor. Tatsächlich würde ein berechneter Film eher noch besser aussehen. Die Vorteile einer Echtzeitgrafik werden aber sofort deutlich, wenn wir eine Interaktion des Benutzers mit der Szene einbauen. Und dies ist mit Blender praktisch ein Kinderspiel. Eine ausführliche Diskussion um die Vor- und Nachteile der Echtzeitanimation finden Sie in einem späteren Kapitel.

Logic-Brick-Typ ändern Für eine einfache Interaktion können wir die Flasche per Cursortasten drehbar gestalten. Dazu müssen wir im ersten Schritt den Always Sensor in einen Keyboard Sensor (der auf Tastendrücke wartet) ändern. Klicken Sie beim Always Sensor auf den Knopf, der mit Always und den Doppelpfeilen beschriftet ist, und wählen Sie aus dem Menü dann Keyboard. Sollten Sie daneben aus Versehen das Feld mit Always erwischen: Dies ist ein Eingabefeld, mit dem man die Logic Bricks benennen kann, was bei komplexeren Logiken sehr zu empfehlen ist. In unserem Fall wird der Keyboard Sensor auch »Always« heißen, was natürlich verwirrend ist. Also benennen Sie ihn doch gleich einmal um.

Im Keyboard Sensor klicken Sie dann wie abgebildet auf das Eingabefeld neben Key: Daraufhin erscheint die Abfrage nach der zu vergebenden Taste. Drücken Sie jetzt die gewünschte Taste, in unserem Beispiel `←`.

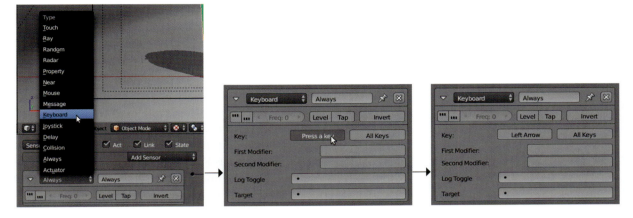

Platzieren Sie nun die Maus wie gehabt über dem 3D View und drücken Sie [P], um die Echtzeit-Engine zu starten. Die Flasche sollte sich nun nur drehen, solange Sie die Taste drücken. Beenden Sie die Echtzeit-Engine mit [Esc].

Um die Drehung in die andere Richtung zu definieren, brauchen wir wiederum einen Keyboard Sensor, einen And Controller und einen Motion Actuator. Diese sind komplett eigenständig und werden nicht mit den vorhandenen Logic Bricks verbunden. Erzeugen Sie nun durch das Benutzen der Add Sensor-, Add Controller- und Add Actuator-Knöpfe drei neue Logic Bricks. Jetzt könnte der Platz schon knapp werden und zumindest der neu erzeugte Keyboard Sensor wird nicht mehr komplett ins Fenster passen. Sie können nun entweder das Fenster zoomen, indem Sie das Scrollrad Ihrer Maus drehen oder auf dem Ziffernblock [Pad−] drücken. Eine weitere Möglichkeit ist es, die gerade nicht nötigen Logic Bricks »einzuklappen«, also zu minimieren. Dazu klicken Sie den kleinen Pfeil links oben im Logic Brick an.

Weitere Logic Bricks

Minimize

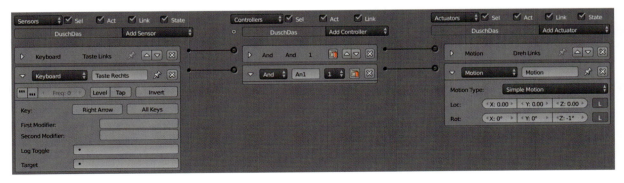

Anschließend verbinden Sie die Logic Bricks (Abbildung 3.7) wie gehabt miteinander, setzen die passende Taste im Keyboard Sensor und denken daran, −1° in den Motion Actuator einzutragen. Wenn die Echtzeit-Engine

Abb. 3.7
Logic Bricks für die komplette Drehung

nun gestartet wird, sollte sich die Flasche mit den definierten Tasten in beide Richtungen drehen lassen.

3.4.4 Die Flasche per Keyframe-Animation öffnen

Keyframe-Animationen sind Bewegungsabläufe, die immer in gleicher Weise ablaufen und deren Grenzen oder Extrempositionen (Schlüsselszenen, Keyframes) der Animator – also Sie – festlegt. Die Bewegung zwischen den Keyframes wird dann vom Computer errechnet. Beispiele hierfür sind etwa das Öffnen von Türen oder das Fahren von Aufzügen. Ein Keyframe wird immer durch eine Zeitangabe und einen Zustand (z. B. Position, Orientierung, Farbe) definiert. Keyframe-Animationen sind in Blender sehr wichtig und werden in Kapitel 6 noch ausführlich behandelt.

> Ein Keyframe wird immer durch eine Zeitangabe und einen Zustand (z. B. Position, Orientierung, Farbe) definiert.

Rechte Maustaste selektiert (🖱)

Selektieren Sie den Verschluss der Flasche, indem Sie ihn mit der rechten Maustaste anklicken. Das Objekt wird im 3D View, als Zeichen, dass es selektiert ist, mit einem orangen Rand versehen. Unten links im 3D View wird der Name »Verschluss« angezeigt. Links neben dem Objektnamen sehen Sie eine Zahl in Klammern: Sie definiert die aktuelle Zeit in der Animation, gemessen in Bildern (Frames). Sollte hier keine Eins stehen, so drücken Sie bitte ⌂-←.

1. Keyframe

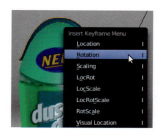

Wir haben nun den Zeitpunkt für den Keyframe definiert: Bild eins unserer Animation. Der Zustand des Verschlusses ist »geschlossen« bzw. so rotiert, dass er die Flasche verschließt. Jetzt setzen Sie diesen Keyframe, indem Sie die Maus über das 3D-Fenster bringen, I (Insert Key) drücken und aus dem Menü den Punkt Rotation mit der linken Maustaste auswählen.

Drücken Sie nun drei Mal ⌂-↑, um 30 Bilder in der Animation weiterzugehen. Dies entspricht etwa einer halben Sekunde. Damit haben wir den Zeitpunkt des zweiten Keyframes definiert. Jetzt, weiterhin mit der Maus über dem 3D View, drücken Sie **kurz** R (Rotate) und dann kurz Y. Dies sorgt dafür, dass wir nur entlang der lokalen y-Achse des Verschlusses drehen können, und Sie sollten nun in der Lage sein, den Verschluss durch Bewegen der Maus in seine Endstellung (ca. 120° rotiert) zu bringen. Sind Sie zufrieden, bestätigen Sie mit einem Klick der linken Maustaste. Abbrechen können Sie den Vorgang mit Esc.

2. Keyframe

Fügen Sie jetzt gleich einen weiteren Keyframe ein, indem Sie I drücken und wiederum Rotation aus dem Menü wählen. Sie können nun zur Kontrolle mit den Cursortasten in der Animation herumschalten: Zwischen Bild 1 und Bild 31 sollte sich der Verschluss wie gewünscht bewegen.

Wenn Sie einmal die Echtzeit-Engine mit P starten, so fällt auf, dass die Animation noch nicht abgespielt wird. Es braucht noch einen Auslöser, der den Start festlegt. So wie wir vorhin mit einem Tastendruck eine Drehung ausgelöst haben, so werden wir nun mit einem Tastendruck die Keyframe-Animation starten.

Das Verschlussobjekt sollte noch selektiert sein, und unten in dem Logic Editor sind keine Logic Bricks zu sehen. Dies zeigt ein wichtiges Prinzip von Blender: Die Logiken sind immer an das einzelne Objekt gebunden. Wie vorhin gelernt, erstellen Sie nun durch Benutzen der Add-Knöpfe jeweils einen Sensor, einen Controller und einen Actuator. Für den Sensor wählen Sie als Typ »Keyboard« und vergeben als Taste z.B. die Leerz. . Verbinden Sie den Sensor mit dem And Controller und diesen wiederum mit dem Actuator. Hier wählen Sie als Typ »Action«, dieser Logic Brick spielt die Keyframe-Animation (bzw. Action) ab.

Die richtige Action (auch wenn es in unserem Fall nur eine gibt) müssen Sie im Action-Browse-Button eintragen, indem Sie ihn einmal anklicken und dann die Action aus der Liste wählen.

Jetzt müssen wir noch ein paar Einstellungen gemäß Abbildung 3.8 am Actuator vornehmen. Klicken Sie den Knopf mit der Aufschrift »Play« und den Doppelpfeilen an und wählen Sie aus dem Menü Ping Pong. Dies sorgt dafür, dass bei dem ersten Tastendruck der Verschluss geöffnet wird und dass er beim zweiten Tastendruck wieder geschlossen wird, weil die Animation dann rückwärts abgespielt wird (wie beim Pingpong, immer hin und her).

Weiterhin müssen wir noch die korrekten Werte Start Frame: 1 und End Frame: 31 eintragen, da wir unsere Keyframes bei 1 und 31 gesetzt haben. Jetzt sollte die Animation wie geplant in der Echtzeit-Engine (P) abgespielt werden.

Abb. 3.8
Logic Bricks für den Verschluss

3.5 Die Szene rendern

Die klassische Computeranimation für Video, Film und Internet bietet im Gegensatz zur Echtzeitgrafik eine höhere Qualität der Bilder, dies betrifft insbesondere die Lichtberechnung, Schatten, Spiegelungen und Lichtbrechung. Selbst bei einfachsten Szenen benötigt die Berechnung eines Bildes auf herkömmlichen Prozessoren etliche Zehntel Sekunden, bei komplizierteren Szenen kann die Rechenzeit pro Bild aber auch Stunden betragen. Größere Filmprojekte werden daher auf vielen Prozessoren bzw. Computern parallel berechnet.

3.5.1 Die Szene laden

Wenn Sie den Abschnitt 3.3 mit der Echtzeitgrafik übersprungen haben, hier noch einmal kurz die Prozedur, um eine Szene zu laden. Laden Sie bitte die Szene Schnellstart/DuschDas_Render.blend von meiner Website http://blenderbuch.de/daten/Dateien.php und speichern Sie sie auf Ihrer Festplatte.

In Blender öffnen Sie eine Datei von Festplatte, indem Sie Open aus dem File-Menü aufrufen oder [F1] drücken. Es erscheint ein File Window (Dateidialog) wie in Abbildung 3.9 zu sehen.

Patent-Icon

Im System-Panel werden Ihre Festplatten und Netzwerkfreigaben aufgelistet. Ein Einzelklick mit der linken Maustaste auf ein Laufwerk wechselt dorthin, genauso öffnen Sie einen Ordner. Einen Ordner höher geht es mit dem Parent-Icon oder durch Klicken auf die zwei Punkte (..) oben in der Liste der Dateinamen.

Abb. 3.9
File Window

Sobald Sie sich im richtigen Ordner befinden, kann eine Datei durch einen Doppelklick mit der linken Maustaste geladen werden. Oder Sie wählen die

Datei mit der linken Maus und drücken dann den Open Blender File-Knopf oder ⏎ auf der Tastatur. Es sollte jetzt eine Szene wie in Abbildung 3.10 zu sehen sein.

Das größere 3D-Fenster rechts oben zeigt die Szene aus der Kameraperspektive, das breite 3D-Fenster unten zeigt die Szene aus der Frontansicht und im 3D-Fenster links oben ist eine Draufsicht der Szene zu sehen, die im Drahtgittermodus dargestellt wird. Auf der rechten Seite befindet sich das Properties Shelf, in dem Einstellungen vorgenommen werden. Oben rechts befindet sich der Outliner, in dem alle Objekte der Szene hierarchisch gelistet sind. Unten im Blender-Fenster sehen Sie noch die Timeline, mit der Animationen abgespielt werden können.

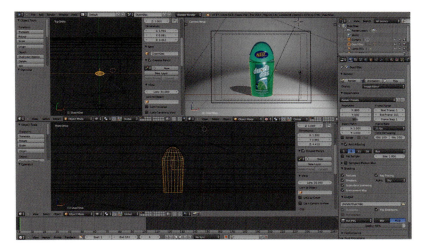

Abb. 3.10
Render-Schnellstart

Nachdem die Szene geladen ist, können Sie das erste Bild berechnen. Drücken Sie F12 oder den Image-Knopf rechts in den Scene Properties: Das Bild wird daraufhin berechnet und in einem Image Window dargestellt. Oben im Image Window werden ein paar Statistiken über die berechneten Flächen (Fa:) und den Speicherbedarf des Renderers ausgegeben. Je nach Computer wird die Berechnung einige Zehntel bis mehrere Sekunden dauern. Ein Einzelbild kann aus dem Render Window mittels F3 oder über das Image-Menü gespeichert werden. Geschlossen wird das Render Window mit Esc.

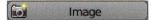

Die Schaltzentrale für die Bild- und Animationsberechnung sind die Render Properties in dem vertikalen Fenster rechts. Hier bestimmen Sie z.B. im Dimensions-Panel die Bildauflösung (Resolution:), den Bereich der zu berechnenden Animation bei Frame Range:, aber auch die gewünschte Framerate der Animation (Frame Rate:). Sehr wichtig ist das Output-Panel: Hier bestimmen Sie, wohin die Animation geschrieben wird. Ein Klick auf das Ordner-Icon öffnet ein File Window, in dem Sie den Pfad und den Namen der Animation angeben können. Der in der Beispielszene voreingestellte Pfad lautet //render/Duschdas. Hier bedeuten die // am Beginn

Schaltzentrale

des Pfades, dass relativ zum Blender-File gespeichert wird, in diesem Fall in dem Ordner `render/`, der, sollte er nicht existieren, erstellt wird.

3.5.2 Keyframe-Animation

Bisher macht es noch keinen Sinn, eine Animation zu berechnen, da sich ja in der Szene noch nichts bewegt. Wie beim Verschluss in der Echtzeitszene werden wir aber nun eine Animation der Flasche mittels Keyframe-Animation erstellen, bei der die Flasche ins Bild kommt, kurz stehen bleibt, geöffnet wird und wieder aus dem Bild verschwindet.

> Ein Keyframe wird immer durch eine Zeitangabe und einen Zustand (z. B. Position, Orientierung, Farbe) definiert.

Vorarbeit
Vergewissern Sie sich, dass die Flasche selektiert ist (zur Erinnerung: rechte Maustaste): In den texturierten Ansichten wird ein oranger Rahmen um das Objekt gezeichnet, in den Drahtgitteransichten wird das komplette Gitter orange dargestellt. Zusätzlich wird der Name des aktiven Objekts in den 3D-Fenstern unten links dargestellt. Um sicherzugehen, dass wir uns am Anfang der Animation befinden, sollten Sie mit der Maus über einem 3D View ⬆-⬅ drücken – die Zahl in Klammern neben dem Objektnamen muss dann 1 sein.

1. Keyframe
Wir haben die Animationszeit mit 1 bestimmt und werden nun die Position der Flasche ändern. Dazu bringen Sie die Maus über das breite 3D-Fenster unten auf dem Bildschirm und drücken **kurz** G (wie engl. grab, greifen): Nun folgt die Flasche Ihren Mausbewegungen. Damit Sie die Flasche sauber positionieren können, ist es empfehlenswert, noch kurz X zu drücken. Dies schränkt die Bewegungen der Flasche auf die x-Achse ein. Schieben Sie nun die Flasche nach links, bis sie in der Kameraansicht gerade links von dem schwarzen Rahmen steht. Eine Testberechnung mit F12 sollte eine leere Bühne zeigen. Schließen Sie das Render-Fenster mit Esc.

Mit der Maus über einem beliebigen 3D-Fenster fügen Sie durch Drücken von I einen neuen Keyframe ein. Als Option wählen Sie Location, was die Position der Flasche für diesen Keyframe festlegt.

2. Keyframe
Schalten Sie durch dreimaliges Drücken von ⬆-⬆ 30 Bilder weiter; dies ist links unten in den 3D Views oder in der Timeline zu kontrollieren. 30 Bilder entsprechen etwa einer Sekunde Animation bei den voreingestellten 24 Bildern pro Sekunde. Bringen Sie die Maus über das breite 3D-Fenster unten auf dem Bildschirm und drücken Sie wiederum kurz G: Die Flasche folgt Ihren Mausbewegungen. Jetzt wieder kurz X drücken, um die Bewegungen der Flasche auf die x-Achse einzuschränken. Schieben Sie nun die Flasche nach rechts, bis sie in der Kameraansicht etwa in der Mitte der Bühne steht, und bestätigen Sie mit der linken Maustaste.

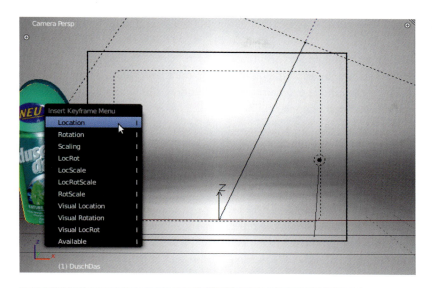

Abb. 3.11
Einfügen des 1. Keyframes

Führen Sie nun **auf keinen Fall** eine Testberechnung durch oder springen mit den Cursortasten in der Animation herum. Dies würde die Position wieder auf den letzten Keyframe zurücksetzen!

Fügen Sie wiederum einen Keyframe mit I→Location ein: Jetzt ist der Keyframe gesetzt und es kann gefahrlos gerendert werden. Oder Sie können sich die Animation per Cursortasten Bild für Bild anschauen.

3. Keyframe

Den kurzen Stopp in der Mitte der Bühne realisieren wir, indem wir mittels 3x ⇧-↑ 30 Bilder vorschalten und ohne die Position zu ändern wiederum einen Keyframe mit I→Location (I L in Blendersteno) für die Position setzen.

Schalten Sie wiederum 30 Bilder in der Animationszeit vor, bewegen Sie die Flasche nach rechts, bis sie in der Kameraansicht rechts neben dem schwarzen Rahmen steht, und fügen wiederum einen Keyframe für die Position ein.

4. Keyframe

Sie können jetzt mit den Player-Knöpfen, die in der Timeline verfügbar sind und wie bei einem DVD-Player funktionieren, die Animation in den 3D-Fenstern abspielen. Wie gehabt kann man sich mit den Cursortasten Bild für Bild durch die Animation bewegen oder man klickt mit der linken Maustaste in die Timeline, hält die Taste und verschiebt den grünen Cursor, um sich in der Animation zu bewegen.

Abb. 3.12

Timeline

Vorschau der Animation

3.5.3 Die Arbeit sichern

Als Nächstes sollten Sie Ihre Arbeit sichern. Ähnlich wie beim Laden einer Szene wird der Speicherdialog durch [F2] oder den Menüeintrag File→Save As eingeleitet und es erscheint ein File Window, mit dem Sie auf Ihrer Festplatte navigieren können.

Save As...

Der Dateiname kann durch Anklicken des Dateinamens und Eingabe per Tastatur in der zweiten Zeile oben geändert werden. Wenn der Dateiname rot unterlegt erscheint, dann sind Sie im Begriff, eine bestehende Datei zu überschreiben! Nachdem Sie einen Namen vergeben haben, können Sie durch [↵] oder mit dem Button Save As Blender File das Speichern bestätigen.

Nun können Sie die Szene durch Anklicken von Animation im Render-Panel berechnen lassen. Die erzeugte AVI-Datei (JPEG-Kompression) sollte jeder vernünftige Mediaplayer abspielen können.

Die berechnete Animation wird mit den Voreinstellungen meiner Beispieldatei in einem Ordner render/ im gleichen Ordner wie die Szene gespeichert.

3.5.4 Keyframe-Animation: Die Flasche öffnen

Die Flasche soll sich während der kleinen Pause in der Mitte der Bühne öffnen. Gehen Sie dazu wie im Folgenden beschrieben vor.

Rechte Maustaste selektiert (🖱)

Selektieren Sie den Verschluss der Flasche mit der rechten Maustaste: Das Objekt wird im 3D View mit einem orangen Rand versehen. Unten links im 3D View wird der Name »Verschluss« angezeigt. Schalten Sie mit den Cursortasten zu Bild 30 der Animation. Kontrollieren Sie dies in der Timeline oder in der Anzeige unten links im 3D View.

1. Keyframe

Wir haben nun die Zeit für den Keyframe definiert: Bild 30 unserer Animation. Der Zustand des Verschlusses ist »geschlossen« bzw. so rotiert, dass er die Flasche verschließt. Bringen Sie die Maus über ein 3D-Fenster, drücken Sie [I] (Insert Key) und wählen Sie aus dem Menü den Punkt Rotation mit der linken Maustaste aus.

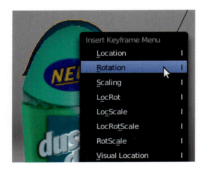

Drücken Sie nun drei Mal [⇧]-[↑], um 30 Bilder in der Animation weiterzuschalten. Dies entspricht etwa einer halben Sekunde der Animationszeit. Damit haben wir den Zeitpunkt des zweiten Keyframes definiert. Jetzt, weiterhin mit der Maus über dem 3D View, drücken Sie kurz [R] (Rotate) und dann kurz [Y]: Dies sorgt dafür, dass wir nur entlang der lokalen y-Achse des Verschlusses drehen können, und Sie sollten nun in der Lage sein, den Verschluss durch Bewegen der Maus in seine Endstellung (ca. 120° rotiert) zu bringen. Sind sie zufrieden, bestätigen Sie mit einem Klick der linken Maustaste. Abbrechen können Sie den Vorgang mit [Esc].

Fügen Sie gleich nach der Rotation einen weiteren Keyframe ein, indem Sie ⏎ drücken und wiederum Rotation aus dem Menü wählen.

2. Keyframe

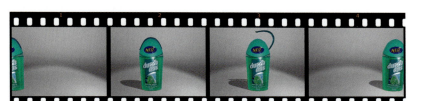

Abb. 3.13
Einige Bilder aus der Animation

Kontrollieren Sie die Animation wie oben beschrieben durch Abspielen mit den Player-Kontrollen in der Timeline und berechnen Sie dann die Animation. Sie können während der Berechnung einen Kaffee kochen (Besitzer schneller Rechner haben hier leider keine Ausrede) und sich für die folgenden Kapitel stärken oder – wenn Sie es sich schon zutrauen – versuchen, der Flasche noch eine Drehbewegung um die z-Achse (Hochachse) zu geben. Die Grundlagen dafür haben Sie bereits kennengelernt.

Kaffeezeit!

3.6 Die zugrundeliegende Modellierung

Sie haben eben gelernt, wie Sie in Blender ein 3D-Objekt animieren können. Aber was muss man in Blender tun, um ein solches Objekt zu erzeugen? Das zeigt Ihnen der folgende Abschnitt in etwas vereinfachter Form – aber immer noch so genau, dass Sie ein Gefühl für die Bedienung von Blender entwickeln.

Laden Sie die Datei `Schnellstart/DuschDasStart.blend` von meiner Website. In dieser Szene ist alles vorbereitet, um direkt anhand eines Hintergrundbildes, das als Referenz dient, loszumodellieren.

Als Anfänger sollten Sie den Anweisungen so genau wie möglich folgen, um eventuellen Fehlern vorzubeugen. Versuchen Sie hier noch nicht, alles zu verstehen, denn in diesem Abschnitt geht es darum, ein Gefühl für die generelle Arbeitsweise in Blender zu erhalten. Alle Schritte werden in folgenden Kapiteln noch ausführlich behandelt und erklärt.

3.6.1 Die Modellierung

Abb. 3.14
Die Grundszene

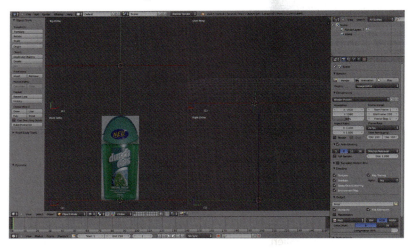

Die Ansicht aufteilen

Wie in Abbildung 3.14 ersichtlich, ist der 3D View von Blender in vier Fenster aufgeteilt, den sog. Quad View. Hier wird gleichzeitig eine Draufsicht (Top Ortho), eine Frontansicht (Front Ortho), eine Seitenansicht von rechts (Right Ortho) und eine perspektivische Sicht (User Persp) auf die Szene dargestellt. Diese Art der Darstellung ist für Einsteiger besonders geeignet, da die Szene immer aus allen Perspektiven zu sehen ist. Später geht man oft dazu über, mit einzelnen Fenstern oder nur zwei Ansichten zu arbeiten, um mehr Platz zu haben.

Bewegen Sie den Mauszeiger über die Draufsicht (Top Ortho) – der 3D Cursor sollte schon entsprechend positioniert sein – und drücken Sie ⌃-Ⓐ, um aus dem Add-Menü einen Mesh-Circle zu erzeugen. Drücken Sie nun F6 und ändern Sie die Anzahl der Vertices auf 16, indem Sie den Button neben Vertices mit gehaltener ⇧-Taste anklicken und dann per Tastatur 16 eingeben (bitte nicht den Ziffernblock benutzen).

Mit der Maus über einem 3D-Fenster drücken Sie nun ⇄, um in den Edit Mode zu wechseln. Im Edit Mode werden die meisten Modellierungsschritte ausgeführt, da nur hier jeder Punkt oder jede Fläche des Modells unabhängig bearbeitet werden kann.

> Im Edit Mode (⇄) werden einzelne Punkte, Kanten oder Flächen eines Modells bearbeitet, im Object Mode das komplette Objekt.

Den Querschnitt skalieren

Bewegen Sie die Maus über das Top-Ortho-Fenster und drücken Sie hintereinander Ⓢ und Ⓨ. Durch Mausbewegungen können wir den Kreis nun zusammen quetschen, indem wir ihn nur entlang der y-Achse skalieren. Unten im Fenster können Sie die Skalierung ablesen. Durch Halten von ⌃ erreicht man eine Skalierung in Zehntelschritten und kann so leicht

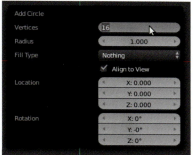

auf 0.500 skalieren. Bestätigen Sie die Skalierung mit der linken Maustaste. Der Kreis sollte nun ein Oval sein, das als Querschnitt der Flasche dient.

Das Segment skalieren

Mit der Maus über dem Front-Ortho-Fenster drücken Sie nun ⌐S⌐ und skalieren das gerade erstellte Segment bzw. den Querschnitt mit Mausbewegungen so weit, dass die äußeren Punkte gerade innerhalb der Flasche zu liegen kommen. Sind Sie zufrieden, so bestätigen Sie mit 🖱, wenn nicht, brechen Sie per 🖱 oder ⌐Esc⌐ ab und versuchen es noch einmal.

> Je nachdem, wie nahe Sie dem Zentrum des Objekts beim Drücken von ⌐S⌐ sind, wird die Skalierung in immer größeren Schritten erfolgen. Wollen Sie um einen großen Faktor skalieren, starten Sie die Skalierung nahe am Objektmittelpunkt. Wollen Sie feine Änderungen vornehmen, so starten Sie weiter entfernt.

Bisher haben wir nur einen Querschnitt erzeugt, der aus Punkten (Vertices) und Kanten (Edges) besteht, aber noch keine der für die 3D-Grafik wichtigen Flächen (Faces). Die Flächen erstellen wir mithilfe der Extrusion, einem zentralen Modellierungsverfahren.

Platzieren Sie die Maus über der Front-Ortho-Ansicht und drücken Sie ⌐E⌐ (für Extrude). Bewegen Sie nun einmal testweise die Maus nach oben: In den 3D-Fenstern können Sie sehen, dass ein neuer Querschnitt erzeugt wurde, der nun den Mausbewegungen folgt. Drücken Sie ⌐Z⌐, um die Bewegung auf die z-Achse (Hochachse der Flasche) einzuschränken. Dies sorgt für eine exakte Positionierung des neuen Querschnitts. Bewegen Sie die Maus nach oben, bis der Querschnitt etwa am dicksten Teil der Flasche angekommen ist, und bestätigen Sie mit 🖱. Anschließend drücken Sie kurz ⌐S⌐, um den neuen Querschnitt zu skalieren und wiederum so anzupassen, dass die äußeren Punkte am Rand der Flasche liegen, und bestätigen Sie mit 🖱.

1. Extrusion

> Für eine genauere Kontrolle zoomen Sie per Mausrad oder mit den Tasten ⌐Pad+⌐ und ⌐Pad−⌐ auf dem Ziffernblock. Verschieben Sie die Ansicht durch ⌐⇧⌐ 🖱 und Bewegen der Maus.

Weitere Extrusionen

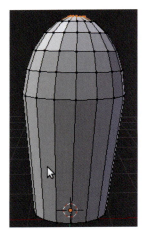

Erstellen Sie nun weitere Segmente auf die gleiche Weise: Extrudieren Sie mit ⌨E, schränken Sie die Bewegung mit Z ein, dann Verschieben des Segments, Bestätigen mit 🖱. Dann skalieren Sie den neuen Querschnitt mit ⌨S, bis die äußeren Punkte innerhalb des Bildes liegen, und bestätigen wieder mit 🖱. Orientieren Sie sich an der Abbildung: Mehr als fünf zusätzliche Segmente sollten es für dieses Objekt nicht werden, denn mehr Segmente würden das Modell nur unnötig verkomplizieren. Später werde ich noch Methoden zeigen, um diese Detailarbeit automatisch von Blender durchführen zu lassen. Bleiben Sie beim Skalieren innerhalb des hellgrünen Bereichs, der Verschluss kann in einem separaten Prozess modelliert werden.

Aktuell sehen wir nur eine Drahtgitteransicht des Modells. Wer sich schon etwas mit 3D-Grafik auskennt, ahnt, dass hier auch schon Flächen erzeugt wurden. Prüfen können wir das, indem wir ⌨Z über dem 3D-Fenster drücken: Jetzt werden die Flächen gefüllt (engl. shaded, schattiert/beleuchtet) dargestellt. Eventuell klaffen noch einige Lücken, was aber an der Darstellung liegt. Für das weitere Modellieren schalten Sie bitte die schattierte Ansicht per nochmaligem Druck auf ⌨Z ab.

Ein Segment schließen

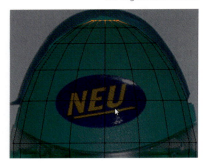

Nun geht es darum, die Flasche oben mit einer weiteren Extrusion zu schließen. Dazu extrudieren Sie den letzten Querschnitt wiederum mit ⌨E, schränken die Bewegung mit ⌨Z ein und bewegen das neue Segment auf die Höhe der Spitze der Flasche (hellgrüner Bereich). Bestätigen Sie mit 🖱. Drücken Sie nun ⌨S, dann ⌨0 (Null) auf der Haupttastatur und anschließend ⌨⏎. Diese Tastenkombination skaliert das Segment auf null, d. h., alle Punkte liegen aufeinander. Diese und ähnliche Tastenkombinationen in Blender sind mit ein Grund, warum man in Blender so effizient modellieren kann.

Was auf dem Bildschirm wie ein Punkt (Vertex) aussieht, besteht natürlich noch aus 16 Punkten, die an einem Ort liegen. Sie erinnern sich? Der Ausgangskreis besteht aus 16 Vertices. Für ein sauberes Modell sollten diese Punkte noch auf einen reduziert werden. Dies erreichen wir durch die Taste ⌨W, die das Specials-Menü aufruft, und die Auswahl des Menüpunktes Remove Doubles. In der Menüleiste oben in Blenders Fenster erscheint die Rückmeldung, dass 15 Vertices entfernt wurden – 16 minus 15 macht 1 Vertex. Ziel erreicht, die Flasche ist oben korrekt geschlossen. Nun ja, technisch korrekt im Sinne unseres simplen Modells. In Wirklichkeit müsste sich ja hier tatsächlich eine Öffnung befinden, um das Duschgel aus der Flasche zu bekommen. In der Computergrafik wird oft geschummelt. Die Realität zu 100 % abzubilden, ist möglich, aber oft mit unverhältnismäßig viel Arbeit verbunden. Man sollte sich daher nicht in Details verzetteln, die am Ende vielleicht gar nicht sichtbar sind.

Unnötige Punkte entfernen

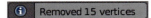

Nun geht es daran, der Flasche einen Boden zu verpassen. Bisher haben wir uns ja immer darauf verlassen, dass Blender am Ende der Extrusion das richtige Segment zur weiteren Bearbeitung selektiert hat. Dies ist nun nicht mehr der Fall. Zoomen sie per Mausrad oder durch Drücken von Pos1 über der Frontansicht (Front Ortho) heraus, bis Sie die komplette Flasche im Blick haben. Halten Sie Alt gedrückt und klicken Sie mit der rechten Maustaste (🖱) auf das unterste Segment der Flasche. Sie sollten dabei auf eine der waagerechten Linien (Edge) zielen, um nicht eine senkrechtes Segment zu erwischen. Kontrollieren Sie den Erfolg in den anderen Ansichten. Sollte nicht nur das letzte Segment selektiert sein, so versuchen Sie es erneut.

Eventuell muss das letzte und jetzt selektierte Segment noch etwas verschoben werden, damit es gut zu dem Hintergrundbild passt. Dazu drücken Sie G über der Front Ortho-Ansicht: Jetzt lässt sich das Segment mit der Maus bewegen. Um auch hier exakt zu arbeiten, drücken Sie wieder Z, um die Bewegung auf die Hochachse einzuschränken. Bestätigen Sie die neue Position durch 🖱.

Führen Sie jetzt wiederum Extrusionen aus, indem Sie E drücken, dann Z, um die Bewegung einzuschränken, dann mit der Maus verschieben und schließlich mit 🖱 bestätigen, wenn Sie zufrieden sind. Alles wie oben gelernt, anschließend skalieren Sie das gerade extrudierte Segment, bis es gut zu dem Hintergrundbild passt. Mehr als zwei oder drei neue Segmente sollten nicht nötig sein, um sich der Form des Bodens anzunähern. Zum Schluss skalieren Sie wiederum ein gerade extrudiertes Segment durch S 0 ⏎ auf einen Punkt und entfernen die unnötigen Punkte durch Aufruf von Remove Doubles aus dem Specials-Menü (W).

Wir können jetzt den Edit Mode mit ⭾ verlassen und mit Z auf eine gefüllte Flächendarstellung umschalten. Mit gehaltener mittlerer Maustaste und Mausbewegungen können Sie das Objekt von allen Seiten in der Ansicht User Persp anschauen. Eventuell entdecken Sie noch einige Löcher in dem Objekt, die durch den Modellierungsprozess entstanden sind. Um dies zu korrigieren, müssen wir wieder in den Edit Mode (⭾) wechseln. Nun folgen drei wichtige Optimierungsschritte, die Sie schon jetzt verinnerlichen können, um später Probleme mit der Texturvergabe zu vermeiden.

- Im Edit Mode drücken Sie einmal A, um alle selektierten Vertices zu deselektieren, und nochmals A, um jetzt alle Vertices zu selektieren. In den 3D-Ansichten sollten die Vertices und Kanten orange dargestellt sein.
- Remove Doubles aus dem Specials-Menü (W): Eventuell doppelte Vertices werden entfernt; diese können z. B. durch eine fehlerhafte Extrusion entstehen, bei der das neue Segment direkt auf dem alten liegt. Die Meldung »Removed 0 Vertices« in der Kopfzeile von Blender bedeutet, dass Sie sauber gearbeitet haben.
- Strg-N (Make Normals Consistent): Alle Lücken im Modell sollten jetzt verschwunden sein. Solche Lücken entstehen durch die automatische Generierung von Flächen bei der Extrusion.

Den Boden extrudieren

Das Objekt kontrollieren

Jetzt können Sie den Edit Mode mit [⇆] wieder verlassen und das Objekt sollte ohne Löcher in der perspektivischen Ansicht zu sehen sein. Die Darstellung des Objekts lässt sich jetzt noch durch das sog. Smooth Shading verbessern. Klicken Sie hierzu im Tool Shelf links im Fenster auf Smooth. Alternativ könnten Sie auch das Such-Fenster mit der Leertaste aufrufen, »Shade« eingeben und dann den Eintrag Shade Smooth mit der Maus wählen.

3.6.2 Klebebildchen: Texturvergabe

Für die weitere Arbeit am Objekt werden wir uns die Oberfläche von Blender neu aufteilen. Bewegen Sie die Maus über das linke untere Fenster der Vierseitenansicht und drücken Sie [Strg]-[Alt]-[Q],um die Vierseitenansicht zu beenden. Drücken Sie dann [Pos1], um die Flasche komplett in das 3D-Fenster einzupassen.

Texturen mappen

Teilen Sie das große 3D-Fenster auf, indem Sie wie abgebildet mit der linken Maustaste in die Fensterecke klicken, die Taste halten und die Maus nach rechts ziehen, bis das Fenster etwa in zwei gleiche Teile geteilt ist. Bewegen Sie die Maus über das rechte Fenster und drücken Sie [⇧]-[F10]. Dies schaltet das aktuelle Fenster auf einen UV/Image Editor um, in dem die Texturbilder bearbeitet und verwaltet werden.

In den nächsten Schritten wird im Prinzip jeder Fläche des Modells ein Bild (Fachbegriff: Textur) zugewiesen. Da Texturen nur zwei Dimensionen haben, aber auf ein 3D-Modell gebracht werden müssen, spricht man hier von »mappen« oder einer Projektion. Ein ähnliches Problem haben Kartografen, die von der kugelförmigen Erde ein rechteckiges Abbild auf Papier bringen müssen. Da dieses Verfahren sehr wichtig, aber auch komplex ist, wird es in späteren Kapiteln noch ausführlich behandelt.

Bringen Sie die Maus über das 3D-Fenster und schalten Sie mittels [⇆] in den Edit Mode. Bisher haben wir ja die Vertices (Punkte) des Modells bearbeitet. Für die Texturierung ist es aber praktischer, mit ganzen Flächen zu arbeiten. Die Umschaltung auf die Flächenselektion geschieht durch [Strg]+[⇆] und Auswahl von Face aus dem Menü. Klicken Sie jetzt mit der rechten Maustaste (🖰 Selektion) in die Flasche. Dies sorgt dafür, dass garantiert eine Fläche auf der Vorderseite der Flasche aktiv ist. Anschließend drücken Sie einmal [A], um alle Flächen zu deselektieren, und nochmals [A], um alle Flächen zu selektieren. Jetzt können wir sicher sein, dass alle Flächen für die folgenden Bearbeitungsschritte korrekt ausgewählt sind.

Projektion

Glücklicherweise beherrscht Blender einige Automatismen, so dass nicht jede einzelne Fläche per Hand mit einer Textur versehen werden muss. Weiterhin im Edit Mode und mit der Maus über dem 3D-Fenster drücken Sie nun [U]: Es erscheint ein Menü, aus dem Sie bitte Project from View (Bounds) auswählen. Diese Mapping-Methode projiziert das Texturbild praktisch wie ein Diaprojektor auf das 3D-Objekt. An den schrägen Rändern entstehen so eventuell Verzerrungen, die wir aber bei diesem einfachen Modell ignorieren können.

Um nun das Bild auch endgültig auf der Flasche und im UV/Image Editor zu sehen, klicken Sie mit 🖱 auf das Bild-Icon im Fenster-Header des UV/ Image Editor. In dem aufklappenden Menü wählen Sie das Bild `DuschDas_front.png`, das noch in der Szene vorhanden ist, weil es ja während des Modellierens als Hintergrundbild verwendet wurde.

*Abb. 3.15
Die Projektion*

Es sollte sich jetzt eine Ansicht wie in der Abbildung 3.15 ergeben: Links ist das 3D-Modell zu sehen und rechts das projizierte Gitter auf der Textur. Mit 🖱 und Mausbewegungen im linken Fenster kann nun die Ansicht rotiert werden, um die Flasche von allen Seiten zu betrachten. Eine noch bessere Darstellung erreichen Sie durch Drücken von [Alt]-[Z] über dem 3D-Fenster. Hierbei wird dann (mangels Lichtern in der Szene) keine Beleuchtungsberechnung mehr durchgeführt und die Textur kommt besser zur Geltung. An den Rändern der Flasche und im oberen Bereich sehen Sie noch einige unschöne Stellen, an denen der Fotohintergrund mit auf der Flasche abge-

Das Mapping anpassen

bildet wird. Um dies zu korrigieren, bearbeiten wir nicht das Modell, sondern passen das Mapping der Textur im UV/Image Editor (rechtes Fenster) an.

Stellen Sie mittels View-Drehung (🖱 + Mausbewegung) und eventuell Zoom (Strg-🖱 + Mausbewegung) eine Ansicht im 3D-Fenster ein, bei der Sie die Problemstellen gut erkennen können. Bewegen Sie die Maus nun über das Fenster des UV/Image Editor und drücken Sie S. Bewegen Sie die Maus vorsichtig: Das Gitter wird nun skaliert. Wenn Sie es kleiner skalieren, sollten die Problemstellen im 3D-Fenster verschwinden. Achten Sie darauf, dass im UV/Image Editor die Schrift, insbesondere unten auf der Flasche, innerhalb des Gitters bleibt. Möchten Sie den Vorgang abbrechen, so drücken Sie 🖱 oder Esc. Sind Sie zufrieden, bestätigen Sie mit 🖱.

Vielleicht haben Sie es ja schon bemerkt: Auf der Rückseite der Flasche befindet sich nun die gleiche Textur wie auf der Vorderseite, nur dass sie gespiegelt ist. Der nächste Schritt muss also sein, ein Bild der Flaschenrückseite auf die Rückseite des Modells zu bringen, ohne dabei die Textur der Vorderseite wieder zu zerstören.

Textur der Rückseite

Zuerst werden wir die Ansicht umschalten, so dass wir von hinten auf die Flasche blicken. Drücken Sie Strg-Pad 1 und die Ansicht wechselt. Sollte jetzt oben im Fenster nicht Back Ortho, sondern Back Persp, stehen, so müssen Sie noch Pad 5 drücken, um eine orthogonale Ansicht zu erhalten.

Die Rückseite auswählen

Mit der Maus über dem 3D-Fenster links schalten Sie jetzt mit ⇆ in den Edit Mode. Wählen Sie mit 🖱 eine Fläche aus der Flasche aus: Nun sind wir sicher, dass diese aktive Fläche auf der Rückseite der Flasche liegt. Um nun die restlichen Flächen der Rückseite zu wählen, drücken Sie B und ziehen mit gehaltener linker Maustaste (🖱) einen Auswahlrahmen über die gesamte Flasche auf.

Öffnen Sie mit U das UV Mapping-Menü und wählen wie oben Project from View (Bounds). Im 3D-Fenster sollte jetzt die Textur nicht mehr spiegelverkehrt sein. Um nun das Bild auch endgültig auf der Flasche und im UV/Image Editor zu sehen, klicken Sie mit 🖱 auf das Bild-Icon im Fenster-Header des UV Image Editor. In dem aufklappenden Menü wählen Sie das Bild DuschDas_back.png und das Bild wird auf die selektierten Flächen der Flaschenrückseite gemappt.

Das Mapping anpassen

Auch diese Textur muss noch angepasst werden. Stellen Sie mittels View-Drehung (🖱 + Mausbewegung) und eventuell Zoom (Strg-🖱 + Mausbewegung) eine Ansicht im 3D-Fenster ein, bei der Sie die problematischen Stellen gut erkennen können. Bewegen Sie die Maus nun über das Fenster des UV/Image Editor und drücken Sie S. Bewegen Sie die Maus vorsichtig: Das Gitter wird skaliert. Wenn Sie es kleiner skalieren, sollten die Problemstellen im 3D-Fenster verschwinden. Achten Sie darauf, dass im UV/Image Editor die Schrift, insbesondere unten auf der Flasche, innerhalb des Gitters bleibt. Möchten Sie den Vorgang abbrechen, so drücken Sie 🖱 oder Esc. Sind Sie zufrieden, so bestätigen Sie mit 🖱.

Die Flasche ist nun fertig. Schauen Sie sich das Modell durch Drehen der Ansicht mit 🖱 von allen Seiten an. Es ist sicherlich nicht das schönste und am besten texturierte Modell der Welt, aber mit diesem Beispiel haben Sie schon einmal die grundlegende Arbeitsweise in Blender kennengelernt.

Mit diesem Schnellstart haben Sie auch einige Konzepte von Blender kennengelernt und (vielleicht unbewusst) einige Arbeitsschritte verinnerlicht, wie sie immer wieder in der 3D-Arbeit vorkommen. Dieser globale, wenn auch nicht sehr detaillierte Überblick wird Ihnen bei der weiteren Lektüre dieses Buches helfen.

4 Keine Hexerei: Blender bedienen

Blenders Bedienoberfläche (GUI, Graphical User Interface) wird komplett in OpenGL dargestellt. Die OpenGL-Softwarebibliotheken sorgen in Blender, aber auch in vielen anderen 3D-Programmen, für die Darstellung der 3D-Grafik während der Modellierungsphase. Blender unterscheidet sich von der Mehrheit der mir bekannten Systeme dadurch, dass es OpenGL auch zum Zeichnen der gesamten Bedienoberfläche verwendet. Dies sorgt unter anderem für ein im Vergleich extrem kompaktes Programm und dafür, dass Blender auf jeder der vier momentan offiziell unterstützten Plattformen (Windows 32/64 Bit, Linux 32/64 Bit, Mac OS X Intel, FreeBSD 32/64 Bit) gleich aussieht und die Aufteilung der Oberfläche beinahe beliebig flexibel ist. Die Verwendung von OpenGL erlaubt es z. B. auch, die Knöpfe der Oberfläche von Blender zu skalieren. Als Nachteil steht dieser Flexibilität ein recht eigenes Konzept gegenüber, das ein Neuerlernen erfordert, wenn Sie z. B. die Oberflächen von Windows oder Mac OS X gewohnt sind. Insbesondere fallen hier einige Knöpfe, Regler und sonstige Oberflächenelemente auf, für die es keine Entsprechung in anderen grafischen Benutzeroberflächen gibt.

Die Oberfläche basiert auf OpenGL.

Blender ist dafür ausgelegt, zweihändig mit Maus und Tastatur bedient zu werden. Viele Funktionen sind auch allein mit der Maus zu erreichen, aber gerade in der Modellierungsphase ist die Tastatur extrem wichtig. Im ersten Teil dieses Kapitels werden daher diese Eingabegeräte und ihre Rollen in Blender vorgestellt.

Bedienung mit Maus und Tastatur

So wichtige Funktionen wie das Laden und Speichern von Szenen oder die Bedienung und Navigation der 3D-Fenster werden ebenso erklärt wie die Möglichkeiten, Objekte zu selektieren und die grundlegendsten Bearbeitungen auszuführen.

Mit diesem Grundwissen und dem Schnellstart sollte es Ihnen leicht fallen, die Übungen in den folgenden Kapiteln durchzuführen und zu verstehen. Anfangs werden Sie ein paar Wiederholungen bemerken: Sie dienen dazu, das Gelernte zu vertiefen, und ermöglichen es Ihnen, einzelne Übungen, die Sie vielleicht im Moment nicht interessieren, zu überspringen.

Auch in diesem eher trockenen Kapitel sind einige Übungen eingestreut. Aber auch wo es nicht explizit angezeigt wird, sollten Sie beim Lesen die einzelnen Funktionen kurz in Blender ausprobieren.

4.1 Voreinstellungen

Blender ist durch die Voreinstellungen, die in seiner Standard-Grundszene und der Einstellungsdatei gespeichert sind, praktisch komplett an Ihre eigenen Vorlieben anzupassen. Ich verwende für dieses Buch so weit wie möglich die mitgelieferten Voreinstellungen. Einige dieser Voreinstellungen sind aber für ein Buch ungünstig, und an diesen Stellen weiche ich von der Standardeinstellung ab. Hier eine kurze Übersicht:

- Die 3D-Widgets, die zwar manchmal praktisch sind, deren Handhabung sich aber nur sehr schwer im Text beschreiben lässt, sind in meiner Voreinstellungsdatei abgeschaltet. Oft verdecken sie (vor allem im Edit Mode) auch die zu bearbeitenden Objekte.
- Neue Objekte werden bei mir zur Ansicht ausgerichtet, auch dies hat seine Ursache in einer einfacheren Beschreibung der Vorgänge.
- Weniger einschneidende Voreinstellungen sind z.B. die Anzahl der Dateiversionen, die als automatisches Backup geschrieben werden, oder dass Dateien standardmäßig komprimiert geschrieben werden.

Besonders Einsteigern empfehle ich meine Voreinstellungsdatei (carsten.blend) zu laden und durch `Strg`-`U` zur eigenen Grundszene zu machen und anschließend die User Preferences durch `Strg`-`Alt`-`U` aufrufen und dann zu speichern mittels Save User Preferences. Nur so ist gewährleistet, dass die Übungen garantiert funktionieren – und das auch noch, wenn in einer neuen Blender-Version mal wieder eine Standardeinstellung geändert wird.

4.2 Kleinnager: Die Maus

So weit wie möglich und sinnvoll wurden die Funktionen der Maus und der Maustasten in Blender vereinheitlicht, so dass sie in den verschiedenen Programmteilen gleich funktionieren.

4.2.1 Linke Maustaste

Left Mouse Button, LMB (🖱) Mit der linken Maustaste, kurz als 🖱 ausgezeichnet, werden Schalter, Knöpfe und Regler bedient. Oft ermöglicht eine Kombination von Klicken, Halten und Ziehen weitere Funktionen, z. B. den Wert in einem Zahlenfeld zu ändern.

In 2D- und 3D-Fenstern setzt die linke Maustaste 🖰 den 2D- bzw. 3D Cursor, an dessen Position dann neue Objekte erzeugt werden oder der als Transformationspunkt dient.

3D Cursor

Zusammen mit Tasten wie [Strg], [⇧] oder [Alt] können noch weitere Funktionen mit der linken Maustaste möglich sein, z. B. das Setzen neuer Punkte in einem Objekt oder das sogenannte Lasso Select. Diese Funktionen werden in den passenden Abschnitten genau beschrieben.

4.2.2 Mittlere Maustaste

Blender wurde auf Betriebssystemen entwickelt, die Dreitastenmäuse unterstützen bzw. sogar fordern. Daher wird die mittlere Taste entsprechend ausgiebig benutzt. Ist auf Ihrem System keine mittlere Maustaste verfügbar, so kann Blender diese durch eine Kombination von [Alt] und linker Maustaste ersetzen. Mac-User mit nur einer Taste ersetzen die rechte Maustaste durch [⌘]-🖰 oder die entsprechende Multitouch-Geste, oder sie kaufen eine Dreitastenmaus.

In den 3D-Fenstern dient die mittlere Maustaste, kurz 🖰, zum Drehen, zusammen mit [⇧] zum Verschieben oder mit [Strg] zum Zoomen der Ansicht, in 2D-Fenstertypen verschiebt man damit den Fensterinhalt. Eine weitere wichtige Funktion besitzt die mittlere Maustaste bei der Transformation, also beim Verschieben, Drehen, Vergrößern oder Verkleinern von Objekten. Mit ihr kann die Änderung auf eine Achse oder Bewegungsrichtung beschränkt werden. Diese Verwendung der mittleren Maustaste ist sehr praktisch und wird in den folgenden Abschnitten noch häufiger auftauchen und genau erklärt werden.

Middle Mouse Button (🖰)

Mit einem Mausrad zoomen oder verschieben (scrollen) Sie den Bildinhalt. Dies ist in 3D-Ansichten möglich, aber auch in anderen Umgebungen, die Sie später noch kennenlernen (z. B. im Text Editor).

Mausrad

4.2.3 Rechte Maustaste

Die rechte Maustaste, kurz 🖰, dient in Blender (abweichend von wahrscheinlich allen anderen Programmen) zur Selektion und Aktivierung von Objekten oder Punkten. Wird die [⇧]-Taste gehalten, kann mit der rechten Maustaste die Auswahl erweitert bzw. bei nochmaliger Anwahl verkleinert werden.

Right Mouse Button (🖰)

Selektierte Objekte werden in den 3D-Fenstern orange dargestellt. Sind mehrere Objekte selektiert, so ist eines heller orange: Dies ist das aktive Objekt, auf das sich weitere Aktionen beziehen. Es kann beliebig viele selektierte Objekte geben, aber immer nur ein aktives Objekt.

Selektiertes und aktives Objekt

4.2.4 Tastaturbedienung

Im Gegensatz zu den Tastaturkommandos anderer Programme sind viele Funktionen in Blender durch einzelne Tastendrücke aufzurufen. Dies erspart komplizierte Verrenkungen der Hand. Die allermeisten und am häufigsten benutzten Tastenkommandos werden zudem nur durch einen kurzen Tastendruck aufgerufen, so dass die Hand nicht verkrampft und schon über der nächsten Taste positioniert werden kann, während der letzte Bearbeitungsschritt noch ausgeführt wird. Weiterhin sind auch die Funktions- und Sondertasten mit wichtigen Funktionen belegt.

Folgende Tasten bewirken in fast allen Bereichen von Blender die gleichen Aktionen, (im Anhang befindet sich eine ausführlichere Liste zur Referenz):

`Esc`	Die Escape-Taste (Abbruch) bricht Aktionen ab.
`Leerz.`	Die Leertaste ruft das Such-Fenster von Blender auf. Darin finden Sie durch Eingabe von Begriffen die dazugehörigen Funktionen und deren Tastenkürzel.
`D`	zum Dateifenster, in dem der Pfad und der Dateiname angegeben werden können.
`Strg`-`S`	Schnelles Speichern ohne Dateifenster. Aus dem Render-Fenster speichert `F3` ein berechnetes Einzelbild in dem in den Render Properties eingestellten Format. Das gesamte Fenster wird zum Dateifenster.
`⇧`-`F2`	Schaltet das aktuelle Fenster auf einen Logic Editor um.
`⇧`-`F3`	Schaltet das aktuelle Fenster auf den Node Editor um.
`⇧`-`F4`	Schaltet das aktuelle Fenster auf die Console um.
`⇧`-`F5`	Schaltet das aktuelle Fenster auf ein 3D-Fenster um.
`⇧`-`F6`	Schaltet das aktuelle Fenster auf einen F-Curve Editor um.
`⇧`-`F7`	Schaltet das aktuelle Fenster auf ein Properties-Fenster um.
`⇧`-`F8`	Schaltet das aktuelle Fenster auf einen Sequenzer um.
`⇧`-`F9`	Schaltet das aktuelle Fenster auf einen Outliner um.
`⇧`-`F10`	Schaltet das aktuelle Fenster auf einen UV/Image Editor um.
`⇧`-`F11`	Schaltet das aktuelle Fenster auf einen Texteditor um.
`⇧`-`F12`	Schaltet das aktuelle Fenster auf einen Dope Sheet Editor um.
`F12`	Berechnet das aktuelle Bild.
`→`	Schaltet ein Bild in der Animation weiter.
`⇧`-`→`	Schaltet zum letzten in den Render Properties eingestellten Bild.
`←`	Schaltet ein Bild zurück.
`⇧`-`←`	Schaltet zum ersten Bild.
`⇧`-`↑`	Schaltet zehn Bilder weiter.
`⇧`-`↓`	Schaltet zehn Bilder zurück.
`↑`	Schaltet zum nächsten Keyframe des selektierten Objekts.

↓	Schaltet zum vorhergehenden Keyframe des selektierten Objekts.
Alt - A	Spielt die Animation ab. Mit Esc oder nochmaligem Alt - A wird dieser Modus beendet. Während die Animation abgespielt wird, kann weitergearbeitet werden.
Strg - Q	Beendet Blender nach einer Sicherheitsabfrage.
Strg - U	Sichert die aktuelle Szene als Voreinstellungsdatei (siehe Abschnitt 4.1) für neue Szenen oder für den Start von Blender im Heimverzeichnis.
Strg - N	Löscht die aktuelle Szene komplett, startet mit der Voreinstellungsszene neu.
Strg - Z	Globales Undo, macht den letzten Arbeitsschritt rückgängig.
Strg - ⇧ - Z	Globales Redo, macht den letzten Undo-Schritt rückgängig.

4.3 Die Menüs

Die Menüs in Blender, wie z.B. das File-Menü aus Abbildung 4.1, funktionieren wie aus anderen Anwendungen her gewohnt: Ein Mausklick auf einen Menütitel öffnet das Menü, dann wird die Maus auf den gewünschten Eintrag bewegt und der Befehl wird durch 🖱 ausgewählt. Alternativ kann man auch die linke Maustaste nach Anwahl des Menütitels weiter halten und über dem entsprechenden Menüpunkt wieder loslassen. Weiterhin sind die Menüs in Blender auch mit der Tastatur bedienbar: ⏎ öffnet das Menü, über dem die Maus sich befindet; darin kann man mit den Cursortasten navigieren und einen Menüpunkt mit ⏎ auswählen.

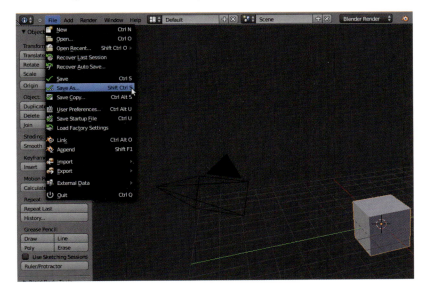

Abb. 4.1

Blenders Hauptmenü mit geöffnetem File-Menü

Tastenkürzel in Menüs

Eine noch schnellere Methode ist es, einfach die dem Menüpunkt entsprechende Taste zu drücken – diese wird durch den unterstrichenen Buchstaben im Menü angezeigt. So kann man sich dann für seine Arbeit wichtige Kombinationen merken und sie blitzschnell aufrufen, z. B. ⇧-Ⓐ Ⓜ Ⓒ, was einen Würfel erzeugt.

Neben dem Hauptmenü hat jeder Fenstertyp in Blender noch ein eigenes Menü, das speziell für dieses Fenster sinnvolle Einträge enthält. Als Beispiel ist in der Abbildung links das View-Menü des 3D-Fensters zu sehen.

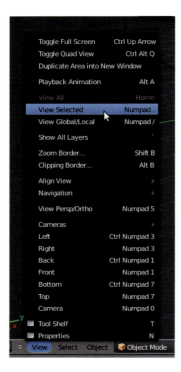

Da in den Menüs auch die Tastaturkürzel angegeben sind, eignen sich die Menüs hervorragend zum Nachschlagen, ob und mit welchem Tastaturbefehl eine Funktion erreichbar ist. Kennt man nur noch einen Teil des Befehlsnamens oder einen Fachbegriff, so kann man mit dem Such-Menü, das durch Leerz. aufgerufen wird, suchen und dann den Befehl direkt ausführen oder dessen Tastenkürzel erfahren.

Eine spezielle Art von Menüs sind die Dialoge, die erscheinen, wenn eine kritische Aktion (Speichern, Szene zurücksetzen etc.) aufgerufen wird. Diese Menüs können durch einen Klick mit der linken Maus auf den her-

vorgehobenen Befehl oder durch Drücken von ↵ ausgeführt bzw. positiv beantwortet oder per Esc oder Klick außerhalb des Dialogs abgebrochen bzw. verneint werden.

Für einige Aktionen erscheinen Pop-up-Menüs an der Mausposition. Wie gewohnt können auch hier die Einträge mit der Maus selektiert werden. Esc oder das Herausbewegen der Maus aus dem Pop-up-Menü schließt das Menü, ohne eine Aktion auszuführen. Auch hier erscheinen die Tastenkürzel wieder neben den Befehlen, zusätzlich jedoch sind in den Befehlsnamen Buchstaben unterstrichen. Wird der entsprechende Buchstabe gedrückt, so wird der Befehl ausgeführt. So können Sie z.B. mit Ⓦ Ⓜ Ⓛ zwei Punkte miteinander verschmelzen, wobei der letzte Punkt die Lage des Endpunktes angibt.

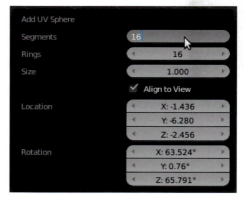

Ein besonderes Pop-up-Menü ist das F6-Menü, das die Parameter des gerade ausgeführten Befehls (Operator) anzeigt und änderbar macht. Diese Parameter sind auch im Tools-Shelf erreichbar, aber oft ist das F6-Menü einfacher zu erreichen. Die Parameter bleiben änderbar, bis ein weiterer Operator aufgerufen wurde.

F6-Menü

Specials
LoopTools ▶
Subdivide
Subdivide Smooth
Merge... Alt M
Remove Doubles
Hide H
Reveal Alt H
Select Inverse Ctrl I
Flip Normals
Smooth
Laplacian Smooth
Inset Faces I
Bevel Ctrl B
Bridge Two Edge Loops
Shade Smooth
Shade Flat
Blend From Shape
Shape Propagate
Select Vertex Path
Sort Mesh Elements
Symmetrize
Relax

4.4 Bedienung und Navigation in den 3D-Fenstern

Der wichtigste Fenstertyp in einem 3D-Programm ist sicherlich das Fenster, das die 3D-Szene darstellt: der sogenannte *3D View*. Bei der Darstellung gibt es verschiedene Arten, die dreidimensionale Szene auf den zweidimensionalen Monitor zu bringen. In Abschnitt 2.6 wurden die beiden wichtigsten schon beschrieben. Die Standard-Grundszene enthält einen großen 3D View mit einer perspektivischen Ansicht auf einen Würfel, eine Kamera und eine Lichtquelle.

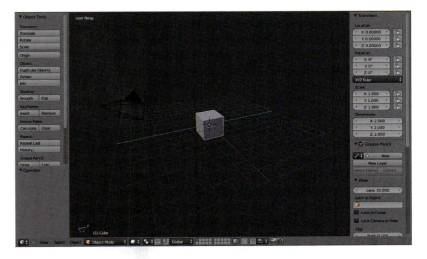

Abb. 4.2
Der 3D View, das Fenster zur Welt

In Abbildung 4.2 ist ein typischer 3D View zu sehen: links das Tool Shelf, in der Mitte der eigentliche 3D View, rechts das Property Shelf und unten als Leiste über die ganze Breite der Window Header. Die Shelves sind schnell mit T bzw. N ein- und auszublendende Bereiche, in denen aktuelle Informationen und den Kontext betreffende Befehle zu finden sind.

Der 3D View zeigt momentan eine perspektivische Ansicht auf die Szene. Dies können Sie oben links an User Persp erkennen, hier wird immer der

3D View-Anatomie

aktuelle View angezeigt, z. B auch Camera, Front oder Ortho Back. Im Zentrum des Würfels befindet sich der 3D Cursor, im Moment steht er genau im Zentrum der 3D-Welt, das auch Ausgangspunkt für das Raster ist. Links unten im 3D View sehen Sie ein kleines Koordinatensystem, das anzeigt, wie der View im Raum einzuordnen ist. Die Farben der Achsen finden sich auch im Raster wieder: X, Y, Z.

Probieren Sie am besten die im Folgenden beschrieben Befehle und Tastaturkürzel direkt in Blender aus. Die Szene können Sie jederzeit mittels Strg-N auf die Grundszene zurücksetzen und dann weiter üben.

4.4.1 Wichtige Tastaturkommandos in den 3D-Fenstern

Die wichtigsten Tastaturkommandos in 3D-Fenstern sind sicherlich die Tasten, um die Ansichten umzuschalten. Hierbei wird intensiv Gebrauch vom Ziffernblock gemacht.

> Laptopbenutzer ohne diesen Ziffernblock können die Option Emulate Numpad aus den File → User Preferences... → Input benutzen, um die normalen Zifferntasten statt des Ziffernblocks zu verwenden. Bei einigen Laptops ist es alternativ möglich, die Fn-Taste zusammen mit dem in die Haupttastatur eingebetteten Ziffernblock zu verwenden.

Alle Tastaturkommandos aus diesem Abschnitt können Sie auch im View-Menü des Fensters finden.

Vorderansicht

Pad 1 (also die 1 auf dem Ziffernblock) schaltet das aktuelle 3D-Fenster auf eine Vorderansicht (Front) um. Mit Strg-Pad 1 können Sie auf die Ansicht von hinten schalten. Diese Umschaltung funktioniert analog natürlich auch bei den anderen Ansichten. Denken Sie daran, dass die Umschaltung immer für das aktive Fenster gilt, d.h. für das Fenster, über dem sich die Maus befindet.

Abb. 4.3
Orthogonale und perspektivische
Vorderansicht

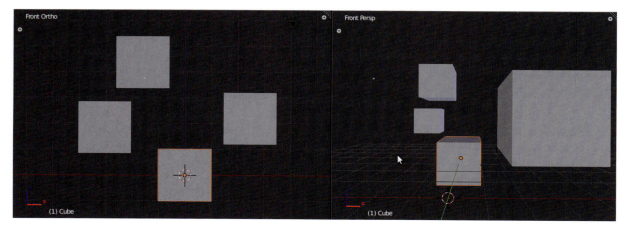

Mit Pad 5 schaltet man um zwischen einer orthogonalen und einer perspektivischen Ansicht (siehe Abschnitt 2.6). In Abbildung 4.3 ist die Vorderansicht einer Szene zu sehen. In der orthogonalen Ansicht ist nicht auszumachen, dass die Würfel in der Tiefe gestaffelt sind. Orthogonale Ansichten werden besonders für das exakte Modellieren geschätzt, perspektivische Ansichten dagegen, um die Relationen der Objekte untereinander abzuschätzen.

Orthogonale und perspektivische Ansichten Pad 5

Pad 3 schaltet das aktuelle 3D-Fenster auf eine Ansicht von rechts (Right) um. Mit Strg - Pad 3 können Sie auf die Ansicht von links schalten.

Seitenansicht Pad 3

Pad 7 schaltet das aktuelle 3D-Fenster auf eine Ansicht von oben (Top) um. Mit Strg - Pad 7 können Sie auf die Ansicht von unten schalten.

Draufsicht Pad 7

Pad+ und Pad− zoomen hinein bzw. aus der Ansicht heraus. Pos1 zoomt die Ansicht so weit, dass alle Objekte im Fenster zu sehen sind.

Zoomen Pad+ und Pad−

Mit den kreuzförmig angeordneten Tasten (bei den allermeisten Ziffernblöcken sind auch entsprechende Pfeile unter den Ziffern) Pad 4, Pad 8, Pad 6 und Pad 2 können Sie die Ansicht entlang der Hauptachsen in 15°-Schritten drehen. Halten Sie zusätzlich die Strg, um die Ansicht zu verschieben.

Drehen der Ansicht

Mit Pad 0 wird das aktuelle 3D-Fenster auf die aktuelle Kameraansicht umgeschaltet bzw. aus der Kameraansicht wieder zurück in die letzte Ansicht vor der Umschaltung auf die Kamera. Durch Strg - Pad 0 wird das aktiv selektierte Objekt zur aktuellen Kamera. Ja, in Blender können Sie auch andere Objekte als Kamera benutzen. Das ist z.B. sehr praktisch, um Lichter auszurichten. Haben Sie mehrere Kameras in der Szene, so können Sie in unterschiedlichen 3D Views mehrere verschiedene Kameraansichten haben.

Kameraansicht Pad 0

> Die aktive Kamera, aus deren Ansicht gerendert wird, ist aber immer die zuletzt mit Strg - Pad 0 zur aktiven Kamera gemachte.

Kamera fürs Rendern

Um ein Fenster zu maximieren/minimieren, können Sie ⇧ - Leerz. benutzen.

Zwei wichtige Tastaturkommandos, um je nach Aufgabe mehr Platz oder mehr Bearbeitungsmöglichkeiten im 3D View zu schaffen, sind T und N, um die sogenannten Shelves (Singular Shelf, engl. für Ablage, siehe Abbildung 4.2) schnell ein- und auszublenden.

Die Shelves N und T

Beide Shelves können mit der Maus horizontal vergrößert oder verkleinert werden, indem Sie mit der Maus über die innere, zum 3D-Inhalt nähere Kante streichen. Der Mauszeiger wird zum Doppelpfeil und durch Halten und Ziehen mit 🖱 können Sie nun das Fenster in der Größe ändern. Vertikal passen sich die Shelves immer der Fensterhöhe an. Ein geschlossenes Shelf kann alternativ auch durch einen Mausklick auf das kleine +-Label geöffnet werden.

Tool Shelf ⊞N⊞

Das Tool Shelf wird mit ⊞T⊞ oder dem Menüpunkt View → Tool Shelf ein- und ausgeblendet. Hier befinden sich die wichtigen *Object Tools*: ein Panel, das je nach Objekt und Modus wichtige Befehle enthält, die auf diesem Weg schnell mit einem Mausklick ausgeführt werden können. In einem weiteren Panel werden die Optionen und Parameter für den zuletzt ausgeführten Befehl angezeigt und können so noch bis zur Ausführung des nächsten Befehls geändert werden. Ist das Tool Shelf ausgeblendet, können die Parameter eines neuen Objekts auch durch ⊞F6⊞ geändert werden.

Properties Shelf ⊞N⊞

Das Properties Shelf wird mit ⊞N⊞ oder dem Menüpunkt View → Properties ein- und ausgeblendet. Im Properties Shelf befinden sich mehrere Panels mit grundlegenden Informationen zum Objekt (Name) und seinen Transformationen (Position, Rotation, Skalierung, Dimension). Wie in Blender üblich, können diese Werte hier auch direkt numerisch geändert werden. Über weitere Panels können Sie die Darstellungsarten des 3D View konfigurieren oder Hintergrundbilder hinzufügen.

4.4.2 Mausbedienung in den 3D-Fenstern

Ansicht drehen 🖱

Die grundlegendsten Navigationen in den 3D-Fenstern rufen Sie mittels gehaltener mittlerer Maustaste (🖱) auf. Wird nun die Maus bewegt, so rotiert die Ansicht um das Zentrum des 3D View. Alternativ (wie auch in der Grunddatei zum Buch) kann man in den Voreinstellungen (User Preferences, Interface-Panel, Rotate Around Selection) festlegen, dass um das aktivierte Objekt (bzw. den Schwerpunkt mehrerer selektierter Objekte) gedreht werden soll. Die Art, wie hierbei die Mausbewegungen in Drehungen der Ansicht umgesetzt werden, kann man in den User Preferences (siehe 4.10) zwischen Trackball und Turntable umschalten. Die Trackball-Methode ist flexibler und erlaubt es auch, um die Achse, die in den Bildschirm ragt, zu rotieren. Dazu wird die Maus bei gehaltener 🖱-Taste entlang der Ränder des Fensters bewegt. Die Turntable-Methode ist ohne viel Übung schneller zu beherrschen, da man hier die Ansicht nur um die Hauptachsen rotieren kann.

Ansicht zoomen ⊞Strg⊞+🖱

Mit vertikalen Mausbewegungen bei gehaltenen ⊞Strg⊞+🖱-Tasten wird die Ansicht gezoomt, d.h. wie bei einem Zoomobjektiv an einer Fotokamera herangeholt (Teleobjektiv) bzw. verkleinert (Weitwinkel). Alternativ können Sie auch mit einem Scrollrad auf der Maus zoomen.

Ansicht verschieben ⊞⇧⊞+🖱

Mit gehaltener ⊞⇧⊞-Taste und der mittleren Maustaste können Sie die Ansicht in Fenstern verschieben.

4.4.3 Der 3D-Fenster-Header

Der 3D-Fenster-Header sieht im Object Mode wie in der folgenden Abbildung aus.

❶ Mit diesem Button kann der Fenstertyp umgeschaltet werden (siehe Abschnitt 4.7).

❷ Ausblenden der Menüs

❸ View-Menü (Ansichten etc.)

❹ Select-Menü (Auswahl von Objekten nach Typ, Gruppierung etc.)

❺ Object-Menü (Befehle, die das Objekt betreffen, wie z. B. Kopieren, Verschieben etc.)

❻ Umschalten des Modus (Object (⎀), Edit (⎀)), Sculpt, Vertex Paint, Texture Paint, Weight Paint)

❼ Darstellungsmodus für Objekte im 3D-Fenster (z.B. Drahtgitter, gefüllt, texturiert) [Z] und [Alt]+[Z]

❽ Bezugspunkt für Transformationen (z.B. Rotation um Objektschwerpunkt oder 3D Cursor, siehe Abschnitt 4.12.3)

❾ Anfasser für Objektmanipulationen (3D Transform Manipulator), hier ausgeschaltet, auch mit [Strg]-[Leerz.] anschaltbar

❿ Layer-Knöpfe. Layer 1–10 sind über die Ziffern der Tastatur erreichbar, [Alt] und Ziffern für die Layer 11–20. Mit gehaltener [⇧]-Taste können mehrere Layer gewählt werden (siehe Abschnitt 4.4.4).

⓫ Fixieren der Layer-Einstellungen pro Szene oder pro Ansicht

⓬ Proportional Editing (Magnet Tool), O siehe Abschnitt 5.2.9

⓭ Snapping-Knöpfe (Raster und Fang, siehe Abschnitt 4.12.2)

⓮ OpenGL-Renderer für Bilder und Animationen

4.4.4 Schichtweise: Das Layer-System

Layer können Sie sich als Stapel von durchsichtigen Folien vorstellen, auf denen sich jeweils Objekte von Blender befinden. Die Folien können einzeln aus dem Stapel entfernt werden, woraufhin die darauf befindlichen Objekte nicht mehr sichtbar sind.

Mit den Layern in Blender organisieren Sie sich die Arbeit oder schaffen sich durch Ausblenden von Objekten auf Layern einen besseren Überblick über die Szene. Darüber hinaus werden Objekte auf inaktiven Layern nicht berechnet oder dargestellt, was bei komplexeren Szenen die Geschwindigkeit verbessert. Weiterhin können Sie auf versteckten Layern Zwischenschritte der Modellierung auslagern.

Organisation und Übersicht

Eine weitere wichtige Rolle spielen Layer bei der Beleuchtung, wo sie eine selektive Beleuchtung von Modellen durch Lampen ermöglichen.

Renderlayer

Auch beim Berechnen einer Animation oder eines Bildes können Layer benutzt werden, um Objekte für die Nachbearbeitung im Compositor voneinander zu trennen.

Die Layer Buttons werden in der Menüleiste der 3D-Fenster dargestellt. Ein sichtbarer Layer wird dunkel dargestellt. Layer mit einem kleinen Kreis enthalten Objekte. Layer mit selektierten Objekten werden durch einen kleinen orangen Kreis dargestellt. Ein Layer kann mit der linken Maus zum aktiven Layer gemacht werden, mit gehaltener ⬖-Taste sind Mehrfachauswahlen möglich. Der zuletzt angewählte Layer ist auch der aktive Layer – neue Objekte werden hier erzeugt.

Layer per Tastatur

Die obere Reihe der Layer Buttons entspricht den Layern 1–10 und kann über die Zifferntasten der Haupttastatur (Emulate Numpad ausgeschaltet) angesprochen werden. Auch hier ist eine Mehrfachauswahl mit gehaltener ⬖-Taste möglich. Die Layer 11–20 werden mit gehaltener Alt-Taste und den Ziffern auf der Haupttastatur angewählt.

Objekte auf Layer verschieben

Objekte können zwischen Layern bewegt werden, indem Sie die entsprechenden Layer per Maus im Objekt-Kontext der Properties wählen oder per M-Taste den Move to Layer-Dialog aufrufen. Auch hier sind Mehrfachauswahlen per ⬖ möglich, so dass ein Objekt durchaus auch auf mehreren Layern präsent sein kann.

Um Ihre Arbeit zu organisieren, sollten Sie sich möglichst bald mit Layern beschäftigen. Es ist z. B. praktisch, Lampen und den Boden getrennt von den Szenenobjekten zu halten, damit diese nicht den Modellierungsprozess stören.

Durch das Layer-Lock-Icon können Sie die Layer-Einstellungen entweder für die komplette Szene geltend machen oder nur für das aktuelle 3D-Fenster. Vorsicht ist geboten, wenn Sie aus solch einem Fenster rendern: Es wird tatsächlich nur der Inhalt der Layern in diesem Fenster gerendert.

4.5 Laden und Speichern

Weil das Speichern und Laden so essenziell wichtige Funktionen sind, werden sie in diesem Abschnitt gesondert behandelt.

Bei jeder Aktion, die Daten lädt oder speichert, also Szenen, Bilder, Animationen, Fonts etc., kommen nahezu gleiche, aber Blender-spezifische Dateifenster zur Anwendung, die sich je nach Aufgabe nur in wenigen Details unterscheiden. In Abbildung 4.4 sehen Sie das Dateifenster, mit dem Blender-Dateien geladen werden.

Im File-Menü bekommen Sie einen Überblick über die standardmäßigen Dateioperationen und die passenden Tastendrücke, die mit Blender 2.5 an geläufigere Standards angepasst wurden. Die »alten«, aber immer noch sehr komfortablen Tasten F1 zum Laden von Szenen und F2 zum Speichern existieren aber weiterhin.

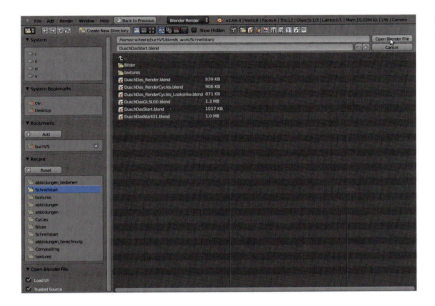

Abb. 4.4
Blenders Dateidialog

Im Dateidialog (System-Panel links oben) wird eine Liste der im System vorhandenen Dateisysteme (Linux & Co.) oder der Laufwerke (Windows) angezeigt. Ein einfacher Klick mit 🖰 wechselt zum Laufwerk oder Dateisystem.

Laufwerke und Dateisysteme

Links unter den Laufwerken befinden sich die System Bookmarks (Lesezeichen), die je nach Betriebssystem unterschiedlich sind, sowie eigene Bookmarks, die Sie mit dem Add-Button erzeugen können und die so eine schnelle Möglichkeit bieten, zu einem bestimmten Ordner zu navigieren.

Lesezeichen

In dem großen Listenfenster werden die auf dem Laufwerk vorhandenen Ordner aufgelistet; auch hier genügt ein Klick mit 🖰 zum Wechsel in diesen Ordner. In den übergeordneten (parent) Ordner gelangt man per Ordner-Navigation oben links in der ersten Zeile des Dateidialoges, die Pfeile nach rechts und links wechseln entsprechend der besuchten Ordner-Historie vor oder zurück, der geknickte Pfeil wechselt in den übergeordneten Ordner, der Doppelpfeil lädt den Ordnerinhalt neu.

Ordner

Navigation in Ordnern

Standardmäßig werden nur jene Dateitypen angezeigt, die für das Dateifenster auch sinnvoll sind. Dieser Filter kann über die Filter-Icons oben im Fenster angepasst werden, entweder komplett (Trichter-Icon) oder einzeln für jeden Dateityp (Icons für Order, Blender-Dateien, Bilder, Filme, Python-Skripte, Fonts, Audiodaten und Textdateien).

Dateifilter

Haben Sie sich zum entsprechenden Ordner vorgearbeitet, so erscheint eine (gefilterte, s.o.) Liste der Dateien. Selektieren Sie eine Datei, indem Sie mit 🖰 auf einen Dateinamen klicken. Danach können Sie mit dem Knopf Open Blender File (bei anderen Dateitypen entsprechend) die Datei laden. Alternativ funktioniert auch ein Doppelklick mit 🖰 oder ein Druck auf

Dateien

⏎]. Der Cancel-Knopf oder [Esc] bricht die Operation ab und schließt den Dateidialog.

Mehrfachauswahl Wo es sinnvoll ist, können auch mehrere Dateien gewählt werden. Dies geschieht, indem Sie mehrere Namen mit [⇧]-🖱 anwählen oder Border Select ([B]) benutzen und einen Rahmen über die zu selektierenden Dateien ziehen. [A] selektiert alle Dateien im Ordner bzw. deselektiert alle Dateien, wenn schon eine Selektion existiert.

Wildcards Weiterhin können Sie Wildcards (Platzhalter) benutzen, um viele Dateien ähnlichen Namens auszuwählen. Hierzu geben Sie den Dateinamen oben ein und setzen einen Stern (*) als Platzhalter. So selektiert die Eingabe von `render*.jpg` alle Bilder, deren Name mit »render« beginnt und die als Dateiendung ».jpg« haben, also »render0001.jpg«, »render0002.jpg«, »render0002.jpg« etc.

Ansicht und Sortierung

Mit den Icons für die Sortierung und Ansicht haben Sie die Wahl zwischen einer einfachen Liste, einer ausführlichen Liste (u. a. mit Zeitangabe und Dateigröße) und einer Ansicht mit Vorschaubildern (Thumbnails). Mit den Icons für die Sortierung können Sie alphabetisch nach Dateiname, Dateiendung, Datum oder Dateigröße sortieren.

Speichern Der Dateiname, unter dem gespeichert werden soll, wird in der zweiten Texteingabezeile oberhalb der Dateiliste eingegeben. Dazu klicken Sie in die Zeile und tippen den Namen ein.

Versionsnummern Beim Speichern von Dateien kann durch Druck auf [Pad+] eine Versionsnummer an die Datei angehängt werden bzw. es wird die vorhandene Versionsnummer der Datei erhöht. Analog wird mit [Pad−] die Versionsnummer verringert. Den gleichen Efekt haben die +/- Icons neben dem Dateinamen.

Dateioperationen   Aus dem Dateidialog heraus sind auch einige Dateioperationen möglich. Ein neuer Ordner wird durch einen Klick auf das entsprechende Icon in der Kopfzeile oder durch Eintippen des Ordnernamens am Ende des Pfadnamens und ⏎] erzeugt. Nach einer Sicherheitsabfrage erscheint der Ordner in der Dateiliste und kann noch per Tastatureingabe umbenannt werden. Sind eine oder mehrere Dateien selektiert, so können sie durch [Entf] oder [X] gelöscht werden. Auch hier verhindert eine Sicherheitsabfrage Fehler.

4.6 Knöpfe, Regler, Schalter

Einige der vielfältigen Bedienelemente von Blender sind sehr speziell und in ihrer Art in keiner anderen Anwendung zu finden. Ich verwende im Buch die originalen englischen Namen und erkläre die Funktion. Soweit möglich, wird eine deutsche Übersetzung des Namens angegeben, sobald der Knopf das erste Mal in einer Übung auftaucht.

Button

Normaler Knopf, der bei Anklicken mit 🖱 einen Prozess startet.

Toggle Button

Toggle Buttons sind Knöpfe, die zwischen zwei Zuständen umschalten, meist »an« und »aus«. Einzelne Toggle Buttons treten auch oft in Verbindung mit z.B. einem Number Button auf, um schnell den Einfluss des Number Button zu deaktivieren.

Radio Button

Eine Gruppe von Knöpfen, von denen jeweils nur einer aktiv sein kann, da sich die Optionen gegenseitig ausschließen.

Number Button

Number Buttons erlauben die Eingabe und Änderung von Zahlenwerten und lassen sich leicht identifizieren durch den Namenseintrag (hier ⊠: etc.), gefolgt von einem Doppelpunkt. In Blender kommen nahezu alle möglichen Arten von Ziffern zur Eingabe vor, also Ganzzahlen, Gleitkommazahlen, Prozente, aber auch Zahlen mit Einheiten werden unterstützt.

Die wichtigste und genaueste Methode, um den Wert in einem Number Button zu ändern, ist die Eingabe per Tastatur: Klicken Sie dazu mit 🖱 auf die Beschriftung oder den Wert und ändern Sie dann per Tastatur die Zahl. Nach dem Anklicken ist die komplette Ziffer selektiert, so dass eine Eingabe den alten Wert überschreibt oder der alte Wert durch ein ⟵ gelöscht wird. Möchten Sie den alten Wert nur ändern, so bewegen Sie den Textcursor mit den Pfeiltasten auf der Tastatur: Hierbei bewegt ⟵ oder → den Textcursor um eine Stelle, ↑ oder ↓ bewegt den Textcursor zum Anfang oder Ende des Wertes.

So manchen Griff zum Taschenrechner erspart einem Blenders Fähigkeit, in den Number Buttons auch rechnen zu können: Die Eingabe von 2*pi*2m resultiert beispielsweise in einem Umfang von 12.566m. ↵ bestätigt die Eingabe und übernimmt den neuen Wert, Esc bricht die Eingabe ab und stellt den alten Wert wieder her.

Wollen Sie einen Wert in größeren Schritten oder eher nach Gefühl oder durch das visuelle Feedback der GUI ändern, so klicken Sie mit 🖱 in den Knopf und halten ihn gedrückt: Jetzt können Sie den Wert durch vertikale Mausbewegungen ändern. Mit gehaltener Strg-Taste werden die Werte in diskreten Schritten geändert, die ⇧-Taste ermöglicht eine sehr feine Änderung.

Die kleinen Pfeile links und rechts vom Wert erlauben durch Anklicken mit der Maus eine schrittweise Änderung des Wertes.

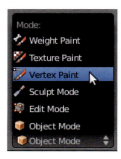

Menu Button

Menu Buttons sind an dem kleinen Doppelpfeil rechts neben der Beschriftung zu erkennen. Bei einem 🖱-Klick klappt ein Menü auf, aus dem Sie mit einem weiteren 🖱-Klick die gewünschte Option auswählen, die dann auch als Anzeige des aktuellen Zustands im nun wieder geschlossenen Menüpunkt auftaucht. Oben in der Liste steht noch stichpunktartig, was der Menu Button macht. Oft unterstützen kleine Icons die Wiedererkennbarkeit der Menüpunkte.

Browse Button

Der Browse Button ist eng mit der Arbeitsweise der internen Objektdatenbank Blenders und deren Datenblöcken verbunden und dient dazu, dynamisch erzeugte Listen von z.B. Materialien, Texturen oder Meshes auszuwählen und zu ordnen.

Klickt man mit der linken Maustaste auf das Icon, das den Datentyp symbolisiert, so öffnet sich eine Liste, in der man mit 🖱 wiederum eine Auswahl treffen kann. Zusätzlich gibt es noch das Suchfeld, in dem Eingaben gemacht werden können. Schon während der Eingabe präsentiert Blender die Datenblöcke, die zum eingegebenen Teilnamen passen. Das Textfeld neben dem Icon dient zur Anzeige des selektierten Datenblocks, wird aber durch 🖱 zu einem Eingabefeld, in dem der Datenblockname geändert werden kann.

Steht eine Ziffer in dem nächsten Feld, so bedeutet dies, dass dieser Datenblock von mehreren Objekten benutzt wird. Im Beispiel besitzen also zwei 3D-Objekte die gleichen Materialien. Wird das Material geändert, so wirkt sich dies auf alle Objekte mit diesem Material aus. Möchte man das nicht, so klickt man auf die Ziffer, um den Datenblock abzukoppeln (Make Single User). Das Pluszeichen erstellt einen neuen Datenblock, das X-Zeichen trennt den Datenblock vom Objekt ab, gelöscht wird er erst bei einem Speichern und Laden der Datei.

Color Selector

Wird in Blender ein Farbfeld angeklickt oder ist sonst eine Farbauswahl erforderlich, so öffnet sich der Color Selector. In dem Farbkreis (in den User Preferences ist auch ein Farbquadrat wählbar) können der Farbton und die Sättigung durch Klicken und Ziehen mit der linken Maus eingestellt werden. Der Regler rechts vom Farbkreis ist für die Helligkeit (engl. value) zuständig.

Unter dem Farbkreis befindet sich die Auswahl der zu benutzenden Farbnotation RGB (Red, Green, Blue, also Rot, Grün, Blau), HSV (Hue, Saturation, Value, also Farbton, Farbsättigung und Helligkeit) oder Hex, das für die in HTML-Code verwendete Farbnotation steht.

Durch Anklicken des Pipetten-Icons können Sie eine beliebige Farbe aus einem Blender-Fenster auswählen.

Cascade Button

Teilweise verstecken sich hinter normal erscheinenden Toggle Buttons (s.o.) noch ganze Horden von neuen Knöpfen, eine Knopfkaskade. Im Beispiel sehen Sie hier den Ramp-Knopf: Wenn er aktiviert ist, erscheinen die Knöpfe und Regler, um einen Farbverlauf einzustellen.

4.7 Fenster

Fenster bilden einen wesentlichen Teil der Benutzerschnittstelle von Blender. Im Gegensatz zu vielen anderen Programmen integrieren sich Blenders Fenster immer so in den gesamten Blender-Bildschirm, dass es keine Überlappungen von Fenstern gibt, wobei Informationen verdeckt werden könnten. Daher wird in diesem Zusammenhang auch gerne von »Areas«, also von Bereichen statt von Fenstern gesprochen. Seit der Blender-Version 2.5 können Areas/Fenster aber abgetrennt werden, was Benutzer von Multimonitor-Systemen sehr freut.

Durch die praktisch völlig freie Aufteilbarkeit der Fenster kann man für jeden Geschmack und jede Arbeitsweise, aber auch für jede einzelne Aufgabe eine passende Bedienoberfläche erschaffen.

Fensteranatomie

Jedes Fenster hat einen sogenannten Header, der je nach Konfiguration aber auch am Fuß des Fensters sein kann. Dies lässt sich durch einen 🖱-Klick auf den Header und Auswahl von Flip to Top bzw. Flip to Bottom ändern. Im Header befinden sich die Menüs und viele dem Fenster zugehörige Knöpfe.

Fenstertyp

Ganz links im Header befindet sich der Window Type Button, mit dem Fenster zwischen 16 Editor-Arten umgeschaltet werden (siehe nächster Abschnitt).

Der Header kann auch komplett versteckt werden. Dazu wird die Maus über die Header-Kante bewegt, der Mauszeiger wird zum Doppelpfeil und dann wird mit 🖱-Bewegen der Header zusammengeschoben. Sichtbar wird der Header wieder, wenn das kleine Plus-Symbol in der rechten unteren Fensterecke angeklickt wird. Das Verstecken des Headers schafft maximal viel Platz, ohne die Fensterdekorationen des Betriebssystems abzuschalten. Eine weitere Methode ist noch, Blender durch Drücken von Alt - F11 den kompletten physikalischen Bildschirm nutzen zu lassen.

Fensterkanten

Bewegt man die Maus über eine Fensterkante (nicht über eine Header-Kante, s.o.), so erscheint der Mauscursor als Doppelpfeil. Durch Klicken und Halten von 🖱 und Bewegen der Maus kann man dann die Fenstergröße ändern. Fenster haben unten links und oben rechts kleine schraffierte Ecken (»Eselsohren«). Mit diesen Elementen können Fenster aufgeteilt oder zusammengeführt werden (wobei praktisch ein Fenster geschlossen wird). Zur Kontrolle, dass Sie sich über der Ecke befinden, ändert sich der Mauszeiger in ein Kreuz.

Fenster teilen

Fenster oder Areas der Editoren (z.B. 3D View) werden aufgeteilt, indem man per linker Maus eine der Ecken im Fenster anklickt, hält und in jenes Fenster zieht, das aufgeteilt werden soll.

Bereiche werden zusammengefügt, indem per 🖱-Drag eine der Ecken aus dem zu erhaltenden Fenster in das zu schließende Fenster gezogen wird. Bevor Sie die Maustaste loslassen, erscheint jetzt ein Pfeil und das betreffende Fenster wird abgedunkelt. Durch Bewegen der Maus zurück in das 1. Fens-

ter können Sie jetzt noch eine Auswahl treffen, welches Fenster geschlossen wird, wenn Sie die Maustaste loslassen. Alternativ können Sie die Maus über die Fensterkante bewegen und, wenn der Mauszeiger zum Doppelpfeil wird, mit der rechten Maustaste ein Menü zum Fensteraufteilen und -verbinden aufrufen.

Durch ⎇Strg⎇-🖱-Drag von einer Fensterecke in ein anderes Fenster können die Fenstertypen getauscht werden.

Blenders Oberfläche kann nun auch in separate Fenster aufgeteilt werden und in jedem neuen Fenster kann die Oberfläche frei gestaltet werden – ideal für Multimonitor-Setups. Um ein Fenster von der Oberfläche abzutrennen und frei zu bewegen, halten Sie die ⇧-Taste, klicken auf die Fensterecke und ziehen die Maus in das abzutrennende Fenster hinein. Dies ist vielleicht nicht die intuitivste Methode, aber sehr effektiv, ohne große Mausbewegungen. Wenn Sie das neue Fenster nicht mehr benötigen, schließen Sie es einfach.

Fenster separieren

Weiterhin gibt es in Blender seit Version 2.5 eine echte Vierseitenansicht (⎇Strg⎇+⎇Alt⎇+⎇Q⎇ oder im View-Menü). Im Gegensatz zum oben beschriebenen Aufteilen eines Fensters teilt sie die Eigenschaften von z.B. 3D Cursor und Shading-Typ miteinander und arbeitet somit wie in anderen Programmen.Fenstertypen

Es gibt bisher in Blender 17 Fenster- bzw. Editortypen, die mit dem Editor Type Button links im Fenster-Header umgeschaltet werden können. Jeder Editor und jeder Bereich innerhalb von Blender kann auf einen anderen Fenstertyp umgeschaltet werden und ist völlig unabhängig von den anderen Fenstern. Zusammen mit dem sog. »Pinning« im Properties Editor ist es möglich, mehrere gleiche Fenstertypen offen zu haben, die dann verschiedene Daten der gleichen Szene zugänglich machen.

Nachfolgend eine kurze Beschreibung der Fenstertypen in der Reihenfolge, in der sie im Menü des Editor Type Menu auftauchen. Die einzelnen Fenster bzw. Editoren werden dann in den entsprechenden Kapiteln genau behandelt

In der Python Console können Python-Befehle direkt innerhalb von Blender ausgeführt werden. Dies ist besonders für die Entwicklung von Python-Skripten sehr hilfreich.

Im File Browser können die Inhalte des Dateisystems in vielfältiger Weise visualisiert und sortiert werden, inkl. einer Bildvorschau und einfachen Dateioperationen.

Das Info Window besteht aus einem Header, in dem aber die wichtigen Hauptmenüs, die Screen und Scene Buttons, die Render Engine Buttons, Szeneninformationen und Statusmeldungen untergebracht sind.

Hier ist beispielhaft die Meldung gezeigt, dass 81 Vertices entfernt wurden. Rechts daneben stehen Informationen, wie viele Vertices (Verts:) insgesamt in der Szene sind, wie viele Flächen (Faces:) sie bilden etc. Im Object Mode sehen Sie auch, auf wie viele Objekte (Objects:) sie sich verteilen, wie viele Lampen (Lamps:) in der Szenen sind, welchen RAM-Speicherbedarf (Mem:) die Szene hat und wie das aktive Objekt heißt.

Wird das Info Window vergrößert, finden sich hier noch Fehlerausgaben von Python-Skripten und Blender sowie die zuletzt ausgeführten Operatoren.

Das User-Preferences-Fenster enthält alle Voreinstellungen zu Interface, Editing und System, aber auch die Möglichkeit, Blender mit Add-ons zu erweitern.

Im Outliner kann die Struktur der Szene und aller Objekte untereinander visualisiert, geordnet und bearbeitet werden. Hier wird auch festgelegt, ob ein Objekt sichtbar, selektierbar oder renderbar sein soll.

Im Properties-Fenster werden alle Buttons dargestellt, die zur Bearbeitung des gerade aktiven Objekts (sei es nun eine Szene, ein Mesh, ein Partikelsystem oder eine Lampe) erforderlich sind.

Im Logic Editor werden Objekte für die Echtzeit-Engine (»Game Engine«) mit Logik versehen und untereinander verknüpft.

Im Node Editor werden die Nodes, also die Knoten, für die Bearbeitung von nodebasierten Materialen und Texturen sowie für die Nachbearbeitung von Renderbildern (Compositing) vereint.

Im Text Editor können beliebige Texte verfasst, geladen und gespeichert werden, insbesondere aber natürlich Python-Skripte, mit denen man Blender erweitern kann.

Im Movie Clip Editor werden Videos oder Einzelbildsequenzen geladen, angezeigt und können so zum Motion-Tracking, Kamera-Tracking und Maskieren benutzt werden.

Der Video Sequence Editor ist ein komplettes nichtlineares Schnittsystem innerhalb von Blender, mit dem fertige Animationen, aber auch sonstige Videos bearbeitet werden können.

Im UV/Image Editor werden Bilder geladen, bearbeitet und den Flächen der Objekte zugewiesen. Zusätzlich lassen sich hier Renderergebnisse und Compositing-Viewer darstellen.

Im NLA Editor werden Non Linear Animations und Actions bearbeitet, arrangiert, gemischt und ineinander übergeblendet.

Im Dope Sheet werden Animationen und Skelettanimationen zu Action Sequences zusammengefasst.

Im Graph Editor werden die Animationen auf Basis von Keyframes und deren Animationskurven bearbeitet.

In der Timeline werden die Animationen der Szene abgespielt und kontrolliert.

Area/Fenster mit den Ansichten der Szene und Kameraansichten für die Modellierung und Animationsvorschau. Das wohl wichtigste Fenster in Blender, es enthält auch die Tools und Properties Shelves.

4.7.1 Schaltzentrale: Das Properties Window

Aufgrund der großen Bedeutung des Properties Window – und damit Sie sich schneller einen Überblick über die große Funktionstiefe von Blender verschaffen können – folgt hier eine Übersicht der einzelnen Funktionsgruppen (Context) des Properties Window.

Das Properties Window und seine Panels sind immer spezifisch für das aktive Objekt und so kommen ja nach Objekttyp Icons hinzu oder werden ausgeblendet.

Render-Einstellungen: Hier werden je nach eingestellter Render Engine die Bildgröße, Formate (JPEG, AVI etc.), Ausgabepfade und sonstige Optionen zum Berechnen der Bilder angegeben.

Render Layer: Einstellungen für Render Layer und Render Passes

Scene: Alle Einstellungen, die global für die aktuelle Szene gelten, z.B. Gravitation und Einheiten (Metrisch, Imperial, keine Einheiten).

World-Einstellungen: Hier sind Einstellungen zu Hintergrundfarben, Umgebungsbeleuchtung, aber auch Nebel und Sterne zu finden.

Objekt-Einstellungen: Neben so grundlegenden Einstellungen und Informationen wie der Position finden sich hier auch die Optionen, um Objekte Gruppen zuzuordnen oder wie Objekte im 3D View dargestellt werden sollen.

Constraints-Einstellungen: Hier können neue Constraints (dt.: Grenzen oder Hemmnisse) für Objekte bearbeitet werden. Beispiele sind das Kopieren der Position, ein automatisches Ausrichten eines Objekts auf ein anderes, aber auch komplexe Constraints, die ganze Skelette berechnen.

Hinzufügen von Modifiers: Dies sind Funktionen, die ein Objekt ändern. Dieses Icon wird nur angezeigt, wenn der Objekttyp auch Modifier unterstützt. Beispiele dafür sind der Subsurf Modifier oder der Array Modifier.

Data-Einstellungen: Je nach gewähltem Objekttyp (Mesh, Curve, Lattice, Text, Kamera, Lamp, Metaball, Bones/Skelett) finden sich hier die Einstellungen für die dem Objekt zugrundeliegenden Datenstrukturen.

Material-Einstellungen: Wenn ein Objekt in der Lage ist, ein Material zu tragen (Meshes, Curves, Metaballs, Text), dann können hier die Parameter eingestellt werden, z.B. Farbe, Glanz oder Oberflächenbeschaffenheit.

Textur-Einstellungen und Zuweisung: Texturen (Bildtexturen oder prozedurale, also errechnete Texturen) können verschiedene Parameter von Materialien steuern, z.B. Farbe, Glanz oder Oberflächenbeschaffenheit.

Partikel-Eigenschaften: Hier werden Partikelsysteme verwaltet und die Eigenschaften von Partikelsystemen definiert, z.B. Anzahl, Entstehungsrate oder Lebenszeit.

Physik-Eigenschaften: Parameter für Partikel, Kraftfelder, Kleidungssimulation, Kollision, Flüssigkeitssimulation, Rauch, Soft-Bodys und Game Engine.

4.7.2 Auf dem Tablett serviert: Panels

Die Einstellungen im Properties Window sind in sogenannten Panels organisiert. In der nebenstehenden Abbildung kann man drei Panels aus den Render Properties sehen. Durch einen Klick auf die Kopfzeile mit dem Pfeil-Icon kann der Inhalt des Panels eingeklappt werden, wie im mittleren Panel Sampled Motion Blur zu sehen. Daneben kann es einen Toggle Button geben, der die gesamte Funktion abschaltet, und dies auch im eingeklappten Zustand des Panels. So können schnell unnötige oder rechenintensive Funktionen abgeschaltet und wieder eingeschaltet werden. Panels sind per Drag & Drop mit der linken Maustaste auf die schraffierte Ecke verschiebbar und so nach eigener Präferenz anzuordnen. Diese Anordnung wird mit in der Blender-Szene gespeichert. Blenders Panels können durch einen ⊞-Klick auf den Header eines Panels und Auswahl von Horizontal auch in ein horizontal breites Fenster eingepasst werden.

4.8 Bildschirme (»Screens«)

Arbeitsbereiche schaffen

Anordnungen von Fenstern werden in sogenannten Screens, also »Bildschirmen« gespeichert und verwaltet. Mithilfe der Screens können Sie sich für unterschiedliche Arbeiten genau angepasste Arbeitsbereiche schaffen.

Die Screens werden gespeichert mit der Blender-Datei oder in der Blender-Standardszene, die beim Laden einer Szene aufgerufen wird. Somit findet man immer die passende Arbeitsumgebung vor, nachdem eine Blender-Datei geladen oder neu begonnen wurde.

Im Header des Info Window, also üblicherweise am oberen Bildschirmrand, befindet sich ein Menu Button, mit dem man zwischen verschiedenen Screens umschalten, neue erzeugen oder vorhandene löschen kann.

Durch einen Klick auf das Screen-Icon klappt ein Menü auf, in dem man den gewünschten Screen wählen kann. Alternativ können Sie mit [Strg]-[→] auf den nächsten Screen und mit [Strg]-[←] auf den vorherigen Screen umschalten.

Mit dem Plus-Icon wird ein neuer Screen definiert, der die aktuelle Fensteranordnung festhält. Durch Anklicken und Editieren des Screen-Namens kann der Screen umbenannt werden.

In der Standarddatei von Blender, die beim Starten von Blender geladen wird, gibt es neun vordefinierte Screens, wie in der nebenstehenden Abbildung zu sehen ist.

4.9 Szenen (»Scenes«)

Ein weiteres grundlegendes Konzept von Blender ist die Verwendung von mehreren Szenen (»Scenes«) in einer Datei. Damit ist es möglich, mehrere völlig unterschiedliche Ansichten einer 3D-Welt in einer Datei zu haben, die sich auch in der Auflösung oder Qualität der Berechnung unterscheiden können. So kann z.B. eine Animation für eine Multimedia-CD eine Bildauflösung von 320 x 240 Punkten erfordern, die Standbilder für die CD-Hülle aber 4000 x 4000 Punkte. Durch die Verwendung von zwei Szenen kann man mit einem Mausklick umschalten.

Mit dem in Blender eingebauten Videoschnittsystem können Sie auch Schnitte und Überblendungen zwischen verschiedenen Szenen in einer Datei halten und in einem »Rutsch« berechnen, ohne ein einziges externes Programm zu bemühen. Durch die Fähigkeiten des Node Editor für das Compositing ist es zudem möglich, verschiedene Ebenen (Layer) von verschiedenen Szenen getrennt zu berechnen und anschließend nach weiterer Bearbeitung wieder zusammenzufügen. Diese Arbeitsweise ist inzwischen essenziell für komplexe Animationsfilme.

Das Konzept von mehreren Szenen in einer Blender-Datei erlaubt es Ihnen darüber hinaus, die Arbeit noch weiter zu organisieren und auch schnell Testszenen zu erstellen, in denen Änderungen die Grundszene nicht beeinflussen.

In der Game Engine können Szenen als einzelne Level eines Spiels dienen, als Hintergrundszenen oder als Vordergrundszenen, in denen Punktestände und andere Informationen angezeigt werden.

Im Header (Statuszeile) des Info Window (normalerweise die oberste Leiste bei Blender) befindet sich analog zu dem Screen Browse (s.o.) ein Menu Button, mit dem man zwischen verschiedenen Szenen umschalten, neue Szenen erzeugen oder Szenen löschen kann.

Beim Erzeugen von neuen Szenen durch Klick auf das Plus-Icon erscheint ein Menü mit folgenden Wahlmöglichkeiten:

New

Erzeugt eine neue Szene mit Standardparametern.

Copy Settings

Leere Szene, die aber die Einstellungen des Render Context übernimmt.

Link Objects

Die Objekte der Szene werden in die neue Szene gelinkt. Die Veränderung oder Bewegung eines Objekts vererbt sich in die andere Szene. Einstellungen für Layer oder Selektionen sind lokal für die Szene einstellbar. Die Ursprungspunkte verlinkter Objekte aus einer anderen Szene sind zur Kennzeichnung blau.

Link Object Data

Die Objektdaten werden in die neue Szene gelinkt, die Positionen/Rotationen werden kopiert. Eine Änderung der Positionen/Rotation vererbt sich nicht in die Ursprungsszene. Die Mesh oder Kurvendaten der Objekte werden vererbt, d.h., Änderungen im Edit Mode erscheinen in beiden Szenen.

Full Copy

Volle Kopie der Ursprungsszene.

Das Linken von Szenen bzw. Objekten erzeugt keine neuen Objektinformationen, d.h., die Szene und die gespeicherte Datei werden nicht größer. Dies ist ideal zum Ausprobieren von Ideen, ohne die aktuelle Szene zu beeinflussen oder gar zu zerstören. Die Einstellungen in den Render Properties sind immer lokal für eine neue Szene, somit kann man mit einem Mausklick zwischen Auflösungen, Formaten und Qualitätseinstellungen z.B. für eine Ausgabe auf Video oder die Erzeugung von Einzelbildern für eine GIF-Animation umschalten.

Durch einen Klick auf den Szenennamen neben dem Scene-Icon wird das Textfeld zu einer Texteingabe, über die die Szene individuell benannt werden kann.

4.10 Blender an die eigene Arbeitsweise anpassen

Blender verwendet ein ebenso simples wie leistungsfähiges Konzept, um Voreinstellungen zu verwalten: Beim Start von Blender werden zwei normale Blender-Szenen geladen: `startup.blend` bestimmt, wie die Fenster aufgeteilt und welche Objekte in der Szene sind, `userprefs.blend` enthält die Einstellungen aus den User Preferences.

Abb. 4.5
User Preferences Window

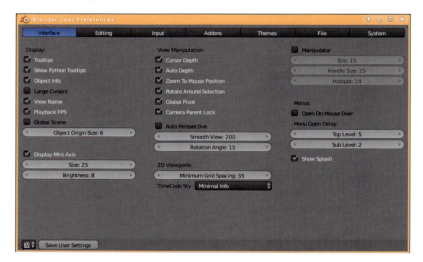

Voreinstellungsdatei Die User Preferences werden über das File-Menü oder Strg - Alt - U aufgerufen. Daraufhin erscheint ein neues Fenster, in dem die Einstellungen vorgenommen werden können. Alternativ können Sie auch jedes andere Fenster auf einen User Preferences Editor umschalten. Mittels des Buttons Save User Settings werden die Voreinstellungen gespeichert.

Standarddatei Die aktuelle Szene mit allen Fensteraufteilungen, Objekten und sonstigen Änderungen an der Oberfläche wird mit Strg - U zur Default-Szene, die bei jedem Start von Blender geladen und benutzt wird.

Dateipfade Unter Linux werden Voreinstellungsdateien in Ihrem Home-Verzeichnis unter `.config/blender/<Blenderversion>/config/` gespeichert. Unter Windows landen die Dateien in Ihrem `Dokumente und Einstellungen\ <user>\Blender Foundation\Blender\<Blenderversion>\config\-` Ordner. Unter OS X finden Sie die Einstellungsdateien unter `/Users/<user>/ Library/Application Suport/Blender/<Blenderversion>`. Ersetzen Sie in den Pfaden `<user>` durch Ihren User-Namen auf dem System und `<Blenderversion>` durch die passende Versionsnummer von Blender (z. B. 2.69).

Eine Besonderheit sind Blender-Versionen, die einfach aus dem Archiv entpackt wurden: Sie halten die Voreinstellungs- und Startdatei auch in diesem lokalen Verzeichnis, was es ermöglicht, verschiedene Blender-

Versionen einfach nebeneinander auf dem System zu haben und komplett unabhängig voneinander zu nutzen.

Sollten Sie einmal wieder komplett zum »Auslieferungszustand« von Blender zurückkehren wollen, so hilft hier der Menüpunkt File → Load Factory Settings. Wollen Sie nur einen Aspekt zurücksetzen, müssen Sie nun userprefs.blend oder startup.blend laden und dann die Preferences oder die Startup-Szene speichern.

Factory Settings

Im Laufe der Zeit werden Sie persönliche Vorlieben entwickeln und sich Ihre eigene startup.blend und userprefs.blend anlegen. Für dieses Buch sollten Sie vor allem als Einsteiger zuerst meine Voreinstellungsdatei benutzen. Sie finden sie auf http://blenderbuch.de/daten/carsten.blend. Laden Sie diese Datei in Blender, drücken dann Strg-U und bestätigen die Sicherheitsabfrage durch ↵, um die Startdatei zu speichern, rufen dann die User Preferences mit Strg-Alt-U auf, passen diese ggfs. an und speichern mit Save User Settings.

Sollten Sie schon länger mit Blender arbeiten und besondere Vorlieben entwickelt haben, so ist das natürlich kein Problem. Kritisch wird es nur an Stellen, wo durch eine Voreinstellung die Arbeitsweise mit Blender geändert wird. Dies wird klar, wenn sie z. B. die linke Maustaste zum Selektieren von Objekten benutzen, während ich (wie bei Blender standardmäßig üblich) die rechte Maustaste benutze: Die Übungen werden dann – wenn Sie sie wörtlich befolgen – nicht mehr funktionieren. Durch die freie Konfigurierbarkeit von Tastenbefehlen wird die Situation natürlich noch verschärft.

Ähnliches kann z.B. auch durch Emulate Numpad passieren. Das kann für Laptops sinnvoll sein, aber es verändert die Funktion der Zifferntasten auf der Haupttastatur.

Als vordefinierte Objekte empfehlen sich eine Ebene oder der Standardwürfel und mindestens eine Lichtquelle, damit Sie Ihre Experimente schnell berechnen können. In solch einer Szene lassen sich auch oft benötigte Materialien speichern. Hierbei gilt es zu beachten, dass Blender Objekte (gemeint sind allgemein Objekte, nicht nur 3D-Körper) beim Speichern aus der Szenendatei entfernt, wenn sie nicht in der Szene verwendet werden. Daher sollten Sie diese Elemente mit einem »Fake User« versehen; dies geschieht durch den F-Button im Data Browse Button im Object Data Context.

Standardszene

4.10.1 Wichtige Bereiche in den Voreinstellungen

Die Voreinstellungen in den User Preferences sind vielfältig und teils komplex. In der Standardszene von Blender sind die meisten Alternativen sinnvoll gewählt. Wenn Sie zusätzlich noch die von mir bereitgestellten Voreinstellungsdateien benutzen, sind Sie erst einmal gut gerüstet, bis sich Ihre persönlichen Vorlieben herauskristallisieren. Nachfolgend eine kurze Übersicht der einzelnen Bereiche.

Interface

In diesem Teil der User Preferences finden sich die Einstellungen, die die Funktion der Oberfläche (GUI, Graphical User Interface) betreffen. Es lassen sich viele Informationen ein- oder ausblenden, so z.B. die kleinen Koordinatensysteme unten links im 3D View oder die Tooltips. Über den Punkt Manipulator können die Widgets zur Transformation von Objekten eingeschaltet werden; dies ist besonders für Umsteiger von anderen 3D-Programmen hilfreich.

Editing

Hier sind Einstellungen versammelt, die das Editieren von Objekten betreffen. Wichtig und hier im Buch benutzt ist Align To: View. Dies sorgt dafür, dass Objekte bei der Erstellung zum View ausgerichtet werden. Weiterhin findet man hier die Einstellungen für die maximalen Undo-Schritte und ein mögliches Speicherlimit für das Undo. Bei Rechnern mit wenig Arbeitsspeicher kann dies sehr sinnvoll sein.

Input

In diesem Panel können alle Tastenbefehle geändert oder neue vergeben werden. Darüber hinaus besteht hier die Möglichkeit, die Selektion von Objekten mit der linken statt der rechten Taste vorzunehmen.

Emulate Numpad ist für Laptop-Nutzer praktisch, da der Ziffernblock dann durch die Ziffern 0 – 9 auf der Haupttastatur ersetzt wird und so die häufige Umschaltung von Ansichten erleichtert ist. Die Layer-Umschaltung muss dann natürlich mit der Maus erfolgen.

Add-ons

Add-ons sind in Python geschriebene Erweiterungen, die Blender mit neuen Fähigkeiten ausstatten. Dies reicht von Im- oder Export fremder Datenformate bis hin zu Generatoren, die Schrauben oder auch ganze Städte erzeugen.

Themes

Im Themes-Panel können Farben und Zeichenart von Oberflächenelementen eingestellt werden. Hier können auch fremde Themes installiert werden.

File

In diesem Bereich werden hauptsächlich die Pfade für Dateioperationen gesetzt. Einen Blick wert sind auch die Einstellungen, die mit Backup und Sicherungskopien zu tun haben. Sollen berechnete Animationen abgespielt werden, so greift Blender standardmäßig auf den internen Player als Abspielprogramm zurück. Man kann aber auch andere (installierte) Player benutzen. Nur sollten sie auch mit Bildersequenzen klarkommen.

System

Hier finden sich systemnahe Einstellungen. Besonders interessant sind die Einstellungen für den eingebauten Bildschirmrecorder von Blender oder die Angaben, wie die Farbwähler aussehen. Sollten sich auf Ihrem Rechner Darstellungsprobleme in der GUI von Blender zeigen, so sollten Sie einmal eine andere Window Draw Method ausprobieren.

4.11 Objektselektion

Ein Klick mit der rechten Maustaste (🖱) auf ein Objekt bzw. dessen Drahtgitter selektiert das Objekt und macht es zum aktiven Objekt, auf das alle nachfolgenden Operationen wirken. In der Drahtgitterdarstellung wird es dann hellorange angezeigt bzw. in schattierten (solid) oder texturierten Ansichten mit einem hellorangen Rand umrahmt. Bereits selektierte Objekte werden bei einer Selektion deselektiert.

Mit gehaltener ⇧-Taste wird die Selektion erweitert, die Objekte werden mit einem dunkleren Orange umrahmt bzw. dargestellt. Nur das zuletzt hinzugewählte Objekt ist noch hellorange, um anzuzeigen, dass es das aktive Objekt ist, auf das sich Operationen beziehen. Wird bei gehaltener ⇧-Taste ein bereits selektiertes Objekt angeklickt, so wird es zum aktiven Objekt. Nochmaliges Anklicken mit ⇧-🖱 deselektiert das Objekt. *Mehrfachselektion*

Die Unterscheidung von aktivem und selektiertem Objekt ist in Blender sehr wichtig. Selektiert sein können beliebig viele Objekte, es kann aber nur ein aktives Objekt geben. Auf dieses aktive Objekt beziehen sich alle Aktionen, alle angezeigten Werte stammen von diesem Objekt, und Operationen, die auf mehrere Objekte wirken, nehmen das aktive Objekt als Referenz. Zum Beispiel können Attribute oder Materialien vom aktiven auf alle selektieren Objekte kopiert werden. *Aktiv oder selektiert*

Die Taste Ⓐ selektiert bzw. deselektiert alle Objekte. Sind schon einige Objekte selektiert, so deselektiert Ⓐ alle. Um jetzt alle Objekte zu selektieren, drückt man nochmals Ⓐ. *Alle selektieren*

Mit der Taste Ⓑ erhält man einen Auswahlrahmen (Border Select), der mit gedrückter linker Maustaste (🖱) aufgezogen wird und der alle Objekte, die teilweise oder vollständig im Rahmen liegen, beim Loslassen der Maustaste selektiert. Analog funktioniert das Deselektieren per Rahmen mit der mittleren Maustaste (🖱). Abgebrochen wird die Funktion mit 🖱 oder Esc. *Auswahlrahmen*

Mit Ⓒ wird der Circle Select aufgerufen. Jetzt können Selektionen mit gehaltener 🖱 gemalt werden. 🖱 im Circle Select deselektiert Objekte im Einflussbereich. Der Einflussbereich kann mit Pad+ und Pad− oder dem Mausrad vergrößert und verkleinert werden.Lasso Select *Circle Select*

Bei gehaltener Strg-Taste kann man mit der linken Maustaste einen geschlossenen Umriss zeichnen, innerhalb dessen beim Loslassen alle Objekte, deren Schwerpunkt in der Auswahl liegt, selektiert werden. ⇧-Strg-🖱 deselektiert. *Lassoselect*

4.12 Objekte manipulieren

Die häufigsten Aktionen bei der Modellierung und Animation sind sicherlich das Verschieben und Drehen von Objekten (Translation und Rotation) sowie das Ändern ihrer Größe (Skalierung). Durch die Kombination dieser Möglichkeiten kann eine jede Position und Orientierung der Objekte im Raum oder bei der Animation erreicht werden.

4.12.1 Verschieben

G *von engl. grab, greifen*

Mit einem kurzen Druck auf die Taste G starten Sie das Verschieben von selektierten Objekten (3D-Objekten, Kameras, Lichtern oder den einzelnen Punkten) eines Modells. Das Objekt bewegt sich jetzt mit den Bewegungen der Maus. Standardmäßig geschieht dies auf der Bildschirmebene, d.h., es ist keine Verschiebung in die Tiefe möglich. Hierfür ist ein zweiter Schritt in einer anderen Ansicht oder ein Umschalten der zu verschiebenden Achsen nötig. Dieses Vorgehen ist durch die Beschränkung der Maus auf zwei Achsen vorgegeben. Eingabegeräte mit mehr als zwei Freiheitsgraden (z.B. 3D-Mäuse) werden standardmäßig von Blender unterstützt; so gibt es Unterstützung für die 3D-Eingabegeräte von 3DConnexion und für diverse Mauspads, die Multitouch anbieten. Für die 3. Dimension von Grafiktabletts (Druckempfindlichkeit) gibt es auch eine Unterstützung, allerdings wird sie nur für das Aufbringen von Farbe je nach Stiftdruck, beim Sculpten, Texturepaint und Ähnlichem benutzt.

Das Verschieben von Objekten in verschiedenen Ansichten und unter Zuhilfenahme des 3D Cursors geht schnell und exakt vonstatten. Nach dem Drücken von G folgen die selektierten Objekte der Maus. Dabei springen die Objekte aber nicht zum Mauszeiger bzw. der Mauszeiger zum Zentrum der Objekte, sondern der Versatz bleibt bestehen. Das vereinfacht es, Objekte in Beziehung zu Referenzpunkten zu verschieben, und der Mauszeiger gerät nicht aus dem Blick des Bedieners.

Die Verschiebung wird mit der linken Maustaste (🖱) bzw. ⏎ bestätigt oder mit 🖱 bzw. Esc abgebrochen, woraufhin die Objekte an ihre Ausgangspunkte zurückkehren.

4.12.2 Raster und Fangoptionen

CAD: Computer Aided Design, computerunterstütztes Konstruieren/Designen

Blender ist kein CAD-Programm, bietet aber eine Reihe von Funktionen, um genau zu modellieren. Darüber hinaus kann man 3D-Modelle aus CAD-Programmen laden und so die Stärken der einzelnen Programme kombinieren (CAD: genaues Konstruieren; Blender: realistische und schnelle Visualisierung).

3D Cursor

Ein einfaches Verfahren zum exakten Positionieren von Objekten und Objektpunkten besteht darin, den 3D Cursor zu verwenden, da neue

Objekte immer an seiner Position erzeugt werden und sich vorhandene Objekte oder Punkte an seine Stelle bewegen lassen. Der 3D Cursor wird mit 🖱 im 3D-Fenster gesetzt. Durch Kombination von Klicks in mehrere Ansichten ist jeder Punkt im 3D-Raum erreichbar, obwohl der 3D Cursor mit der Maus nur in zwei Dimensionen bewegt werden kann. Im View-Panel des Properties Shelf (N) kann zudem die Position des 3D Cursors numerisch bestimmt werden.

Mit dem Snap Menu (⇧-S) setzen Sie den 3D Cursor entweder auf den Mittelpunkt aller selektierter Objekte (Cursor to Selected), auf den Ursprung des aktiven Objekts (Cursor to Active), auf den nächsten Rasterpunkt (Cursor to Grid) oder auf den Koordinatenursprung (Cursor to Center). Mit der Option Selection to Grid werden die selektieren Objekte auf den nächsten Rasterfangpunkt gesetzt, mit Selection to Cursor entsprechend auf den 3D Cursor, mit der Option (Offset) werden die Abstände der selektierten Objekte untereinander beibehalten. Mit Cursor to Center setzen Sie den Cursor auf den Koordinatenursprung. Beachten Sie die unterstrichenen Menüpunkte, mit denen Sie ohne die Maus zu benutzen schnell Funktionen aufrufen, z.B. ⇧-S U für Cursor to Selected.

Rasterfang

Blender verwendet ein dynamisches Raster, das sich je nach Zoomstufe anpasst. Haben Sie also so weit hineingezoomt, dass eine Rasterung auf ganze Teile nicht mehr sinnvoll ist, so wird dann auf Zehntelschritte zurückgeschaltet. Die Einstellungen zum Raster nehmen Sie in der Properties Shelf (N) im Display-Panel vor. Spacing bestimmt die Weite des Grundrasters in der gewählten Einheit. Die Einheiten der Szene definieren Sie im Scene Context, z.B. als Blender-Einheiten, Meter oder auch Inches. Der Parameter Subdivisions bestimmt, in wie viele Unterteilungen (an denen dann etwas schwächere Linien gezeichnet werden) das Hauptraster zu unterteilen ist. Hat man also 1 m als Hauptraster, so unterteilt Subdivisions: 10 dieses Hauptraster in zehn 1 dm-Teile.

Ist im Fenster-Header das Icon für das Snapping (Magnet-Icon) aktiviert, so rastet das Objekt bei Bewegungen (auch Rotationen oder Skalierung) entsprechend der Einstellung im Snap Element-Menü ein. Per Voreinstellung ist hier ein Raster eingeschaltet (Increment), das je nach Zoomstufe schrittweise arbeitet und nur Bewegungen um 1, 0.1 usw. Einheiten zulässt (s.o.).

Ist das Snapping ausgeschaltet, so können Sie es jederzeit temporär durch Halten von Strg aktivieren. Ist es per Icon eingeschaltet, so deaktiviert Strg das Snapping während einer Transformation temporär.

Objektfang

Wird aus dem Snap Element-Menü (s.o.) ein anderer Punkt statt Increment ausgewählt, so schaltet Blender auf den Objektfang um. Der Menüeintrag Vertex sorgt dafür, das als Ziel ein Vertex (Objektecke, Punkt) benutzt wird.

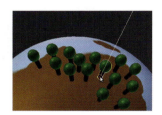

Zielen Sie mit dem Mauszeiger auf das gewünschte Vertex, wird es zur Verdeutlichung mit einem Kreis markiert und das bewegte Objekt springt an diese Stelle.

Edge als Ziel sorgt dafür, dass das Element auf eine Kante (Edge) des Objekts fixiert wird. Analog arbeitet Face: Hier können Sie das Objekt auf der gesnappten Fläche bewegen.

Etwas spezieller arbeitet die Einstellung Volume. Mit ihr können Sie sicherstellen, dass sich das zu bewegende Objekt innerhalb eines anderen Objekts befindet.

Bei den folgenden Ausführungen ist zu bedenken, dass mit einer Selektion mehrere Objekte gemeint sein können. Einige Optionen machen nur für Selektionen mit mehreren Objekten Sinn.

Closest snappt den zum Ziel nächsten Punkt der Selektion. Center snappt das Zentrum der Selektion in Abhängigkeit von der Einstellung des Transformationszentrums; dies kann z.B. zusammen mit dem 3D Cursor für ein Snapping mit Offset genutzt werden. Median snappt den Schwerpunkt der Selektion auf das Ziel. Active snappt so, dass das aktive Objekt der Selektion auf dem Ziel liegt.

Die Option neben dem Snap-Target-Menü richtet Objekte entlang der Flächennormale bzw. an einer Kante entlang der Kantennormalen aus. So lassen sich zum Beispiel Objekte an der Kontur des darunter liegenden Objekts ausrichten. Ein Demofile finden Sie unter Extra/3DSnapping.blend auf meiner Website.

Genaue Werteeingabe

Im Transform Panel des Properties Shelf (N) können Sie die Position (Location), die Rotation (Rotation), die Skalierung (Scale) und die Dimension (Dimensions) eines Objekts direkt numerisch eingeben. Dies kann je nach Einstellungen in den Scene Properties auch in echten Einheiten erfolgen. Die kleinen Schloss-Icons neben den Werten sperren die Änderung des Wertes durch eine Transformation im 3D View, nicht jedoch die direkte Werteeingabe.

Dx: 2   Dy: 3   Dz: 1| (3.7417m)   Während einer Transformation (Verschieben, Rotieren, Skalieren) kann einfach ein Wert eingetippt werden und der Eingabecursor springt in den Fenster-Header, wo nun per Tastatur die Eingabe vervollständigt wird oder mittels ⇆ in das nächste Feld gesprungen werden kann. Um den Wert zu negieren, genügt ein Druck auf -, egal wo der Cursor in dem Wert steht.

Verfeinerte Kontrolle

Alle Transformationen können nach Aufruf durch G, S oder R auch mit den Cursortasten bewegt werden. Dies ist ideal, um feine Änderungen oder Korrekturen durchzuführen. Alternativ ist es möglich, während der Transformation mit der Maus die ⇧-Taste zu halten, um feine Änderungen zu erzielen.

4.12.3 Transformationszentrum (Pivot Point)

Als Zentrum für Rotationen und Skalierungen (Pivot Point) können verschiedene Optionen gewählt werden. Standardmäßig ist hier der Median Point, also der gemeinsame Schwerpunkt der Selektion, eingestellt.

Die Option Active Element benutzt den Schwerpunkt des aktiven Objekts als Transformationszentrum der Selektion.

Bei der Option Individual Origins werden die einzelnen Objekte um ihre eigenen Schwerpunkte transformiert.

3D Cursor benutzt den 3D Cursor als Transformationszentrum und Bounding Box Center den Mittelpunkt eines die Selektion umfassenden Quaders.

Abb. 4.6
Rotation von Objekten

Der Knopf (Manipulate Object Centers Only) neben der Menüauswahl bewirkt, dass statt des Objekts selbst nur das Objektzentrum transformiert wird. In Abbildung 4.6 wurden die drei Objekte um den 3D Cursor 45° nach links rotiert. Der mittlere Zustand wird mit Benutzung der Option *Manipulate Object Centers Only* erreicht, der rechte Zustand ohne diese Option.

Über die Hotkeys ⌨ und ⌨ in Kombination mit Strg und Alt sind alle Kombinationen des Transformationspunktes per Tastatur aufrufbar.

4.12.4 Rotieren

Ein Druck auf R dreht die selektierten Objekte um den eingestellten Rotationspunkt (siehe Abschnitt 4.12.3). Als Rotationsachse dient anfangs eine gedachte Achse lotrecht in den Bildschirm hinein. Zum Rotieren bewegen Sie die Maus um das Rotationszentrum herum. Das Halten der Strg-Taste aktiviert den Fangmodus (siehe 4.12.2). Bei Increment-Einstellung z.B. wird in 5°-Schritten rotiert. Wie üblich übernimmt 🖱 oder ⏎ die Rotation, Esc oder 🖱 stellt den ursprünglichen Zustand wieder her. Auch bei der Rotation kann direkt ein Winkel in Dezimalgrad eingetippt werden.

R *von engl. rotate, drehen*

Drehung um die Hauptachsen

Werden im Rotationsmodus die Tasten ⒳,⒴ oder ⒵ gedrückt, schaltet Blender auf die Rotation um die entsprechende globale Achse (Weltkoordinaten).

Drehung um lokale Achsen

Wird die entsprechende Taste nochmals gedrückt, so wird nun um die lokalen Objektachsen gedreht. Alternativ, aber lange nicht so intuitiv wie beim Verschieben kann auch die mittlere Maustaste benutzt werden, um zusammen mit einer Bewegung entlang der entsprechenden Achse die Drehung auf die Hauptachsen einzuschränken.

4.12.5 Skalieren

⒮ von engl. scale, skalieren, Größe ändern

Mit der Taste ⒮ können die selektierten Objekte skaliert werden. Wird der Mauszeiger vom Zentrum der Selektion entfernt, so werden die Objekte vergrößert und umgekehrt verkleinert. Je nach Entfernung des Mauszeigers vom Zentrum der Skalierung beim Drücken von ⒮ erfolgt die Größenänderung mehr oder weniger stark, womit die Genauigkeit der Skalierung gut zu steuern ist. Das Zentrum der Skalierung wird wie in Abschnitt 4.12.3 behandelt eingestellt.

Beschränkung der Skalierung

Die Skalierung kann durch kurzes Drücken der Tasten ⒳,⒴ oder ⒵ auf die entsprechende globale Achse eingeschränkt werden. Erneutes Betätigen der gleichen Taste schränkt dann die Skalierung auf die entsprechende lokale Achse des Objekts ein. Mittels ⇧-⒳, ⇧-⒴ oder ⇧-⒵ kann die entsprechende Achse von der Skalierung ausgenommen werden, also skaliert ⇧-⒵ ein Objekt nur entlang der x- und der y-Achse. Zweimaliges Betätigen von ⇧-⒵ führt wiederum dazu, dass die lokalen Achsen des Objekts benutzt werden.

Wird ⒮ᵗʳᵍ gehalten, wird der entsprechende Raster/Fang (siehe 4.12.2) benutzt, bei gehaltener ⇧-Taste wird feiner skaliert.

Spiegeln

Im Prinzip ist das Spiegeln (mirror) nur eine Variante der Skalierung mit negativen Faktoren. Die Tastenkombination ⒮ᵗʳᵍ-Ⓜ fragt die zu benutzende Achse ab, ein einzelner Druck auf ⒳,⒴ oder ⒵ spiegelt dann entlang der entsprechenden Achse, zweimaliges Drücken der Taste spiegelt entlang der lokalen Objektachse.

> Blender spiegelt *entlang* einer Achse, nicht wie im Geometrieunterricht gelernt *an* einer Achse.

Negative Skalierung

Wie oben schon kurz erwähnt, ist eine Spiegelung eine Skalierung der Koordinaten mit negativen Faktoren. Diese negativen Skalierungen können aber bei Echtzeitgrafik, Objekthierarchien und Animation problematisch sein. Dies umgehen Sie, indem die Skalierung für das betreffende Objekt mittels

$\boxed{\text{Strg}}$-$\boxed{\text{A}}$,$\boxed{\text{S}}$ (Scale) angewendet wird, dabei wird die sichtbare Größe des Objekts nicht verändert.

4.13 Kopieren

Blender benutzt eine objektorientierte Struktur, die baumartig aufgebaut ist, um die Objekte und deren Daten zu organisieren und zu verwalten.

Dies beeinflusst die Arbeitsweise mit Blender an vielen Stellen und sollte von Ihnen für eine effektive Arbeit mit Blender verinnerlicht werden. So können verschiedene Objekte das gleiche Material benutzen, aber auch Objekte die gleichen Daten, sei es ein Mesh oder ein Kurvenzug. Die Änderung eines Objekts (genauer der Daten des Objekts) im Edit Mode manifestiert sich dann auf allen Objekten, die mit den gleichen Daten verbunden sind. Einige Vorteile dieses Systems sind:

Objekte und Daten

- Geringerer Speicherplatzbedarf im Hauptspeicher, auf Festplatte oder für das Veröffentlichen der Dateien
- Die Vererbung macht es leicht, z.B. 100 Objekte in der Szene auf einen Schlag zu ändern.
- Bereits animierte Objekte können mit wenigen Mausklicks durch andere (auch wesentlich komplexere) Objekte ersetzt werden. Dies ermöglicht es, mit vereinfachten Objekten zu arbeiten, um eine hohe Arbeitsgeschwindigkeit beim Animieren zu erzielen.
- In der Game Engine können Objekte in der Form geändert werden, ohne die Position und Bewegung zu beeinflussen.

In den Browse Buttons, wie hier beim Material (siehe nebenstehende Abbildung), kann das aktuelle Objekt mit neuen Datenblöcken verbunden werden. In diesem Fall wird das Material mit dem Namen »Material« von drei Objekten benutzt. Möchten Sie dem Objekt ein eigenständiges Material geben, so klicken Sie die 3 an und Blender erzeugt eine Materialkopie und benennt sie automatisch um. Jedes Objekt oder jeder Datenblock in Blender muss einen eindeutigen Namen (ID, Identifikation) haben. Aus diesem Grund vergibt Blender beim Kopieren automatisch neue Namen. Dem ursprünglichen Namen wird eine Nummer (.001 etc.) angehängt. Auch beim manuellen Umbenennen von Objekten oder Daten sorgt Blender dafür, dass die Namen stets einmalig sind.

Namensgebung

Der Outliner ist der zentrale Punkt in Blender, um sich über die Objekte und Daten in einer Blender-Datei zu informieren. In der Datablocks-Ansicht können Sie einen noch tieferen Einblick in die internen Strukturen erhalten, was besonders für die Erstellung von Drivern oder Python-Skripten nötig ist.

4.13.1 Kopieren

Mit ⬆-Ⓓ wird ein Objekt kopiert. Dies gilt für alle Objekte, also auch Lampen, Kameras etc. Die Kopie ist ein eigenständiges Objekt. In den User Preferences kann im Editing-Panel eingestellt werden, welche Daten beim Kopieren vererbt (bzw. verlinkt) oder kopiert werden.

Standardmäßig werden Objektdaten wie Mesh und Kurvenzüge kopiert, Materialien, Texturen und Actions werden verlinkt (s. u.).

4.13.2 Verlinken

Mit Alt-Ⓓ wird eine »Linked Copy«, also eine verlinkte Kopie des Objekts erstellt. Alle Daten für das neue Objekt sind nur als Links auf die originalen Daten vorhanden. Werden die Daten nun im Edit Mode verändert, vererbt sich diese Änderung auf alle Objekte mit diesen Daten. Gleiches gilt z. B. für Materialien: Wird ein Material verändert, so wirkt sich das auf alle Objekte aus, die dieses Material benutzen.

 *Übung!*

Selektieren Sie den Standardwürfel und kopieren Sie ihn einmal mit ⬆-Ⓓ und einmal mit Alt-Ⓓ. Wenn Sie jetzt bei der Linked Copy in den Edit Mode wechseln (⇄), dann geht auch das Original in den Edit Mode, alle Änderungen vererben sich. Der mit ⬆-Ⓓ kopierte Würfel bleibt unbeeindruckt.

Eine weitere wichtige Methode, um Links zwischen Blender-Objekten und -Daten zu erzeugen, ist der User Button, hier z. B. aus den Object Data Context, nachdem der Standard-Würfel einmal mit Alt-Ⓓ kopiert wurde. Wenn die Daten mehr als einen Benutzer (User) haben, so gibt die Zahl die Anzahl der Benutzer an. Wird diese Zahl mit der linken Maustaste angeklickt, so kann die Verlinkung aufgehoben werden und es wird wie beim Kopieren mit ⬆-Ⓓ eine eigenständige Kopie der Daten erzeugt. Wird mit der Maus der Menu-Browse-Knopf (ganz links mit Icon der Datenart) angeklickt, so erscheint eine Auswahl, mit der andere Objektdaten mit dem Objekt verlinkt (bzw. ausgetauscht) werden können.

Links zu mehreren Objekten setzen

Sollen mehrere Objekte gleichzeitig mit einer Datenstruktur verlinkt werden, so selektieren Sie alle Objekte und dann das Objekt mit der gewünschten Datenstruktur als Letztes (aktives Objekt, hellorange dargestellt). Dann drücken Sie Strg-Ⓛ, um das Make Links-Menü aufzurufen. Durch Wahl von Object Data wird das Mesh des aktiven Objekts mit allen selektierten Objekten verbunden.

4.14 Undo, Repeat und History

Undo ([Strg]-[Z]), also das Rückgängigmachen von Aktionen, und das Redo ([⇧]-[Strg]-[Z]), also das Wiederherstellen der letzten, per Undo rückgängig gemachten Aktion, wurde ja schon erwähnt und sind sicher aus anderen Anwendungen bekannt.

Per [⇧]-[R] kann die letzte Aktion (Operator) mit exakt den gleichen Parametern wiederholt werden. Wenn Sie also gerade ein Objekt per [Alt]-[D] kopiert und einen definierten Weg verschoben haben und noch mehr Objekte relativ dazu erzeugen wollen, drücken Sie nur mehrmals [⇧]-[R].

Repeat Last

Noch weiter geht Repeat History [F3], die eine größere Anzahl von zuletzt benutzten Befehlen auflistet und schnell abrufbar macht. So kann man sich wiederholende Befehlsabfolgen mit wenigen Mausklicks zusammenstellen.

Repeat History

5 Modellierung

Die Modellierung ist der erste Schritt zu einer kompletten 3D-Szene oder Animation und so auch die wichtigste Grundlage, auf der alles andere aufbaut. Ein suboptimales Modell kann negative Auswirkungen auf sämtliche weitere Schritte (Materialvergabe, Animation, Rendering) haben.

In den Übungen dieses Kapitels werden die grundlegenden Arbeitsweisen von Blender anhand von kleinen beispielhaften Szenen vorgestellt. Die Beispiele sollten Sie durch eigene Experimente vertiefen und verfeinern.

Blender bietet zwei grundsätzlich verschiedene Möglichkeiten zur Modellierung von Objekten. Die eine ist die Modellierung mit Polygonen, bei der die Objekte durch Flächen dargestellt werden, die zwischen Raumpunkten aufgespannt sind (siehe Abschnitt 2.5). Diese Methode erlaubt eine hohe Flexibilität und die absolute Kontrolle über jeden Punkt des zu schaffenden Objekts.

Grundsätzliche Arten der Modellierung

Die zweite Methode ist die Modellierung mit (intern) mathematisch beschriebenen Kurven und Oberflächen (siehe Abschnitt 5.7). Sie erlaubt im Gegensatz zu der Modellierung mit Polygonen den schnellen Aufbau von organisch gerundeten Flächen und Objekten. Außerdem ist der Speicherbedarf von Kurven und Oberflächen wesentlich niedriger und kann auch im Nachhinein ohne Nachteile verringert werden, was bei polygonalen Modellen oft mit einem deutlichen Qualitätsverlust verbunden ist. Auch Schriften werden in Blender mit dieser Methode dargestellt und berechnet.

Eine Erweiterung des polygonalen Modellierens ist das sogenannte Subdivision Surface Modelling, kurz Subsurf (siehe Abschnitt 5.5). Ein niedrig aufgelöstes polygonales Objekt dient hier als Vorlage, aus der Blender automatisch und interaktiv ein hochaufgelöstes Objekt erstellt. Die Auflösung des resultierenden Objekts ist jederzeit änderbar. Die Subsurf-Modellierung verbindet in vielerlei Hinsicht die Vorteile von polygonaler Modellierung und der Modellierung mit mathematisch beschriebenen Kurven.

Subsurf

Dieses Kapitel sollten Sie direkt am Computer lesen und dabei die erwähnten Funktionen und Schritte direkt in Blender nachvollziehen, damit Ihnen diese wichtigen Funktionen in Fleisch und Blut übergehen.

5.1   Meshes: Polygone

Vertex, Edge, Face

In Blender ist das kleinste Element für die polygonale Modellierung ein Vertex (ein Raumpunkt, Plural: Vertices). Im Edit Mode sind diese Vertices einzeln wähl- und bearbeitbar. Zwei Vertices spannen eine Kante (Edge) auf, drei formen zusammen die einfachste Fläche, ein Dreieck (Triangle). Mehrere Flächen formen zusammen ein Netz (Mesh), welches die Form des Objekts bestimmt. Dabei enthält dieses Mesh aber nur die Information, die die Hülle des Objekts beschreibt, die innere Struktur ist undefiniert. Deshalb sollten Sie Löcher in der Geometrie vermeiden oder ausmodellieren (d. h. die Objekte mit einer Wandstärke versehen).

Polygongrundobjekte

Blender hält zehn Polygongrundobjekte (in Blender Meshes genannt) vor. In die Szene gesetzt werden sie durch die Tastenkombination ⇧-Ⓐ→Mesh. Es stehen in Blenders Grundeinstellung folgende Mesh-Objekte zur Verfügung (durch eine Montage in GIMP sind die schattierte Oberfläche und der Aufbau durch das Drahtgittermodell sichtbar):

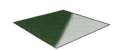

Plane
Eine quadratische Fläche, bestehend aus vier Vertices, ideal als Ausgangsobjekt für vielerlei Arten der polygonalen Modellierung.

Cube
Ein Würfel, gutes Ausgangsobjekt für Platten, Steine etc.

Circle
Ein Kreis aus Vertices und Kanten, mit oder ohne Flächen, gutes Ausgangsobjekt für Extrusionsobjekte.

UV Sphere
Eine Kugel, die wie ein Globus aus Längen und Breitengraden besteht; durch die regelmäßige Struktur als Ausgangsobjekt für die weitere Modellierung gut geeignet.

Icosphere
Eine Kugel bestehend aus gleichschenkligen, gleichseitigen Dreiecken, wirkt bei gleicher Polygonzahl glatter als eine UV Sphere und die Flächen sind gleichmäßig über die Oberfläche verteilt.

Cylinder

Ein Zylinder, Ausgangsobjekt für Säulen, Baum-
stämme etc. Ohne die Enden (Caps) eine dünn-
wandige Röhre. Durch Extrusion oder den Solidify Modifier kann leicht eine Röhre mit definierter
Wandstärke modelliert werden.

Cone

Ein Kegel, Ausgangsobjekt für Spitzen etc. Einen
Kegelstumpf erzeugt man aus einem Zylinder, dessen eine Grundfläche skaliert wird.

Monkey

Ein Affenkopf, genannt »Suzanne«, in den letzten
Jahren zum Maskottchen geworden und intensiv als
Testobjekt für neue Renderverfahren benutzt, der
Teekessel von Blender.

Torus
Ein Torus (»Donut«)

Im Tool Shelf des 3D View oder alternativ per [F6] können direkt nach dem
Erstellen eines Objekts dessen Parameter geändert werden.

Nach dem Erzeugen eines Objekts befindet sich Blender im Object
Mode. Mit [⇆] wechselt man in den Edit Mode (siehe nächster Abschnitt)
und kann dann die einzelnen Vertices bzw. Edges oder Faces bearbeiten.

5.2 Ans Eingemachte: Der Edit Mode

Im Edit Mode können Sie die Grundstruktur eines Objekts direkt bearbeiten. Dies kann auf Basis von Vertices (Punkten), Edges (Kanten) oder
Faces (Flächen) geschehen. Größtenteils stehen hierfür die gleichen Bear-
beitungsmethoden zur Verfügung, so dass das über Vertices Gesagte auch
für Flächen gilt. Auf kleinere Unterschiede gehe ich in den einzelnen Un-
terkapiteln ein.

Die Kunst des Modellierers liegt darin, die für das Objekt passende Be-
arbeitungsweise zu wählen, denn ein Bearbeitungsschritt, der mit Flächen
einfach ist, kann beispielsweise mit Vertices sehr umständlich sein. In solch
einem Fall müssen Sie dann eventuell während der Bearbeitung zwischen
Vertex- und Flächenselektion umschalten.

Vertices im Edit Mode

Nachdem Sie mit der Tabulatortaste ⇥ in den Edit Mode gewechselt haben, erscheinen die einzelnen Vertices des Objekts als kleine Punkte im Drahtgitter oder in der schattierten Ansicht.

Selektion

Diese Vertices können Sie durch Anklicken mit der rechten Maustaste auswählen, die gewählten Punkte werden dann orange dargestellt. Bei einer Selektion mit 🖱 werden alle eventuell vorher schon selektierten Vertices deselektiert. Wie auch bei der Objektselektion ist durch Halten der ⇧-Taste eine Mehrfachauswahl möglich. Versehentlich gewählte Vertices können bei gehaltener ⇧-Taste mit der rechten Maustaste durch nochmaliges Anklicken wieder deselektiert werden.

Massenselektion

Die Taste Ⓐ deselektiert (bei vorhandener Selektion) oder selektiert alle Vertices. Mit Ⓑ kann der Auswahlrahmen zur Selektion von rechteckigen Bereichen benutzt werden.

Clipping

Hilfreich für komplexe Objekte ist eine Funktion, die durch Flächen des Objekts verdeckte Vertices von der Selektion ausschließt (Clipping). Dazu darf der 3D View nicht im Drahtgittermodus sein und es muss das Würfel-Icon neben den Edit-Mode-Icons angewählt sein.

Im Edit Mode sind mit den selektierten Vertices nun prinzipiell die gleichen Operationen wie mit kompletten Objekten möglich. So können Sie Vertices verschieben Ⓖ, rotieren Ⓡ oder skalieren Ⓢ. Auch das Kopieren von selektierten Vertices kann mit ⇧-Ⓓ erfolgen.

Übung: Kegelstumpf

In dieser Übung werde ich anhand eines einfachen Beispiels zeigen, wie aus einem vorhandenen Grundmodell ein weiterer geometrischer Körper erzeugt wird, indem einige der oben beschriebenen Manipulationsmöglichkeiten benutzt werden.

Übung!

Das von Blender mitgelieferte Grundobjekt »Cone« erzeugt einen normalen spitzen Kegel. Möchten Sie einen Kegelstumpf modellieren, so beginnen Sie zunächst mit einem Zylinder, selektieren alle Vertices eines Endes (z. B. mit dem Border Select Ⓑ im Drahtgittermodus oder bei abgeschaltetem Clipping aus einer Seitenansicht oder per Alt-🖱 auf den Querschnitt/Loop) und skalieren die Vertices herunter, bis die gewünschte Größe des spitzeren Endes erreicht ist.

Vertices löschen und erstellen

Im Edit Mode werden neue Vertices mit Strg-🖱 erzeugt. Ist kein anderes Vertex aktiv, so ist dieses Vertex erst einmal ein einzelner Punkt.

Wird bei einem selektierten Vertex ein neues mit Strg-🖱 erzeugt, so verbindet Blender die beiden Vertices automatisch mit einer Kante und deselektiert das erste Vertex – damit können Sie einfach Linienzüge erstellen. Sind mehrere Vertices selektiert, so kann mit Strg-🖱 dieser Linienzug einfach extrudiert werden. Dabei bestimmt die Position des Mauszeigers beim Klicken auch, wie stark der so entstehende Polygonzug geneigt wird, so dass auch Kurven leicht zu erstellen sind.

Kanten

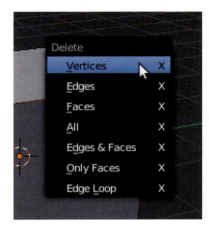

Mit X wird das Delete-Menü für den Edit Mode aufgerufen. Hier können Sie dann Vertices, Flächen, Kanten etc. löschen.

Zwei selektierte Vertices werden mit F zu einer Kante verbunden. Drei oder mehr Vertices werden durch F zu einer Fläche (Dreieck, Viereck oder n-Gon).

Edges, Kanten: Edge Select Mode

Beim polygonalen Modellieren müssen oft Vertices oder allgemein Details zu einem bestehenden Mesh hinzugefügt werden. Viele Funktionen hierzu sind besonders effektiv, wenn mit Kanten (Edges) als Auswahl gearbeitet wird. Die Selektion von Edges funktioniert analog zu der Selektion von Vertices.

Faces, Flächen: Face Select Mode

Der Face Selection Mode des Edit Mode ist besonders hilfreich, wenn es gilt, Objekte mittels Extrusion zu modellieren. Flächen aus drei bis vier Vertices oder Kanten werden mit F gefüllt und ergeben dann ein Dreieck oder ein Viereck. Werden Polygone mit mehr als vier Vertices mit F gefüllt, so entsteht ein n-Gon (siehe unten).

Geschlossene Polygonzüge können auch mit Alt-F gefüllt werden. Dabei entstehen immer Dreiecke. Beim Füllen mit ⇧-Alt-F wird versucht, durch sog. »Beauty Fill« die Dreiecke möglichst gleichartig zu verteilen. Kreisförmige Querschnitte sollte man durch Extrusion der Kanten, Skalieren auf 0.0 und ein Remove Doubles W R schließen. Dies sorgt oftmals für besser zu bearbeitende Meshes.

5.2.1 n-Gons, Flächen mit mehr als vier Vertices

Bis zur Version 2.62 hat Blender nur Polygone mit drei oder vier Seiten unterstützt. Polygone mit mehr als vier Seiten (n-Gons, n-Eck) bieten beim Modellieren Vorteile, und da die internen Strukturen zur Verwaltung von Meshes (also Blenders Polygonnetze) sowieso eine Überarbeitung nötig hatten, wurde ein komplett neues System namens »BMesh« entwickelt. Nach

BMesh

langer Entwicklungszeit ist es nun in Blender verfügbar und einige Beschränkungen sind mit diesem System Vergangenheit.

Es ist eher eine persönliche Entscheidung, ob Sie beim Modellieren n-Gons verwenden. Am Ende der Arbeit sollte immer ein Modell ohne n-Gons stehen, da der Renderer oder die Grafikkarte das Modell sowieso in Dreiecke zerlegen muss, um es darzustellen, und Sie bei diesem automatischen Prozess die Kontrolle darüber verlieren, wie Ihr Objekt am Ende aussieht. Wirklich sehr hilfreich ist BMesh beim Modellieren von Architekturmodellen und bei der Topologiefindung von Charaktermodellen.

Erstellen von n-Gons

Fill Ein Polygonzug mit mehr als vier Vertices wird durch Füllen mit $\boxed{\text{F}}$ zu einem n-Gon.

Dissolve Haben Sie mehrere Flächen angewählt (Flächenselektion!), so können Sie im Delete-Menü $\boxed{\text{X}}$ durch Wahl von Dissolve (kurz: $\boxed{\text{X}}$ $\boxed{\text{D}}$) diese Flächen zu einem n-Gon zusammenfassen. Alternativ können Sie auch ein oder mehrere Vertices im Zentrum einer Fläche wählen und dann Dissolve benutzen.

Limited Dissolve Mittels Limited Dissolve können Sie Flächen, die auf einer Ebene liegen, zu n-Gons zusammenfassen. Selektieren Sie die gewünschten Flächen und rufen dann Limited Dissolve aus dem Delete Menu ($\boxed{\text{X}}$) auf. Im Tool-Shelf oder per $\boxed{\text{F6}}$ können die Parameter der Funktion noch interaktiv geändert werden.

5.2.2   Selektion im Edit Mode

Einzelsektion Wie schon kurz dargestellt, gleichen die grundlegenden Selektionsmethoden im Edit Mode denen im Object Mode: Ein Klick mit der rechten Maustaste auf ein Vertex selektiert das Vertex, es erscheint dann orange dargestellt. Bereits selektierte Vertices werden dabei deselektiert. Mit gehaltener $\boxed{\Uparrow}$ -Taste wird die Selektion erweitert oder durch nochmaliges Anklicken eines selektierten Vertex mit gehaltener $\boxed{\Uparrow}$ -Taste verkleinert.

Werden mehrere (mindestens drei) Vertices selektiert, die eine Fläche bilden, so wird diese Fläche orange eingefärbt. In der Drahtgitterdarstellung geschieht dies mit einer Transparenz.

Alles selektieren Die Taste $\boxed{\text{A}}$ selektiert bzw. deselektiert alle Vertices des Objekts. Sind schon Vertices selektiert, so werden sie deselektiert, so dass $\boxed{\text{A}}$ nochmals gedrückt werden muss, um alle Vertices des Objekts zu selektieren.

Rahmenselektion Mit der Taste $\boxed{\text{B}}$ erhält man einen Auswahlrahmen, der mit gedrückter linker Maustaste aufgezogen wird und alle Vertices, die im Rahmen liegen, beim Loslassen der Maustaste selektiert. Analog funktioniert das Deselektieren per Rahmen mit der rechten Maustaste.

Kreisselektion $\boxed{\text{C}}$ ruft den sogenannten Circle Select auf, eine kreisförmige Selektion. Die Größe des Selektionskreises kann mit $\boxed{\text{Pad+}}$, $\boxed{\text{Pad−}}$ oder dem Mausrad eingestellt werden. Nun kann mit der linken Maustaste eine Selektion »ge-

malt« werden, mit gehaltener mittlerer Maustaste können Vertices im Se-
lektionskreis wieder deselektiert werden. Beendet wird der Circle Select
durch 🖱 oder [Esc].

Auch im Edit Mode kann bei gehaltener [Strg]-Taste mit der linken Maus-   *Lassoselect*
taste ein Linienzug um die zu selektierenden Vertices gezeichnet werden,
nach dem Loslassen der Maustaste sind die Vertices innerhalb des Linienzuges selektiert. Wird zusätzlich [⇧] gehalten, kann auf diese Weise deselektiert werden.

Eine spezielle Methode zur Selektion von ganzen Kantenzügen oder   *Loop Select*
Abschnitten von Meshes ist der sog. Loop Select. Mit [Alt]-🖱 kann eine
Selektion von Kanten (im Edge oder Vertex Select Mode) oder einer Flä-
chensektion (Face Select Mode) um das Objekt herum erstellt werden. Die
Auswahl lässt sich durch [⇧]-[Alt]-🖱 erweitern oder verkleinern.

Wird der Edit Mode verlassen, so geht die Selektion nicht verloren, auch
wenn zwischenzeitlich ein anderes Objekt bearbeitet wurde. Die Selektion
wird sogar mit in der Blender-Datei gespeichert. Dies ist besonders praktisch, da komplexe Auswahlen bei komplizierten Objekten oft viel Arbeit
machen.

5.2.3 Fangoptionen im Edit Mode

Die Methoden aus Abschnitt 4.12.2 zum Rasterfang (auch Fang oder Snapping genannt) und zur Positionierung mittels 3D Cursor funktionieren im
Edit Mode praktisch genauso wie im Object Mode, natürlich mit Vertices
(bzw. Edges oder Faces) anstelle von ganzen Objekten. Die Fangoptionen
in Blender sind sehr vielfältig, daher aber auch komplex, und so ist einiges
an Erfahrung nötig, um alle Situationen, in denen Snapping sinnvoll ist, zu
meistern.

> Die Fangmodi in Blender arbeiten immer im 3D-Raum. Daher sollten Sie insbe-
> sondere in orthogonalen Ansichten darauf achten, dass nicht zu einem Punkt
> gesnappt wird, der nicht auf der gewünschten Ebene liegt.

Neben den Fangmethoden auf das Raster oder den 3D Cursor gibt es im   *Fang*
Edit Mode wie auch im Object Mode einen interaktiven Fangmodus. Dazu
müssen Sie im Edit Mode mit [⇧]-[⇥] oder mit dem Icon im Header des 3D
View den interaktiven Fang einschalten. Alternativ kann bei jeder Transformation der Fang durch Halten der [Strg]-Taste temporär aktiviert werden.

Werden jetzt ein oder mehrere Vertices bewegt, so springt die Auswahl
auf das nächstgelegene Vertex (bzw. Edge, Face etc. je nach Zielwahl). Der
Fangmodus kann durch Auswahl im Menü Snap Target gewählt werden:

Abb. 5.1
Fangmodi im Edit Mode:
Active, Median, Center, Closest

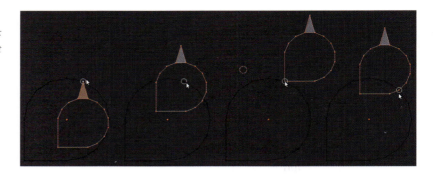

Active

Das aktive, also zuletzt gewählte (weiß dargestellte) Vertex wird zum Ziel gebracht.

Median

Der Schwerpunkt der Auswahl wird zum gewählten Ziel gebracht.

Center

Das Transformationszentrum der Selektion wird zum gewählten Ziel gebracht.

Closest

Das nächste Vertex der Auswahl wird zum gewählten Ziel gebracht.

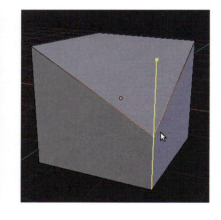

5.2.4 Vertex Slide

Eine sehr hilfreiche Funktion zum Bearbeiten von Modellen ist das Vertex Slide (⇧-V oder G G), das selektierte Vertices entlang der Objektkanten bewegt. Dabei zeigen Hilfsobjekte, welche Kanten benutzt werden, und mittels Mausbewegungen kann dann sowohl die Verschiebung als auch die Auswahl der Kanten erfolgen. Auch wenn der Name dieser Funktion anderes suggeriert, funktioniert sie ebenfalls mit Kanten und Flächen.

5.2.5 Spiegeln von Auswahlen

In Blender wird **entlang** einer Achse gespiegelt, im deutschen Sprachgebrauch dagegen spiegelt man per Definition **an** einer Achse. Dies muss man sich klarmachen, wenn man in Blender spiegelt.

Das Spiegeln einer Selektion wird ausgeführt, indem man Strg-M drückt und auswählt, entlang welcher Weltachse (X, Y, Z) gespiegelt werden soll. Dabei wird die Einstellung für das Transformationszentrum (siehe Abschnitt 4.12.3) beachtet. Wird die Taste für die zu benutzende Achse zweimal gedrückt, so wird das lokale Koordinatensystem der Objekte benutzt.

5.2.6 Kanten fasen oder runden: Beveln

Bevel bezeichnet das Fasen von Objektkanten oder Ecken. Selektieren Sie die Vertices oder Kanten (Edges) und rufen dann Bevel per Strg - B auf. Durch Bewegen der Maus kann nun die Stärke des Bevels eingestellt werden. Mit dem Scrollrad an der Maus kann eingestellt werden, wie oft die Kante gebrochen wird. Abgebrochen wird wie üblich durch 🖱 oder Esc, bestätigt mit 🖱 oder ↵. Nach dem Bestätigen können Sie die Parameter des Bevels noch im Tool-Shelf oder per F6 interaktiv ändern. Hier gibt es auch die Vertex Only-Option, um nur die Ecken zu fasen.

5.2.7 Schnittfest: Knife

Mittels des Knife-Tools (Knife, engl. Messer) können Sie Flächen und Kanten zerschneiden und so Details in Ihre Objekttopologie einbringen. Achten Sie beim Einsatz des Knife-Tools darauf, dass leicht n-Gons entstehen, was eventuell unerwünscht sein kann.

Wechseln Sie in den Edit Mode und drücken K, wenn Sie die Maus über das Mesh bewegen, so erscheint auf Kanten ein grüner Punkt, der angibt, wo der Schnitt startet. Bestätigen Sie die Position mit 🖱. Mit zusätzlichen 🖱-Klicks kann dann der weitere Schnittverlauf gezogen werden. Möchten Sie eine Kante exakt in der Mitte schneiden, so halten Sie Strg gedrückt. Haben Sie alle Punkte gesetzt, führt ↵ oder Leerz. den Schnitt aus, Esc oder 🖱 bricht ab.

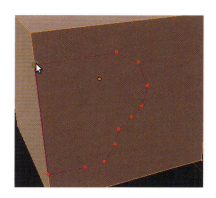

Knife Project

Für komplexere Schnitte in Objekte kann der Knife Project-Operator verwendet werden, der wie beim Plätzchenbacken das projizierte Objekt aussticht. Selektieren Sie das Objekt, das als Ausstecher dienen soll – dies kann ein Mesh, ein Text aber auch eine geschlossene Curve sein –, dann per erweiterter Auswahl das zu bearbeitende Mesh und wechseln dann in den Edit Mode (⇆). Stellen Sie jetzt die passende Ansicht ein, so dass das Ausstecherobjekt wie gewünscht über dem zu bearbeitenden Objekt liegt. Dann rufen Sie per Leerz.-Suche den Knife Project-Operator auf. Die neu erstellten Flächen sind nun selektiert und können im Edit Mode bearbeitet werden.

5.2.8 Polygonglättung

Polygonobjekte sind anfangs immer ungeglättet, d. h., Sie sehen beim Rendern oder in der schattierten Ansicht zunächst immer die einzelnen Flächen, aus denen sich das Objekt zusammensetzt. Eine mögliche, wenn auch in Sachen Renderzeit und Speicherverbrauch ungünstige Methode wäre, einfach das Objekt so weit in kleinere Flächen zu unterteilen, dass beim

Rendern eine Fläche pro Pixel gerendert wird. In der praktischen Arbeit verwendet man deshalb einen Trick, bei dem die Übergänge zwischen den einzelnen Flächen »glattgerechnet« werden. Übliche Verfahren hier sind das Gouraud oder Phong Shading.

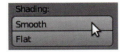

Mit dem Knopf Smooth im Tool Shelf ([T]) wird die Flächenglättung für das selektierte Objekt angeschaltet. Dies ist auch in schattierten Ansichten im 3D View sofort zu sehen. Hier wird aus Geschwindigkeitsgründen Gouraud Shading angewendet, beim Rendern werden aber verfeinerte Verfahren eingesetzt. Abgeschaltet wird das Smoothing durch den Knopf Flat, der auf das sog. Flat Shading zurückschaltet, bei dem einzelne Flächen zu sehen sind.

Ein Problem mit dem Smoothing wird sofort deutlich, wenn man einen Zylinder per Smooth glättet. Auch an den Übergängen von Grund- und Mantelfläche wird geglättet, obwohl doch hier eine scharfe Kante sichtbar sein sollte. Diesem Problem kann man auf verschiedenen Weise entgegentreten.

Selektives Smoothing

Im Edit Mode können einzelne Flächen separat mit dem Button Smooth aus dem Tool Shelf geglättet werden. Dies bedeutet natürlich je nach Komplexität des Modells viel Handarbeit, und in einigen Fällen muss das Objekt noch mittels Split ([Y]) aufgeteilt werden, was wiederum die Anzahl der Polygone erhöht und das Objekt komplizierter macht. Für die Echtzeitgrafik ist dieses Verfahren aber dennoch ein probates Mittel, um in einem Objekt glatte und scharfe Kanten zu erhalten.

Auto Smooth (veraltet!)

Auto Smooth war das erste Verfahren in Blender, das versucht, die zu glättenden Bereich automatisch herauszufinden. Sie finden die Einstellungen im Normals-Panel der Object Properties. Die Entscheidung über die Glättung wird über den Winkel, den die Flächen zueinander bilden, getroffen: Unterhalb dieses Winkels (standardmäßig 30°) wird geglättet, darüber das Flat Shading benutzt. In Blender >2.5x sollte ein Edge Split Modifier verwendet werden. Aber falls Sie einmal alte Dateien laden, so finden Sie die Stelle, an der das Smoothing stattfindet, schnell. Das Smoothing mit der alten Methode ist übrigens nur im Rendering zu sehen!

Edge Split Modifier

Mit dem Edge Split Modifier werden gleich zwei Methoden angeboten, mit denen bei Meshes die Glättung gesteuert werden kann. Der Edge Split Modifier wird im Modifier Context mittels Add Modifier hinzugefügt.

Die genauen Bedeutungen der allgemeinen Buttons für Modifier werden in Abschnitt 5.4 besprochen. Hier werde ich mich auf die für das Smoothing nötigen Dinge beschränken.

Wie auch beim Auto Smooth oben erklärt und mit dem Toggle Button
Edge Angle aktiviert, gibt es die Möglichkeit, nur dort zu glätten, wo der
Winkel zwischen den Flächen kleiner als Split Angle: ist. Standardmäßig
hat sich hier ein Winkel von 30° als gute Voreinstellung erwiesen. Durch
das direkte Feedback in dem 3D View kann man den Winkel problemlos
»live« einstellen. Selbstverständlich werden nur Flächen geglättet, wenn das
Objekt insgesamt auf Smooth gesetzt wurde oder im Edit Mode Flächen als
Smooth markiert wurden.

Die zweite Methode, die Glättung zu steuern, wird durch den Toggle Button Sharp Edges aktiviert und arbeitet nicht über die Flächen, sondern über
eine Markierung, die anzeigt, welche Kanten scharf dargestellt werden sollen.
Dazu selektiert man im Edit Mode die gewünschten Kantenzüge, am besten
mit Alt - 🖱, und wählt dann entweder per Menü im 3D View Mesh→Edges→
Mark Sharp (Strg - E K) oder benutzt das Such-Menü (Leerz.). Mittels
Clear Sharp können Kanten dann wieder zum Glätten freigegeben werden.

5.2.9 Proportional Editing Mode, PEM

Als Ergänzung zu den normalen Transformationen existiert eine sehr interessante Möglichkeit der Modellierung im Edit Mode: der Proportional
Editing Mode.

> Seit Blender-Version 2.5x funktioniert der PEM auch im Object Mode und kann
> dort benutzt werden, um große Mengen von Objekten zu beeinflussen

In diesem Modus werden neben den selektierten Punkten (Kanten/Flächen)
in einem einstellbaren Abstand proportional auch weitere Punkte beeinflusst. Diese Art der Modellierung ist mit den Magnetwerkzeugen von anderen Programmen vergleichbar, bietet allerdings mehr Möglichkeiten.

Abb. 5.2
Mittels PEM erstellte Meshes

Der PEM reagiert auf Selektionen von Vertices: So können Sie eine Reihe Vertices in einer mehrmals unterteilten Fläche selektieren und mittels PEM eine Art Welle erzeugen, indem Sie die Selektion über die Fläche verschieben. Im Gegensatz zu den Magnetwerkzeugen anderer Programme funktioniert der PEM auch bei Rotation und Skalierung.

Die Möglichkeiten des PEM sind vielfältig, es können z. B. organische Formen und Landschaften modelliert werden. Wenn die Objekte aber sehr kompliziert werden, sollten Sie sich den Sculpt Mode (siehe 5.6) anschauen.

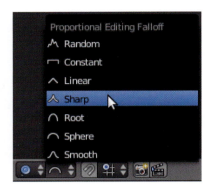

Im Edit Mode wird der PEM durch Anklicken des Icons in der Statusleiste des 3D View oder durch die Taste O an- und ausgeschaltet. Ist er aktiv, erscheint neben dem nun aktiven Icon ein Menü-Icon, mit dem die verschiedenen Arten der Beeinflussung (»Falloff«) gewählt werden können (Taste ⇧-O).

Solange Sie sich in dem entsprechenden Modus (Verschiebung G, Rotation R oder Skalierung S) befinden, kann die Größe des Einflussbereichs mit den Tasten Pad+ und Pad− oder dem Scrollrad an der Maus geändert werden. In den 3D Views wird diese Änderung sofort aktualisiert und ermöglicht auf diese Weise eine genaue Kontrolle des Effekts.

Mit Alt-O oder Auswahl aus dem Menü des Proportional-Editing-Icons kann der Connected-Modus eingeschaltet werden, bei dem nur Vertices beeinflusst werden, die mit dem Selektierten verbunden sind.

5.2.10 Übung: Extrude

Das Extrudieren, also das In-die-Tiefe-Ziehen von Flächen, ist eine sehr mächtige Funktion, um viele Modellierungsaufgaben mit Meshes zu lösen. Grundsätzlich arbeitet die Extrusion in Blender mit Vertices (Punkten), Edges (Kantenzügen) und Faces (Flächen): Aus einem Vertex wird durch Extrusion eine Kante, aus dieser durch Extrusion eine Fläche und schließlich aus der Fläche durch Extrusion ein Körper.

Die Extrusion für ein oder mehrere gewählte Elemente in Blender erfolgt – natürlich im Edit Mode – durch Drücken von E oder Auswahl von Extrude Region aus dem Tool Shelf.

Mit Extrusion lassen sich z. B. leicht Objekte wie ein Turm für ein Schachspiel erzeugen. Schauen Sie sich einmal in Ihrer Umgebung um und versuchen Sie sich vorzustellen, welche Objekte oder Objektteile durch Extrusion modelliert werden können.

Übung!

Starten Sie Blender neu oder setzen Sie Blender durch Strg-N auf die Standardszene zurück. Selektieren Sie den Würfel und löschen ihn mit X. Schalten Sie jetzt in eine orthogonale Draufsicht mittels Pad 7 (ggf. Pad 5) und vergewissern Sie sich, dass der 3D Cursor etwa in der Mitte des Views steht. Wenn nicht, setzen Sie ihn mittels ⬚. Erzeugen Sie jetzt mit ⇧-A→Mesh→Circle einen Kreis und setzen Sie die Anzahl der Vertices im Tool Shelf auf 16. Alternativ können Sie auch F6 im 3D View drücken und in dem auftauchenden Menü die Anzahl der Vertices einstellen.

Ansicht wechseln

Dieser Kreis ist jetzt der Querschnitt des Turms (hier sind natürlich auch andere Querschnitte möglich, z. B. quadratische, vieleckige oder ganz unregelmäßige). Schalten Sie nun mit Pad 1 in die Vorderansicht der Szene. Der Querschnitt ist als orange Linie zu sehen. Für die weitere Bearbeitung schalten wir nun mittels ⇆ in den Edit Mode: Es werden einzelne Vertices im Querschnitt sichtbar. Wenn Sie die Selektion nicht geändert haben, sollten alle Vertices des Kreises selektiert sein, was in der Statusleiste von Blender mit | Verts:16/16 | (16 von 16 Vertices selektiert) angezeigt wird.

Bewegen Sie die Maus ungefähr über den Querschnitt, drücken Sie E und bewegen Sie die Maus: Der Querschnitt wird extrudiert und bewegt sich mit der Maus, Flächen wurden automatisch erstellt. Damit der Turm gerade wird, sollten Sie jetzt Z kurz drücken. Damit wird die Bewegung des neuen Abschnitts auf die globale z-Achse eingeschränkt. Bewegen Sie nun die Maus so, dass unten im Fenster-Header etwa D: 0.2000 angezeigt wird. Durch Halten der Strg-Taste können Sie die Bewegung auf 0.1er-Rasterschritte einschränken, wenn Sie entsprechend nahe hineingezoomt haben. Sind Sie zufrieden, drücken Sie 🖱. Damit wird die Extrusion übernommen. Sind Sie nicht zufrieden, so drücken Sie 🖱 oder Esc, aber beachten Sie den folgenden Hinweis.

1. Extrusion

Abbrechen von Extrusionsvorgängen

Eine Extrusion besteht in Blender immer aus zwei Vorgängen: Es wird die Auswahl extrudiert und dann wird in den Verschiebemodus (Grab, G) gewechselt. Dies beschleunigt die Arbeit in 95 % der Fälle erheblich. In einigen Fällen kann es aber wünschenswert sein, dass nach der Extrusion skaliert oder rotiert werden muss. Dies erreicht man dann durch Wahl des neuen Modus mit S oder R. Dies bedeutet aber auch, dass nach einem Abbrechen mittels Esc oder 🖱 die eigentliche Extrusion schon ausgeführt wurde, die neuen Elemente aber genau auf den Ausgangselementen liegen. Und dadurch handelt man sich leicht Fehler im Mesh in Form von doppelten Vertices oder Flächen ein. Diese neuen Elemente sind selektiert und prinzipiell können sie einfach durch X gelöscht werden, allerdings geht dabei auch die Selektion verloren. Besser ist es, nach Abbruch der Extrusion ein Undo mit Strg-Z auszuführen.

Um jetzt den gewünschten kleinen Absatz bzw. Sockel des Turms zu erzeugen, skalieren Sie den noch selektierten neuen Abschnitt mit S und Mausbewegungen etwas herunter; ein Faktor zwischen 0.9 und 0.8 sollte etwa passen. Sind Sie zufrieden, so drücken Sie 🖱. Um abzubrechen und es noch

Skalieren der 1. Extrusion

Weitere Extrusionen

Ansichtssache

Mauern

Zinnen

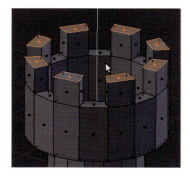

einmal zu versuchen, drücken Sie [Esc] oder [🖱]. Bei Skalierungen ist zu beachten, dass der Skalierungseffekt umso stärker wird, je näher sich die Maus beim Drücken von [S] am Selektionszentrum befindet. Kleine Änderungen nehmen Sie also vor, indem Sie die Maus etwas entfernt vom Selektionszentrum platzieren und dann [S] drücken.

Jetzt geht es weiter, indem Sie immer wieder [E] drücken, das neue Segment herausziehen (am besten mit [Z] beschränkt) und mit [🖱] bestätigen. Anschließend wie gewünscht skalieren ([S]). Bei der Extrusion des Wehrganges wechseln Sie sofort nach der Extrusion mit [S] in den Skalierungsmodus und skalieren die Selektion einfach, bis der Überhang groß genug ist. Anschließend extrudieren Sie weiter hoch bis an die Unterkante der Zinnen.

Bisher sehen wir den Turm nur in der Seitenansicht. Für die nächsten Schritte ist es aber besser, eine 3D-Ansicht zu verwenden. Dies können Sie durch Drehen des Views mittels Mausbewegungen und gehaltener mittlerer Maustaste erzielen oder Sie aktivieren die Vierseitenansicht (Quad View) mittels [Strg]-[Alt]-[Q]. Ich bevorzuge die Arbeit beim Modellieren mit möglichst großen Einzelfenstern, damit gerade bei komplexeren Modellen die Übersicht nicht verloren geht.

In einer Ansicht schräg von oben auf den Turm ist es nun ein Leichtes, durch eine Extrusion mit [E] und anschließendes Skalieren mit [S] eine Mauerdicke zu definieren. Extrudieren Sie nochmals, bewegen Sie den neuen Abschnitt aber nun nach unten, um der Mauer ein Volumen zu geben. Den Boden des Wehrganges schließen Sie durch eine erneute Extrusion und wechseln in den Skalierungsmodus mit [S]. Am schnellsten skalieren Sie alle Punkte des Abschnitts mit der Tastenkombination [0],[⏎] (Zifferntaste Null!) auf einen Punkt zusammen. Um die unnötigen Punkte zu entfernen, führen Sie jetzt noch ein Remove Doubles mit dem gleichnamigen Button im Tool Shelf (oder durch Drücken von [W] [R]) aus. In der Statuszeile von Blender sollte dann der Hinweis Removed 15 vertices erscheinen.

Um die Zinnen zu extrudieren, bleiben Sie in einer Ansicht schräg von oben auf den Turm. Bisher haben wir auf Vertex-Ebene gearbeitet. Für den nächsten Schritt ist es allerdings praktischer, Flächen zu bearbeiten. Dazu (wir sind weiterhin im Edit Mode!) benutzen Sie [Strg]-[🖰] und wählen dann Faces aus dem Menü. Es werden jetzt die einzelnen Flächen mit einem kleinen Quadrat in der Mitte dargestellt. Selektieren Sie nun mit [🖱] eine der Flächen auf der Mauerkrone. Dies selektiert nicht nur diese Fläche, sondern deselektiert auch alle anderen, eventuell versehentlich selektierten Flächen. Halten Sie dann [⇧] gedrückt und selektieren Sie jede zweite Fläche auf der Mauerkrone mit einem [🖱]-Klick in die entsprechende Fläche. Jetzt können alle Zinnen auf ein Mal mit [E] extrudiert werden. Da wir nun Flächen extrudieren (und nicht mehr nur Kanten), wird die Bewegung nach der Extrusion schon in Richtung der Flächennormalen eingeschränkt und wir brauchen die Bewegung nicht mit [Z] einzuschränken. Der Turm ist nun fertig, versuchen Sie sich doch einmal an weiteren ähnlichen Formen.

Übung: Spaß mit Extrude

Die Verbindung von Flächenselektion mit der Extrusion von individuellen Einzelflächen (Extrude Individual Button im Shelf oder in der Suche) ist eine sehr interessante Möglichkeit, schnell zu außergewöhnlichen Objekten zu kommen. Dies können z. B. Tentakel, aber auch gleichartige Luken auf einem Raumschiff sein.

Übung

Für diese Übung starten Sie Blender oder setzen Blender auf die Standardszene zurück. Selektieren Sie den Würfel und wechseln Sie mit [⇆] in den Edit Mode. Im Folgenden werden wir nur mit Flächenselektionen arbeiten, schalten Sie also den Flächenselektionsmodus mit [Strg]-[⇆]→Face ein.

Es sollten nun alle Flächen des Würfels im Edit Mode selektiert sein. Ist dies nicht der Fall, drücken Sie [A], und falls jetzt alles deselektiert wurde, nochmals [A]. Durch Aufruf des Specials-Menüs mit [W] und Auswahl von Subdivide unterteilen wir den Würfel. Alternativ ist auch ein Button Subdivide im Tool Shelf zu finden. Das Specials-Menü hat aber den Vorteil, dass es im Fokus erscheint und daher weniger von der eigentlichen Aufgabe ablenkt.

Unterteilungen

Jetzt werden wir den Würfel »rund«, also zur Kugel machen. Dies ist gleichzeitig ein Beispiel dafür, wie man in Blender Funktionen oder vergessene Tastaturkommandos findet. Rufen Sie das Search-Menü mit [Leerz.] auf und geben Sie »to sphere« in das Suchfenster ein. Schon bei der Eingabe sucht Blender entsprechende Befehle und bei »to sp« wird der gesuchte Befehl und sein Tastaturkommando angezeigt. Wann immer Sie also nur ungefähr einen Teil eines Kommandos wissen, können Sie so ganz ohne Google den kompletten Befehl in Blender herausbekommen.

Um den Befehl jetzt auszuführen, benutzen Sie den Shortcut [⇧]-[Alt]-[S] oder wählen den Eintrag aus dem Suchfenster aus. Bei mehreren Einträgen kann auch per Cursortasten in der Liste navigiert werden. Ein [↵] führt den blau hinterlegten Befehl aus.

*Abb. 5.3
Schritte zum fertigen Objekt*

Nachdem To Sphere ausgeführt ist, können Sie mit horizontalen Mausbewegungen die Stärke der Transformation einstellen. Ich empfehle hier einen Wert nahe oder exakt 1.0. Um einen genauen Wert zu erhalten, benutzen Sie die Zifferntasten auf der Haupttastatur, geben [1] ein und drücken dann [↵].

Damit wir im Folgenden die Flächen individuell skalieren können, muss noch der Pivot-Punkt (Objektursprung, siehe Abschnitt 4.12.3) für

Pivot einstellen

die Transformation auf »Individual Origins« geschaltet werden. Dies geschieht entweder im 3D View Header oder durch Strg - . . Jetzt können Sie entweder im Search-Menü (Leerz.) nach »Extrude Individual Faces and Move« suchen oder den Knopf Extrude Individual im Tool Shelf benutzen. Das Search-Menü hat den Vorteil, dass Sie nur mit der Tastatur auskommen, da es sich vorherige Suchvorgänge merkt. Sich wiederholende Extrusionen rufen Sie dann nur mit Leerz. - ↵ auf.

Extrusionen

Nach dem Ausführen von Extrude Individual werden alle extrudierten Flächen entlang ihrer Flächennormalen bewegt. Mit vertikalen Mausbewegungen können Sie die Entfernung bestimmen. Sind Sie zufrieden, bestätigen Sie mit 🖱. Sollte Ihnen ein Fehler unterlaufen sein, so brechen Sie mit 🖱 oder Esc ab und machen die Extrusion mit Strg - Z rückgängig (s. o.). Als nächster Schritt kann eine Skalierung mit S folgen, um den Querschnitt der Auswüchse zu ändern, dann eine weitere Extrusion und so weiter, bis die gewünschte Form erreicht ist.

Dellen nach innen erzielen Sie, indem die Flächen extrudiert, dann unter die Ausgangsfläche bewegt und etwas herunterskaliert werden. Mit etwas Übung und ein paar Versuchen sollten Sie in der Lage sein, Objekte wie in Abbildung 5.4 zu erzeugen:

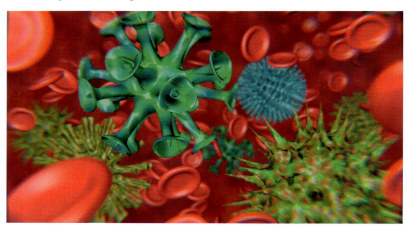

Abb. 5.4
Mittels Extrude erzeugte Objekte
in einer Szene

Für einen organischen Look sollten Sie wieder im Object Mode (mit ⇥) den Edit Mode verlassen) noch Smooth aus dem Tool Shelf auf das Objekt anwenden und dem Objekt einen Subdivison Surface Modifier hinzufügen. Die schnellste Methode, einen Subsurf Modifier hinzuzufügen, ist Strg - 2 (für zweimaliges Subsurf). Der Subsurf Modifier verfeinert Objekte, indem er interpoliert neue Flächen einfügt (siehe Abschnitt 5.5).

5.2.11 Inset Faces

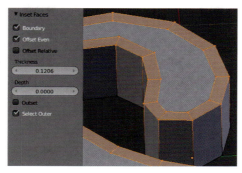

Per Extrusion lassen sich
schon Einlassungen (Insets)
erstellen, bei unregelmäßi-
gem Umriss werden aber die
Abstände nicht gleichmäßig.
Hier springt Inset Faces I
ein. Wird die Funktion mit
selektierten Flächen aufgerufen, so steuert die Maus
zunächst die Breite des In-
sets. Mit gehaltener Strg -Taste wird dagegen die Tiefe des Insets gesteuert.
Nach Bestätigen mit 🖱 können die Parameter im Tools-Shelf oder über F6
angepasst werden.

5.2.12 Brückenbildung: Bridge

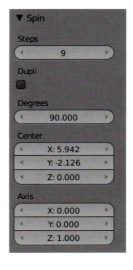

Zwei Loop Cuts (also Querschnitte oder Segmente) in einem Mesh können
mit der Bridge- Funktion verbunden werden. Selektieren Sie beide Loop
Cuts und rufen dann Bridge (engl. Brücke) entweder aus dem Edge-Menü
(Ctrl - E) auf oder benutzen die Befehlssuche (Leerz.). Mittels Merge
Option können die beiden Ausgangsloops auch verschmolzen werden. Mit
dem Merge Factor können Sie bestimmen, welchem Loop das erzeugte
mehr ähnelt und wo es erstellt wird. Sind die Vertexzahlen der Loops unterschiedlich können mit der Number of Cuts Einstellung die Anzahl der
Unterteilungen zwischen den Loops eingestellt werden und es ist zusammen mit dem Profile Shape möglich weiche Übergänge zwischen ganz unterschiedlichen Loop zu erzeugen.

5.2.13 Spin

Spin dient dazu, Polygonzüge (also durch Kanten verbundene Vertices)
oder Flächen so zu rotieren und dabei zu verbinden, dass ein Rotations-
körper entsteht.

   Dazu wählt man die betreffenden Vertices, Kantenzüge oder Flächen im
Edit Mode aus und setzt den 3D Cursor in den gewünschten Mittelpunkt
der Rotation. Als Rotationsachse dient hier bei Aufruf des Befehls eine gedachte Achse in den Bildschirm hinein.

   Nach Anwählen von Spin mit Alt - R oder aus dem Tool Shelf wird der
Spin mit Standardparametern aufgerufen. Im Tool Shelf oder im F6 -Menü
können jetzt interaktiv die Parameter des Spins geändert werden. Steps gibt
an, wie viele Zwischensegmente während des Spins verwendet werden sollen. Diese Zwischenschritte verteilen sich gleichmäßig auf den Spin um die

im Parameter Degrees angegebenen Gradzahl. Über die Center-Parameter kann der Drehpunkt, der vorher ja schon über den 3D Cursor definiert wurde, noch verändert werden; die Koordinaten beziehen sich auf das globale Koordinatensystem. Auch die Rotationsachse kann noch mittels der Axis-Parameter geändert werden. Die Änderung der Parameter ist so lange möglich, bis der Edit Mode verlassen oder ein anderer Befehl mit Blender ausgeführt wird.

Spin Dupli

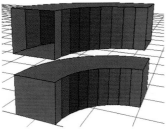

Wird der Toggle Button Dupli angewählt, so werden keine neuen Flächen erzeugt und die selektierten Elemente nur vervielfältigt; es wird also kein kontinuierlicher Körper erzeugt. Die beiden unteren Objekte in der linken Abbildung sind mit Spin modelliert, das obere mit der Dupli-Option. Bei beiden Methoden entsteht aber ein zusammenhängendes Objekt mit einem Mesh. Das untere Mesh wurde aus einer Fläche erzeugt, Anfang und Ende sind geschlossen. Dies ist insbesondere zu beachten, wenn ein Spin um 360° ausgeführt wird. Bei solch einem Spin sollte nur ein offener Querschnitt benutzt werden, da sonst in dem Objekt innere Flächen entstehen, die zu einem unsauberen Mesh führen, das vor allem mit dem Subdivision Surface Modifier zu Problemen führt. Unbedingt sollten Sie bei einem 360°-Spin – egal ob mit oder ohne Dupli-Option – ein Remove Doubles ausführen! Eine Neuberechnung der Normalen mittels [Strg]-[N] (alles selektiert, im Edit Mode) sollte nach diesem Schritt auch durchgeführt werden (siehe Seite 121 ff.).

5.2.14 Screw

Screw dreht einen offenen oder geschlossenen Querschnitt (s. u.) um den 3D Cursor und erzeugt dabei spiralförmige oder gewindeähnliche Strukturen. In der Abbildung links sind zwei offene Polygonzüge zu sehen. Hier bestimmt nur der 3D Cursor die Dicke des geschlossenen Innenbereichs.

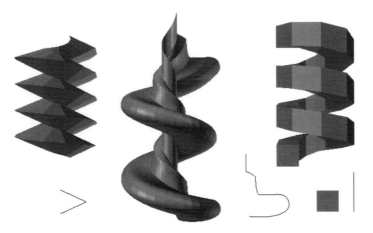

Soll ein geschlossener Polygonzug benutzt werden, der dann ein helixförmiges Objekt (umgangsprachlich auch Spirale genannt) generiert, so ist zusätzlich noch eine Linie anzugeben, die den Versatz beim Drehen angibt. Wird diese Linie schräg gestellt, so erhalten Sie sich verjüngende oder breiter werdende Helices. Die Hilfslinie wird übrigens mit bearbeitet, so dass man sie nachher aus dem Modell löschen muss.

Je nachdem, ob der Polygonzug mit Flächen gefüllt ist oder nicht, werden der Anfang und das Ende der Helix offen oder geschlossen sein.

Übung Helix

Setzen Sie Blender mit ⌈Strg⌉-⌈N⌉ auf die Grundszene zurück und löschen den Würfel. Schalten Sie auf die Seitenansicht mit ⌈Pad 1⌉ und dann mit ⌈Pad 5⌉ auf eine orthogonale Ansicht. ⌈⇧⌉-⌈A⌉→Mesh→Plane erstellt eine einfache Fläche, die immer gut als Ausgangsobjekt für alle möglichen 2D-Umrisse geeignet ist.

Wechseln Sie in den Edit Mode (⌈⇥⌉) und verschieben Sie alle Vertices der Fläche ca. fünf Blender-Einheiten nach rechts. Der Cursor sollte noch auf dem ursprünglichen Pivot-Punkt der Fläche liegen. Da die Fläche ein geschlossener Umriss ist, müssen wir noch einen offenen Linienzug erstellen, der den Versatz angibt; ansonsten weist uns Blender wenn wir Screw ausführen wollen, darauf hin.

Hilfslinie

Um eine Helix mit konstantem Durchmesser zu erzeugen, muss der offene Linienzug exakt parallel zur z-Achse (bei der von uns gewählten Ansicht) liegen. Dies erreichen Sie bequem, indem Sie einen Vertex der Fläche selektieren, ihn mit ⌈Strg⌉-⌈D⌉ kopieren und etwas zum 3D Cursor bewegen. Anschließend extrudieren Sie den Vertex mit ⌈E⌉, schränken die Bewegung mit ⌈Z⌉ ein und erstellen so eine Linie. Die Länge der Linie gibt an, um welchen Betrag der Querschnitt bei einer Umdrehung entlang der Hochachse verschoben wird, also wie groß der Abstand zwischen den Windungen ist. Selektieren Sie nun alle Vertices (⌈A⌉) und führen Sie dann Screw aus. Jetzt können Sie im Tool Shelf noch die Parameter wie z. B. Steps oder Turns ändern.

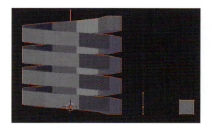

Da die Hilfslinie mitverarbeitet wurde, muss sie nun noch gelöscht werden: Dies geschieht am einfachsten, indem Sie im Edit Mode alle Vertices deselektieren (⌈A⌉), dann den Mauszeiger über ein Vertex des unerwünschten Objektteils bewegen und ⌈L⌉ drücken, was alle mit dem Vertex verbundenen Vertices selektiert. Anschließend kann die Selektion mit ⌈X⌉→Vertices gelöscht werden.

Übung Schnecke

Erstellen Sie wieder wie oben beschrieben eine Fläche. Wechseln Sie in den Edit Mode und löschen Sie mit ⌈X⌉ alle Vertices. Mit gehaltener ⌈Strg⌉-Taste und ⌈🖱⌉-Klicks, dort wo die Vertices liegen sollen, können Sie nun einen Linienzug zeichnen. Liegt der im Uhrzeigersinn gezeichnete erste Vertex näher zum 3D Cursor, so verjüngt sich das durch »Screw« erzeugte Objekt nach oben. Liegen Anfangs- und Endpunkt auf einer Achse entlang der z-Achse, so hat das erzeugte Objekt einen konstanten Querschnitt. Die so erzeugten Objekte ähneln Gewinden oder Schneckenhäusern.

Den Screw-Effekt gibt es auch noch als sehr flexiblen Modifier (siehe Abschnitt 5.4.4). Hier können alle Parameter auch animiert und noch lange nachträglich geändert werden, manuelles Modellieren ist am Ergebnis aber natürlich erst nach dem Apply des Modifiers möglich.

5.3   Rapid Modelling: Geschwindigkeit ist fast Hexerei

Dieser Abschnitt zeigt, wie man Objekte mithilfe von Fotos schnell modelliert und mit einer Textur überzieht. Diese Objekte können dann als Ausgangspunkt oder Platzhalter für aufwändiger modellierte Objekte dienen, in Echtzeitszenen oder als Statisten im Hintergrund von Bildern und Animationen eingesetzt werden. Es geht hier nicht darum, für alle Anwendungen perfekte Objekte zu erhalten, sondern nur so viel Arbeit in ein Objekt zu investieren, wie es die jeweilige Aufgabe erfordert. Die Arbeitsweisen, die hier verwendet werden, sind aber natürlich auch bei der Modellierung von aufwändigen Objekten sinnvoll verwendbar und der Übergang von einfach nach komplex ist fließend.

Ein wesentlicher Aspekt dieser Art der Modellierung ist die Verwendung von Fototexturen, die unterschiedliche Ansichten des Objekts zeigen. Diese Texturen werden dann mittels UV-Texturierung aufgebracht, was es relativ einfach macht, komplexe Mappings zu erzielen (siehe Abschnitt 7.16).

Oft genügt es, einen charakteristischen Querschnitt aus einem Foto zu wählen und diesem dann durch Extrusion Tiefe zu geben. Schauen Sie sich doch mal in Ihrer Umgebung um, welche Objekte oder Objektteile so modelliert werden könnten.

5.3.1   Übung: Umrisse zu Objekten, ein Schlüssel

Als erstes einfaches Objekt werde ich zeigen, wie man einen Schlüssel modelliert und texturiert. Das Ergebnis könnte direkt in einem Spiel oder als Nebenobjekt für eine Animation verwendet werden, wenn kein »mikroskopischer« Blick auf das Objekt nötig ist.

Übung

Setzen Sie Blender mit [Strg]-[N] auf die Grundszene zurück und löschen Sie den Standardwürfel mit [X]. Wir werden den Schlüssel liegend auf der x-y-Ebene modellieren. Daher schalten Sie mit [Pad 7] auf eine Draufsicht und dann mit [Pad 5] auf eine orthogonale Ansicht.

Referenzbild

Als Nächstes benötigen wir ein Referenzbild, das wir in diesem Fall auch anschließend als Textur benutzen werden. Also fotografieren oder scannen(!) Sie einen Sicherheitsschlüssel (keinen altmodischen Bartschlüssel). Das Bild sollte nicht übermäßig groß sein, 512 Punkte in der längsten Ausdehnung sind mehr als ausreichend für unsere Zwecke.

Auf `http://blenderbuch.de/daten/` befindet sich die Bilddatei `Modelling/ textures/Schluessel_1-png`, die sich gut für diese Übung verwenden lässt.

Mit [N] über dem 3D View wird das Properties Shelf eingeblendet. Hier finden sich Objekteigenschaften, aber auch verschiedene Eigenschaften des 3D View, darunter auch die Hintergrundbilder (Background Images). Im Background Images-Panel muss nun erst einmal die Benutzung von Hintergrundbildern eingeschaltet werden; dies geschieht durch Anklicken des quadratischen Toggle Button. Durch einen Klick auf den kleinen Pfeil oder den Panelnamen klappt das Panel auf und es erscheint ein Button Add Image, mit dem Sie ein neues Hintergrundbild hinzufügen können. Klicken Sie nun Add Image an, um ein neues Unterpanel anzuzeigen, das dann wieder durch einen Klick auf den kleinen weißen Pfeil aufgeklappt wird, um so endlich einen Open-Button zu zeigen. Wenn Sie diesen Open-Button anklicken, öffnet sich Blenders File Browser, mit dem Sie zu dem Bild navigieren und es dann per Doppelklick öffnen. Das Bild erscheint sofort im 3D View.

Parameter

Über die Parameter können Sie jederzeit noch die Transparenz (Opacity), die Größe (Size) oder Position (X: und Y:) des Bildes ändern. Der Menu Button neben Axis: dient zur Auswahl, in welcher Ansicht (Standard: All Views) das Bild zu sehen ist. Nun wird auch klar, warum es recht umständlich war, ein Bild zu laden. Die vielen Buttons zum Verkleinern der Panels sind nötig, um bei mehreren geladenen Bildern nicht den Überblick zu verlieren und sie entsprechend der gewünschten Ansicht anpassen zu können.

Das Bild sollte nun im 3D View zu sehen sein. Wenn nicht, so befinden Sie sich nicht in einer orthogonalen Ansicht (Top Ortho). Der 3D Cursor sollte in der Mitte des Bildes platziert sein. Falls nicht, setzen Sie ihn durch einen 🖰-Klick dorthin.

Grundobjekt

Erzeugen Sie mit ⇧-Ⓐ→Mesh→Plane eine Fläche: Sie erscheint wie gewohnt am 3D Cursor. Zoomen und verschieben Sie den View, bis Sie eine gute Sicht auf das Objekt und das Hintergrundbild haben. Wechseln Sie in den Edit Mode (⭾): Die einzelnen Vertices werden sichtbar und es sind alle selektiert. Löschen Sie nun alle Vertices mit Ⓧ→Vertices.

Der Bart

Jetzt können wir mit Strg-🖰 den ersten Punkt unseres Umrisses setzen. Ich habe mich dafür entschieden, zuerst den Bart des Schlüssels nachzuziehen, und daher den ersten Punkt (Vertex) im Übergang von Griff (Reide) zum Bart gesetzt.

Weitere Vertices können nun entweder durch fortgesetztes Strg-🖰 oder durch Extrusion (Ⓔ) erzeugt werden. Die Methode mit Strg-🖰 bietet sich immer für Rundungen und Ecken an und wenn es besonders schnell gehen soll. Die Methode mit der Extrusion ist immer dann sinnvoll, wenn der neue Punkt auf einer Höhe mit dem letzten liegen soll. Dies ist ja bei allen waagerechten oder senkrechten Linien am Bart der Fall. Hier habe ich dann mit Ⓔ extrudiert und die Bewegung mittels Ⓧ oder Ⓨ auf eine Achse eingeschränkt. Für die Menge an Vertices orientieren Sie sich bitte an der Abbildung rechts. Viel mehr Punkte sind nicht nötig für die geplante Qualität des fertigen Modells; außerdem ist es später immer einfacher, Punkte einzufügen, als Punkte aus einem Modell zu löschen. Sind Sie mit der Lage eines Punktes nicht zufrieden, so können Sie dies entweder sofort oder später durch Verschieben der Vertices korrigieren. Achten Sie darauf, dass für das Fortsetzen des Linienzuges nur einer der Endpunkte selektiert ist.

Weiter geht es mit dem Griff des Schlüssels. Ob Sie hier extrudieren oder mit Strg-🖰 arbeiten, überlasse ich Ihrer Entscheidung. Während des Ver-

Griff bzw. Reide

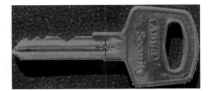

schiebens von Punkten kann aber in allen Fällen die ⇧-Taste gedrückt bleiben, um eine feinere Kontrolle zu erhalten. Die Rundungen an den Griffecken sollten Sie mit nicht mehr als drei Vertices ausführen, die Rundung hinten am Griff mit etwa neun Vertices. Um den Umriss zu schließen, gibt es zwei Methoden:

- Legen Sie einen Punkt nahe auf den Anfangspunkt, selektieren Sie dann beide Punkte und führen Sie Alt-M→At Center aus. Wenn Sie sehr nahe liegende Punkte mit Border Select auswählen, sollten Sie darauf achten, dass Limit Selection to Visible abgeschaltet ist.)
- Selektieren Sie Anfangs- und Endpunkt und erzeugen Sie mit F eine Kante, die dann beide Vertices verbindet.

Das Loch im Griff

Weiter geht es mit dem Loch im Griff. Damit der Umriss später perfekt mit Flächen gefüllt werden kann, ist es wichtig, dass alle Vertices auf einer Ebene liegen. Sollten Sie während des Modellierens die Ansichten gewechselt haben, so kann es leicht passieren, dass ein unbewusster 🖱-Klick den 3D Cursor aus der Ebene verschiebt. Dann können Sie den 3D Cursor wieder auf den Umriss setzen, indem Sie ein Vertex selektieren und mit ⇧-S→Cursor To Selected den 3D Cursor neu setzen.

Deselektieren Sie nun mit A alle Vertices (in der Titelleiste hinter Ve: muss eine 0 stehen) und erzeugen Sie mit Strg-🖱 den ersten Punkt am Loch. Wir können uns nun Arbeit sparen, indem wir nur eine Hälfte des Lochumrisses nachzeichnen und die andere Hälfte durch Duplizieren und Spiegeln ergänzen. Anfangs- und Endpunkt sollten etwa auf der gleichen Höhe liegen. Um den halbfertigen Umriss zu selektieren, bewegen Sie den Mauscursor über ein Vertex des Umrisses und drücken L. Dies selektiert alle mit diesem Vertex zusammenhängenden Punkte.

Kopie

Nun kann die Umrisshälfte mittels ⇧-D kopiert werden, die Kopie hängt dann am Mauszeiger und ist bereit, verschoben zu werden. Wir brechen diesen Vorgang aber mit Esc oder 🖱 ab; danach liegt die Kopie genau über dem Original.

Spiegeln

Durch Aufruf des Spiegeln-Tools mit Strg-M werden alle selektierten Objektteile entlang einer auszuwählenden Achse am Zentrum der Auswahl gespiegelt. Die Achse wählen Sie mit der entsprechenden Taste X, Y oder Z, in unserem Fall also Y. Bestätigen Sie dann die Wahl der Achse mit ↵ oder 🖱. Jetzt muss die Kopie noch mittels G,Y auf der y-Achse verschoben werden, bis die Rundung unten mit dem Hintergrundbild übereinstimmt. Die Vertices in der Mitte des Lochumrisses werden nicht exakt übereinanderliegen und können entweder durch paarweise Auswahl und Merge (Alt-M) oder durch Auswahl der vier Punkte und W→Remove Doubles und einen hohen Wert für Merge Threshold (im Tool Shelf oder Aufruf mit F6) zusammengeführt werden.

Bisher haben wir nur einen Umriss des Schlüssels erzeugt. Flächen oder Tiefe existieren noch nicht. Hierzu selektieren Sie alle Vertices mittels $\boxed{A}$ (eventuell zweimal drücken, alle Vertices müssen orange sein) und füllen dann den Umriss mit $\boxed{Alt}$-$\boxed{F}$. Es sollten jetzt korrekt Flächen erzeugt worden sein, das Loch im Griff darf nicht gefüllt sein.

Flächen füllen

> **Nicht korrekte Füllungen bei $\boxed{Alt}$-$\boxed{F}$**
>
> Werden Umrisse nicht korrekt durch $\boxed{Alt}$-$\boxed{F}$ gefüllt, so ist der Umriss entweder nicht geschlossen oder es gibt übereinanderliegende Vertices oder Kanten. Ein Zeichen für nicht geschlossene Umrisse ist es, wenn die Vertex-Anzahl nicht der Edges-Zahl entspricht. Dann muss man sich entweder selbst auf die Suche machen oder man benutzt Remove Doubles mit einem erhöhten Threshold, was auch gegen übereinanderliegende Vertices hilft.
>
> Wird versehentlich mit $\boxed{F}$ gefüllt, so wird ein n-Gon erzeugt und das Loch nicht korrekt behandelt.

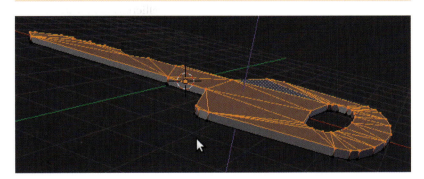

Durch Drehen des Views mit Mausbewegungen und gehaltener 🖱-Taste können Sie den gefüllten Umriss schon begutachten. Stellen Sie eine Ansicht leicht schräg auf den Umriss ein. Dies wird den nächsten Schritt, die Extrusion, noch plastischer und einleuchtender machen. Ohne die Selektion zu ändern, drücken Sie $\boxed{E}$, bewegen die Maus, bis die gewünschte Dicke des Schlüssels erreicht ist, und bestätigen mit 🖱 oder $\boxed{\leftarrow}$. Jetzt können Sie den Edit Mode mit $\boxed{⇄}$ verlassen und sich durch Drehen und Bewegen des Views den Schlüssel von allen Seiten ansehen. Einen besonders guten 3D-Eindruck erhalten Sie durch Einschalten einer perspektivischen Ansicht mit $\boxed{Pad\,5}$.

Extrusion

Aufbringen der Textur

Teilen Sie das 3D-Fenster in zwei gleich große Teile auf (siehe Abschnitt 4.7) und schalten Sie den Typ des neuen Fensters auf den UV/Image Editor um, indem Sie das Editor-Type-Menü oder $\boxed{⇧}$-$\boxed{F10}$ benutzen. Der UV Editor und das Prinzip des UV-Mappings werden detailliert in Abschnitt 7.16 erklärt. In Kurzform definiert man in dem Prozess der UV-Texturierung, wie die 2D-Bildkoordinaten auf ein 3D-Objekt aufgebracht werden, und das möglichst ohne störende Verzerrungen.

Schalten Sie den 3D View wieder auf die Draufsicht um (Pad 7) und stellen Sie eine orthogonale Ansicht ein (Pad 5), im 3D View sollte Top Ortho zu lesen sein). Selektieren Sie den Schlüssel mit 🖱 und wechseln Sie dann mit ⇥ in den Edit Mode. Dort benutzen Sie die Tastenkombination Strg-⇥ F, dies schaltet in den Flächenselektionsmodus. Es ist zwar problemlos möglich und manchmal auch praktisch, im Vertex- oder Edge-Selektionsmodus mit UV-Texturen zu arbeiten, aber da wir zu 99 % Flächen selektieren wollen, ist der Flächenmodus einfach effektiver. Selektieren Sie jetzt alle Flächen, indem Sie, je nach vorheriger Selektion, ein oder zwei Mal A drücken. Alle Flächen sollten jetzt orange dargestellt werden.

Mapping   Das Verfahren festzulegen, wie ein Bild auf ein 3D-Objekt gebracht wird, nennt man Mapping. Die Schwierigkeiten, die einen hier erwarten, sind zu erahnen, wenn Sie einmal versuchen, eine Orange (3D-Objekt) in ein Blatt Papier (Bild, Textur) einzuwickeln, ohne dass es Überlappungen und Kniffe gibt oder etwas vom Papier weggeschnitten werden muss. Trotz dieser komplizierten Aufgabe ist das UV-Texturieren eine der flexibelsten Arten, 3D-Objekte mit Bildern bzw. Texturen zu versehen. Textur ist hier der Oberbegriff, denn eine Textur kann nicht nur die Bildinformationen enthalten, sondern auch Informationen zur Oberflächenbeschaffenheit wie z. B. Glanz, Rauigkeit oder Transparenz.

Projektion   Die Projektion kann man sich wie das Projizieren eines Dias auf einen Körper vorstellen. Oft wird eine Projektion dazu benutzt, einen Ausgangspunkt für ein noch komplizierteres Mapping oder die manuelle Nachbearbeitung zu schaffen. In Blender wird die Projektion mit U für alle selektierten Flächen durchgeführt.

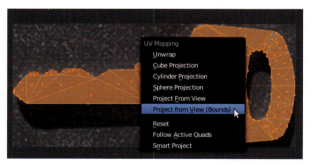

Drücken Sie also mit der Maus über dem 3D View U und wählen dann den Menüpunkt Project from View (Bounds) mit der Maus oder durch Drücken von V. Das Ergebnis der Projektion erscheint im UV Image Editor. Da unser View eine orthogonale Ansicht ist, gleicht die Projektion mit dieser Option einem Beamer, der auf eine absolut ebene Wand strahlt. Da keine perspektivische Verzeichnung auftreten kann, entspricht nun die Projektion im UV Image Editor der Ansicht der Flächen im 3D View – allerdings noch verzerrt, da kein Bild mit dem entsprechenden Seitenverhältnis geladen ist und wir ja bis zu den Bounds (Grenzen) projiziert haben.

Bildvergabe   Wir könnten jetzt ein Bild von der Festplatte laden, genau wie für das Hintergrundbild, aber wir haben das entsprechende Bild ja schon geladen und können es wiederverwenden. Dazu klicken Sie im UV Image Editor auf das Bild-Icon und wählen dann in der Liste das einzige Bild, nämlich Schlüssel_1. png – also jenes, das wir vorhin schon als Hintergrundbild geladen haben.

Ein neues Bild dagegen hätten wir mit dem Menüpunkt Image→Open oder mit [Alt]-[O] geladen. Sie sehen jetzt, dass sich die Repräsentation der Flächen im UV Image Editor angepasst hat und die Verzerrung verschwunden ist.

Im Prinzip ist das Mapping nun fertig, nur sehen wir noch nichts davon. Bewegen Sie die Maus wieder über den 3D View und verlassen Sie mit [↹] den Edit Mode: Der Schlüssel

Darstellung der Textur

hat wieder sein Standardgrau. Diese momentane Darstellung der Ansicht ist zur Modellierung sehr geeignet, da keine Texturen von den Objektkonturen ablenken. Wir wollen aber jetzt natürlich die Texturen sehen. Benutzen Sie also das Viewport-Shading-Menü oder die Tastenkombination [Alt]-[Z], um von Solid auf Textured umzuschalten: Jetzt sehen wir die Textur. Schalten Sie den View auf eine Perspektive ([Pad 5]) um und benutzen Sie die mittlere Maustaste, um den 3D View mit Mausbewegungen zu rotieren. Durch die einzelne Lampe in der Szene ist die Rückseite jetzt allerdings sehr dunkel. Fügen Sie doch noch weitere Lampen hinzu oder löschen die in der Szene vorhandene, in diesem Fall übernimmt die Standard-OpenGL-Beleuchtung.

Auf der Rückseite des Schlüssels ist die gleiche Textur wie auf der Vorderseite, allerdings gespiegelt.

In der Echtzeitgrafik ist das Objekt jetzt auch schon benutzbar, was Sie leicht durch Starten der Echtzeit-Engine mit [P] erkennen können. Beendet wird die Echtzeit-Engine durch [Esc].

Möchten Sie den Schlüssel klassisch als Bild oder Animation berechnen lassen, so ist dem Objekt ein Material hinzuzufügen und Face Textures im Options-Panel des Materials einzuschalten.

5.3.2   Übung: Bitte recht freundlich – eine Kamera

In dieser Übung geht es darum, eine Kamera mit möglichst einfachen Mitteln schnell und doch einigermaßen originalgetreu nach dem Vorbild eines Fotos zu modellieren. Die Kamera wird in einem späteren Abschnitt (7.16.1) mit Texturen versehen und soll eher für die Echtzeitgrafik geeignet sein, d. h., Einzelheiten werden nicht ausmodelliert, sondern durch Texturen dargestellt oder stark vereinfacht.

Bei Fototexturen sind einige Dinge zu beachten, damit sie als Vorlage und dann auch als Textur für 3D-Modelle verwendet werden können. Im Anhang sind ein paar Tipps zusammengetragen, die einen guten Einstieg in dieses recht komplexe Thema geben. Je nach Modell kann die Erstellung guter Texturen von einfach bis beliebig komplex reichen, wenn z. B. große Teile der Textur aus aufnahmetechnischen Gründen fehlen und neu aufgebaut werden müssen. Die Texturen für die Kamera sind nicht nachbearbeitet (bis auf Beschnitt) und werden daher genau die Probleme, aber auch Lösungsmöglichkeiten aufzeigen, die bei der Modellierung und später der UV-Texturierung auftreten.

Übung

Starten Sie Blender und löschen Sie den Standardwürfel, die Kamera und die Lichtquelle. Dann schalten Sie auf eine orthogonale Ansicht von **hinten** (Strg-Pad 1, Pad 5). Rufen Sie das Properties Shelf mit N auf und aktivieren Sie den Toggle Button im Background Images-Panel. Klicken Sie dort Add Image an und dann den kleinen Pfeil neben Not Set, um den Open-Knopf erscheinen zu lassen. Wählen Sie Open und laden Sie das Bild Front_close.png von meiner Website. Das Bild sollte jetzt im 3D View erscheinen. Wählen Sie nun noch Back im Image-Axis-Menü aus. Dies sorgt dafür, dass dieses Hintergrundbild nur in der Rückansicht zu sehen ist. Es mag

verwirrend sein, dass wir das Bild mit der Kamera von vorn für die Rückansicht benutzen, aber die Frontansicht ist ja auf die Szene bezogen und mit einem Blick entlang der y-Achse definiert, während wir Objekte gerne in Fahrt- oder Blickrichtung definieren.

Grundobjekt

Der 3D Cursor sollte noch in der Mitte des Hintergrundbildes sein. Wenn nicht, platzieren Sie ihn mit 🖱 neu und erzeugen dann mit ⇧-A →Mesh→Plane eine Fläche. Zoomen und verschieben Sie den View, bis Sie eine gute Sicht auf das Objekt und das Hintergrundbild haben. Wechseln Sie dann in den Edit Mode (⇆): Die einzelnen Vertices werden sichtbar, es sind alle selektiert. Löschen Sie mit X→Vertices alle Punkte. Nun sind wir bereit, den Umriss der Kamera nachzuziehen.

Jetzt können wir mit Strg-🖱 den ersten Punkt unseres Umrisses setzen. Ich habe mich dafür entschieden, links oben anzufangen und dann beginnend mit der langen oberen Kante im Uhrzeigersinn weiterzuarbeiten.

Weitere Vertices können nun entweder durch fortgesetztes Strg-🖱 oder durch Extrusion (E) erzeugt werden. Die Methode mit Strg-🖱 bietet sich immer für Rundungen und Ecken an und wenn es besonders schnell gehen soll. Eine Extrusion ist immer dann sinnvoll, wenn der neue Punkt auf einer Höhe mit dem letzten liegen soll. Dies ist bei allen waagerechten Linien (auch wenn das Bild hier etwas schief sein sollte) am Kameragehäuse der Fall. Hier habe ich dann mit E extrudiert und die Bewegung mittels X oder Y auf eine Achse eingeschränkt. Für die Menge an Vertices orientieren Sie sich bitte an der Abbildung. Viel mehr Punkte sind nicht nötig für die geplante Qualität des fertigen Modells und außerdem ist es später immer einfacher, Punkte einzufügen, als Punkte aus einem Modell zu löschen. Sind Sie mit der Lage eines Punktes nicht zufrieden, so können Sie dies entweder sofort oder später durch Selektion und Verschieben der Vertices korrigieren. Achten Sie nur darauf, dass für das Fortsetzen des Linienzuges nur der Endpunkt selektiert ist, damit Strg-🖱 wie gewünscht funktioniert. Eine besonders genaue Bewegung beim Verschieben erhalten Sie durch Halten der ⇧-Taste.

Zum Schließen des Umrisses selektieren Sie den letzten Punkt, dann mit gehaltener ⇧-Taste den ersten Punkt und verbinden beide durch einen Druck auf die F-Taste.

Umriss schließen

Schalten Sie nun mit Pad 3 auf die Ansicht von rechts um. Fügen Sie ein neues Hintergrundbild durch Add Image hinzu und laden Sie das Bild `Right.png`. Schalten Sie die Axis auf Right, so dass das Bild nur in der Ansicht von rechts zu sehen ist. Das Hintergrundbild muss nun so weit skaliert und verschoben werden, dass der Umriss von der Höhe her in die Seitenansicht passt und an der rechten Seite im Übergang zur Fase (abgeschrägte Fläche an einer Objektkante) liegt. Meine Parameter dafür sehen Sie in der Abbildung rechts. Für die weitere Modellierung ist es empfehlenswert, auf eine Drahtgitterdarstellung umzuschalten; dies geschieht mit Z. Alternativ können Sie auch *Limit Selection to Visible* abschalten (im Header des 3D View).

2. Ansicht

Stellen Sie sicher, dass alle Vertices des Querschnitts selektiert sind, und drücken Sie E, um die Auswahl zu extrudieren, dann Y, um die Bewegungsrichtung auf die y-Achse zu beschränken. Ziehen Sie anschließend die Extrusion nach rechts bis zur Vorderseite der Kamera und bestätigen Sie mit 🖱. Jetzt skalieren Sie den neuen Abschnitt mit S, bis die Fase mit dem Hintergrundbild übereinstimmt, und bestätigen mit 🖱.

1. Extrusion

Schalten Sie jetzt wieder auf die Rückansicht mit Strg-Pad 1: Sie sehen, dass der neue Querschnitt noch angepasst werden muss. Dies geschieht grob zuerst durch Verschieben aller Vertices, dann muss der linke Teil mittels Border- (B) oder Circle Select (C) angewählt und wiederum durch Verschieben mit der Kante im Referenzbild in Deckung gebracht werden.

Schalten Sie jetzt mit Pad 3 wieder zurück auf die Seitenansicht von rechts und deselektieren Sie alle Vertices mit A. Wir werden jetzt den zuerst gezeichneten Umriss in die andere Richtung extrudieren. Wählen Sie dazu den entsprechenden Abschnitt mit Border Select (B) oder Alt-🖱 auf eine senkrechte Kante. Es kann nicht schaden, durch eine kurze Drehung des Views mit 🖱 zu kontrollieren, ob das komplette

Weitere Extrusion

Segment selektiert ist. Zurück in der Seitenansicht von rechts drücken Sie nun [E], schränken die Bewegung mit [Y] ein und ziehen das neue Segment nach links bis zum Anfang der Fase an der Rückseite der Kamera und bestätigen die Position mit [🖱]. Führen Sie eine weitere Extrusion bis zum Ende der Kamera durch und skalieren Sie dieses Segment, bis es zum Hintergrundbild passt.

Anpassung

Auch dieses letzte Segment sollte noch angepasst werden, um den tatsächlichen Kamerakonturen besser zu entsprechen. Dazu wechseln Sie in die Frontansicht und fügen ein neues Referenzbild für die Frontansicht ein: Back.png. Das Bild muss eventuell leicht per Skalierung und Position eingepasst werden, damit es zu den äußeren Konturen (schwarze Linien!) unseres Modells passt. Meine Werte sind Size: 5.070, X: -0.060 und Y: -0.090. Sie werden jetzt schon erkennen, dass der letzte Querschnitt (selektiert, orange Linien) noch nicht sehr gut passt. Um mehr Übersicht zu bekommen, können wir jetzt die nicht selektierten Teile des Mesh verstecken; die geschieht, indem wir [⇧]-[H] drücken. Jetzt kann der Querschnitt bequem angepasst werden, ohne dass die anderen Teile bei den Transformationen oder der Selektion stören. Um das komplette Mesh wieder sichtbar zu machen, drücken Sie im Anschluss [Alt]-[H].

Füllen der Endsegmente

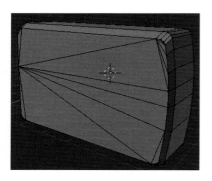

Schalten Sie einmal mit [Z] in den schattierten Darstellungsmodus und drehen Sie die Ansicht mit der Maus bei gehaltener [🖱]-Taste etwas. Die Seitenflächen wurden durch die Extrusion perfekt gefüllt, die Enden sind aber noch offen. Vom Ergebnis her hätten wir auch den ersten Umriss gleich mit Flächen füllen und dann extrudieren können. Allerdings hätten diese Flächen dann die Arbeit beim Anpassen der Segmente etwas gestört. Um die Enden zu füllen, wählen Sie den entsprechenden Querschnitt mit [Alt]-[🖱] und füllen mit [Alt]-[F]. Danach rotieren Sie die Ansicht etwas, um einen guten Blick auf das andere Ende zu bekommen. Selektieren Sie dieses Segment und füllen Sie es wiederum mit [Alt]-[F]. Sie können nun den Edit Mode mit [⇆] verlassen und durch Drehen des Views schon einen guten Eindruck von dem Kameragehäuse bekommen.

Endkontrolle

Es ist nun an der Zeit, die Konturen des Objekts mithilfe der Hintergrundfotos noch einmal zu kontrollieren. Hierbei ist es wichtig, sich wieder klarzumachen, dass auf Fotos durch die perspektivische Verzeichnung Maße nicht stimmig (maßhaltig) sein müssen: Es ist ungemein hilfreich, das Originalmodell in den Händen zu halten und eher seinem gesunden Menschenverstand zu vertrauen als den Fotos. Jeder Fehler bei der Modellierung wird uns später Probleme beim Texturieren bereiten, und nicht selten fallen dann Fehler auf, die wiederum im Modell korrigiert werden müssen. So wird das Modellieren und Texturieren nach Fotos auch bei erfahrenen Modellierern zu einem iterativen Prozess. Aus der Erfahrung in meinen kommerziellen Projekten habe ich die Daumenregel abgeleitet, dass man etwa drei Mal das Objekt neu startet, bis es zur eigenen Zufriedenheit gereift ist. Also lassen Sie sich nicht zu schnell entmutigen!

Optimieren des Modells: Das Blender-Mantra

Auch wenn Sie sicher sind, sauber modelliert zu haben, empfiehlt sich nun dringend eine Kontrolle und Optimierung des Modells. Insbesondere für die Verwendung als texturiertes Echtzeitmodell kann dieser schnell auszuführende Arbeitsschritt viel Ärger und Frust bei der UV-Texturierung verhindern.

Führen Sie diese Schritte immer nach einer Modellierung aus, bis Sie Ihnen in Fleisch und Blut übergegangen sind.

Im Edit Mode

Da die Mesh-Struktur des Objekts bearbeitet werden soll, muss es sich im Edit Mode ⌨ befinden. Üblicherweise wird mit Vertices gearbeitet, seltener mit Kanten und Flächen. Die Optimierung erfolgt nun mit folgenden Schritten:

- Alle Vertices auswählen mit Ⓐ oder Ⓐ-Ⓐ. Für Spezialfälle kann es auch sinnvoll sein, nur Teile des Mesh zu optimieren.
- Remove Doubles mit Ⓦ→Remove Doubles. Werte über null als Rückmeldung deuten auf ein (behobenes) Problem hin. Doppelte Vertices entstehen beispielsweise durch eine mehrfache Extrusion an einer Stelle. Bei hartnäckigen Fällen kann auch der Threshold angehoben werden. Aber Vorsicht, dass keine gewollt nah beieinanderliegenden Vertices mit gelöscht werden.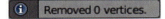
- Flächennormalen neu berechnen mit Strg-Ⓝ. Die Flächennormalen sind insbesondere für die Echtzeitgrafik wichtig, um die Sichtbarkeit der Flächen (siehe auch Abbildung 5.5) zu bestimmen und unsichtbare Flächen nicht berechnen zu müssen. Weiterhin funktionieren Glättungsalgorithmen nicht, wenn die Normalen verdreht sind. Sicheres Zeichen für ein Normalenproblem sind dunkle Flecken beim Rendern auf dem Modell.

Im Object Mode

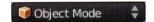

Die weiteren Optimierungen müssen im Object Mode ausgeführt werden:

- Apply Scale/Rotation Strg-Ⓐ: Hiermit werden die Objektachsen entsprechend der Weltkoordinaten ausgerichtet (Rotation) und eventuelle Skalierungen (Scale) zurückgesetzt. Wichtig ist dieser Schritt wieder für die Echtzeitgrafik, aber auch wenn komplexe Animationshierarchien aufgebaut werden.
- Setzen des Objektschwerpunktes in das Objektzentrum durch ⇧-Strg-Alt-Ⓒ→Origin to Geometry oder auf eine durch den 3D Cursor definierte Stelle (Origin to 3D Cursor).

Abb. 5.5
Mesh mit falschen (links) und korrekt
ausgerichteten Flächennormalen

Objektiv und Programmwahlknopf

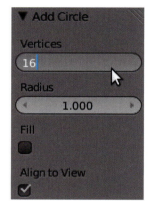

Extrusion des Objektivs

Die zwei Objektivteile modellieren wir ähnlich wie die Kamera mit Extrusionen, nur benutzen wir hier als Umriss einen Kreis, den man mit ⌂-A→Mesh→Circle erzeugen kann. Für die Verwendung des Modells als Echtzeitmodell reichen 16 Unterteilungen für den Kreis.

Schalten Sie auf die Frontansicht der Kamera. Positionieren Sie den 3D Cursor dort, wo im Hintergrundbild die Mitte des Objektivs ist, und erzeugen Sie den Kreis. Stellen Sie im Tool Shelf 16 Vertices ein. Gegebenenfalls verschieben und skalieren Sie den Kreis, bis er genau bis zum äußeren Rand des Objektivs (nicht des Zierrings) im Hintergrundbild reicht. Schalten Sie mit Strg-Pad 3 auf die linke Seitenansicht und verschieben Sie den Kreis, bis er gerade so links in der Kamera verschwindet.

Fügen Sie nun für die Ansicht von links das Bild Left.png ein und skalieren und verschieben Sie es so lange, bis es in das Kameramodell passt. Bei mir lagen die Werte bei Size: 3.100, X:-0.090 und Y: -0.170.

Wechseln Sie mit 🔁 in den Edit Mode, alle Vertices des Kreises sollten noch selektiert sein. Extrudieren Sie nun das Kreissegment, um das erste Objektivteil zu erstellen. Das Hintergrundbild weist allerdings eine starke perspektivische Verzeichnung auf. Lassen Sie sich daher nicht dazu verführen, in der Seitenansicht die Kreissegmente zu skalieren, sondern verlassen Sie sich darauf, dass die Skalierung so stimmt, wie Sie sie in der Vorderansicht definiert haben.

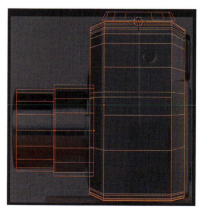

Objektiv schließen

Um das Objektivteil vorne zu schließen, extrudieren Sie nochmals. Aber anstatt das neue Segment zu verschieben, wechseln Sie sofort mit S in den Skalierungsmodus, drücken 0 (Ziffer Null auf Haupttastatur) und ↵. Somit werden alle Punkte des zuletzt extrudierten Abschnitts auf einen Punkt gebracht. Um das Objekt zu säubern, sollten Sie jetzt mindestens ein

Remove Doubles und Make Normals Consistent aus dem »Blender-Mantra«
(s. o.) ausführen.

Alternativ hätten die Flächen auch wieder mit Alt-F gefüllt werden
können. Allerdings erzeugt die Skalierungsmethode besser weiterzuverarbeitende und schönere Flächen. Die Rückseite des Objektivteils muss übrigens nicht gefüllt werden, da sie nie zu sehen ist.

Das zweite Objektivteil wird genauso modelliert wie oben beschrieben
oder das erste Teil wird mit ⇧-D kopiert und entsprechend skaliert (im
Edit Mode oder im Object Mode, dann aber unbedingt Apply Scale und Rotation mit ⇧-A ausführen!).

Der Programmwahlknopf und Auslöser wird wie das Objektiv auch aus
einem Kreis heraus extrudiert. Verwenden Sie hierfür die Draufsicht Pad 7
und die Frontansicht Pad 1 mit den jeweiligen Hintergrundbildern.

Programmwahlknopf

Die Kamera ist in
dieser Form natürlich
nur ein sehr einfaches Modell, das allerdings durch die Texturierung in Abschnitt
7.16.1 noch wesentlich
gewinnen wird und
dann für einfachere
Animationen in der
Echtzeitgrafik schon
gut genug ist. Weiter-

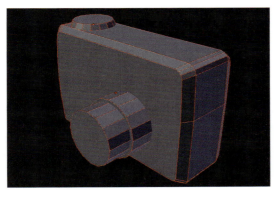

Abb. 5.6

*Fertige Kamera in schattierter Darstellung mit
überlagertem Drahtgitter*

hin kann man durch schrittweise Verfeinerung und Modellierung von weiteren Einzelheiten natürlich auch ein sehr komplexes Modell erschaffen.

5.4   Veränderung ist positiv: Der Modifier Stack

Modifier sind kleine Funktionseinheiten, die automatisch, nur durch wenige Parameter gesteuert, teils komplexe Operationen an Objekten vornehmen. Dabei bleibt das Ausgangsobjekt immer unverändert, Modifier sind
also nicht destruktiv. Sollen die Änderungen permanent werden, so können

Modifier auch angewendet (engl. »applied«) werden; dann sind die Änderungen am Basisobjekt permanent.

Das Modifier-Konzept ermöglicht
so auch die komplette Animierbarkeit der Parameter, was Effekte erlaubt, die mit einer klassischen Modellierung nicht oder nur mit großem
Aufwand erzielbar sind.

In diesem Abschnitt werden zunächst alle Modifier kurz vorgestellt. Später werden dann die wichtigsten und interessantesten auch in den Übungen benutzt. Einige Modifier sind nicht direkt zum Modellieren gedacht, sondern simulieren physikalische Zusammenhänge oder verformen die Objekte nur; diese Modifier werden dann in späteren Kapiteln genauer behandelt.

Die meisten Modifier sind für Meshes verfügbar, viele auch für Curves, Lattices und Surfaces.

Es können beliebig viele Modifier auf ein Objekt angewandt werden. Sie bilden dann den Modifier Stack, also einen Stapel, der der Reihe nach von oben nach unten abgearbeitet wird (siehe Abbildung von Stack und Ergebnis oben). Da die Reihenfolge teils sehr entscheidend für das Endergebnis ist, können Modifier im Stack verschoben werden.

Alle Modifier-Typen haben bestimmte Elemente gemeinsam. Das kleine Dreieck links dient dazu, den Modifier einzuklappen (collapse), um mehr Übersicht bei komplizierten Stacks zu haben. Es folgt ein Icon, das typspezifisch ist und mehr oder weniger gut die Funktion des Modifiers anzeigt. Dann folgt der Name des Modifiers, der durch 🖰-Klick und Editieren mit der Maus änderbar ist. Es folgen Knöpfe, die den Modifier beim Rendern und im 3D View an- oder abschalten, sei es aus Performance- oder Übersichtsgründen. Bei einigen Modifiern kann dann noch die Wirkung im Edit Mode an- und abgeschaltet werden. Das Icon daneben sorgt schließlich dafür, dass die Kontrollpunkte genau auf dem Mesh liegen und nicht auf dem Kontroll- bzw. Ursprungs-Mesh. Mit den folgenden Pfeilen kann der Modifier im Stack auf- oder abwärts bewegt werden. Das X-Icon schließlich löscht den Modifier. Der Apply-Knopf wendet den Modifier an und verwirft das Ursprungs-Mesh, Copy kopiert den Modifier im Stack. Bei einigen Modifiern gibt es zusätzlich noch die Funktion Apply as Shape, die den Modifier anwendet und einen Shape Key erstellt.

Abb. 5.7
Die kreative Anwendung von Modifiern erzeugt manchmal auch unerwartet ansehnliche Ergebnisse.

Im nächsten Abschnitt werden alle Modifier kurz (eine ausführliche Beschreibung würde den Rahmen des Buchs sprengen) vorgestellt, damit Sie eine grobe Ahnung davon bekommen, was möglich ist, und durch die kurze Beschreibung weitere Hilfe im Internet finden können.

Modify-Gruppe

Modifier aus dieser Gruppe ändern UV- und Vertex-Gruppen eines Mesh.

Mesh Cache

Mit diesem Modifier können komplexe Mesh-Animationen von der Festplatte geladen werden.

UV Project

Der UV Project Modifier projiziert ein Bild wie ein Beamer auf ein Objekt. Dabei werden die UV-Koordinaten, die Teil des Mesh sind, erstellt bzw. modifiziert.

UV Warp

Mit diesem Modifier und einem Hilfsobjekt können Verschiebungen der UV Map erreicht werden.

Vertex Weight Edit

Mit diesem Modifier können Vertex-Gruppen und die Gewichtungen (automatisch und animiert) geändert werden.

Vertex Weight Mix

Mit diesem Modifier können Vertex-Gruppen und die Gewichtungen (automatisch und animiert) mit einer anderen Vertex-Gruppe gemischt werden.

Vertex Weight Proximity

Mit diesem Modifier können abhängig von der Entfernung eines anderen Objekts Änderungen an den Vertex-Gruppen und Gewichtungen (Weights) vorgenommen werden.

Generate-Gruppe

Modifier aus dieser Gruppe erstellen Meshes oder ändern die Strukturen von Meshes.

Array

Der Array Modifier sorgt für eine Vervielfältigung des Objekts in regelmäßigen Anordnungen.

Bevel

Der Bevel Modifier schrägt Kanten oder Ecken (Vertices) des Objekts ab (fasen). Gesteuert werden kann dieses Fasen durch das Bevel Weight, den Winkel oder Vertex-Gruppen.

Boolean

Der Boolean Modifier führt boolesche Operationen mit zwei Objekten durch. So können Objekte addiert, voneinander abgezogen oder geschnitten werden.

Build

Der Build Modifier baut das Objekt animiert aus seinen Einzelflächen auf.

Decimate

Der Decimate Modifier vereinfacht das Objekt und versucht dabei die äußere Form des Objektes beizubehalten.

Edge Split

Der Edge Split Modifier sorgt dafür, dass bei Objekten mit aktivem Smooth Shading scharfe Kanten erhalten bleiben.

Mask

Mit dem Mask Modifier können Teile des Objektes ausgeblendet werden.

Mirror

Der Mirror Modifier spiegelt das Mesh des Objektes entlang einer oder mehrerer Hauptachsen. Dies ist insbesondere für die symmetrische Modellierung hilfreich.

Multiresolution

Das Mesh wird vom Multiresolution Modifier in Stufen (Levels) feiner unterteilt, entweder einfach oder glättend, und interpoliert nach der Catmull-Clark-Methode. Im Gegensatz zum Subdivision Surface Modifier bleiben die einzelnen Stufen getrennt editierbar, so dass man immer auf der Stufe arbeiten kann, die gerade sinnvoll ist.

Remesh

Mittels Remesh kann eine neues Mesh generiert werden, das dem Ausgangsmesh ähnelt, aber nur Quads (Polygone mit vier Vertices) enthält.

Screw

Der Screw Modifier erstellt Schrauben oder spiralförmige Objekte. Im Gegensatz zum Screw im Tool Shelf bleiben alle Parameter editierbar und sind auch animierbar.

Skin

Der Skin Modifier generiert mit einfachen Kantenzügen (denken Sie an Strichmännchen) Körper und kann auch ein passendes Skelett (Armature) daraus generieren.

Solidify

Der Solidify Modifier erstellt aus den dünnen Polygonhüllen des Objektes ein Objekt mit Wandstärke.

Subdivision Surface

Der Subdivision Modifier erzeugt aus einfachen Meshes organisch geschwungene Formen.

Triangulate

Mit diesem Modifier werden die Flächen des Mesh in Dreiecke zerlegt – besonders hilfreich für das Baken von Normal-Maps und vor Exports des Mesh.

Deform-Gruppe

Modifier aus dieser Gruppe verformen Objekte.

Armature

Der Armature Modifier wendet eine Armature (ein Skelett) auf das Mesh an, so dass es sich mit den einzelnen Teilen der Armature (Bones) bewegt und deformiert.

Cast

Der Cast Modifier versucht das Objekt in Kugel, Zylinder oder Kastenform zu pressen. Die Stärke des Effekts kann dabei eingestellt werden.

Curve

Der Curve Modifier verformt das Objekt entlang einer Kurve.

Displace

Der Displace Modifier versetzt die Punkte eines Objektes je nach Helligkeit eines Bildes beziehungsweise einer Textur.

Hook

Mit dem Hook Modifier, den Blender automatisch erstellt, wenn ein Hook (Haken, an dem sich Vertices verankern lassen) hinzugefügt wird, können Vertex-Gruppen an andere Objekte gebunden werden.

Laplacian Smooth

Dieser Modifier entfernt Rauschen aus einer Mesh-Oberfläche mit möglichst geringem Einfluss auf die generelle Form des Objekts. Negative Werte des Factor: lassen Meshes zu Karikaturen werden.

Lattice

Lattices sind einfache quaderförmige Kontrollobjekte, die eine Verformung des Mesh bewirken. Der Lattice Modifier reiht diese Verformung in den Modifier Stack ein.

Mesh Deform

Der Mesh Deform Modifier erlaubt es im Gegensatz zu den einfachen Lattice-Objekten, jedes geschlossene Mesh zur Verformung zu benutzen.

Shrinkwrap

Der Shrinkwrap Modifier legt ein Mesh an ein anderes an oder umhüllt es.

Simple Deform

Der Simple Deform Modifier stellt einige einfache Verformungen wie Verdrehen, Stauchen und Biegen für das Mesh bereit.

Smooth

Der Smooth Modifier glättet Meshes. Dabei »bügelt« er kleinere Falten aus, versucht aber die generelle Form des Mesh zu erhalten.

Warp

Mittels Warp Modifier können Meshes gesteuert von zwei Hilfsobjekten verformt werden (ähnlich dem PEM Mode, siehe Abschnitt 5.2.9).

Wave

Der Wave Modifier lässt animierte Wellen durch das Objekt-Mesh laufen.

Simulate Gruppe

Viele dieser Modifier sind sogenannte virtuelle Modifier, darunter die für physikalische Simulationen (z. B. Cloth, Fluid). Sie besitzen keine eigenen Parameter, sondern bestimmen nur die Position des Modifiers im Stack. Die Paramter dieser virtuellen Modifier werden dann im Physics Context der Objekte geändert.

Cloth

Kleidungssimulation von Blender

Collision

Aktiviert die Kollision mit anderen Objekten oder Partikeln.

Dynamic Paint

Mittels Dynamic Paint Modifier können Objekte als animierte Pinsel dienen und auf andere Objekte malen, diese verformen (Spuren im Schnee)
oder Wellen auf der Oberfläche (Regentropfen in Pfütze) generieren.

Explode

Zusammen mit einem Partikelsystem lässt dieser Modifier ein Objekt in
tausend Stücke explodieren (Tipp: Leerz. , nach Quick Explode suchen).

Fluid Simulation

Die Fluid-Simulation von Blender (Tipp: Leerz. , nach Quick Fluid suchen)

Ocean

Mit diesem Modifier können relativ schnell Wasserflächen mit Wellen
inkl. Schaum generiert werden.

Particle Instance

Der Particle Instance Modifier ersetzt die Partikel eines Partikelsystems
durch das den Modifier tragende Objekt.

Particle System

Dieser Modifier erstellt ein Partikelsystem auf dem Mesh, es wird also
zum Partikelemitter.

Smoke

Rauchsimulation von Blender (Tipp: Leerz. , nach Quick Smoke suchen)

Soft Body

Simulation weicher, verformbarer Objekte

5.4.1   Objektvervielfältigung: Array Modifier

Mit dem Array Modifier können Sie schnell interessante Anordnungen von
Objekten erschaffen. Dabei ist diese Anordnung voll animierbar oder kann
als Grundlage für die Modellierung verwendet werden.

Setzen Sie Blender mit Strg -N auf die Standardszene zurück und schal-
ten Sie den View mit Pad 7 und Pad 5 auf eine orthogonale Ansicht von oben.
Selektieren Sie den Würfel und erzeugen Sie einen Array Modifier in den
Modifier Properties. Da in Count: eine 2 eingetragen ist, verdoppelt sich der
Würfel nun. Erhöhen Sie Count: auf 40 und setzen Sie Relative Offset X auf
1.200: Die 40 Würfel rücken ein Stück auseinander. Bisher ist diese Objekt-

Übung!

vervielfältigung noch nicht sehr aufregend und wäre in ähnlicher Weise sicher auf mindestens fünf Wegen in Blender machbar.

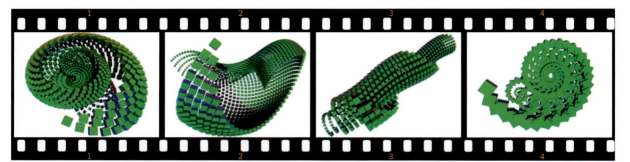

Abb. 5.8

Durch den Array Modifier generierte Animation

Empty: ein Hilfsobjekt

Richtig interessant wird der Array Modifier erst, wenn ein weiteres Objekt den Modifier steuert. Dazu bietet sich ein sogenanntes Empty an. Dieser Begriff bezeichnet in Blender ein Hilfsobjekt, das praktisch nur aus einer Koordinatenachse besteht und nicht berechnet wird, aber komplett animierbar ist.

Erzeugen Sie mit ⇧-A→Add→Empty ein solches Hilfsobjekt (beachten Sie den Namen des neuen Objektes unten links im 3D View, in einer neuen Szene ist er »Empty«). Wählen Sie anschließend wieder den Würfel an. Aktivieren Sie Object Offset und wählen Sie das Empty nach einem 🖱-Klick auf das Würfel-Icon aus der aufklappenden Liste. Je nachdem, wo Sie das Empty erzeugt haben und in welcher Orientierung im Raum es sich befindet, können jetzt schon lustige Dinge mit dem Array passieren.

Dann selektieren Sie das Empty, setzen die Rotation mit Alt-R zurück und verschieben es mit G in die Nähe des Würfels. Mit dem Empty können Sie nun interaktiv den Abstand und auch die Ausrichtung des Arrays steuern. Wenn Sie eine passende Einstellung gefunden haben, bestätigen Sie die Position des Empty mit der linken Maustaste. Als Nächstes rotieren Sie das Empty: Das Array biegt sich zu einem Kreis. Probieren Sie dann, das Empty mit S zu skalieren! Sie können nun auch den View etwas drehen und das Empty um alle Raumachsen drehen, verschieben und skalieren, um spiralförmige Gebilde zu erhalten.

Mit einer normalen Keyframe-Animation des Empty erzeugen Sie auf diese Weise erstaunliche Animationen, die an wachsende Farne erinnern.

Der Array Modifier ist natürlich auch schachtelbar. Was passiert, wenn man einen Array Modifier auf einen Array Modifier anwendet und dann das Steuer-Empty animiert, ist in Abbildung 5.8 zu sehen.

Die Szene `Modifier/ArrayAnim.blend` und die berechnete Animation befinden sich natürlich auf `http://blenderbuch.de/daten/`.

5.4.2   Objektmengenlehre: Boolean Modifier

So genannte boolesche Operationen sind Operationen mit 3D-Objekten, bei denen Objekte miteinander verschmolzen oder voneinander abgezogen werden oder von denen eine Schnittmenge gebildet wird. Auf diese Weise könnte man sich z. B. eine Bohrung in einem Werkstück als Subtraktion eines Zylinders aus diesem Werkstück vorstellen. Ein anderes Beispiel wäre eine Linse, die entsteht, wenn die Schnittmenge zweier Kugeln gebildet wird. Oder es entsteht eine Kugel mit einer Kuhle, wenn aus zwei Kugeln eine Differenz gebildet wird.

Übung!

Setzen Sie Blender mit Strg-N auf die Standardszene zurück und schalten Sie den 3D View mit Pad 1, Pad 5 auf eine orthogonale Ansicht von vorn um. Erzeugen Sie mit ⇧-A→Mesh→Monkey einen Affenkopf innerhalb des Würfels. Selektieren Sie nun den Würfel und skalieren ihn, bis der Affenkopf vollständig darin verschwinden. Anschließend verschieben Sie den Würfel so weit nach oben, dass er dem Affen ca. bis zu den Augen geht. Schalten Sie wieder eine perspektivische Ansicht mit Pad 5 ein und drehen Sie den View mit 🖱 und Mausbewegungen, bis Sie schräg von oben auf den Affen blicken. Zoomen Sie mit dem Mausrad oder Strg-🖱, wenn der Kopf zu klein zu sehen ist.

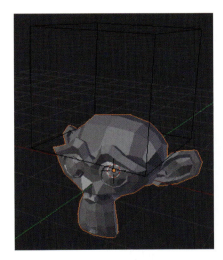

Affenchirurgie

Wir möchten nun den Würfel als »Messer« benutzen, um den Affenkopf aufzuschneiden. Damit der Würfel im 3D View nicht die Sicht auf den Affenkopf stört, können Sie ihn in den Object Properties, im Display-Panel, auf den Type: Wire schalten. Er wird nunmehr als Drahtgittermodell dargestellt. Damit er im Bild nicht berechnet wird, können wir das Rendern für den Würfel ausschalten, indem wir Strg-H drücken.

Jetzt selektieren Sie wieder den Affenkopf und erzeugen im Modifier Context einen Boolean Mo-

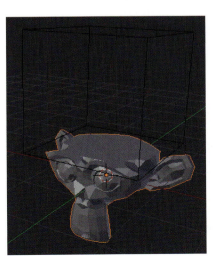

difier. Wählen Sie unter Object: durch einen Klick auf das Namensfeld den Würfel »Cube« aus der Liste aus: Im 3D View ist jetzt nur noch die obere Partie des Kopfes zu sehen. Dies ist auch kein Wunder, denn standardmäßig ist der Boolean Modifier auf Intersect (Schnittmenge) eingestellt. Ändern Sie also jetzt den Modus unter Operation: auf Difference und der Kopf sollte oben abgeschnitten erscheinen. Wenn Sie nun sehen wollen, wie hohl unsere Suzanne ist, können Sie noch einen Solidify Modifier **vor** den Boolean Modifier setzen, Thickness: 0.080, und dann noch einen Subdivision Surface Modifier zwischen Solidify und Boolean einfügen.

5.4.3 Wände stärken: Solidify Modifier

Normalerweise sind 3D-Objekte nur leere Hüllen mit einer dünnen Haut. Dies merkt man sofort, wenn man z. B. eine Kugel aufschneidet, also einige Flächen entfernt. Auch wenn es bei einer Kugel noch möglich ist, eine Wandstärke per Extrusion mit geringem Aufwand zu modellieren, so wird es doch bei komplexen Objekten sehr aufwändig. Hier kommt der Solidify Modifier ins Spiel: Wandstärken für Architekturmodelle inkl. Fensterdurchbrüche werden genauso verarbeitet wie Gefäße oder auch Flächen, die z. B. aus der Cloth Simulation kommen.

Abb. 5.9
Zwei durch den Solidify Modifier
erstellte Objekte

Übung!

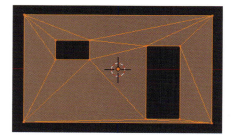

Erstellen Sie eine Fläche mit ⇧-Ⓐ→Mesh→Plane und wechseln Sie in den Edit Mode. Löschen Sie dann mit Ⓧ,Ⓝ die Fläche des Plane-Meshes, so dass nur noch ein quadratischer Umriss übrig bleibt. Mit ⇧-Ⓓ und anschließendem Skalieren und Verschieben können Sie

nun Fenster- und Türdurchbrüche erstellen. Selektieren Sie dann alle Vertices mit Ⓐ, Ⓐ und füllen die Fläche mit Alt - F.

Verlassen Sie den Edit Mode mit ⇥ und fügen Sie einen Solidify Modifier hinzu. Mit Thickness: können Sie jetzt die Wandstärke definieren. Offset:
bestimmt, in welche Richtung die Wandstärke aufgebaut wird. Mit Fill Rim
können Sie die Randflächen an- und abschalten. Ist Rim Material aktiviert,
wird Blender für die Randflächen den zweiten Material Slot verwenden.

Das Grund-Mesh bleibt natürlich, wie von Modifiern gewohnt, weiter
bearbeitbar und so können z. B. noch weitere Fenster eingefügt oder vorhandene verschoben werden.

5.4.4 Screw

Den Screw-Befehl aus Abschnitt 5.2.14 gibt es auch als Modifier – wie alle
Modifier natürlich flexibel, nachträglich änderbar und animierbar.

Setzen Sie Blender zurück, löschen Sie den Standardwürfel und schalten
Sie auf eine Front Ortho-Ansicht (Pad 1, Pad 5). Erstellen Sie eine Fläche mit
⇧ - Ⓐ→Mesh→Plane. Fügen Sie einen Screw Modifier hinzu und schalten
Sie Axis: Y Axis ein. Wenn Sie jetzt von oben oder schräg oben auf das Ob-
jekt schauen, so sehen Sie eine Art Zylinder, aber auch deutlich Artefakte,
wo mehrere Flächen ineinander liegen. Erhöhen Sie nun Screw: und der
Zylinder verlängert sich zu einem Bohrer-ähnlichen Objekt. Diese Effekte
entstehen, weil der Rotationsmittelpunkt des Screw-Vorgangs genau in der
Mitte der Fläche liegt. Beim Screw-Befehl haben wir ja den 3D Cursor als
Rotationspunkt benutzt. Beim Screw Modifier ist es entweder der Objekt-
mittelpunkt (Pivot-Punkt) oder ein zweites Objekt, was ich im Folgenden
kurz demonstrieren werde:

Schalten Sie zurück auf eine orthografische Ansicht von vorn. Gehen
Sie in den Edit Mode (⇥) und verschieben Sie mit Ⓖ die Vertices der
Fläche ca. drei Blender-Einheiten nach rechts: Es entsteht eine Helix. Sie
können nun den Edit Mode verlassen, den View etwas drehen und mit
Iterations: die Länge der Schraubenfeder einstellen. Wenn Sie einen Subdivision Surface Modifier hinzufügen, wird der quadratische Querschnitt
gerundet. Die dabei auftretenden Fehler auf der Oberfläche bereinigen Sie
durch die Calc Order-Option im Screw Modifier. Experimentieren Sie mit
dem Screw:-Parameter; durch seine Animation kann man schon ein Federn
der Schraubenfeder bewirken.

Schalten Sie dann wiederum auf eine orthografische Ansicht von
vorn. Selektieren Sie die Schraubenfeder und bringen Sie den 3D Cursor mit ⇧ - Ⓢ Ⓒ auf den Pivot-Punkt des Objektes. Erzeugen Sie mit
⇧ - Ⓐ→Empty ein Empty (dies ist ein Hilfsobjekt, das im 3D View nur als
kleines Kreuz zu sehen ist und nicht gerendert wird). Selektieren Sie wieder
die Feder und wählen Sie im Screw Modifier durch Klick auf AxisOb das
Empty (der Name sollte auch »Empty« sein, solange Sie nicht noch weitere

Pivot als Screw-Zentrum

Empty als Screw-Zentrum

Emptys in der Szene haben). Wenn Sie nun wieder das Empty selektieren und es mit G bewegen, so können Sie schon das Screw-Zentrum verändern. Wenn Sie auf der Ebene des Querschnittes bleiben (in unserem Fall die x-z-Ebene), ändert sich nur Durchmesser der Feder. Drehen Sie die Ansicht und bewegen das Empty entlang der y-Achse, so ändert sich mit zunehmendem Durchmesser auch der Querschnitt der Feder.

Selektieren Sie wieder das Federobjekt und schalten Sie im Screw Modifier Object Screw ein: Die Feder wird nun erst einmal zu einem Ring, wenn Sie das Empty nicht auf der z-Achse bewegt haben. Wenn Sie nun das Empty bewegen, können Sie so den Durchmesser, den Drehsinn und den Abstand zwischen den Windungen bestimmen und das Ganze auch durch eine Animation des Emptys animieren.

5.5   Weichspüler: Subdivision Surfaces

Subdivision Surfaces oder kurz Subsurfs sind eine Modelliermethode, bei der mit einem niedrig aufgelösten Mesh gearbeitet wird und das Endergebnis dann durch automatisch vom Rechner generierte Flächen geglättet und verfeinert wird. Dies ermöglicht es, mit einer relativ kleinen Anzahl von Kontrollpunkten ein organisch glattes Modell zu erzielen. Weiterhin lassen sich sowohl die Auflösungen für das Berechnen (also Rendering) als auch die Modellierung leicht den Rechenkapazitäten des Computers anpassen.

Als Ausgangspunkt für ein Subsurf-Modell dient ein Mesh (polygonales Objekt in Blender), das vorzugsweise nur aus Quads aufgebaut sein sollte (Quads sind Flächen, bestehend aus vier Vertices). Die Generierung der zusätzlichen Flächen findet dann automatisch nach dem im Computergrafikbereich bekannten »Catmull-Clark Subdivision Surfaces«-Algorithmus statt.

Die Modellierung mit Subsurfs erfordert einige Übung, bis man das Verfahren versteht und schon vor dem Modellieren ungefähr weiß, wie man die Mesh-Topologie aufzubauen hat, um das gewünschte Ergebnis zu erzielen. Ursprünglich als Tool für die Modellierung von organischen Objekten wie Gesichtern und Körpern gedacht, ist Subsurf mittlerweile auch geeignet, technische Objekte zu modellieren, die aus weichen Rundungen bestehen, aber auch scharfe Kanten haben können (z. B. Mobiltelefone und sonstige Konsumelektronik).

5.5.1   Erste Schritte mit Subsurfs

Als Startpunkt für ein Subsurf eignet sich der Würfel aus der Standardszene sehr gut. Die Funktion, um Objekte nach dem Subdivision-Surface-Verfahren zu glätten, ist in Blender ein Modifier (siehe Abschnitt 5.4). Modifier verändern ein Objekt, wobei die Modifizierung jederzeit änderbar und auch völlig rückstandslos rückgängig zu machen ist.

Der Subdivision Surface Modifier befindet sich im Modifier Context im Properties Editor, erkennbar an dem Schraubenschlüssel-Icon. Wählen Sie also, falls nötig, den Würfel, wechseln Sie durch einen 🖱-Klick auf das Schraubenschlüssel-Icon in den Modifier Context und öffnen Sie mit der Maus das Add Modifier-Menü. Dieses recht große Menü ist in drei Spalten unterteilt: Generate, Deform und Simulate. Der Subdivision Surface Modifier befindet sich unten in der Generate-Spalte. Alternativ kann auch mit den Tasten ⟨Strg⟩-⟨0⟩ bis ⟨Strg⟩-⟨5⟩ ein Subdivision Surface Modifier erzeugt oder ein vorhandener in der Anzahl seiner Unterteilungen (Subdivisions) verändert werden.

Die Anzahl der Subdivisions: kann jederzeit im Modifier geändert werden. Hierbei wird unterschieden nach der Auflösung beim Modellieren (View:) und der Auflösung beim Berechnen der Bilder (Render:). Durch Klicken und Ziehen kann die Anzahl der Subdivisions nur bis sechs erhöht werden. Dies geschieht aus Sicherheitsgründen, denn eine Subdivision von 10, versehentlich ausgeführt, kann schnell den ganzen Rechner so in Beschlag nehmen, dass nichts mehr geht und die Szene u. U. verloren geht. Durch direkte Eingabe eines Wertes oder durch Anklicken der kleinen Pfeile kann diese Limitation aber übergangen werden. Um die Oberfläche des Objektes weiter zu glätten, sollte nun noch Smooth im Tool Shelf eingeschaltet werden.

Um das Subsurf-Objekt zu bearbeiten, muss in den Edit Mode 🔁 gewechselt werden. In diesem Moment werden sowohl das Ergebnis des Subsurf Modifier als auch die ursprünglichen Vertices, also die Kontrollpunkte des Würfels, dargestellt. Im Edit Mode kann nun jede Bearbeitungsmethode ausgeführt werden. Verschieben Sie einmal einzelne Vertices des Objektes: Die generierten Flächen folgen der Veränderung des Steuer-Mesh sofort.

Bearbeiten der Subsurfs

Je nach Aufgabe ist es sinnvoll, in den Flächenmodus des Edit Mode zu wechseln. Durch Selektion der oberen Fläche des Würfels, Skalieren und Hochschieben erhält man recht schnell ein Ei. Zu beachten ist, dass ein Subsurf-Objekt, das aus einem Würfel generiert wurde, nie eine perfekte Kugel werden kann, egal wie hoch man die Unterteilungen einstellt.

Eiriger Würfel

Als Bearbeitungsmethode für Objekte mit einem Subsurf Modifier ist die Extrusion besonders wichtig und kann schnell zu interessanten Objekten führen (siehe auch Abschnitt 5.2.10).

Abb. 5.10
Suzanne ohne Subsurf, mit Subsurf und
Basis-Mesh verändert

Ein sehr gut modelliertes Beispiel für ein Subsurf-geeignetes Objekt ist direkt in Blender eingebaut: Es ist Suzanne, der Affe (siehe Abbildung 5.10). Fügen Sie Ihrer Szene einen Affen mit ⇧-A→Mesh→Monkey hinzu und beobachten Sie, was passiert, wenn Sie einen Subsurf Modifier hinzufügen. Versuchen Sie doch einmal, Suzanne mit Hörnern zu »verschönern« oder ihren Gesichtsausdruck zu ändern.

5.5.2 Übung: Ein Telefon mit Subsurfs

Übung

Limit Selection to Visible abschalten

In diesem Abschnitt werden wir ein Telefon modellieren, das als technisches Gerät sowohl viele Rundungen als auch harte Kanten besitzt, und lernen dabei das Subsurf-Modellieren genauer kennen.

Setzen Sie Blender auf die Standardszene mit dem Würfel zurück und schalten Sie auf eine orthogonale Vorderansicht mit Pad1, Pad5 und öffnen, falls nicht vorhanden, das Properties Shelf mit N. Im Background Image-Panel öffnen Sie dann das Bild Modelling/textures/MiniSet_Seite. png für die Vorderansicht (Front).

Für die folgenden Schritte ist es sehr empfehlenswert, im Drahtgitter-modus zu arbeiten. Sollten Sie in einem Shaded Mode arbeiten wollen, so ist bei allen Selektionen mit Border Select unbedingt darauf zu achten, dass Limit Selection to Visible abgeschaltet ist (Icon im Fenster-Header im Edit Mode).

Das Rohmodell

Wählen Sie den Würfel aus und wechseln Sie in den Edit Mode ⇥. Skalieren S Sie nun den Würfel, bis er in der Ansicht etwa die Dicke des Hörers in der Mitte hat. Anschließend verschieben Sie alle Vertices des Würfels so weit nach rechts und oben, bis seine linke Kante in der Mitte des Hörers liegt und die obere Kante mit dem Hörer im Referenzbild abschließt. Selektieren (Border Select B) und verschieben Sie die rechte Kante nach rechts bis etwa dorthin, wo der Buckel anfängt; dies ist die Mikrofonseite des Telefons. Ohne die Kante zu deselektieren, drücken Sie E und extrudieren sie bis zum Ende des Telefons. Deselektieren Sie jetzt alle Vertices mit A und selektieren Sie mit Border Select B die untere Kante des gerade geschaffenen Segments.

Abb. 5.11
Erste Schritte

Diese Kante extrudieren Sie nach unten bis etwa auf die Hälfte der Dicke des Hörers; wir werden später am etwas fortgeschritteneren Modell die Details korrigieren.

Deselektieren Sie nun alles und selektieren Sie dann die linke Kante des bisherigen Modells. Analog wie nach rechts extrudieren Sie diese Kante bis kurz vor die Hörmuschel nach links, bestätigen und extrudieren sie nochmals nach links bis zum linken Ende des Telefons. Deselektieren Sie alle Vertices, selektieren Sie dann die unteren Kanten des linken Segments und extrudieren Sie es nach unten bis auf etwa dasselbe Niveau wie die andere Seite des Hörers.

Abb. 5.12
Rohmodell

Schalten Sie auf eine Draufsicht Pad 7: Sie sehen, dass der Hörer noch deutlich zu schmal ist. Laden Sie als Hintergrundbild nun `MiniSet_Unten.png` für den Top View. Selektieren Sie alle Vertices mit A, A und skalieren Sie dann den Hörer entlang der y-Achse, indem Sie entweder bei der Skalierungsbewegung nach unten kurz die mittlere Maustaste drücken oder die Y-Taste benutzen. Skalieren Sie den Hörer etwa auf die Höhe des Hörers im Bild.

Wechseln Sie in den Object Mode (Verlassen des Edit Mode mit ⇆) und drehen Sie die Ansicht. Schalten Sie eventuell auf eine gefüllte Darstellung mit Z, um sich das Modell anzuschauen: Nur mit viel Fantasie könnte man hier von einem Telefonhörer sprechen. Aber jetzt kommt die »Magie« der Subdivision Surfaces ins Spiel. Bei selektiertem Modell drücken Sie Strg-2: Jetzt ist schon eher ein Telefonhörer zu erkennen.

Abb. 5.13
Roh- und Subsurf-Modell

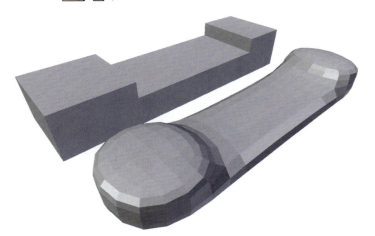

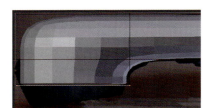

Dies ist ein gutes Beispiel, wie Subsurfs aus einem sehr einfach zu erstellenden Modell ein komplexes machen. Natürlich ist es die Kunst des Modellierens, hinter komplexen Formen die einfachen zu erkennen und dann zu
modellieren.

Das Modell verfeinern

Schalten Sie wieder auf die Vorderansicht [Pad 1]: Die Hörmuschel des Telefons ist noch deutlich zu rund. Um hier eine relativ scharfe Kante zu erzielen, deselektieren wir nun im Edit Mode [⇥] alle Vertices [A] und selektieren
dann mit Border Select [B] die End-Vertices der Hörmuschel. Diese extrudieren Sie nur ein kleines Stück nach unten. Es zeigt sich jetzt eine weitere
Eigenschaft der Subsurfs: Je mehr Kontrollpunkte existieren, umso genauer
folgt der Subdivision-Algorithmus den Kontrollpunkten.

   Ohne den Edit Mode zu verlassen, drehen Sie nun die Ansicht, bis Sie
einen guten Blick auf die Hörmuschel haben, die im Original leicht konkav
(nach innen gebogen) ist. Mit Extrude und Subsurf ist es kein Problem, so
etwas zu modellieren: Extrudieren Sie die Endfläche mit [E] und bewegen
Sie die Maus, ohne eine Maustaste zu drücken; die neue Fläche lässt sich
automatisch nur in einer Richtung bewegen. Von der Ursprungsfläche weg-
bewegt (positiv) bildet sich eine konvexe Fläche, in der anderen Richtung
(negativ) eine Einbuchtung (konkav).

   Bewegen Sie die Fläche nun ca. −0.5 Einheiten (Window Header) entlang
der z-Achse und es entsteht eine deutliche Einbuchtung. Bestätigen Sie mit
der linken Maustaste und drücken Sie sofort [S], um die neue Fläche kleiner zu skalieren (ca. Faktor 0.5), bis die Ränder nicht mehr so scharf sind.

   Wechseln Sie wieder in die Seitenansicht, selektieren Sie die letzten drei
Segmente der Hörmuschel und skalieren Sie sie auf etwa 0.8.

   Auf ähnliche Weise kann auch die andere Seite mit dem Mikrofon angepasst werden. Hier ist es nur nötig, das letzte Segment zu skalieren, um die
Ausbuchtung, in der das Mikrofon steckt, anzupassen. Eine weitere Extrusion ist nicht nötig.

Abb. 5.14
Die fertige Hörmuschel

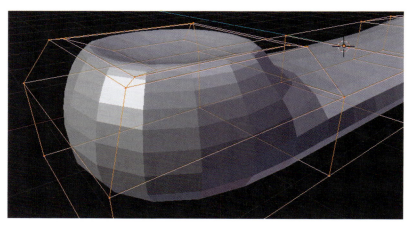

Den Hörer biegen

Schalten Sie wieder in die Frontansicht ⌊Pad 1⌋ und wechseln Sie in den Edit Mode ⌊🔲⌋, falls nötig; wir werden diese Ansicht für die nächsten Schritte nicht verlassen müssen. Sie können natürlich jederzeit mit der mittleren Maustaste die Ansicht drehen, um das Modell zu inspizieren. Schalten Sie dann aber bitte wieder zurück auf die Frontansicht.

Das Biegen und Anpassen des Hörers erfordert die mehrfache Verwendung von Rotationen und Verschiebungen im Edit Mode, um die äußeren Konturen an das Hintergrundbild anzupassen.

Selektieren Sie die linke Seite des Hörers mit Border Select ⌊B⌋ ohne das mittlere Segment und rotieren Sie die Vertices mit ⌊R⌋ nach links, bis die Hörmuschel etwa so gedreht ist wie auf dem Hintergrundbild zu sehen. Bestätigen Sie mit der linken Maustaste und verschieben Sie dann die Auswahl mit ⌊G⌋, bis sie etwa deckungsgleich mit dem Hintergrundbild ist. Analog verfahren Sie mit der rechten Seite des Telefonhörers.

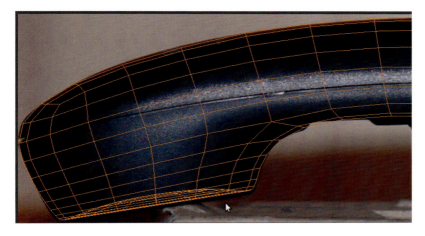

Abb. 5.15
Abgepasste Rotation und Lage

Um anschließend die Kontur des Hörers genau anzupassen, verwenden Sie bitte nur das Verschieben ⌊G⌋ oder Rotieren ⌊R⌋ und selektieren immer mit Border Select ⌊B⌋. Skalieren Sie auf keinen Fall, da Sie sonst auch die Tiefe des Hörers ändern würden.

Für eine genauere Betrachtung im Object Mode können Sie noch Smooth im Tool Shelf und die Subdivision-Level View: auf 3 oder 4 erhöhen. Wollen Sie schon ein Bild rendern, so vergessen Sie nicht, Render: ebenfalls hochzusetzen.

Details hinzufügen

Bisher haben wir für die Modellierung des Telefons nur mit Vertices gearbeitet, implizit wurden dabei aber auch Flächen und Kanten bearbeitet. Als z. B. die Hörmuschel herausextrudiert wurde, waren vier Vertices selektiert, die eine Fläche aufspannten. Dies hätte auch im Face Select Mode des Edit Mode erledigt werden können. Wenn in der Frontansicht mit Border

Select zwei hintereinanderliegende Vertices selektiert werden, so wird hier auch die Kante (Edge) mitselektiert, so als ob sie im Edge Mode selektiert worden wäre.

Edge Loop

Oft ist es sinnvoll, ein ganzes Segment aus Edges zu selektieren und zu bearbeiten. Solch ein Segment wird in Blender Edge Loop genannt und spielt beim Modellieren mit Subsurfs eine große Rolle.

Wechseln Sie in den Edit Mode für den Telefonhörer und schalten Sie den Selektionsmodus auf Edges mit Strg - ⇆ E oder benutzen Sie die Icons im Fenster-Header. Der Shortcut, um Edge Loops zu selektieren, ist Alt - 🖱. Halten Sie also die Alt-Taste und klicken Sie eine Kante der zu selektierenden Edge Loop an. Wenn die Edge Loop geschlossen ist, selektiert Blender nun die komplette Edge Loop. Bei offenen Edge Loops und Enden von Objekten kann Blender nicht automatisch entscheiden, wie weit selektiert werden soll. Hier können dann mit ⇧ - Alt - 🖱 weitere Teile hinzuselektiert werden.

Abb. 5.16
Auswahl und Positionierung
einer neuen Edge Loop

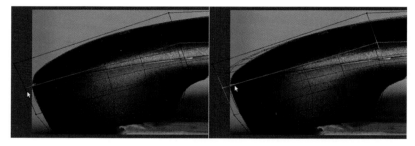

Detailarbeit

Ein Detail, das mithilfe von Edge Loops und Subsurf leicht modelliert werden kann, ist die Naht, an der Ober- und Unterteil des Hörers zusammengefügt sind. Hierzu ist es nötig, weitere Edge Loops in das Modell einzufügen. Mit der Tastenkombination Strg - R wird die Funktion Loop Cut and Slide aufgerufen. Bewegt man den Mauszeiger über eine Edge, so erscheint eine violette Linie, die anzeigt, wo entlang die Edge Loop laufen wird. In unserem Fall sollte die Maus über eine senkrechte Kante bewegt werden, damit die Edge Loop waagerecht eingefügt wird. Mit einem Mausklick wird die Auswahl bestätigt: die Edge Loop wird eingefügt und kann nun mit der Maus an die richtige Stelle bewegt werden (siehe Abbildung 5.16). Hierzu ist es hilfreich, die Darstellung auf eine Drahtgitterdarstellung zu schalten.

Face Loops

Wiederholen Sie das Einfügen einer Edge Loop und bewegen Sie dann die zweite Edge Loop sehr nahe an die erste heran; orientieren Sie sich dabei an dem Hintergrundbild.

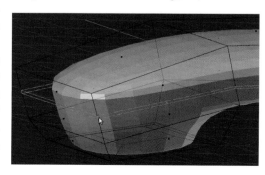

Nun existieren zwei weitere Edge Loops, die schon die äußere Begrenzung der Naht anzeigen. Ein Weg, die Naht nach innen zu modellieren, besteht darin, alle Flächen innerhalb der Naht zu selektieren und diese Auswahl dann durch Extrusion nach innen zu bewegen. Dazu schalten Sie in den Face Select Mode des Edit Mode mittels Strg-🖰, F. Mit Strg-🖰 können nun Face Loops selektiert werden. Dazu klicken Sie mit Strg-🖰 auf die Grenze (im Prinzip eine Edge) zwischen zwei Flächen der gewünschten Face Loop. Anschließend extrudieren Sie, beenden mit 🖰 und führen dann sofort Alt-S aus, das sog. Shrinken/Fatten. Bewegen Sie die Maus bei gehaltener ⇧-Taste so, dass der unten im Fenster-Header angezeigte Versatz etwa –0.06 beträgt. Natürlich können Sie auch Inset benutzen, dies bietet hier aber keine Vorteile.

Im Moment sind die Kanten der Kerbe noch Subsurf-typisch rund. Wie bereits vorher gesagt, könnte man dies durch Einfügen weiterer Edge Loops beheben, was natürlich das Modell verkompliziert.

Für Anwendungsfälle wie diesen gibt es noch eine Kantengewichtung (Weighted Creases), die bestimmt, wie stark der Subsurf-Algorithmus um eine Kante herum interpoliert. Diese Kantengewichtung wird mit dem Shortcut ⇧-E eingestellt. Für unseren Fall selektieren Sie die erste Edge Loop der Naht mit Alt-🖰 und dann die weiteren drei mit ⇧-Alt-🖰. Danach benutzen Sie ⇧-E. Mit der Maus kann nun interaktiv die Schärfung der Kanten von (1.0) bis rund (–1.0) eingestellt werden, wobei immer die Änderung bezogen auf den Ausgangswert gilt. Alternativ können Sie auch einfach 0.7 eintippen und ⏎ zum Bestätigen drücken. Der Wert 0.7 sorgt für eine leichte Rundung an den Kanten, da es wirklich scharfe Kanten an realen Gegenständen nur selten gibt.

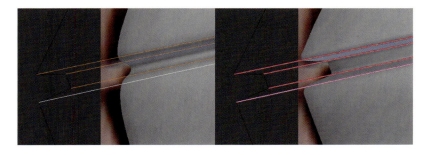

Abb. 5.17
Kanten ohne und mit Edge Crease

Die Unterschale ist übrigens ähnlich simpel mit Subsurfs zu modellieren, praktisch ein Negativmodell des Hörers. Das Spiralkabel aus Abbildung 5.18 wurde mittels der Spin-Funktion aus Abschnitt 5.2.13 modelliert und anschließend entlang einer Curve verformt. Auch hier kommen die Subsurfs zum Einsatz, um aus dem viereckigen Querschnitt ein rundes Kabel zu machen.

Abb. 5.18
Rendering des mit Subsurf
modellierten Telefons

5.6 Sculpt Mode

Seit Blender Version 2.43 ist der Sculpt Mode Bestandteil von Blender und gibt dem Benutzer völlig neue Möglichkeiten zur Bearbeitung von Meshes an die Hand. Im Gegensatz zum Edit Mode bearbeitet man nicht einzelne Vertices, Edges oder Faces, sondern verändert die Form des Modells mit verschiedenen Werkzeugen, die denen beim Modellieren mit Ton oder Knetgummi in der klassischen Bildhauerei entsprechen. Der Sculpt Mode wird meistens zum Bearbeiten oder Generieren von organischen Meshes verwendet, seltener für technische oder mechanische Objekte.

Die Grenzen des klassischen Sculpt Mode bestehen darin, dass nur bestehende Vertices verschoben bzw. generell bearbeitet werden, aber keine neuen erstellt werden. Mit der seit Blender 2.65 vorhandenen Erweiterung »Dynamic Topology« ist es nun auch möglich, dynamisch, also bei Bedarf, automatisch neue Vertices zu erzeugen.

Soll Dynamic Topology nicht eingesetzt werden (z. B. um die komplette Kontrolle zu behalten), müssen wir zur automatischen Generierung von hochaufgelösten Meshes aus einfachen Grundmodellen das sogenannte Multires benutzen. Multires ermöglicht es, ein Mesh in verschiedenen Auflösungen – also mit jeweils unterschiedlich vielen Vertices – zu bearbeiten. Dabei bietet es die ständige Möglichkeit, in geringer auflösende Level zurückzukehren, um gröbere Änderungen am Mesh vorzunehmen.

Wie sollte es auch anders sein, verwenden wir erneut den Affen »Suzanne« als Testobjekt. Erstellen Sie also im Front View `Pad 1` einen Affen mit `⇧`-`A`→Mesh→Monkey. Dann erstellen Sie im Modifier Context einen Multires Modifier. Durch Anklicken von Subdivide kann nun das Mesh in Stufen (Levels) verfeinert werden. Für die ersten Versuche reichen drei Level. Als letzte Vorbereitung kann man noch Smooth aus dem Tool Shelf anwenden. Ich empfehle aber vorerst beim Flat Shading zu bleiben, da so klarer wird, wie der Sculpt Mode arbeitet. Speichern Sie die Datei nun, da Sie sicherlich einige Versuche benötigen werden, um mit dem Sculpt Mode zurechtzukommen, und dann eventuell die Undo-Schritte nicht ausreichend sind.

Jetzt schalten Sie mittels des Mode-Menüs im Fenster-Header auf den Sculpt Mode um. Am Mauszeiger erscheint ein Kreis, der die Größe unseres aktuellen Sculpt-Werkzeugs visualisiert. Das Tool Shelf wechselt den Inhalt und stellt nur noch für den Sculpt Mode sinnvolle Optionen dar.

Durch Halten von 🖱 und Mausbewegungen über dem Modell kann jetzt auf dem Modell gemalt werden. Dabei werden Vertices im Einflussbereich des Werkzeugs (Brush) in Richtung der Flächennormalen hochgezogen. Die Größe des Werkzeugs kann durch `F`, Ändern der Größe mit der Maus und Bestätigen durch 🖱 eingestellt werden. Alternativ können Sie auch zoomen; die Größe des Brushes ist immer auf den View fixiert.

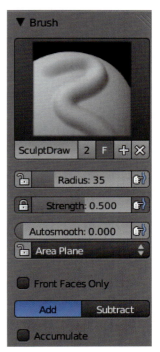

Sculpten Sie einfach drauflos, um ein Gefühl für die Arbeitsweise des Tools zu bekommen. Versuchen Sie z. B. einmal, dem Affen eine Knollennase zu verpassen. Dabei werden Sie schnell merken, wie die Polygone zu groß werden und die Nase dann eckig wirkt. Dies kann in Grenzen durch abwechselndes Auftragen (Draw) und Smoothen verhindert werden. Da das Smooth-Werkzeug so wichtig ist, können Sie es auch aufrufen, indem Sie die `⇧`-Taste halten und dann sculpten; die `⇧`-Taste kann übrigens dann losgelassen werden.

Sie können nun das Mesh weiter mit Subdivide im Multires Modifier erhöhen. Seien Sie aber vorsichtig: Es ist sehr leicht, in Bereiche zu kommen, wo die Arbeit dann quälend langsam wird. Vier oder fünf Unterteilungen reichen fürs Erste sicher.

Für die Grobarbeit an einem Kopf ist auch die Option Mirror: X im Symmetry-Panel sehr hilfreich, Änderungen auf einer Seite des Kopfes werden so automatisch auf die andere Seite übertragen. Versuchen Sie doch einmal, dem Affen Hörner aufzusetzen. Modellieren Sie erst die grobe Form heraus, um dann die Feinheiten in einem höheren Subdivide-Level zu sculpten.

Sculpt-Level

In Abbildung 5.19 können Sie sehen, wie es gemeint ist, dass die einzelnen Level voneinander unabhängig bearbeitet werden können. Erhöhen Sie einmal die Subdivide-Level auf sechs und malen Sie eine feine Struktur auf den Kopf (1). Jetzt stellen Sie Sculpt: 2 ein und verändern den Kopf drastisch (2). Wenn Sie nun wieder auf Sculpt: 6 umschalten, sind die feinen Strukturen weiterhin auf den großen Änderungen erhalten geblieben (3).

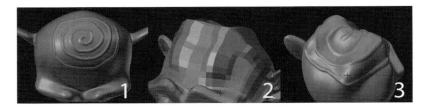

Abb. 5.19
Sculpt-Level

Optionen

Drucksensitive Grafiktabletts

Experimentieren Sie nun weiter mit den Optionen des Draw-Werkzeugs. Den Einflussbereich haben wir ja schon mit F verstellt; dies erscheint im Brush-Panel auch noch einmal als Radius:. Das Schloss-Icon bei Parametern gibt an, ob sich Änderungen an dem Parameter auf alle anderen Werkzeuge auswirken; in diesem Fall ist das Schloss geschlossen. Der Strength:-Parameter gibt die Stärke des Werkzeugeffekts an. Die Wirkrichtung wird durch Add oder Substract festgelegt. Mit Add füllt der Draw Brush, mit Substract nimmt er Material weg.

Versuchen Sie die Schritte doch noch einmal durchzugehen, nun aber ohne den Multires Modifier zu benutzen, und verwenden stattdessen Enable Dynamic aus dem Topology-Panel des Sculpt Mode Tool Shelfs. Vergleichen Sie dann einmal die Meshes und Vertex-Zahlen des Endprodukts.

Vielleicht haben Sie schon das kleine Hand-Icon hinter den Parametern bemerkt: Wenn Sie ein Grafiktablett mit Drucksensitivität besitzen, können Sie damit bestimmen, welche Parameter von dem Anpressdruck des Stiftes gesteuert werden sollen.

Abb. 5.20
Pinselformen durch Curves

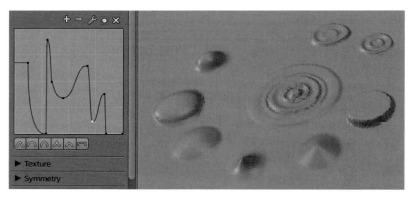

Brush Curve

Wichtig und hilfreich ist auch noch das Curve-Panel. Damit können einige vordefinierte Pinselformen abgerufen, aber auch eine eigene definiert werden. So sind dann z. B. auch kraterartige Strukturen möglich – wie in der Abbildung 5.20 zu sehen. Durch Click & Drag mit 🖱 kann ein Punkt in der Kurve verschoben werden, ein 🖱-Klick auf die Kurve selbst fügt einen neuen Punkt ein. Das X-Icon löscht die selektierten Punkte. Im Tools-Menü (Schraubenschlüssel) verbergen sich Optionen, um die Art der Punkte zu ändern.

Durch einen Klick auf die Brush-Vorschau klappt ein Menü aus, in dem Sie noch weitere Sculpt-Werkzeuge finden:

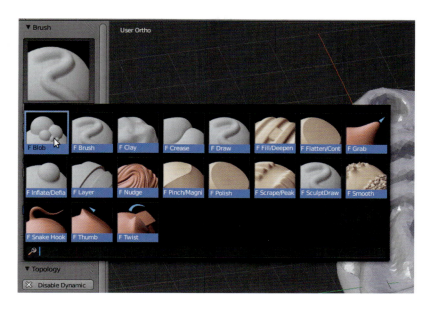

Brush, Draw, SculptDraw, Blob

Die Unterschiede zwischen diesen Brush-Typen sind teils sehr subtil. Im Grunde tragen sie alle je nach Setting Material auf oder ab, jeweils in Form der Brush Curve. SculptDraw gibt auch die Zeichenrichtung weiter, so dass es die erste Wahl für das Zeichnen mit Texturen ist (s. u.).

Clay, ClayStrips

Der Clay Brush füllt Löcher auf und glättet zu viel Material leicht. ClayStrips versuchen die Arbeitsweise mit Tonstreifen, die aufgelegt werden, zu simulieren.

Crease, Pinch/Magnify

Crease und Pinch/Magnify bringen Vertices in ihrem Einflussbereich zueinander oder auseinander – ideal für Narben, Adern und ähnliche Strukturen.

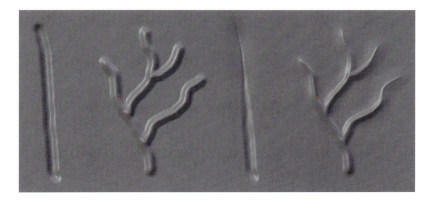

Fill/Deepen

Dieser Brush tut genau das, was sein englischer Name verheißt: füllen und vertiefen. Wunderbar, um Falten zu vertiefen oder versehentlich gesculptete Löcher zu füllen, aber auch um Schneewehen an Häusern oder Sandverwehungen zu sculpten.

Flatten/Contrast

Flatten/Contrast ebnet Höhen ein, verrundet dabei aber die Kanten nicht wie Smooth. Contrast verstärkt alle Höhenunterschiede.

Inflate/Deflate

Bläst Strukturen auf oder lässt sie zusammenschrumpfen.

Layer

Erhöht oder vertieft Strukturen schichtweise; sehr gut, um Felsstrukturen aufzubauen.

Scrape/Peaks

Schleift Spitzen ab oder erschafft Spitzen; ideal, um die mit Layer aufgebauten Berge zu verschönern.

Smooth

Kaum ein Tool wird so häufig benötigt. Daher kann man es auch aus jedem anderen Werkzeug mit gehaltener ⇧-Taste aufrufen.

Grab/Fudge/Snake Hook/Thumb/Twist

Diese Tools arbeiten praktisch wie das Proportional Editing Tool und sollten im klassischen Sculpt Mode mit Bedacht eingesetzt werden, da man mit ihnen leicht die Mesh-Topologie völlig zerstören kann. In Verbindung mit Dynamic Topology sind diese Tools aber sehr geeignet, um starke Veränderungen am Mesh zu erzeugen.

5.6.1   Brush-Texturen

Mit Brush-Texturen kann jedes Sculpt-Werkzeug noch einmal durch eine Textur beeinflusst werden. Dies können sowohl prozedurale als auch Bildtexturen sein. Dort, wo die Textur weiß ist, ist ihr Effekt maximal. Dort, wo sie schwarz ist, gibt es keinen Effekt.

Übung!

Erstellen Sie sich ein Fläche oder eine Kugel und benutzen Sie den Multires Modifier, um das Objekt fünf- bis sechsmal mal zu unterteilen. Wechseln Sie in den Sculpt Mode.

Als Brush wählen Sie SculptDraw mit Strength: 0.300 und Substract, im Curve-Panel wählen Sie Max aus (die ganz rechte eckige Kurvenform), der Brush wird so nicht an den Rändern ausgeblendet.

Öffnen Sie nun das Texture-Panel und klicken Sie New an, um eine neue Textur zu erstellen. Wechseln Sie dann in den Texture Context des Properties Editor und schalten hier auf die Brush Textures um. Hier ist nun eine Cloud-Textur voreingestellt. Wenn Sie jetzt sculpten, wird das Werkzeug entsprechend der Textur moduliert.

Ändern Sie nun den Typ der Textur von Cloud auf Image or Movie und laden die Textur Texturen/Rake.png von meiner Website auf Ihre Festplatte. Dann klicken Sie Open im Image-Panel an und laden die Textur Rake.png in Blender.

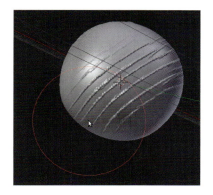

Bei einem Test-Sculpt sollte nun eine Art Kratzer auf dem Testobjekt erscheinen. Noch interessanter wird es, wenn Sie im Texture-Panel die Option Angle: auf Rake schalten: Nun richtet sich der Brush beim Sculpten nach der Bewegungsrichtung aus. So können Sie die Richtung der Kratzer steuern.

Eine weitere interessante Methode, Brushes aufzubringen, findet sich im Stroke-Panel. Dort wählen Sie die Stroke-Method: Anchored. Nun können Sie den Sculpt Brush mit gehaltener 🖱-Taste aufziehen und dabei noch mit der Maus drehen. So lassen sich hervorragend Objekte mit Details versehen.

5.7 Kurven und Oberflächen

Neben der polygonalen Modellierung bietet Blender noch mathematisch beschriebene Kurven und aus ihnen zusammengesetzte Oberflächen (Surfaces). Vorteil dieser Objekte ist ein geringer Speicherbedarf und die dynamische Auflösungsveränderung. Beim Rendern werden diese Surfaces in Polygone zerlegt, wobei die Auflösung dieser Zerlegung einstellbar ist und somit feine Unterteilungen oder niedrige Rechenzeiten erzielbar sind. Die Modellierung mit Oberflächen ist in Blender mit der Verfügbarkeit von Subsurfs etwas außer Mode gekommen und nur noch für Spezialfälle interessant.

Grundobjekte dieser Kurven- oder Oberflächenobjekte sind entweder NURBS- oder Bézier-Kurven (siehe nächste Abschnitte). Mithilfe dieser Kurven lassen sich geschwungene, organisch anmutende Flächen kreieren. Jede Kurve besteht aus einer Serie von Kontrollpunkten, zwischen denen die Kurve verläuft. Weiterhin bieten Kurven die Möglichkeit, in die Tiefe gezogen zu werden, sowie ein sogenanntes Beveling, d. h. gerundete bzw. gefaste (abgeschrägte) Kanten.

NURBS- und Bézier-Kurven

Normalerweise sind Kurven zweidimensional, d. h., alle Vertices bzw. Kontrollpunkte liegen auf einer Ebene, die Bewegung in die dritte Dimension hinein ist gesperrt. Dreidimensionale Kurven werden für Oberflächen und als Animationspfade verwendet. Geschlossene 2D-Kurven werden automatisch gefüllt, wobei Löcher (Durchbrüche) offen gelassen werden. Zu vermeiden sind Überschneidungen der Kurven, die in ungewollten Füllergebnissen resultieren können.

Animationspfade   Weitere Kurventypen in Blender sind Kurven, die Animationen steuern (F-Curves). Kurven können als Pfade für Objekte und Partikel eingesetzt werden und letztlich können sogar Objekte durch Kurven verformt werden.

5.7.1 Bézier-Kurven

Bézier-Kurven sind der bekannteste Kurventyp, kaum ein Programm unterstützt diese Kurven nicht. Béziers sind ideal, um z. B. Schriftzeichen und Logos zu erschaffen. Die Vertices (allgemein in Blender für alle Arten von Raumpunkten benutzt) bestehen aus einem Kontrollpunkt, der den Angriffspunkt der beiden Handles (Griffe, Anfasser) bestimmt (siehe Abbildung unten).

Durch Rotieren und Bewegen der Handles und des Kontrollpunktes ist es einfach, nahezu jeden Kurvenverlauf zu generieren. Bei den Vertices gibt es vier verschiedene Arten von Kontrollpunkttypen, die in Abbildung 5.21 illustriert sind. Der Kontrollpunkttyp wird für selektierte Vertices mit $\boxed{V}$ und Auswahl des gewünschten Typs aus dem Menü ausgewählt.

Alternativ kann der Kontrollpunkttyp auch im Tool Shelf ausgewählt werden.

Automatic

Die ausgewählten Handles werden automatisch berechnet, Automatic Handles werden gelb/rot dargestellt. Wird ein Handle bewegt, so wird der Automatic Handle zum Aligned Handle.

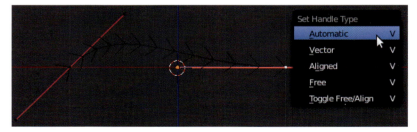

Vector

Vector Handles erzeugen scharfe Ecken in der Kurve. Die Handles werden beim Umschalten des Typs nach Vektor auf das nächste oder vorhergehende Vertex ausgerichtet. Diese Ausrichtung bleibt auch beim Verschieben des

Kontrollpunkts bestehen, die Handles werden grün dargestellt. Wird ein Vector Handle bewegt, so wird es automatisch zum Free Handle.

Aligned

Die beiden Handles liegen auf einer Geraden, die Länge der Handles ist frei, die Handles werden rot/hellrot dargestellt.

Free

Freier Handle: Beide Handles sind unabhängig voneinander, die Handles sind schwarz dargestellt.

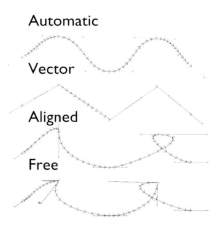

Jede Kurve hat eine Auflösung, die im Object Data Context unter Resolution: definiert werden kann, getrennt für die Vorschau im 3D View und das Rendering. Je höher die Zahl, desto glatter ist die Kurve. Eine Null bei Render: verwendet immer die ideale Auflösung. Bei komplexen Animationen und Modellen sind hier aber auch benötigte Rechnerleistung und Speicherplatz zu bedenken.

Abb. 5.21
Kontrollpunktarten von Bézier-Kurven

Liegen alle Kurvenpunkte in einer Ebene, kann auf 2D umgeschaltet werden. Dann wird eine geschlossene Kurve automatisch mit Flächen gefüllt. Eine offene Kurve schließt man entweder durch Selektion der beiden Endpunkte und Erstellen eines neuen Segmentes mit F oder durch Anwählen von Cyclic: im Active Spline-Panel.

5.7.2 NURBS

NURBS-Kurven und die aus ihnen abgeleiteten NURBS-Flächen besitzen eine große Zahl von Parametern, die es erlauben, mathematisch korrekte, aber dennoch runde und organische Formen zu erzeugen. Der Preis für die Flexibilität ist aber, dass es einige Erfahrung benötigt, bis man sicher mit NURBS umgehen kann. Insbesondere gehen NURBS-Kurven nicht direkt durch die Kontrollpunkte hindurch, wie es bei Bézier-Kurven der Fall ist. Eine weitere wichtige Anwendung von NURBS ist die Verwendung als Animationspfade, entlang derer sich Objekte bewegen können. Hier erzielt man mit NURBS besonders weiche, fließende Bewegungen.

Non-Uniform Rational B-Splines

Ein wichtiger Parameter ist die Gewichtung (Weight) einzelner Punkte. Dieser Weight-Parameter wird im Properties Shelf [N] für jeden Vertex einzeln eingestellt. Weitere Parameter werden für das aktive Segment (Spline) im Active Spline-Panel in den Object Data Properties eingestellt. Hier finden sich, wie auch bei den Bézier-Kurven, Optionen, um das Spline zu schließen (Cyclic:) und die Endpunkte genau in einem Kontrollpunkt starten zu lassen (Endpoint:) – eine sehr hilfreiche Funktion für Animationspfade. Die Ordnung (Order:) der Splines lässt sich hier auch einstellen.

Abb. 5.22
Verschieden
parametrisierte
NURBS-Kurven

Grund-NURBS

Gewichtung der oberen Punkte gleich

Endpoint

hohe Gewichtung Order U=2

Gewichtung für einen Punkt erhöht

geschlossene NURBS-Kurve

Bei den in Abbildung 5.22 dargestellten NURBS handelt es sich immer um die gleiche, nicht in den Kontrollpunkten editierte Kurve. Allein die oben besprochenen Parameter sind geändert worden.

Die Kurve oben links zeigt eine NURBS-Kurve, wie sie direkt nach der Erstellung in Blender durch [⇧]-[A]→Curve→Nurbs Curve aussieht.

Für die zweite Kurve links wurde Endpoint: im Object Data Context, Active Spline-Panel eingeschaltet. Die Kurve beginnt und endet genau in den Kontrollpunkten am Start und Ende der Kurve.

Bei der dritten links wurde die Gewichtung des oberen rechten Vertex erhöht, indem bei selektiertem Vertex im Properties Shelf im Feld Weight: die Gewichtung eingetragen wurde.

Die Kurve oben rechts wurde erzeugt, indem die Gewichtung des oberen linken Punktes gleich dem oberen rechten Punkt gesetzt wurde.

Für die Kurve in der Mitte rechts wurde die Order U auf einen Wert von 2 verringert. Die letzte Kurve schließlich wurde mit Cyclic: geschlossen.

5.8 Übung: Ein Logo aus Kurven

Die Technik, die wir beie der folgenden Übung anwenden werden, nennt sich in der Filmtechnik Rotoscoping und ist eine Möglichkeit, Umrisse von Objekten oder auch Bewegungsabfolgen mithilfe von Bildern zu erstellen, die einem 3D-Fenster hinterlegt werden. Für Maskierungsarbeiten an Videosequenzen ist das Add-on »Rotoscope« sehr hilfreich, es hilft aber auch allgemein bei der Animation von Bézier-Kurven. Allerdings gibt es in aktuellen Blender-Versionen noch den Mask Editor, integriert im Video Clip Editor und Tracker, somit sind dann auch automatisch folgende Masken möglich.

Ideal ist dieses Verfahren auch, um Logos, die nur auf Papier oder als Pixeldatei vorliegen, nachzuzeichnen. Sehr oft stellt man dann fest, dass das Originallogo auch mit Béziers gezeichnet wurde.

Laden Sie bitte die Szene `Kurven/YinYang00.blend` in Blender. In dieser Datei ist die Szene für die nun folgende Konstruktion eines Logos vorbereitet.

Erstellen Sie eine Bézier-Kurve mit ⇧-Ⓐ→Curve→Circle und skalieren (Ⓢ) Sie ihn auf die Größe des gesamten Logos. Im Object Data Context für Curves können Sie im Shape-Panel noch die Preview:-Auflösung erhöhen, damit die Kurve glatter ist und wir bei hohen Zoom-Faktoren nicht durch die grobe Auflösung gestört werden.

Wir wollen die Kanten des Logos etwas »beveln«, also abrunden, damit sich die Logoteile besser voneinander abheben. Dazu ist es hilfreich, schon beim Modellieren das Bevel einzuschalten, um diese gerundeten Kanten bei der Konstruktion des Logos mit einplanen zu können. Stellen Sie im Object Data Context beim Geometry-Panel einen Bevel: Depth: von 0.004 ein. Wenn Sie jetzt nahe an die Kontur heranzoomen, sehen Sie, dass die einzelne Linie plötzlich eine Dicke bekommen hat. Dies ist der Bevel. Schalten Sie nun noch 2D im Shape-Panel ein und Sie bekommen durch die Schattierung schon einen Eindruck von der Kante. Für das weitere Modellieren hat es sich als günstig erwiesen, nun eine Drahtgitterdarstellung mit Ⓩ einzuschalten. Hier sehen wir, dass die Kante nach außen gebevelt wurde und der Kreis nicht mehr der Außenkontur des Logos entspricht. Dies korrigieren wir nun durch einen Offset: von −0.004, also genau der negative Wert von Depth:.

Um zwischendurch immer einen guten Eindruck von dem Aussehen des Logos zu bekommen, können Sie noch Extrude: auf 0.025 erhöhen. Zur Kontrolle sollten Sie dann temporär die schattierte Darstellung mit Ⓩ wieder einschalten und mit 🖱 und Mausbewegungen den View rotieren. Zum Modellieren schalten Sie wieder auf die Drahtgitterdarstellung und eine orthogonalen Ansicht von vorne.

Übung!

Grundform

Bevel

Zwischenkontrolle

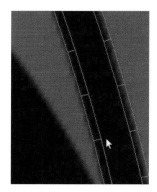

Schwarzer Logoteil

Wechseln Sie mit ⇄ in den Edit Mode. Alle Vertices sollten selektiert sein – wenn nicht, selektieren Sie sie mit Ⓐ. Wir fahren nun damit fort, den schwarzen Teil des Logos zu modellieren. Erstellen Sie mit ⇧-Ⓓ eine Kopie des äußeren Kreises und skalieren Sie ihn herunter, bis der innere Rand mit dem dünnen Kreisrand oben im Logo übereinstimmt. Für die erforderliche Genauigkeit sollten Sie weit hineinzoomen. Wenn Sie mögen, schauen Sie sich das Ergebnis in schattierter Darstellung an.

Mit Pos1 zoomen Sie wieder auf das komplette Logo und wechseln in den Edit Mode, falls Sie ihn verlassen haben sollten. Deselektieren Sie nun alle Vertices mit Ⓐ. Bewegen Sie den Mauszeiger über einen Kontrollpunkt des inneren Kreises und drücken Ⓛ; dies selektiert nur die Vertices des inneren Kreises. Schalten Sie dann im Tool Shelf oder mit Ⓥ,Ⓛ die Kontrollpunkte auf den Typ Align um. Stellen Sie sicher, dass sich der 3D Cursor noch in der Mitte des Kreises befindet. Wenn dies nicht der Fall sein sollte, setzen Sie ihn mit ⇧-Ⓢ→Cursor to Selection dorthin. Selektieren Sie jetzt mit 🖱 den unteren Punkt des inneren Kreises und bringen Sie ihn mit ⇧-Ⓢ→Selection to Cursor in die Mitte des Objektes. Selektieren Sie anschließend mit 🖱 einen Handle des mittleren Kontrollpunkts und dann mit ⇧-🖱 den zweiten Handle, aber nicht den Kontrollpunkt selbst! Dann rotieren Sie die Handles mit Ⓡ um genau −90°. Beim Rotieren halten Sie die Strg-Taste, damit in 5°-Schritten rotiert wird. Bestätigen Sie die Rotation mit 🖱.

Jetzt geht es darum, den linken Abschnitt des schwarzen Teils zu modellieren. Verschieben Sie nur die unteren Handles mit Ⓖ und schränken Sie dabei die Bewegung mit Ⓩ auf die z-Achse ein. Es ist möglich, dass Sie noch den mittleren Kontrollpunkt etwas verschieben müssen, um eine befriedigende Kurve zu bekommen. Im Zweifelsfall weichen Sie lieber etwas von der Vorlage ab und verlassen sich auf Ihr Augenmaß, denn wahrscheinlich ist die Vorlage von Hand gezeichnet worden und daher nicht hundertprozentig mit Béziers zu erfassen.

Der nächste Schritt ist etwas diffizil. Selektieren Sie den rechten Kontrollpunkt des inneren Logoteils und schalten Sie den Kontrollpunkttyp auf Free. Selektieren Sie den nach unten zeigenden Handle und bewegen Sie ihn nach oben, etwa so, dass beide Handles jetzt die Zeiger einer Uhr um fünf vor zwölf bilden. Zoomen Sie weit in den View hinein, bis

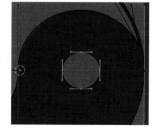

Sie eine gute Sicht auf die weiße Spitze des Logos haben. Selektieren Sie den Kontrollpunkt und verschieben Sie ihn, bis die gebevelte Spitze in die Spitze des Hintergrundbildes passt. Jetzt müssen beide Handles noch nacheinander angepasst werden: der linke Handle so, dass sich die Rundung des schwarzen Logoteils gut ergibt, und der rechte Handle so, dass der dünne schwarze Rand überall die gleiche Dicke hat. Halten Sie beim Verschieben die ⬚-Taste, um eine sehr feine Kontrolle über die Verschiebung zu erhalten.

Weiterhin im Edit Mode für das Logo, erstellen Sie einen Kreis mit ⬚-Ⓐ→Circle und bringen ihn durch Verschieben und Skalieren mit dem Loch im schwarzen Logoteil in Deckung. Schauen Sie sich das Ergebnis in schattierter Darstellung an: Das Loch wird automatisch ausgespart.

Für den weißen Logoteil können wir es uns jetzt leicht machen. Denn dank unserer Vorüberlegungen zum Beveln und dadurch, dass ja die Aussparung des schwarzen Teils schon genau die Umrisse des weißen Teils sind, können wir einfach kopieren.

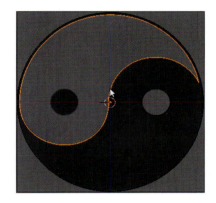

Weißer Logoteil

Im Edit Mode deselektieren Sie alle Vertices. Dann bewegen Sie die Maus über einen Kontrollpunkt des inneren Teils, vorzugsweise den in der Mitte, und drücken Ⓛ. Dies selektiert alle mit dem Vertex verbundenen Vertices. Jetzt kopieren Sie mit ⬚-Ⓓ das selektierte Segment: Es hängt nun an der Maus und folgt den Mausbewegungen. Da wir es aber genau an seiner ursprünglichen Position brauchen, brechen Sie die Verschiebung mit Esc oder 🖰 ab. Das kopierte Segment liegt jetzt genau über dem Original, was auf keinen Fall so bleiben darf, da es sonst zu Fehlern im Modell und bei der Bildberechnung kommen würde. Da wir das weiße Logoteil sowieso als separates Teil brauchen, trennen wir es mit Ⓟ (wie se**p**arate) ab. Verlassen Sie jetzt den Edit Mode mit ⬚ und selektieren Sie das neue Objekt mit 🖰. Es darf nur das obere Teil selektiert sein. Zoomen Sie zur Kontrolle einmal weit hinein: Sie sehen, dass die Kontur sich genau in das schwarze Logoteil einfügt, und auch die gefaste Kante zeigt in die richtige Richtung. Durch die Verwendung von Offset: wirkt das Bevel hier bei einer Außenkante genau anders und damit richtig herum.

Als letzter Schritt der Modellierung muss noch ein Loch in das weiße Logoteil gemacht und die Füllungen müssen wieder mit der jeweils anderen Farbe versehen werden. Prinzipiell ist es kein Problem, das Loch im weißen Teil wie schon beim schwarzen Teil zu erzeugen. Aber leider haben wir uns die exakte Größe des nötigen Kreises nicht gemerkt. Daher hier ein Weg, wie man beide Löcher exakt gleich groß bekommt: Selektieren Sie den schwarzen Logoteil und wechseln Sie in den Edit Mode. Stellen Sie sicher, dass keine Vertices selektiert sind (Blender-Header, Vert: 0-36). Falls doch Vertices selektiert sind, deselektieren Sie sie mit Ⓐ. Bringen Sie die Maus über ein Vertex des kreisförmigen Segments und drücken Sie Ⓛ, dann ⬚-Ⓓ Esc Ⓟ. Jetzt haben wir den Kreis selektiert, dann dupliziert und separiert. Verlassen Sie den Edit Mode. Selektieren Sie das neue Kreisobjekt und verschieben Sie es mit Ⓖ, Ⓧ nach links bis über das Loch im weißen Logoteil. Halten Sie ⬚ und selektieren Sie zusätzlich das weiße Logoteil. Jetzt noch Strg-Ⓙ drücken: Beide Teile werden zusammengefügt und das weiße Logoteil hat ein Loch. Die Füllungen in den Löchern werden genauso erzeugt: Segment auswählen, duplizieren und separieren. Oder in Blender-Stenografie: Ⓛ ⬚-Ⓓ Ⓟ.

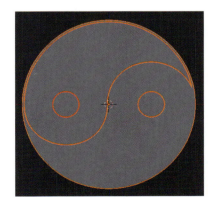

Löcher bohren und verschließen

Im Folgenden werden wir noch die Materialien für unser Logo erstellen und vergeben. Verlassen Sie den Edit Mode und selektieren das schwarze Logoteil. Wechseln Sie durch Anklicken des Material Context (roter Ball) in die Material Buttons. Dort erzeugen Sie für das aktive Objekt durch Klick auf den Button New ein neues Material. Benennen Sie es durch Anklicken des Namens (etwa »Material.001«) und Benutzung der Tastatur in »Schwarz« um. Jetzt klicken Sie im Diffuse-Panel auf das hellgraue Farbfeld und es erscheint eine Farbauswahl. Benutzen Sie den vertikalen Schieber rechts vom Farbkreis, um das Material schwarz zu machen. Die Änderungen werden sofort im 3D View sichtbar.

Selektieren Sie jetzt das »Auge« im weißen Teil. Aber anstatt jetzt auch wieder ein neues Material zu erzeugen, verwenden wir das gerade erzeugte Material. Dazu klicken Sie nicht New an, sondern das Kugel-Icon daneben. Aus der Liste wählen Sie dann einfach »Schwarz«.

Selektieren Sie nun einen weißen Teil des Logos, erzeugen mit New ein Material, nennen es »Weiss« und vergeben es auch an das zweite weiße Teil.

Abb. 5.23
Yin-Yang-Symbol in einer einfachen Szene

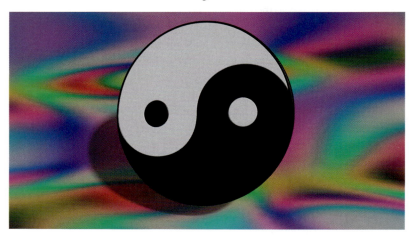

Das Yin-Yang-Symbol ist nun so weit fertig. Wenn Sie statt der Fase an den Kanten eine Rundung mögen, so können Sie noch für alle vier Teile Resolution: im Object Data Context erhöhen: Je höher der Wert ist, desto runder werden die Kanten. Auf die gleiche Weise kann man auch die Dicke mit Extrude: anpassen.

5.8.1 Komplexe Kanten: Beveling an Kurven

Mit Beveling ist es auch möglich, Objektkanten mit einer komplizierten Form zu erzeugen. Darüber hinaus wird das Beveling in Blender dazu benutzt, Schienen, Tunnel und ähnliche Objekte zu konstruieren.

Erzeugen Sie einen Kreis aus Bézier-Kurven mit ⇧-Ⓐ→Curve→Circle, wechseln Sie in den Edit Mode ⇆ und drücken dann Ⓥ→Vector, um daraus ein Quadrat zu machen.

Drehen Sie alle Vertices um 45° und skalieren Sie den Rahmen in der Breite oder Höhe, um die Proportionen eines Bilderrahmens zu erhalten.

Verlassen Sie den Edit Mode für das Rechteck und erzeugen Sie dann neben dem Rechteck mit ⇧-Ⓐ→Curve→Bezier eine Bézier-Kurve. Skalieren Sie sie auf etwa 20 % und verlassen Sie den Edit Mode.

Wählen Sie das Rechteck, wechseln Sie in den Object Data Context (Curve-Data-Icon) und wählen Sie unter Bevel Object: den Namen der Bézier-Kurve (bei sonst leerer Szene heißt die erste Kurve »BezierCurve«). Das Ergebnis wird sofort in der 3D-Ansicht dargestellt.

Ändern Sie nun im Edit Mode nach Herzenslust die Kurve, fügen Sie Punkte hinzu: Die Änderungen am Bilderrahmen werden sofort angezeigt.

Übung!

5.9 Gutenbergs Erbe: Textobjekte

Blender unterstützt PostScript-Type-1-Zeichensätze und TrueType-Zeichensätze. Somit gibt es in den entsprechenden Verzeichnissen der verschiedenen Betriebssysteme, im Internet oder auf Zeichensatz-CDs genügend Zeichensätze (Fonts) zur Verwendung mit Blender. Viele Fonts aus dem Internet oder von Font-CDs sind aber leider ungeeignet, da sie entweder keine Umlaute besitzen oder gar fehlerhaft sind, was sich in Darstellungsfehlern in Blender zeigt (auch wenn sie in zweidimensionalen Programmen funktionieren).

Dies ist ein Text in zwei Textboxen der in die zweite Textbox überläuft. Zu allem Übel ist er auch noch in Blocksatz gesetzt was das ganze Layout zerreisst. und unleserlich macht.

Abb. 5.24

Textbeispiele

Mittlerweile bringen jedoch nahezu alle Linux-Distributionen gute und freie Fonts mit, Windows und Mac OS X sowieso. Hierbei sollten Sie aber unbedingt die Lizenzbedingungen des jeweiligen Herstellers beachten, wenn die Fonts in die Blender-Datei eingebunden werden und weitergegeben werden sollen!

Mit ⇧-A→Text fügt man ein neues Textobjekt hinzu. Im Edit Mode kann nun der Text mit der Tastatur eingetippt werden. Hierbei sind auch Umlaute, soweit auf der Tastatur vorhanden, kein Problem.

Längere Texte einfügen

Laden Sie die Textdatei in den internen Texteditor von Blender. Jetzt können Sie mit dem Menü Edit→Text To 3D Object ein Textobjekt mit dem Inhalt des Textpuffers erstellen.

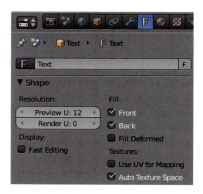

Die Einstellungen im Shape-Panel sind schon von den Kurven in Blender bekannt. Interessant ist noch Fast Editing, das im Edit Mode, also beim Eintippen des Textes, auf eine Umrissdarstellung schaltet und so besonders bei vielen Modifiern eine schnellere Eingabe erlaubt.

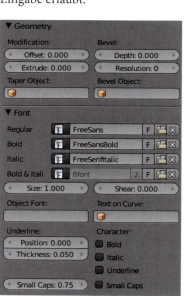

Nach dem Verlassen des Edit Mode wird der Text zuerst flach und gefüllt (in schattierten Ansichten) dargestellt. Im Modification-Panel, wie schon von den Kurven bekannt, können die Extrusion und das Beveling eingestellt werden. Hier sind auch Bevels mit Kurven möglich: Dies ist eine Möglichkeit, Outline-Zeichen zu erzeugen.

Im Font-Panel können Fonts durch Anklicken des File-Icons geladen werden. Es sind verschiedene Fonts für die verschiedenen Schriftschnitte möglich. Des Weiteren wird hier auch die generelle Größe, Position der Unterstreichungslinie oder die Stärke des Bold-Effekts definiert. Ein besonders interessanter Punkt ist Text on Curve: Hier kann eine beliebige Kurve angegeben werden, entlang derer dann der Text läuft. Über die Character:-Buttons können Schriftstile wie Bold (Fett) oder Italic (Kursiv) eingeschaltet werden.

Im Paragraph-Panel können die Textausrichtung und die Abstände von Zeichen, Wörtern und Zeilen eingestellt werden.

Das Text Boxes-Panel dient dazu, Textboxen zu erstellen, die untereinander verknüpft sind. Der Text läuft also von Box zu Box über, fast wie in einem Desktop-Publishing-Programm.

Mit Alt-C kann man ein selektiertes Textobjekt in einen Kurvenzug umwandeln, um z. B. einzelne Buchstaben wie normale Blender-Kurven zu bearbeiten. Der umgekehrte Weg ist nicht möglich. Allerdings erlaubt es Blender mit Object Font:, ganze Reihen von Objekten (die natürlich auch nur abgewandelte Buchstaben sein können) als Zeichensatz zu benutzen und so mit diesen Objekten zu schreiben.

Text in Kurven wandeln

Sonderzeichen und Akzente

Wichtige Sonderzeichen erzeugen Sie im Text Edit Mode wie folgt:

Alt-C:	Copyright
AltGr-E:	Euro-Zeichen (Mac OS X Alt-E)
Alt-F:	Währungssymbol
Alt-G:	Grad
Alt-L:	Britisches Pfund
Alt-R:	Registered Trademark
Alt-S:	ß
Alt-X:	Multiplizieren (kein x)
Alt-Y:	Japanischer Yen
Alt-1:	eine hochgestellte kleine 1
Alt-2:	eine hochgestellte kleine 2
Alt-3:	eine hochgestellte kleine 3
Alt-?:	auf dem Kopf stehendes Fragezeichen
Alt-!:	auf dem Kopf stehendes Ausrufezeichen
Alt->:	französische Anführungszeichen »
Alt-<:	französische Anführungszeichen «

Nationale Sonderzeichen wie Akzente können auch als Kombination von Zeichen eingegeben werden, indem zuerst das Grundzeichen getippt wird, dann Alt-← und dann das zu kombinierende Zeichen. Wenn das Zeichen allerdings nicht im Zeichensatz vorhanden ist, funktioniert dieses Verfahren natürlich nicht. Beispiele sind:

A, Alt-←, ~	ã	O, Alt-←, /	ø
A, Alt-←, ,	à	A, Alt-←, -	ª (Hochstellen
A, Alt-←, ´	á		des Zeichens)
A, Alt-←, O	å	A, Alt-←, ^	â
E, Alt-←, "	ë		

6 Animation

Eine große Stärke von Blender ist die Animation. Mit seinem sehr schnellen Renderern bleiben bei komplexen Szenen die Rechenzeiten auch auf leistungsärmeren Computern im Rahmen, aber auch äußerst fotorealistische Animationen mit dem neuen Cycles Renderer berechnet auf professionellen Renderfarmen sind realisierbar. Das Spektrum der Animationsmöglichkeiten reicht hier von einigen wenigen Bildern für GIF-Animationen über Animationen, die auf DVD oder im Fernsehen wiedergegeben werden, bis zu Tausenden von Bildern, die in Kinoauflösung berechnet und dann auf Film belichtet werden.

Prinzipiell gibt es in Blender vier Möglichkeiten, eine Animation zu erzeugen. Die ersten beiden – Keyframe-Animation und Pfadanimation – haben teilweise Berührungspunkte und Gemeinsamkeiten und entfalten gerade in der Kombination ihre Stärken. Die dritte Möglichkeit sind automatisch von Blender berechnete Animationen, z. B. Partikel, Wave, Build sowie der große und komplexe Bereich der physikalischen Simulationen wie Rauch und Flüssigkeiten, bei denen der Benutzer nur die Anfangsparameter vorgibt und Blender dann die Animation nach physikalischen Gesetzen berechnet. Nicht zuletzt lassen sich auch Animationen mittels Python-Skripten und Drivern erzeugen.

Animationsprinzipien

Ab Version 2.5 von Blender wurde das Paradigma »Alles ist animierbar!« eingeführt und im aktuellen Blender sind wir dieser Vorgabe schon sehr nahe: Sie möchten die Auflösung der berechneten Animation während der Animation selbst ändern? Kein Problem! Wozu soll das gut sein? Früher oder später wird es ein Künstler kreativ einsetzen. Wichtig ist hier nur, dass Blender dem Künstler keine Steine in den Weg legen soll.

Alles ist animierbar.

6.1 Keyframe-Animation

Mit »Keyframe-Animation« wird in der Animation (2D und 3D) ein Verfahren bezeichnet, in dem der Animator nur die groben Schlüsselpositionen (Keyframe) bestimmt und dazwischen der Computer – oder im klassischen Zeichentrick die Zeichner – die Zwischenschritte interpolieren.

Ein Keyframe wird immer durch zwei Angaben definiert: die (Animations-)Zeit und die zu animierenden Parameter wie z. B. Position, Rotation oder Farbe des Objektes.

1. Übung!

Setzen Sie Blender mit [Strg]-[N] auf die Grundszene mit dem Würfel zurück und schalten Sie mit [Pad 0] auf die Kameraansicht. Vergewissern Sie sich, dass der aktuelle Frame (Frameslider) auf Bild 1 steht, indem Sie [⇧]-[←] drücken. Selektieren Sie den Würfel und verschieben Sie ihn mit [G] bis knapp außerhalb des Kamerablickwinkels (gestrichelte Linie im 3D View).

1. Keyframe

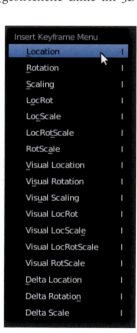

Bei selektiertem Würfel und mit der Maus über dem 3D-Fenster drücken Sie nun die Taste [I], was einen Keyframe zu dieser Animationszeit erzeugt. In dem erscheinenden Menü wählen Sie Location für einen Keyframe der Position.

Durch fünfmaliges Drücken von [⇧]-[↑] schalten wir nun auf Bild 51. Dies würde einer Animation von zwei Sekunden in PAL-Video (25 Vollbilder pro Sekunde) entsprechen, bei NTSC (30 B/s) oder Film (24 B/s) entsprechend weniger oder mehr.

2. Keyframe

Bewegen Sie den Würfel mit [G] auf gerader Bahn nach rechts bis knapp außerhalb des Kamerablickwinkels. Hier drücken Sie wiederum [I] und wählen Location, um die zweite Schlüsselposition einzufügen.

Abspielen der Animation

Wird nun der Frameslider auf Bild 1 zurückgestellt ([⇧]-[←]) und mit der Maus über einem 3D-Fenster [Alt]-[A] gedrückt, so sollte sich der Würfel in der gewählten Ansicht bewegen. Das Abspielen beenden Sie mit abermals [Alt]-[A] oder [Esc]. Die aktuelle Bildnummer wird unten links im 3D View angezeigt. Am Ende der von Ihnen definierten Animation läuft die Anzeige weiter bis standardmäßig 250. Dies kann im Render Context unter Frame Range: oder in der Zeitleiste (Timeline Window) bei Start: und End: eingestellt werden. Für unseren Fall wäre 51 als End: sinnvoll, damit bei einer Berechnung der Animation auch nur bis Bild 51 gerechnet wird.

In der Animation können Sie nun mit den Cursortasten ⬛ und ⬛ bild-weise umherschalten. Die Tasten ⬛-⬛ und ⬛-⬛⬛ schalten jeweils zehn Bilder vor oder zurück. Weiterhin können Sie durch ⬛-Klick im Timeline Window einen bestimmten Frame anspringen. Durch Klicken und Ziehen in der Timeline bewegen Sie sich mit der Maus durch die Animation.

Navigation in der Animation

In der Kameraansicht taucht der Würfel links auf (oder rechts, je nachdem, wie Sie animiert haben), beschleunigt und ver-schwindet rechts abbrem-

3. Keyframe

send wieder aus dem Blickfeld. Schalten Sie nun mit den Cursortasten in der Animation auf das Bild 25 (angezeigt im 3D-Fenster oder durch den Frameslider): Der Würfel sollte etwa in der Mitte seines Weges sein. Bewegen Sie den Würfel in der Kameraansicht nach oben und fügen Sie einen weiteren Key mit ⬛→Location ein. Der Würfel bewegt sich nun auf einer parabelähnlichen Bahn.

Auf diese Weise wäre auch die Rotation oder Skalierung des Würfels per Keyframes zu steuern. Allerdings ist die Realisierung von komplizierteren Bewegungen allein mit der Keyframe-Animation schwierig, da die Inter-polation zwischen den Keyframes automatisch erfolgt. Dieses Problem ist durch die Verwendung von Animationskurven (F-Curves in Blender) und deren Visualisierung zu lösen.

Zum Abschluss dieser kleinen Übung werden wir noch einen anderen Parameter des Würfels animieren: seine Materialfarbe.

Weitere Animation

Schalten Sie mit ⬛-⬛ zu Frame 1 und dann bei selektiertem Würfel in den Material Context. Es sollte schon ein Material existieren – wenn nicht, erzeugen Sie ein neues durch Klick auf New. Stellen Sie durch Anklicken des Farbfeldes im Diffuse-Panel eine Farbe für das Material ein und verlassen Sie den Farbwähler durch Bewegen der Maus in einen Bereich außerhalb des Farbwählers. Bewegen Sie den Mauszeiger über das Farbfeld im Diffuse-Panel und drücken Sie ⬛, um einen Key für die Farbe zu setzen. Das Farb-feld wird gelb umrahmt als Zeichen dafür, dass zur aktuellen Animations-zeit ein Keyframe gesetzt wurde.

Schalten Sie durch die Animation bis zu Bild 51, ändern Sie die Farbe und fügen Sie einen neuen Key ein, indem Sie wiederum den Mauszeiger über das Farbfeld im Diffuse-Panel bewegen und durch Drücken von ⬛ einen Key für die Farbe setzen.

So können Sie nun im Prinzip jeden Aspekt in Blender per Keyframe-Animation steuern.

6.1.1   Animationskurven: F-Curves

Animationskurven, in Blender F-Curves (»Ipos« in Blender bis Version 2.49) genannt, visualisieren die Veränderung eines Wertes über die Zeit. Damit lassen sich komplizierte Animationen und Änderungen von Werten grafisch darstellen und so gut erfassen.

Abb. 6.1

F-Curves für die Bewegung aus der ersten Übung (Farbanimation ausgeblendet)

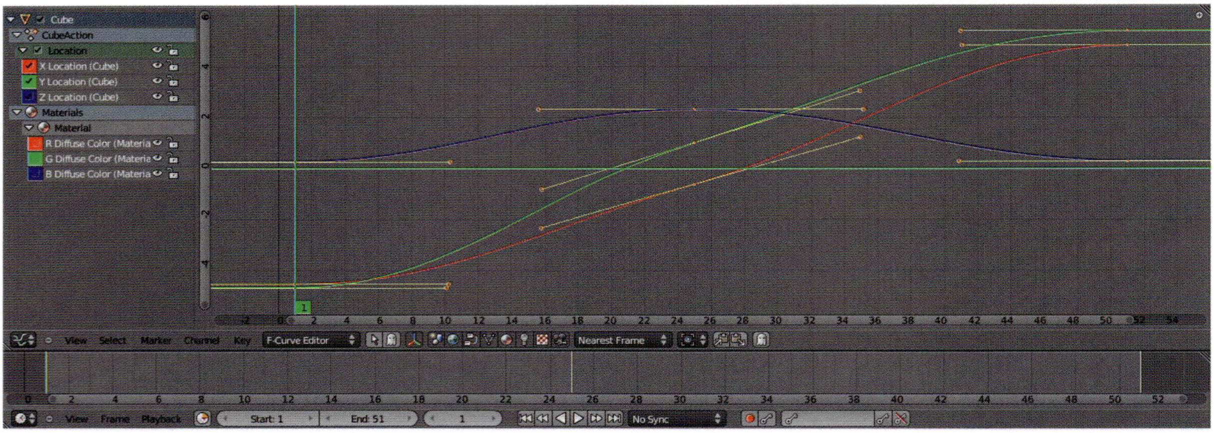

Zur Darstellung von F-Curves teilen Sie am besten den großen 3D View in zwei horizontale Fenster auf und wechseln in einem davon zum Graph Editor, entweder durch ⇧-F6 oder durch das Editor-Type-Menü.

F-Curves

In Abbildung 6.1 sehen Sie die F-Curves des animierten Würfels aus der ersten Übung in diesem Kapitel. Die farbigen Kurven funktionieren genau wie die Bézier-Kurven aus Abschnitt 5.7.1: Mit 🖱 können Sie entweder den Vertex oder die Handles einzeln selektieren und dann per G verschieben oder auch rotieren und skalieren.

X-Y-Diagramm

In dem Diagramm ist auf der x-Achse die Animationszeit in Bildern oder Sekunden (Strg-T zum Umschalten) aufgetragen, die Y-Achse stellt den animierten Wert dar, in unserem Beispiel also die Position des Objektes, aufgeteilt in x-, y- und z-Koordinaten. Mathematisch entspricht die Steigung der Kurven der Änderungsgeschwindigkeit oder in unserem Fall einfach der Geschwindigkeit des Objektes. Nun sehen wir auch gut die Beschleunigungs- und Abbremsphasen des Objektes. Durch Verlängern oder Verkürzen der horizontalen Handles der Kurven kann man dann die Beschleunigung verringern oder erhöhen.

Wie in der Zeitleiste können Sie durch 🖱-Klick oder 🖱-Click & Drag im F-Curves-Bereich den Animationscursor (grünes Fadenkreuz) bewegen, die Animation wird dabei im 3D View in Echtzeit aktualisiert.

Übung!

Bewegen Sie den Animationscursor etwa auf Frame 25. Selektieren Sie dann mit 🖱 das Keyframe-Vertex auf der blauen F-Curve; diese blaue Kurve beschreibt die Z-Position des Objektes (analog zu den Koordinatenachsen im 3D View). Verschieben Sie nun mit G das Vertex. Im 3D View können

Sie mitverfolgen, welche Auswirkungen ihre Veränderungen an der F-Curve am Objekt zeigen. Sind Sie mit den Änderungen zufrieden, so bestätigen Sie mit 🖱. Möchten Sie die Änderungen rückgängig machen, so brechen Sie mit 🖱 oder ⎋Esc⎦ ab.

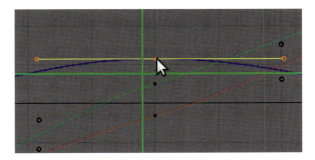

Nicht von ungefähr erinnert Sie diese Arbeitsweise an den Edit Mode. Tatsächlich können Sie wie dort mit ⎡Strg⎦-🖱 neue Vertices einfügen, mit ⎡↹⎦ schaltet man die aktive Kurve dann auch in eine Art Object Mode, in dem Veränderungen an den Kurven nicht mehr möglich sind.

F-Curves editieren

Wie auch bei Bézier-Kurven können wir den Keys verschiedene Handle-Typen geben. Dazu wählen Sie einen oder mehrere Keys aus und drücken ⎡V⎦: In dem nun auftauchenden Menü kann der gewünschte Handle-Typ eingestellt werden. Der Vektortyp z. B. sorgt dafür, dass keine Interpolation am Key erfolgt. Dadurch werden dann Änderungen oder Bewegungen abrupt umgesetzt.

Im linken Teil des F-Curves Editor befindet sich der Channel-Browser sowie eine Liste der animierten Objekte und Werte. Die Häkchen in den farbigen Feldern und Zeilen blenden die entsprechenden Elemente ein oder aus. Das Lautsprecher-Icon dient dazu, den Effekt der jeweiligen Kurve(n) an- und abzuschalten (muting); man kann dadurch z. B. die X-Komponente der Bewegung abschalten. Das Schloss-Icon sperrt oder öffnet die Bearbeitbarkeit der einzelnen Kurven und entspricht der ⎡↹⎦-Taste. Durch die kleinen Dreiecke können einzelne Channels zugeklappt werden, um mehr Übersicht zu erhalten. Dies kann auch per ⎡Pad+⎦ und ⎡Pad−⎦ erfolgen.

Das View-Menü im F-Curves-Editor-Header erlaubt eine umfangreiche Konfiguration der angezeigten Informationen und der auch sonst für Fenster üblichen Funktionen. Im Select-Menü finden sich hilfreiche Funktionen zum Selektieren von Keys und Kurven und das Marker-Menü enthält die Funktionen zum Verwalten von Markern, die hier genauso wie in der Timeline funktionieren (siehe Abschnitt 7.12). Das Channel-Menü fasst dann die Funktionen zusammen, die wir oben schon für den Channel Browser besprochen haben. Im Key-Menü finden Sie die Funktionen, um Keys zu be-

Menüs

arbeiten, darunter auch Transformationen, Löschen von Keys, Duplizieren etc., also im Prinzip alles, was wir schon von dem Editieren der F- oder Bézier-Kurven kennen.

Als nächstes Element folgt ein Menü, mit dem wir zwischen dem F-Curve Editor und dem Driver Editor hin- und herwechseln können. Mit dem Pfeil-Icon kann zwischen einer Anzeige von allen F-Curves oder nur der der selektierten Objekte umgeschaltet werden – eine sehr wichtige Funktion, um bei vielen animierten Objekten nicht den Überblick zu verlieren. Über das Gespenst-Icon kann man die Anzeige von F-Curves versteckter Objekte aktivieren.

Mit wie in der Abbildung aktiviertem Filters-Button bestimmen die erscheinenden Icons die Sichtbarkeit von bestimmten F-Curves wie Geometrien, Szenen, Welt, Nodes, Mesh, Material, Licht, Textur oder Kamera.

Fangoptionen   Das nächste Menü dient dazu, das Auto-Snap (Fang) von Keys zu steuern oder abzuschalten. Mit dem folgenden Menü kann der Transformationspunkt (Pivot) geändert werden. Dies funktioniert analog zu den Pivot-Punkten im 3D View, aber natürlich nur für Optionen, die für 2D-Fenster sinnvoll sind.

Die folgenden zwei Icons dienen dazu, selektierte Keyframes zu kopieren und an anderer, durch den Animationscursor definierter Stelle wieder einzufügen.

Das letzte Icon, noch ein Gespenst, dient dazu, Abbilder der selektierten Kurven auf den Fensterhintergrund des Fensters einzublenden. Damit haben Sie bei komplizierten Änderungen von Kurven immer den Originalverlauf im Blick.

6.1.2 Dope Sheet

Sobald es viele Animationen in der Szene gibt, wird es im F-Curves Editor vor lauter Kurven unübersichtlich und man ist nur noch damit beschäftigt, Kurven aus- und einzublenden, um die Übersicht nicht zu verlieren, insbesondere wenn ein Objekt in Abhängigkeit von einem anderen animiert werden soll.

Abb. 6.2
Dope Sheet Editor

Keine Macht den Drogen!   Abhilfe schafft hier der Dope Sheet Editor. Ein Dope Sheet ist in der klassischen Filmkunst ein Papier, auf dem tabellarisch und zeitlich die Szenenfolge beschrieben wird. In Blender reduziert das Dope Sheet die F-Curves auf die Keys und deren zeitlichen Ablauf. Die eigentlichen Werte der Keys werden ausgeblendet, was eine Konzentration auf den Ablauf der Animationen ermöglicht. Dope Sheet und F-Curves sind aber natürlich nicht voneinander entkoppelt. So wirken sich Selektionen im Dope Sheet immer auf den F-Curves Editor aus. Im Dope Sheet können die Keys einzeln oder in Gruppen selektiert, verschoben, gelöscht und dupliziert werden, um so aus einfachen Bausteinen komplexere Animationen zu erstellen.

6.1.3 Action Editor

Eine Spezialisierung des Dope Sheet wiederum ist der Action Editor, in den Sie vom Dope Sheet heraus umschalten. Im Action Editor werden Actions – also Abläufe von Animationen – erstellt und verwaltet, die dann im NLA Editor (Non Linear Animation, siehe Abschnitt 6.4) miteinander kombiniert und gemischt werden. Dies ermöglicht ein nichtlineares Arbeiten und somit die einfache Handhabung von komplexen, aufeinander aufbauenden Animationen. Während in älteren Blender-Versionen Actions nur für Skelett- bzw. Character-Animationen verwendet wurden, erstellt heute jeder Animationsvorgang automatisch auch eine Action.

Actions sind praktisch Sammlungen von Animationsparametern in benannten Einheiten, die dann leicht mehrfach verwendet werden können.

Machen Sie erstellte Actions immer zum Fake User!
Blender macht Actions nicht mehr automatisch zum Fake User, mit der Konsequenz, dass nicht verlinkte/benutzte Actions beim nächsten Speichern gelöscht werden.

6.1.4 Übung: Erweiterte Materialanimation

Mit Keyframe-Animation und den F-Kurven sind auch alle Parameter eines Materials und seiner Texturen animierbar. So ist es kein Problem, ein Objekt verschwinden zu lassen, indem der Alphawert animiert wird, und so eine Art »Beamvorgang« darzustellen.

Alles ist animierbar!

Erzeugen Sie in Ihrer Grundszene ein Objekt, dem Sie im Material Context ein Material zuweisen. Da wir den Alphawert animieren wollen, muss Z Transparency im Transparency-Panel eingeschaltet werden. Stellen Sie den aktuellen Animationsframe in der Timeline auf Frame 1 (bzw. auf den Frame, an dem die Animation starten soll) und bewegen Sie die Maus über den Alpha:-Wert im Material Context. Dort benutzen Sie das Kontext-

Übung!

Menü, das über aufgerufen wird, oder $\boxed{I}$, um einen Keyframe für den Alphawert zu setzen.

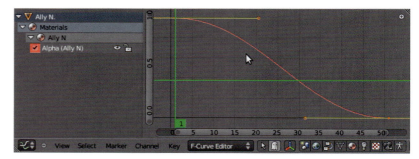

Teilen Sie ein Fenster auf und schalten Sie den einen Teil auf einen Graph Editor ($\boxed{\Uparrow}$ - $\boxed{F6}$) um: Im linken Teil des Fensters erscheint jetzt ein Material-Channel. Durch Aufklappen der einzelnen Zeilen können wir uns bis zum Alphakanal durchschalten, der durch eine rote Linie repräsentiert wird.

Schalten Sie in der Timeline oder mit $\boxed{\Uparrow}$ - $\boxed{\uparrow}$ bis zu dem Frame, an dem die Animation beendet sein soll. Setzen Sie im Material Context den Alpha:-Wert auf 0.000 und fügen Sie einen weiteren Key ($\boxed{I}$) ein. Zoomen Sie im Graph Editor mit $\boxed{Pos1}$ auf eine Komplettansicht: Jetzt sehen Sie eine Bézier-Kurve, die den Alphawert im Verlauf der Zeit angibt.

> **Objektsichtbarkeit**
>
> Wenn es nur darum geht, ein Objekt in einer bestimmten Phase der Animation zu verstecken so sollte nicht der Alphawert animiert werden, sondern die Sicht- bzw. Renderbarkeit im Outliner.

Damit ist eine weitere einfache Materialanimation fertig und es kann eine Berechnung stattfinden. Beim Abspielen der Animation sollte Ihr Objekt langsam durchsichtig werden. Auf die gleiche Art kann natürlich auch die Farbe oder ein anderer Materialparameter animiert werden. Was beim Betrachten der einfachen Materialanimation auffällt, ist, dass je nach Objekt und Betrachtungswinkel Teile des Mesh noch zu sehen sind. Dies liegt daran, dass der Glanzpunkt auch auf Objekten mit totaler Transparenz berechnet wird. Fügen Sie also einfach noch eine Animation für die Intensity: im Specular-Panel hinzu und sorgen so dafür, dass bei totaler Transparenz auch kein Glanzpunkt zu sehen ist.

Um die Animation zu verfeinern, werden wir noch eine Texturanimation hinzufügen. Wie schon gesagt, sind auch die Texturparameter mit F-Curves animierbar. Selektieren Sie das Objekt mit der Materialanimation und wechseln Sie aus dem Material Context in den Texture Context. Erstellen Sie einen neuen Texture Slot mit einer Noise-Textur.

Schalten Sie im Influence-Panel der Noise-Textur Color: ab und Alpha: ein. Den Blend:-Typ ändern Sie auf Multiply. Dies sorgt dafür, dass das Rauschen der Textur den (animierten) Alphawert des Materials von 0 bis 1 moduliert. Nun ist das Rauschen schon von Beginn an zu sehen. Also fügen Sie am Anfang der Animation einen Alpha-Key (im Influence-Panel der Noise Textur!) ein, der den Alpha:-Wert auf null setzt, schalten dann zehn Bilder weiter und fügen einen Alpha:-Wert von 1.0 als Key ein. Jetzt wird sich das Rauschen innerhalb von zehn Bildern von null auf das Maximum verstärken.

Wenn Sie die Animation berechnen, so erhalten Sie einen Effekt, der stark an das »Beamen« in »Star Trek« erinnert. Eine Szene, die diesen Effekt noch etwas verfeinert zeigt, befindet sich in der Datei `Animation/Scott_me_up.blend` auf der Website zum Buch.

Abb. 6.3

Material- und Texturanimationen

   Für komplexere Materialien müssen noch einige Dinge beachtet werden. Hat man z. B. Multimaterialien auf dem Objekt, müssen die Alphakurven für beide Materialien erstellt oder kopiert werden. Im Falle der Noise-Textur können wir diese einfach auch an die anderen Materialien vergeben. Beachtung erfordert auch der Glanzpunkt, der ja nicht von der Durchsichtigkeit des Materials abhängig ist und getrennt animiert werden muss. Der Lichtschein in meiner Beispielszene ist durch ein Spotlight mit Halo-Effekt realisiert, wobei der Energy:-Wert animiert wurde. Bei solchen komplexer werdenden Materialanimationen kann auch der Material Node Editor sehr hilfreich werden: Hier kann man leicht zwischen vielen Materialien überblenden, die auch vollkommen unterschiedliche Eigenschaften haben.

6.2   Pfadanimation

Eine bequeme Möglichkeit, ein Objekt in einer Animation zu bewegen, ist die Pfadanimation. In Blender gibt es verschiedene Arten, solch einen Pfad zu erzeugen:

Pfadobjekt

Mit ⇧-Ⓐ→Curve→Path wird der Szene ein Pfadobjekt hinzugefügt. Dieses Pfadobjekt hat schon die benötigten Eigenschaften, um eine weiche Animation zu erzielen.

Abb. 6.4
Verrückter Pfad, zyklisch, Follow Path
für den Würfel

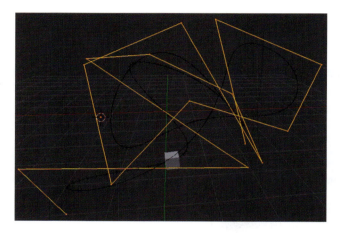

Pfadobjekte sind NURBS.

Nach dem Erzeugen des Pfades sehen Sie im Edit Mode ein Pfadobjekt, das eine NURBS-Kurve mit fünf Kontrollpunkten ist. Die Kontrollpunkte können nun wie gewohnt bearbeitet und transformiert werden. Insbesondere wichtig ist hier wieder das Hinzufügen von weiteren Kontrollpunkten. Dazu wählt man einen Endpunkt des Pfades im Edit Mode, und ein Mausklick der linken Maustaste bei gehaltener Strg-Taste erzeugt einen neuen Punkt.

Möchte man einen neuen Punkt zwischen zwei vorhandenen Punkten erzeugen, so selektiert man diese, ruft mit Ⓦ das Specials-Menü auf und wählt Subdivide an. Das Pfadobjekt ist schon mit dem Parameter 3D im Data Context versehen, so dass die Punkte frei im Raum positionierbar sind. Einen zyklischen Pfad erhält man, indem mindestens ein Punkt selektiert wird und dann die Tasten Alt-Ⓒ gedrückt werden. Alternativ kann auch zwischen den beiden selektierten Endsegmenten mittels Ⓕ ein neues Segment erzeugt und somit die Kurve geschlossen werden.

Übung!

Erstellen Sie nun einen längeren Pfad, verlassen Sie den Edit Mode und fügen Sie der Szene ein Objekt hinzu, das auf dem Pfad bewegt werden soll. Selektieren Sie das Objekt und erweitern Sie die Selektion mit ⇧-🖱 um das Pfadobjekt. Strg-Ⓟ→Follow Path macht den Pfad nun zum übergeordneten Objekt für das zu animierende Objekt, was durch eine gestrichelte Linie zwischen den Objekten angezeigt wird.

Mit Alt-A kann die Animation schon in einem 3D-Fenster abgespielt werden: Je nach Platzierung des Animationsobjektes folgt es dem Pfad mehr oder weniger stark versetzt. Dieser Versatz kann durch eine Verschiebung des Objektes genau auf den Pfad behoben werden oder Sie selektieren das Objekt und wählen Alt-O.

Standardmäßig ist erst einmal eine Animationslänge von 100 Frames (Bildern der Animation) eingestellt. Dies kann im Path Animation-Panel des Curve Data Context eingestellt werden. Mit Deaktivierung der Follow-Option können Sie verhindern, dass sich das Objekt bei der Animation in Richtung des Bewegungspfades ausrichtet.

Die Animation erfolgt linear über die Pfadlänge. Wesentlich flexibler ist allerdings die Steuerung mit der Evaluation Time F-Curve. Dies erlaubt sowohl komplexe Beschleunigungsvorgänge als auch ein Zurückgehen auf den Pfad und die zyklische Animation entlang eines Pfades.

Die Evaluation Time F-Curve gibt an, an welcher Position des Pfades sich das zu animierende Objekt zu der entsprechenden Zeit befindet, also Weg pro Zeit, was physikalisch die Definition für eine Geschwindigkeit ist. Die Position auf dem Pfad wird bezogen auf die Pfadlänge Frames: im Path Animation-Panel angegeben.

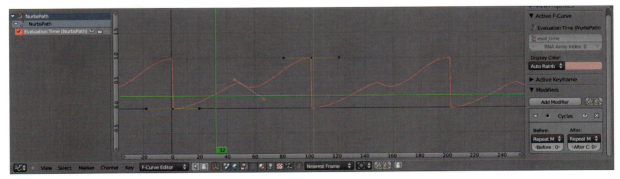

In Abbildung 6.5 ist eine Evaluation Time Curve abgebildet, die das Objekt in der Mitte des Pfades abbremst und ein Stück zurückgehen lässt, bevor es dem Pfad weiter folgt.

Abb. 6.5
Evaluation Time Curve

Wenn Sie versuchen, per Insert Key I den Evaluation-Time-Parameter mit Keyframes zu versehen, wird es zu einer Fehlermeldung kommen, da schon ein Modifier diese Standard-Evaluation-Time-Kurve erstellt. Um die Kurve zu editieren oder Keys einzufügen, müssen Sie diesen Generator Modifier durch das X-Icon im Properties Shelf (N) des Graph Editor löschen.

Modifier

Für die F-Curve aus der Abbildung wurde zusätzlich ein Cycles Modifier im Properties Shelf (N) hinzugefügt. Er automatisiert Wiederholungen, was zur Folge hat, dass das Objekt nach Ablauf von (hier) 100 Bildern wieder am Anfang des Pfades startet. Eine rein kontinuierliche Wiederholung würde eine Sägezahnkurve ergeben.

Wiederholungen

6.2.1 Kurvenpfade

Neben dem Pfadobjekt gibt es in Blender die Möglichkeit, jede beliebige Bézier- oder NURBS-Kurve in einen Pfad zu wandeln. Dies geschieht auch automatisch, wenn Sie ein Objekt dem Pfad mit [Strg]-[P] zuweisen. Möchte man einen bestimmten Weg für das zu animierende Objekt erstellen, so sind Bézier-Kurven praktischer, da hier die Kurve direkt durch die Kontrollpunkte geht.

NURBS sind die besseren Pfade.

NURBS mit einer Order U: im Active Spline-Panel von 5 oder 6 (wie auch das Pfadobjekt) produzieren allerdings weichere, natürlich wirkende Animationen. Die Lösung besteht darin, den Pfad als Bézier-Kurve zu erstellen und dann in eine NURBS umzuwandeln. Diese Wandlung kann nicht vollkommen sein, da den beiden Kurventypen verschiedene mathematische Prinzipien zugrundeliegen, aber der so entstehende Pfad sollte einen guten Startpunkt liefern.

Übung!

Erstellen Sie mit ein paar Grundobjekten und einer Bézier-Kurve als Pfad einen kleinen Parcours ähnlich wie in Abbildung 6.6.

Kurven schließen

Eine offene Bézier-Kurve kann bei mindestens einem selektierten Kontrollpunkt mit der Tastenkombination [Alt]-[C] geschlossen oder geöffnet werden, im Specials Menu [W] kann die Richtung des Pfades umgekehrt werden.

Möchten Sie die Kurve an einer bestimmten Stelle öffnen, so wählen Sie zwei benachbarte Punkte und löschen mit [X],[E] das Segment. Das Schließen der Lücke kann wiederum mit [Alt]-[C] oder einer Selektion der beiden Endpunkte und [F] geschehen.

Kurventypen umwandeln

Experimentieren Sie etwas mit den verschiedenen Kurventypen und entwickeln Sie ein Gefühl dafür, wie sie sich modellieren und animieren lassen. Die Umwandlung geschieht im Edit Mode mit mindestens einem selektierten Vertex über die Toolbar Set Spline Type. Dort stehen dann die drei Typen Poly (keine Interpolation zwischen den Punkten), Bezier und NURBS zur Verfügung. Für Animationspfade sollten Sie auch die Order U: im Active Spline-Panel anpassen.

Erzeugen Sie nun ein Objekt, das im Folgenden animiert werden soll, z. B. einen Würfel oder eine kleine Rakete wie in den Beispieldateien (Animation/PfadAnim00.blend).

Zunächst weisen wir den Pfad der Rakete als übergeordnetes Objekt zu, indem Sie erst die Rakete, dann den Pfad mit der erweiterten Selektion anwählen und schließlich [Strg]-[P]→Follow Path drücken: Die Kurve wird automatisch in einen Pfad gewandelt. Mit Frames: im Path Animation-Panel kann die Länge der Animation in Bildern eingestellt werden.

Wenn nun die Animation in einem 3D-Fenster mit [Alt]-[A] abgespielt wird, bewegt sich die Rakete schon – allerdings noch nicht auf dem Pfad. Dies korrigieren wir, indem wir die Rakete selektieren und mit [Alt]-[O] den

Ursprung des Objektes zurücksetzen. Damit die Rakete dem Pfad auch in ihrer Ausrichtung folgt, ist Follow im Path Animation-Panel auszuwählen.

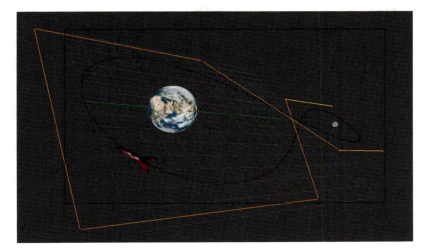

Abb. 6.6

NURBS-Pfad, aus Béziers umgewandelt

Per Default ist die lokale x-Achse des Objektes als »vorne« definiert. Sollte also Ihre Rakete seitwärts fliegen, so kann die Ausrichtung mit Axis: im Animation Hacks-Panel des Object Context geändert werden.

6.2.2 Path Constraint

Wenn Sie mit Strg - P einen Pfad zum Parent eines Objektes erstellen, gibt es im Menü noch die Möglichkeit, ein Path Constraint zu erzeugen. Dieses Constraint (dt. Zwangsbedingung) funktioniert im Prinzip genauso wie ein normaler Follow Path. Innerhalb von Skeletten und Bones-Ketten (siehe 6.3) sollten Sie aber auf jeden Fall diesen Constraint verwenden. Praktisch ist auch die Offset:-Funktion, mit der die Pfadanimation leicht zeitlich verschoben werden kann. Auch die unterschiedlichen Varianten, welche Achse nach vorne zeigt, können auf diese Weise einfacher gewählt werden.

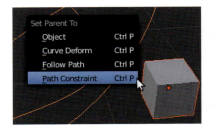

Eine sehr interessante Möglichkeit ist auch, dass der Einfluss des Constraints per Influence: geregelt werden kann.

Um einen Versatz vom Objekt zum Pfad zu beheben, muss beim Follow Path Constraint die Location: im Transform-Panel des Properties Shelf auf null für x, y und z gesetzt werden.

6.3 Roboterarm mit inverser Kinematik

In diesem Abschnitt werden wir Skelette benutzen, um einen Roboterarm zu animieren. Die Erstellung von solchen Skelettsystemen (Rig oder Armature) nennt man Rigging, diese Armatures verformen dann (auf Wunsch) das umliegende Mesh. Zusätzlich zu den eigentlichen Knochen (Bones) kann es noch weitere Elemente in solch einem Rig geben, die zur Steuerung weiterer Teile dienen oder andere Hilfsfunktionen ausüben.

Im Fall eines Roboters verformen die Knochen (Bones) das umgebende Material nicht. Durch die inverse Kinematik werden die Animationen einfach zu gestalten sein und mit den weiteren Möglichkeiten können schnell Dreh- und Scharniergelenke nachgebildet und Bewegungsspielräume eingeschränkt werden.

Gelenksysteme

Mit der inversen Kinematik lassen sich Animationen von hierarchischen Gelenkketten einfacher als mit herkömmlichen Methoden erstellen. Dies wird besonders deutlich, wenn man an die Animation eines Arms denkt, wobei die Hand einen bestimmten Punkt erreichen soll.

Bei der herkömmlichen Animation müsste nun der Oberarm bewegt werden, dann der Unterarm und dann das Handgelenk. Wenn nun die Position nicht korrekt ist, sind iterativ Korrekturen an allen drei Gelenken nötig, bis die Position der Hand stimmt. Für eine neue Position ist die ganze Prozedur erneut auszuführen.

Bei der inversen Kinematik bewegt man die Hand und die restlichen Armteile bewegen sich entsprechend der definierten Gelenke so, dass die Position der Hand erreicht wird.

6.3.1   Das Modell

Abb. 6.7
Mesh des Roboterarms

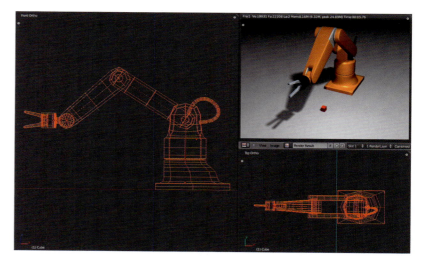

Fertigen Sie sich einen einfachen Roboterarm wie in Abbildung 6.7 oder laden Sie die Szene Animation/iRobot00.blend. Der Arm in dieser Szene ist mit Subsurf-Flächen modelliert und kann daher beim Modellieren und Animieren gering aufgelöst dargestellt werden, beim Rendern dann in hoher Qualität. Ihren Roboter sollten Sie praktischerweise zunächst mit gestrecktem Arm konstruieren und anschließend die Gelenke mittels Rotation in eine leicht angewinkelte Position bringen. Hierbei ist es hilfreich, die Nullpunkte für die Objekte schon in den Bewegungsachsen zu haben – dies wird uns nachher die Arbeit sehr erleichtern. Für die Arbeit mit inverser Kinematik ist es bei organischen Modellen wichtig, eine Grundposition ungefähr in der Mitte der beiden Bewegungsextreme zu wählen. Dies wird als Referenzposition bezeichnet und verhindert ungewollte Bewegungsrichtungen der Gelenke beim automatischen Berechnen der Gelenkpositionen; bei mechanischen Riggs ist dies nicht zwingend erforderlich.

Die Armteile werden später direkt an die steuernden Knochen gebunden. Zusätzliche Teile, die sich mitbewegen sollen, müssen jetzt schon per Parenting an die Armteile gebunden werden. Dies sind z. B. die Achsen in den Gelenken, die Greifzangen oder auch das Kabel.

Der Roboterarm soll sich um die eigene Achse drehen und drei Armgelenke bewegen, den Greifer drehen sowie öffnen und schließen können. Dabei ist das Gelenk für die Rotation des Körpers am Fuß ein Drehgelenk, dann folgen drei Scharniergelenke und ein weiteres Drehgelenk (das Handgelenk). Den Greifer werden wir mittels klassischer Keyframe-Animation bedienen, der komplette Roboter wird über zwei Hilfsobjekte steuerbar sein.

Freiheitsgrade des Roboters

6.3.2 Das Skelett

Für die folgenden Arbeiten sollten Sie den 3D View auf eine Drahtgitterdarstellung schalten. Platzieren Sie den 3D Cursor im Fuß des Roboterarms, indem der Fuß mit der rechten Maustaste angewählt und der 3D Cursor mit ⇧-⟨S⟩→Cursor to Selected in dessen Mittelpunkt gebracht wird. An dieser Stelle erzeugen Sie den Beginn einer Armature (Skelett) mit ⇧-⟨A⟩→Armature→Single Bone.

Wechseln Sie in den Edit Mode (⟨⇄⟩): Die Spitze des Knochens (»Tip«) ist orange dargestellt und somit bereits ausgewählt, die Knochenwurzel (»Root«) ist schwarz dargestellt. Extrudieren Sie den Knochen mit ⟨E⟩ und verschieben ihn auf der z-Achse nach oben bis in den ersten beweglichen (Drehgelenk-)Teil des Roboters. Extrudieren Sie noch einmal bis etwa zum ersten Gelenk.

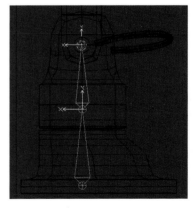

Positionieren der Bones

Als Nächstes müssen wir die zuletzt erzeugte Spitze des Knochens mit der Snap-Funktion und dem 3D Cursor genau ins erste Scharniergelenk bringen. Dazu verlassen Sie den Edit Mode mit ⟨⇄⟩, selektieren das nächste Armsegment und platzieren den 3D Cursor mit ⇧-⟨S⟩→Cursor to Selected auf dem unteren Gelenk des zweiten Armsegmentes. Dann selektieren Sie die Armature und wechseln zurück in den Edit Mode. Wählen Sie die Spitze des letzten Knochens, drücken ⇧-⟨S⟩,⟨T⟩ und schon springt der Tip genau in das Gelenk.

Extrudieren Sie das Ende des Knochens mit ⟨E⟩, ziehen Sie das neue Segment mit der Maus in Richtung des nächsten Gelenks und bringen Sie das Ende des Knochens (Tip) in das nächste Gelenk, genau wie oben beschrieben per Snap.

Abb. 6.8
Skelett des Roboterarms, bereits »geposed«

So verfahren Sie weiter und erstellen noch einen kleinen Knochen für die Hand und einen weiteren ganz bis an die Spitze zwischen die Greifer. Der letzte Knochen wird nachher ein Drehgelenk definieren, mit dem der Greifer rotiert werden kann. Abschließend sollten Sie alle Knochen selektieren und eventuell unerwünschte Bone Rolls (verdrehte Knochen) mit Strg-N-X zurücksetzen.

6.3.3 Die Einzelteile verbinden

Bisher haben wir den Object Mode benutzt, um komplette Objekte zu manipulieren, und den Edit Mode, um die innere Struktur (Data) von Objekten zu ändern. Auch die Armature für den Roboterarm haben wir im Edit Mode erstellt. Die Verbindung von Armteilen und der Armature sowie die Animation von Bewegungen einer Armature erfolgen in einem neuen Modus, dem Pose Mode. Aufgerufen wird der Pose Mode durch Strg-⇆ oder mit dem Mode-Menü in der Fensterleiste: Aktive Bones werden türkis, selektierte hellblau dargestellt.

Parent to Bone

Selektieren Sie die Armature mit 🖱, dann wechseln Sie mit Strg-⇆ in den Pose Mode. Stellen Sie hier sicher, dass kein Bone selektiert ist (A). Jetzt selektieren Sie den Fuß (siehe nebenstehende Abbildung) und

dann mit gehaltener ⇧-Taste den passenden ersten Bone in der Armature. Nun drücken Sie Strg-P und wählen dann Bone im Menü, um das Roboterteil an den Knochen zu binden.

Fahren Sie so mit dem Parenting der einzelnen Teile des Arms zu den passenden Knochen fort, bis alle Roboterteile mit der Armature verbunden sind. Der Shortcut für die schnelle Verbindung von Roboterteil zu einem Knochen ist übrigens Strg-P, B. Die Greifzangen sind in meinem Modell normal per Object Parenting an den Greifer gebunden.

Sie sollten nun alle Knochen entsprechend ihrer Funktion mit aussagekräftigen Namen versehen – dies erleichtert später die Arbeit mit der Armature ungemein. Das Umbenennen ist sowohl im Edit Mode der Armature als auch im

Pose Mode möglich. Der Name wird jeweils im Bone Context oder im Properties Shelf (N) im Item-Panel angezeigt, wo er durch Anklicken des Namens geändert werden kann. Die Struktur der Armature und der Bones kann im Outliner kontrolliert werden, auch hier ist ein Umbenennen der Bones durch Strg-🖱-Klick möglich.

Im Pose Mode können jetzt Knochen ausgewählt, rotiert und per Keyframe-Animation animiert werden. Dies wäre eine sogenannte »Forward Kinematic« (Vorwärtsbewegung). Speichern Sie Ihre aktuelle Szene und versuchen Sie dann mit dieser Forward Kinematic den Greifer so zu platzieren, dass ein Würfel von dem Roboter gegriffen werden kann. Sie werden feststellen, dass dies recht schwierig ist.

Die Alternative nennt sich »Inverse Kinematics« (umgedrehte Bewegungssteuerung). Hierbei wird die Position und Rotation eines Knochens (z. B. dem letzten an der Spitze) vorgegeben und die anderen Knochen orientieren sich selbst ihren Freiheitsgraden (Constraints) entsprechend, um die gegebene Position zu erreichen.

Knochen benennen

Inverse Kinematics

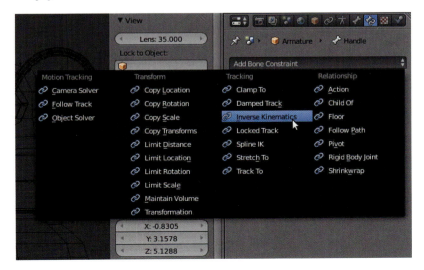

Constraint   Ein Constraint ist eine Bedingung oder Einschränkung des Bewegungs-
raums eines Objektes. Dies könnte z. B. die Beschränkung der Bewegung
auf nur eine Achse sein oder die Einschränkung, dass sich ein Objekt immer
nach einem anderen ausrichtet. Im Allgemeinen kann man sagen, dass ein
Constraint dem Objekt eine Bedingung von außen aufzwingt.

Ein sehr komplexer Fall ist das Inverse Kinematics »IK« Constraint. Damit einhergehend findet man auch immer wieder den Terminus »Solver«,
der darauf hindeutet, dass hier komplexe mathematische Probleme gelöst
werden müssen, was uns aber als Benutzer nicht kümmern muss.

Selektieren Sie nun im Pose Mode den Knochen im Unterarm der Armature und wählen Sie dann Inverse Kinematics aus dem Add Constraint-Menü
im Bone Constraints Context.

Der Bone wird nun braun hinterlegt dargestellt, um zu signalisieren, dass
ein IK Constraint darauf angewendet ist. Sie können den IK Solver testen,
indem Sie den Knochen im Pose Mode mit G bewegen (abbrechen mit Esc
oder 🖱). Da wir noch keine Freiheitsgrade festgelegt haben, bewegt sich der
Roboter noch nicht realistisch: Es funktionieren ja noch alle Gelenke wie
Kugelgelenke, die die Freiheit haben, sich in alle Richtungen zu bewegen.
Und so haben wir eine Bewegung, wie sie eher eine Krake machen würde.

Als ersten Schritt werden wir nun die Einflusslänge der Inverse Kinematics festlegen, damit der Fuß nicht mehr beeinflusst wird. Dazu stellen Sie
die Chain Length: im IK Constraint auf 3 ein, die voreingestellte Null bedeutet »alle Bones einbeziehen«. Nun wird sich der Fuß nicht mehr mitbewegen, wenn Sie den IK Bone bewegen. Wollen Sie den ganzen Roboterarm verschieben oder animieren, so verschieben Sie einfach die komplette
Armature im Object Mode.

6.3.4   Freiheitsgrade einschränken

Die Definition der erlaubten Freiheitsgrade geschieht im Pose Mode, Bone
Context, Inverse Kinematics-Panel. Hilfreich für die Definition der Freiheitsgrade ist das Anzeigen der lokalen Koordinatenachsen der einzelnen Bones.
Dies wird im Armature Context, Display-Panel, durch den Knopf Axes erreicht.

Um den ersten Knochen der Armature brauchen wir uns nicht zu kümmern. Der zweite Knochen (im Drehsockel) des Roboters soll sich nur um
die y-Achse drehen können; dies entspricht einem Drehgelenk. Dafür ist die
Bewegung des Bone-Root (!) um die x- und z-Achse einzuschränken. Auch
wenn die Koordinatenachse an der Spitze (Tip) des Bone dargestellt wird,
dreht sich der Bone immer um seine Wurzel (Root).

Für die nächsten Bones in der Armature müssen dann die x- und y-
Achsen eingeschränkt werden (siehe Abbildung 6.9). Hiermit wird nur die
Drehung um die z-Achse erlaubt – dies entspricht einem Scharniergelenk.
Zusätzlich kann noch ein Limit definiert werden, damit keine Positionen

erreicht werden, in denen es zu Kollisionen der Roboterteile untereinander kommt. Diese Limits werden auch im 3D View visualisiert.

Abb. 6.9

Definition der Freiheitsgrade der Gelenke

Die letzten zwei Bones der Armature, die das Handgelenk und den Greifer steuern, werden nicht von der IK beeinflusst und müssen nicht eingeschränkt werden. Aber obwohl die Buttons noch ausgegraut sind, lassen sie sich trotzdem setzen, denn später werden wir hier noch weitere Constraints einbauen.

Wenn Sie nun den Steuerknochen in den verschiedenen Ansichten bewegen, sehen Sie, dass die Bewegungen korrekt eingeschränkt sind und der Roboter sich recht einfach in alle Positionen dirigieren lässt. Wenn Sie nun allerdings versuchen würden, den Steuer-Bone mit einer Keyframe-Animation auf Location zu bewegen, würden sie scheitern. Um eine IK-Kette sinnvoll zu steuern, müssen wir noch einen Steuerknochen einfügen.

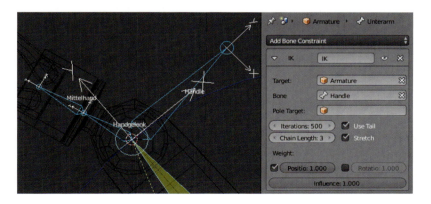

Abb. 6.10

Steuer-Bone »Handle«

Wechseln Sie in den Edit Mode für die Armature und setzen Sie den 3D Cursor auf den Tip des Unterarmknochens. Jetzt erzeugen Sie mit ⇧ - A einen neuen Bone und bewegen dann den Tip so, dass der Bone waagerecht vom Handgelenk absteht. Benennen Sie den Bone in »Handle«.

Wechseln Sie mit Strg - ⇆ wieder in den Pose Mode und selektieren Sie den Unterarmknochen, der das IK Constraint trägt. Hier im Constraint Context können Sie nun als Target: die Armature wählen und dann als Bone:

Der Steuer-Handle

Handle. Nun kann der Arm erstmals durch Keyframes für den Steuerknochen »Handle« animiert werden.

Greifersteuerung
Die Ausrichtung des Greifers mit dem Bone im Handgelenk ist noch
nicht gut zu steuern: Sie sollte sich nicht mit der Bewegung des Arms ändern und eine einmal eingenommene Position beibehalten.

Leider wird es jetzt etwas kompliziert: Wenn also etwas nicht auf Anhieb
funktioniert, so schauen Sie in die Demodateien auf meiner Website. Nicht
umsonst sind sogenannte »Rigger« eine eigene Spezialistengruppe bei 3D-
Grafikern.

Zuerst sorgen wir dafür, dass unser Handle-Bone immer ins Zentrum
der Arms schaut. Dies wird erledigt, indem wir ihn im Pose Mode selektieren und ein Locked Track Constraint erzeugen. Als Target: benutzen wir
die Armature und als Bone: den Oberarmknochen des Roboterarms. Als To:
wählen Sie Y und als Lock: Z. Der Steuer-Bone zeigt jetzt immer zum Zentrum des Roboters.

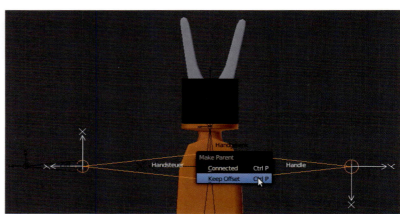

Erzeugen Sie jetzt im Edit Mode der Armature zwei neue Bones. Dazu selektieren Sie das Root des Handle-Bones und bringen den Cursor mit ⇧-S
auf diesen Punkt. Dann erzeugen Sie mit ⇧-A einen neuen Bone, den
Sie am besten entgegengesetzt des Handle Bones ausrichten, indem Sie
den Tip mit G bewegen. Anschließend extrudieren Sie den neu erstellten
Bone noch einmal entlang der y-Achse des neuen Bones. Benennen Sie die
Bones, z. B. als »Handsteuer« und »Ziel«. Selektieren Sie mit 🖱 den Handsteuer-Bone und dann mit gehaltener ⇧-Taste den Handle-Bone, dann
Strg-P→Keep Offset.

Wechseln Sie wieder in den Pose Mode, dann selektieren Sie den Hand-
gelenk-Bone und fügen ein Locked Track Constraint hinzu. Als Target: stellen Sie wiederum die Armature ein, als Bone: Ziel. Die Einstellungen von To:
und Lock: sind bereits richtig.

Komplexe Riggs können Dutzende von Bones und Hilfsobjekten enthalten. Um den Überblick zu behalten und es anderen Künstlern leicht zu
machen, mit dem Rigg zu arbeiten, können Bones in Layern organisiert
werden. Diese Layer können ohne einen Funktionsverlust des Riggs ausgeblendet werden. Selektieren Sie im Pose Mode die Bones »Handsteuer« sowie »Handle« und rufen Sie den Layer-Dialog mit [M] auf. Klicken Sie hier
auf den zweiten Layer und schließen Sie den Layer-Dialog durch Herausbewegen der Maus oder [Esc]. Im Armature Context, Skeleton-Panel kann
nun die Sichtbarkeit der einzelnen Armature Layer definiert werden. Klicken Sie hier bei Layers: den zweiten Layer an: Jetzt sind nur noch die beiden Steuerknochen sichtbar, was es wesentlich einfacher macht, das Rigg
zu überblicken.

Verfeinern des Riggs

Eine weitere Vereinfachung der Bedienung erreichen wir, indem der
Handsteuer-Bone noch in seiner Bewegung bei Transformationen durch
den Benutzer eingeschränkt wird. Dazu wählen Sie den Bone im Pose Mode
an und wechseln in den Bone Context. Hier im Transform Locks-Panel kann
nun mittels Lock Location: die Verschiebung durch den User beschränkt werden. Der Bone wird ja durch den Handle-Bone mitbewegt. Weiterhin kann
man noch die Rotation um die x- und y-Achse einschränken. Durch diese
beiden Maßnamen können wir den Greifer jetzt in allen Stellungen des Roboterarms bequem durch Verschieben oder Rotieren einstellen, ohne den
Greifer dabei zu verdrehen.

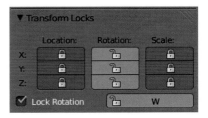

Der Roboterarm kann jetzt mittels Keyframe-Animation der Bones
»Handle« und »Handsteuer« in Bewegung versetzt werden. Das Schließen
des Greifers wird durch eine klassische Keyframe-Animation der Drehung
animiert.

Roboterarm animieren

Das Festhalten und Loslassen von Gegenständen animiert man über ein
Copy Location (Target: Handsteuer) und Copy Rotation Constraint (Target:
letzter Bone), bei denen der Influence:-Parameter animiert wird.

Für komplexe Animationen sollten Sie Actions und den NLA Editor verwenden, wie es im nächsten Abschnitt beschrieben wird.

6.4   Character mit Skelettanimation

Die Armature-Objekte in Blender sind auch in der Lage, wie Knochen in
einem Skelett umliegende Polygon- und Surface-Objekte zu verformen.

Dies spielt dann in den Bereich »Character-Animation« hinein, die immer noch die Königsdisziplin der (Computer-)Animation ist. Bei der Character-Animation werden durch den Künstler Menschen, Tiere, aber auch
unbelebte Dinge so animiert, dass sie einen Charakter und Ausdrucksstärke
bekommen. Allerdings sollten Sie auch ohne Interesse an Character-Animation einen Blick auf die Möglichkeiten der Skelettdeformation werfen.

Character-Animation

Die Character-Animation ist sehr anspruchsvoll und es sind eine gehörige Portion Erfahrung und eine künstlerische Ader vonnöten, um hier etwas zu erreichen. Insbesondere die letzte Voraussetzung erfülle ich als Ingenieur nicht. Ich hoffe, Sie haben bessere Voraussetzungen und bekommen durch dieses Buch Lust, etwas wirklich Außergewöhnliches zu produzieren. Trainer, Literatur und Trainings für Character-Animation finden Sie z. B. beim Blender Network [NETWORK], aber auch im Blender e-Shop [ESHOP], etwa das hervorragende »DVD training 8: Humane Rigging«.

Weitere Möglichkeiten

Neben der Character-Animation können Sie Skelette in Blender natürlich auch für andere Zwecke verwenden, bei denen ein Objekt verformt werden soll. Hier fallen mir z. B. Blattfedern oder Gummipuffer ein, bei denen eine einfache Skalierung als Verformung nicht ausreicht oder andere Methoden (Lattice, Shape Keys) nicht genügend Flexibilität bieten.

Allgemein betrachtet hat jedes sich bewegende Objekt einen Charakter. So gesehen ist jede Animation eine Character-Animation. Allerdings kommt es jetzt darauf an, den Objekten »Leben« einzuhauchen. Dieses Prinzip kommt oft in der Werbung vor (agierende Flaschen oder Dosen, redende Autos) und belebt auch anorganische Objekte.

Die komplizierteste Character-Animation ist natürlich die eines Lebewesens. Eine hüpfende Flasche haben wir noch nie in der Realität gesehen, das Gesicht eines Menschen können wir aber schon von klein auf deuten und bemerken eventuelle Fehler sofort.

6.4.1   Ally N.: Ein nettes Alien

Um eine simple Character-Animation zu erstellen, benötigen wir ein Mesh als Basis. Ich habe, wie in Abbildung 6.11 zu erkennen, einen simplen Alien-Character modelliert. Im Gegensatz zu real existierenden Wesen vereinfacht dies die ersten Schritte wesentlich: Mrs. Ally N. hat keine Beine, nur drei Finger, und noch kein Mensch hat je solch ein Wesen gesehen. Das Mesh meines Aliens ist aus einem simplen Kreis mit acht Vertices als Grundobjekt entstanden, der dann extrudiert wurde, um den spindelförmigen Körper zu erhalten. Auch die Arme und der Kopf wurden nur durch Extrusion erzeugt. Dabei habe ich den Subdivision Surface Modifier eingesetzt, um automatisch die Verfeinerung des Mesh zu erhalten. Sie sollten darauf achten, dass an den Stellen, wo später Gelenke sitzen sollen, auch das Mesh ausreichend unterteilt ist. Ich habe nur einen Arm modelliert, diesen dann

Abb. 6.11
Alien-Mesh in der Evolution

kopiert, gespiegelt und an die andere Schulter verpflanzt. Die Hände sollten in entspannter Haltung modelliert werden, die Finger leicht gekrümmt.

6.4.2 Das Skelett oder: Haben Aliens Knochen?

Benutzen Sie Ihr eigenes Modell oder laden Sie die Datei `Animation/ AllyN00.blend`. Platzieren Sie den 3D Cursor im Modell etwa auf Höhe der Schultern und erzeugen Sie mit ⇧-A→Armature→ Single Bone eine Armature. Verfahren Sie dabei wie im vorherigen Abschnitt. Wechseln Sie in den Edit Mode: Die Spitze (Tip) des Bones ist schon selektiert. Verschieben Sie sie etwa bis zum Halsansatz nach unten. Extrudieren Sie dann weitere Bones, wie in Abbildung 6.12 zu sehen, bis zur Antenne hinauf. Beginnen Sie jetzt schon damit, die Knochen sinnvoll zu benennen.

Übung!

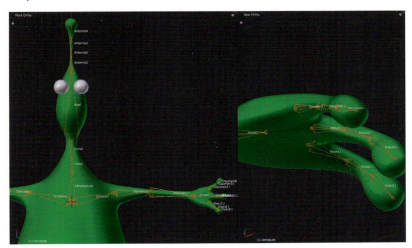

Abb. 6.12

Aliens haben Knochen!

Um den ersten Arm zu erstellen, selektieren Sie den Root des ersten Knochens und extrudieren einfach vier Mal bis in die Hand hinein. Hier extrudieren Sie den Handknochen und wählen dann den neuen Knochen an (🖱 in die Mitte des Bones). Dann benutzen Sie Alt-P→Disconnect Bone und verschieben den Knochen, bis er korrekt im ersten Fingerglied liegt. Um den Finger fertig zu stellen, extrudieren Sie noch zwei Mal. Diese Prozedur wiederholen Sie für die übrigen drei Finger. Wechseln Sie auch in eine Draufsicht, um die Lage der Knochen von dieser Ansicht aus zu kontrollieren.

1. Arm

Im Moment macht es noch keinen Sinn, den zweiten Arm mit Bones zu versehen, da wir sicherlich noch etwas Finetuning an den Knochen vornehmen müssen.

Sie sollten nun alle Bones selektieren ([A] im Edit Mode) und durch [Strg]-[N], [Y] das Roll der Bones neu berechnen. Dann verlassen Sie den Edit Mode und setzen mit [Strg]-[A] eventuelle Skalierungen und Rotationen für das Mesh und die Armature zurück.

Armature zuweisen

Selektieren Sie im Object Mode erst das Mesh mit 🖰 und dann die Armature mit 🔼-🖰 und drücken Sie dann [Strg]-[P], als Option wählen Sie With Automatic Weights. Nun können Sie in den Pose Mode wechseln und die Deformation durch Rotieren von Bones testen. Es sollten keine groben Fehler bei diesem einfachen Mesh auftreten, allenfalls die Augen könnten merkwürdig mitbewegt werden, wenn sich die Antennenknochen bewegen, dies werden wir später korrigieren. Sollten Sie unschöne Verformungen feststellen, so versuchen Sie, diese durch Verschieben der Gelenke im Edit Mode zu beheben. Setzen Sie die Rotationen aller Bones mit [Alt]-[R] zurück, wenn Sie Ihre Experimente beendet haben.

Im Prinzip könnte man jetzt schon animieren, aber solch ein Rigg ist noch sehr kompliziert handzuhaben. Besonders die Animation der Finger kann schnell zu einer Geduldsprobe werden, wenn beim Rigg eines Menschen zehn mal drei Bones, also 30 Bones getrennt animiert werden müssen. Die Lösung dieses Problems liegt darin, die Bones von einem IK Constraint bewegen zu lassen.

Erweiterung des Hand-Riggs

Hierzu benötigen wir einen Bone, der die IK-Kette kontrolliert. Diesen erstellen Sie, indem der 3D Cursor zum Tip des letzten Fingergliedes gesnappt und dann mit 🔼-[A] ein neuer Bone erzeugt wird. Bewegen Sie den Tip des neuen Bones so, dass er leicht aus der Fingerspitze herausschaut. Benennen Sie den Bone z. B. als »MittelTip.l«. Wechseln Sie nun mit [Strg]-[⇥] in den Pose Mode und selektieren Sie den zuletzt erzeugten Bone und dann das letzte Fingerglied. Mit 🔼-[I]→To Active Bone erzeugen wir nun ein IK Constraint, das die Fingerkette steuert.

Wenn Sie nun den Steuer-Bone bewegen, wird sich der ganze Character mitbewegen. Um das zu vermeiden, müssen wir wie beim Roboterarm die Chain Length: im IK Constraint auf 3 begrenzen. Wenn Sie jetzt den Arm oder die Hand im Pose Mode bewegen, sehen Sie, dass der Kontroll-Bone noch nicht der Armature folgt. Dies wird im Edit Mode behoben, indem Sie erst mit 🖰 den Kontroll-Bone wählen, dann mit 🔼-🖰 den Handknochen und dann mit [Strg]-[P]→Keep Offset parenten.

Nun sollten Sie den Finger schon recht gut mit dem Kontroll-Bone steuern können. Noch ist allerdings die Gefahr groß, dass man durch eine nur leicht falsche Platzierung des Steuerknochens eine Verdrehung oder merkwürdige Stellung des Fingers bekommt. Die Lösung hierfür ist ein weiterer Kontroll-Bone, der durch seine Drehung die Stellung des Fingers und durch seine Skalierung die Krümmung des Fingers definiert.

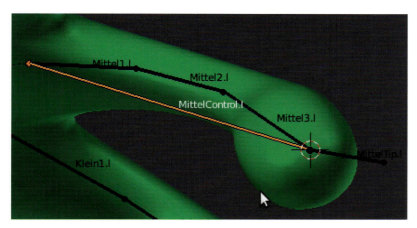

Setzen Sie den 3D Cursor mit ⇧-Ⓢ auf den Root des ersten Fingergliedes und erzeugen Sie einen Bone mit ⇧-Ⓐ. Setzen Sie dann den 3D Cursor auf den Tip des letzten Fingergliedes, also den Root des Kontroll-Bones, und bringen Sie mit Shift-Ⓢ den Tip des zweiten Kontroll-Bones dorthin. Der Knochen sollte jetzt wie in der Abbildung oben platziert sein. Benennen Sie den Bone »MittelControl.l«. Wählen Sie nun den IK-Kontroll-Bone an der Spitze des Fingers, dann mit ⇧-🖱 den gerade erstellten Kontroll-Bone und parenten mit Ⓢ ⓣ ⓡ ⓖ -Ⓟ→Keep Offset.

> **Mehr Übersicht im Mesh**
>
> Ich verwende hier die Darstellungsmethode Sticks für die Bones, die besonders in dünnen Körperteilen zu mehr Übersicht verhilft. Sie finden die Option im Display-Panel des Armature Context.

Den Kontroll-Bone »MittelControl.l« wiederum parenten Sie an den zentralen Handkochen. Nun können Sie mit nur einem Bone durch einfaches Skalieren und Rotieren einen kompletten Finger animieren. Erstellen Sie jetzt die Kontrollstrukturen für die restlichen Finger. Für reine Kontroll-Bones sollten Sie Deform im Bone Context abschalten, damit keine unvorhergesehenen Dinge passieren, wenn so ein Kontroll-Bone dem Mesh zu nahe kommt. Darüber hinaus werden so auch keine Vertex Groups (siehe 6.4.3) für diese Bones erzeugt.

Wenn Ihr Modell wie meines genau symmetrisch ist, dann können Sie *2. Arm* nun den rechten Arm des Aliens bequem durch das Kopieren der Knochen des linken Arms mit Bones versehen. Setzen Sie den 3D Cursor auf die Root des ersten zentralen Bones und schalten Sie den Ursprungspunkt (Pivot) für Rotationen auf 3D Cursor. Deselektieren Sie alle Knochen der Armature (Ⓐ) und selektieren Sie den kompletten Arm mit Border Select (Ⓑ).

Kopieren Sie nun die Knochen mit ⇧-Ⓓ, brechen aber den Verschiebemodus mit 🖱 oder Ⓔsc ab. Die neu erzeugten Knochen liegen genau über den Ausgangsknochen.

Spiegeln Sie nun die Bones mit Strg-M. Wenn Sie in der Vorderansicht modelliert haben, dann wählen Sie nun X als Achse, entlang derer gespiegelt werden soll. Im Zweifelsfall hilft hier das kleine Koordinatenkreuz unten links im 3D View.

Anschließend müssen Sie das Mesh nochmals an die Armature parenten. Selektieren Sie im Object Mode erst das Mesh mit 🖰 und dann die Armature mit ⇧-🖰 und drücken anschließend Strg-P, als Option wählen Sie With Automatic Weights.

6.4.3   Die Verformungen kontrollieren

Sie sollten nun nochmals kontrollieren, ob alle Verformungen Ihren Erwartungen entsprechen. Ist dies nicht der Fall, so zeige ich im Folgenden, wie man dem entgegenwirken kann.

Sollte das Mesh nur verzögert dem Rotieren von Bones folgen, so haben Sie wahrscheinlich zwei Armature Modifier im Modifier Stack. Der Armature Modifier sollte auch immer vor eventuellen anderen, das Mesh verformenden Modifiers liegen, insbesondere vor Subdivision Surface Modifiers.

Vertex Groups

Durch die Verwendung der Option With Automatic Weights beim Parenten des Mesh an die Armature wurden entsprechend der Größe der Bones die Teile des Mesh (Vertices) automatisch mit einer Gewichtung (Weight) versehen. Diese Gewichtung gibt für jedes Vertex an, welche Bones wie stark das Mesh verformen. Da die Verwaltung von einzelnen Vertices, die ja pro Mesh in die Tausende gehen können, sehr unübersichtlich wäre, werden die Gewichte in sogenannten Vertex Groups verwaltet. Im Object Data Context, Vertex Groups-Panel, können diese Vertex Groups eingesehen und bearbeitet werden.

Im Edit Mode können Sie mit Assign selektierte Vertices der Gruppe mit der in Weight: eingestellten Gewichtung zuweisen. So kann man relativ leicht falsche Zuordnungen korrigieren.

Noch intuitiver ist die Verwendung des sogenannten Weight Paint Mode. Schalten Sie einmal die Armature in den Pose Mode und selektieren dann das Mesh. Jetzt können Sie durch ⌷Strg⌷-⌷⌸⌷ in den Weight Paint Mode für das Mesh schalten. Mit 🖱 können jetzt einzelne Bones selektiert werden. Dann wird sofort im Mesh grafisch dargestellt, welche Gewichtung die Vertices haben. Blau bedeutet, dass das Vertex nicht vom Bone beeinflusst wird, rot bedeutet komplette Beeinflussung. Die Zwischenfarben von Gelb nach Grün bedeuten steigende Gewichtungen.

Weight Paint Mode

Wenn Sie den Bone im Kopf selektieren, sehen Sie schon ein Problem: Die Augen sind nicht zu 100 % vom Kopf-Bone beeinflusst. Allerdings liegt das Problem nicht nur beim Kopf-Bone, sondern auch beim ersten Bone der Antenne, die hier einiges vom Einfluss des Kopf-Bones wegnimmt.

Im Tool Shelf finden sich im Weight Paint Mode die Einstellungen für das Malen von Gewichtungen. Weight: definiert das Gewicht. Stellen Sie es jetzt auf 1.000, setzen Sie ebenso Strength: auf 1.000 und malen Sie die Augen mit gehaltener 🖱-Taste rot an. Rotieren Sie den 3D View mit gehaltener 🖱, damit Sie auch verdeckte Teile der Augen bearbeiten. Wenn Sie nun den Kopf-Bone mit ⌷R⌷ rotieren, sollten die Augen dem Kopf-Bone genau folgen. Selektieren Sie nun den ersten Antennenknochen; auch er hat noch Einfluss auf die Augen. Stellen Sie Weight: auf 0.000 und malen Sie die Augen jetzt blau an.

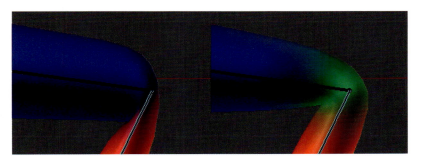

Abb. 6.13
Korrigierte Verformung am Ellenbogen

Schalten Sie einmal auf die Draufsicht mit ⌷Pad 7⌷ und rotieren Sie den Unterarmknochen (siehe Abbildung 6.13 links). Die Verformung ist möglicherweise unschön. Dies können Sie am einfachsten mit dem Blur-Tool (Filter) im Weight Paint Mode korrigieren. Dazu schalten Sie im Tool-Panel auf Blur um und reduzieren Strength: auf 0.600. Jetzt streichen Sie über das Gelenk und das Mesh verformt sich entsprechend der neuen Gewichtung. Dies müssen Sie je nach Wunsch mehrfach wiederholen, indem Sie jeweils kurz 🖱 loslassen und wieder betätigen, bis die Verformung des Ellenbogens gut gerundet ist. Vergessen Sie nicht, auch von unten schauend (⌷Strg⌷-⌷Pad 7⌷) die Gewichte zu ändern. Sind stärkere »Knicke« im Mesh zu sehen, kann es auch nötig sein, direkt Gewichtung zu entfernen oder hinzuzufügen, die Position des Gelenks zu ändern (im Edit Mode der Armature) oder das Mesh an dieser Stelle weiter zu unterteilen.

6.4.4 Pose einnehmen und Action!

Beim Roboterarm haben wir mit inverser Kinematik gearbeitet. In unserem aktuellen Beispiel bietet sich eher die klassische Forward-Kinematik an, wenn man einmal von der IK Kette in den Fingern absieht. Die Animation von Armatures läuft im Prinzip wie eine normale Keyframe-Animation ab: Es werden zu bestimmten Zeiten Schlüsselstellungen (Keys) gespeichert und Blender interpoliert während der Animation dazwischen. Da die Bewegungen der Bones aber in komplexen Rotationsmatrizen gespeichert werden, gibt es in Blender Werkzeuge, um einfacher zum Ziel zu kommen: den Pose Mode und den Action Editor.

Pose Mode Den Pose Mode kennen wir schon. Im Allgemeinen werden bei Bones nur Rotationen gespeichert, eher selten Skalierungen (siehe aber die Fingerkontrollen) und noch seltener Positionen (siehe Roboter). Mindestens zwei Posen und die interpolierte Bewegung zwischen ihnen bilden eine Action, also eine Aktion, die der Character ausführen kann. Es können natürlich mehrere Actions pro Character definiert werden.

Bringen Sie die Arme des Aliens durch Rotieren der Armknochen erst einmal in eine entspannte Stellung, seitlich am Körper hängend.

Vergewissern Sie sich, dass die Animationszeit auf Bild eins steht (⇧-←). Schalten Sie ein Fenster mit ⇧-F12 auf das Dope Sheet um und schalten Sie dann auf Action Editor im Header-Menü um. Selektieren Sie die zwei Armknochen im linken Arm (also von vorne aus gesehen den rechten Arm) und fügen Sie einen Key mit I→Rotation ein. Im Action Editor erscheinen nun gelbe Rauten in den jeweiligen Kanälen. Schalten Sie die Animationszeit mit fünf Mal ⇧-↑ um 50 Bilder weiter, dann rotieren Sie die Armknochen so, dass der Arm erhoben ist, und fügen wiederum einen Keyframe mit I→Rotation ein. Wenn Sie jetzt die Animation abspielen oder mit den Cursortasten durchschalten, sehen Sie, dass Blender zwischen den Keyframes bzw. Posen interpoliert und das Alien den Arm innerhalb von ca. zwei Sekunden hebt.

Animieren Sie jetzt den Unterarm weiter, so dass eine einzelne Winkbewegung entsteht. Im Action Editor können nun die Posen in Form der kleinen Rauten mit der rechten Maustaste selektiert und dann verschoben, aber auch kopiert werden. Dies lässt sich nutzen, um die Winkbewegung zu komplettieren, indem die entsprechenden Posen kopiert und verschoben werden, aber auch um den Arm wieder zu senken. Benennen Sie die Action in »Winken« um.

Um eine weitere Action zu erstellen, stellen Sie sicher, dass die Action gesichert ist und einen Fake User (F Icon grau hinterlegt) besitzt. Nun können Sie unbesorgt das X neben dem Namen der Action anklicken, die Action geht dabei nicht mehr verloren! Dann können Sie mit dem Add New-Button eine neue Action erstellen. Benennen Sie diese »Antenne« und animieren Sie die Bones der Antenne so, dass die Antenne leicht hin- und herschwingt.

Spätestens wenn Sie mehr als zwei Bones ändern, wird es lästig, dauernd daran zu denken, mit ⒤ Keyframes zu setzen. Hier ist es hilfreich, das Autokey-Feature zu benutzen: Jetzt wird bei jeder Bewegung, Skalierung oder Rotation automatisch ein Key gesetzt. Denken Sie aber daran, diese Option wieder abzuschalten, wenn Sie nur einmal die Kamera bewegen oder Ähnliches.

Autokey

Auf die gleiche Art können Sie noch weitere Actions erstellen, z. B. das Drehen des Kopfes zur Kamera oder auch die Animation der Hand zu einer Greifbewegung. Aktuell abgespielt wird immer die Action, die im Action Editor ausgewählt ist.

6.4.5 Mischen der Actions: NLA Editor

Im NLA Editor (Non-Linear Animation, nichtlineare Animation) stellt man Actions zu einer Animation zusammen. Dabei lassen sich einzelne Actions beliebig oft verwenden und auch in ihrem zeitlichen Ablauf ändern, umkehren oder nur teilweise abspielen. So können Sie aus einer Action »Winken« einmal ein langsames Winken und auch ein hektisches Wedeln machen, ohne neu animieren zu müssen.

NLA Editor

Wechseln Sie mit dem Editor-Type-Menü auf den NLA Editor. Die Möglichkeiten, das Fenster zu zoomen und zu verschieben, entsprechen denen im F-Curves und Action Editor. Der grüne Balken gibt die Position in der Animationszeit an, die auf die waagerechte Achse aufgetragen ist.

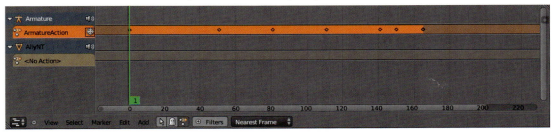

Jetzt müssen wir Actions zuweisen. Dazu wählen Sie im Action Editor eine Action aus: Im NLA Editor erscheint jetzt ein neuer Track (Spur) in Orange. Diese Spur ist noch nicht bearbeitbar. Klicken Sie daher auf das Schneeflocken-Icon: Die Spur wird expandiert und ist jetzt zur Bearbeitung freigeschaltet.

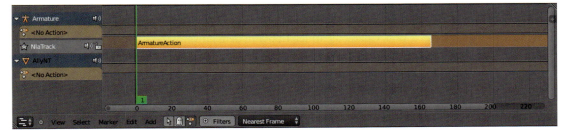

Mit diesem gelben Strip können wir jetzt wie in einem Videoschnittpro-
gramm arbeiten, d. h., wir können den Strip mit ⇧-D kopieren, in der
Zeitleiste verschieben und aufteilen (Y teilt den selektierten Strip am Cursor). Viele weitere Funktionen verbergen sich im Properties-Panel, das wie
üblich mit N aufgerufen wird. Hier können mittels Repeat: Strips beliebig
oft wiederholt werden. Benutzen Sie diese Funktion doch einmal, um die
Animation der Antenne während der ganzen Zeit abzuspielen. Durch Skalieren eines Strips mit S im NLA-Fenster oder dem Scale:-Parameter können Strips beschleunigt oder verlangsamt werden. Durch das Anpassen von
Start Frame: und End Frame: können Strips nur teilweise abgespielt werden.

Action hinzufügen   Fügen Sie nun mit ⇧-A die »Antenne«-Action hinzu. Wenn Sie mit
gedrückter linker Maustaste den grünen Balken durch die Zeitleiste bewegen, dann wird das Alien winken.

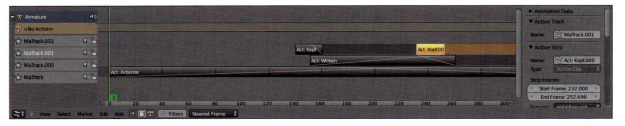

Abb. 6.14
Mittels NLA erstellte Gesamtanimation

Selektieren Sie wieder den Winken-Strip und verschieben Sie ihn mit G
30 bis 40 Bilder nach rechts – dann beginnt die Winken-Action erst etwas
später in der Animationszeit. Fügen Sie anschließend mit ⇧-A eine weitere Action ein, z. B. das Kopfdrehen zur Kamera, und platzieren Sie es so,
dass es erst beginnt, wenn der Arm zum Winken gehoben ist.

Auf diese Art und Weise kann man nun aus den einzelnen Aktionen eine
komplexe Animation aufbauen. In der Abbildung 6.14 ist der NLA Editor zu
sehen, die lange Spur ist die ständige Wiederholung des Antennenwackelns,
dann dreht das Alien den Kopf zur Kamera, winkt und dreht den Kopf nach
einer Weile wieder weg von der Kamera. Fügen Sie noch zusätzlich einen
Wave Modifier mit einer Height: von 0.04 dem Alien hinzu – dies ergibt
zusammen mit einer leicht hüpfenden Vorwärtsbewegung schon ein schön
schwabbelndes Alien, das freundlich in die Kamera winkt.

Überblendung   Ein weiterer wichtiger Punkt sind noch die Übergänge zwischen den
Animationen. In unserem Beispiel wurden ja keine Actions benutzt, in denen die gleichen Bones animiert wurden. Erstellt man nun aber z. B. eine
Laufanimation, eine Rennanimation und eine Idle-Animation (Ruheanima-
tion, Character atmet, tippt mit dem Fuß etc.), so kann die Idle-Animation –
indem man die Strips überlappen lässt – fließend in ein Laufen und dann
in ein Rennen übergehen. Oder man mischt die Laufanimation mit einem
Sprung oder dem Ziehen einer Waffe.

6.5   Partikel

Partikel sind Objekte, die nach bestimmten mathematischen Regeln bewegt werden. Ausgestoßen werden sie von einem Emitter, also Partikelerzeuger, und folgen dann den vom Animator aufgestellten Regeln. Typische Partikelsysteme bestehen aus tausenden Einzelobjekten, die per klassischer Animation in endlicher Zeit nicht beherrschbar wären.

Die Partikelsysteme von Blender sind flexibel und mächtig. Als Partikel dienen Halos, instanziierte Objekte, Haare oder Metaballs. Als Partikelemitter kann jedes Mesh, also Polygonobjekt, dienen. (Cycles unterstützt bisher nur instanziierte Objekte und Strands/Haare).

Partikel können beeinflusst werden von globalen Kräften (Gravitation bzw. konstanter Wind oder Strömung), von Kraftfeldern (Wind, Strudel etc.), von Lattices und von Objekten, die als Reflektoren dienen. Mit diesen Möglichkeiten bietet das Partikelsystem genügend Spielraum, um Rauch, Dampf, Feuer, Explosionen, Wasserfontänen, Feuerwerke oder gar Fischschwärme zu erzeugen. Mit statischen Partikeln können einfache Pflanzen, Fell oder Haare erzeugt werden. Bitte experimentieren Sie viel, denn die eigene Erfahrung kann nicht durch einfache »Kochrezepte« ersetzt werden.

Einfache Partikel

Erstellen Sie in Ihrer Grundszene nach dem Löschen des Würfels eine Fläche mit ⇧-Ⓐ→Mesh→Plane in der Draufsicht. Sie wird in diesem Beispiel als Ausgangspunkt (Emitter) für die Partikel dienen. Platzieren Sie die Fläche gut sichtbar knapp oberhalb des Szenenbodens und skalieren Sie sie etwas herunter. Prinzipiell würde auch ein Objekt mit einem Vertex ausreichen, allerdings bietet ein Objekt mit einer Fläche den Vorteil, dass die Ausstoßrichtung der Partikel über die Ausrichtung der Fläche gesteuert werden kann.

Übung!

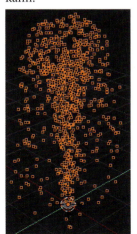

Wechseln Sie bei selektierter Plane in den Particles Context und erzeugen Sie ein neues Partikelsystem mit einem 🖱-Click auf das Plus-Icon. Starten Sie im 3D View die Animation mit Ⓐlt-Ⓐ, und schon werden die ersten Partikel generiert und fallen von der Fläche herab.

Ab Blender 2.5x ist es möglich, die Partikel-Parameter zu ändern, während die Animation abspielt. Erhöhen Sie doch einmal Normal: im Velocity-Panel – damit können Sie die Ausstoßgeschwindigkeit der Partikel in Normalenrichtung der Fläche regeln. Die Partikel steigen nun höher hinauf und fallen entsprechend der im Scene Context eingestellten Gravitation wieder herab.

Wenn Sie die Emitterfläche noch kleiner skalieren und den Parameter Random: im Velocity Panel erhöhen, wird sich eine fontänenähnlicher Partikelstrom ergeben, der daran erinnert, wie ein Wal Wasser aus seinem Atemloch ausstößt (Wal-Blas).

Wenn Sie die Animation oder ein Einzelbild mit F12 berechnen lassen, so erscheinen die Partikel als Standard-Halo, also kleine Leuchtpunkte. Dieses Halo-Material können Sie bei selektierter Fläche im Material Context ändern. Erstellen Sie gegebenenfalls ein neues Material durch einen Klick auf den New-Button und ändern Sie den Typ des Materials auf Halo. Neben der Farbe können Sie nun mittels der Parameter Size: die Größe der Halos beim Berechnen und mit Hardness: die Schärfe der Partikel einstellen.

6.5.1 Partikel-Grundparameter

Die Partikelsysteme von Blender bieten eine Vielzahl von Möglichkeiten, die eine weite Variation von Effekten ermöglichen. Sie erfordern daher aber auch viel Erfahrung und Durchhaltevermögen beim Experimentieren, um den gewünschten Effekt zu erzielen. Durch die Möglichkeit, eine Partikelanimation mit Alt-A im 3D View abzuspielen und gleichzeitig die Parameter zu ändern, lassen sich aber fast alle Parameter direkt kontrollieren. Sie sollten mit einem einfachen Emitter während des Lesens die verschiedenen Parameter und ihre Auswirkungen ausprobieren. Ich garantiere Ihnen eine spannende Zeit mit interessanten Animationen – auch wenn dieser Abschnitt sonst eher trocken wirkt.

Im Particles Context findet sich eine Liste, in der die Partikelsysteme des Emitters organisiert werden können. Pro Emitter sind mehrere Partikelsysteme möglich, die wiederum unterschiedliche Partikel-Settings tragen können. So kann schnell ein Partikelsystem von einem Objekt auf ein anderes übertragen werden. Die Settings sind dabei wie von Blender gewohnt verlinkt, so dass sich eine Änderung auf alle Systeme auswirkt. Wie üblich können aus Settings später noch Single User gemacht werden. Per Type: kann zwischen Emitter und Hair umgeschaltet werden. Seed: bestimmt einen Startwert für die diversen Zufallswerte, die in einem Partikelsystem Einfluss nehmen können.

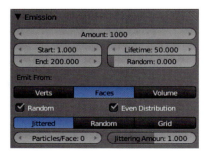

Im Emission-Panel wird mit Amount: die Gesamtzahl aller Partikel eingestellt. Dies beeinflusst natürlich stark das Aussehen und die Rechenzeit eines Systems. Start: und End: bestimmen den Start- und Endpunkt der Partikelemission, während Lifetime: die Lebenszeit der Partikel definiert. Mit Random: wird eine zufällige Variation der Lebenszeit gesteuert. Emit From: bestimmt, ob die Partikel von Vertices, Faces oder dem Volumen des Emitterobjektes ausgehen. Random und Even Distribution ändern die Verteilung der Partikel, wenn eine Zufallskomponente im Spiel ist. Jittered bewirkt einen Ausstoß der Partikel von kleinen Gruppen aus – sehr praktisch für Grasbüschel. Particles/Face: definiert, wie viele Partikel pro Jitter-Gruppe ausgestoßen werden. Random ist die rein zufällige, gleichmäßig verteilte Distribution der Partikel. Grid schließlich erzeugt die Partikel in einem gleichmäßigen Raster mit Resolution: als Auflösung über die Flächen. Da hier Normal: nicht die Ausstoßgeschwindigkeit der Partikel beeinflusst, muss man mit externen Kraftfelder nachhelfen.

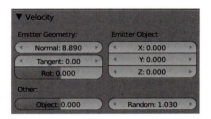

Im Velocity-Panel bestimmt Normal: die Ausstoßgeschwindigkeit entlang der Flächennormalen (also senkrecht zur Fläche). Tangent: sorgt für eine tangentiale, also parallel zur Fläche gerichtete Ausstoßgeschwindigkeit, die mit Rot: noch in der Richtung beeinflusst werden kann. Mit Emitter Object können für alle drei Achsen die Richtung und Stärke des Ausstoßes definiert werden. Dies moduliert sozusagen die Ausstoßrichtung von Normal: und Tangent:. Mit Object: wird beeinflusst, wie ein animiertes Objekt die Ausstoßgeschwindigkeit beeinflusst, also wie viel Geschwindigkeit die Partikel von dem Objekt übernehmen.

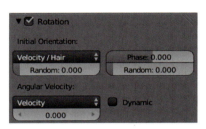

Im Rotation-Panel wird die Rotation von Partikeln während der Erzeugung und ihrer Lebenszeit definiert. Initial Rotation: bestimmt die Startdrehung mit Random: als Modifikator. Phase: und das dazugehörige Random: gibt einen Versatz im Phasenwinkel der Ausgangsrotation an. Angular Velocity: bestimmt, ob keine (None), eine Drehung um die Flugachse (Spin) oder eine zufällige Drehbewegung (Random) generiert wird.

Im Physics-Panel wird die generelle Art der physikalisch berechneten Partikelanimation bestimmt. No bedeutet keine Simulation, Newtonian die normale, von Kräften (Schwerkraft, Kollision, Wind, Kraftfelder) bestimmte Physik. Keyed erlaubt Partikel zwischen Keyframes definiert zu bewegen, Boids ermöglicht Schwarmbewegungen, und Fluids berechnet Partikelströme, die sich wie Flüssigkeiten verhalten. Gemein sind allen Optionen der Size:-Parameter, Random Size:, Mass: und Multiply mass with size. Interessante Parameter für Newtonion-Partikel sind Brownian:, was den Partikeln eine zufällige Bewegung gibt, Drag:, das eine Art Luftwiderstand definiert, und Damp:, das eine Dämpfung der Geschwindigkeit über die Zeit ermöglicht.

Im Render-Panel des Particles Context wird über Material: eingestellt, welcher Material-Slot des Emitters zum Rendern der Partikel benutzt wird. So können verschiedene Partikel-Settings unterschiedliche Materialien benutzen und auch der Emitter selbst kann ein eigenes Material haben. Mit Emitter wird bestimmt, ob der Emitter selbst gerendert wird. Unborn und Died bestimmen, ob ungeborene und tote Partikel angezeigt werden. None berechnet keine Partikel im Rendering – das ist hilfreich, wenn diese Partikel nur andere Partikel über Kraftfelder beeinflussen sollen. Halo ist das Standard-Halo-Material, Path und Line berechnen Linien als Partikel. Mit der Object-Option kann ein Objekt als Partikel definiert werden. Die Group-Option macht Ähnliches, allerdings können entweder ganze Gruppen oder zufällig aus der Gruppe ausgewählte Objekte berechnet werden. Billboard ist eine Methode, mit der Flächen-Objekte gerendert werden, die dabei immer

zur Kamera schauen und Texturen tragen können, die dann Rauch etc. darstellen. Trail Count: definiert, wie viele neue Partikel hinter einem Partikel als Schweif hergezogen werden.

Das Display-Panel definiert, wie die Partikel im 3D View dargestellt werden, vieles davon dient der Fehlersuche in Partikelsystemen. Axis ist hierbei besonders hilfreich, um die Rotationen der Partikel zu erkennen. Mit der Size-Option wird die Größe der Partikel visualisiert und Velocity zeichnet einen kleinen Vektor an die Partikel, der Richtung und Geschwindigkeit anzeigt.

Im Children-Panel kann die Generierung von weiteren Partikeln um das Elternpartikel definiert werden. Da diese Child-Partikel nicht in die Physiksimulation einbezogen werden, können so sehr viele Partikel berechnet werden, ohne die Animation zu langsam zu machen. Simple verteilt Child-Partikel gleichförmig um das Elternpartikel. Interpolated ist für Haar-Partikel gedacht und berücksichtigt bei der Verteilung auch die Oberfläche des Emitters. Je nach Option erscheinen noch viele weitere Parameter, die dann die genaue Verteilung der Childs angeben, darunter z. B. wie die Childs sich verklumpen oder in welchem Umkreis sie sich befinden.

Im Field Weights-Panel können Sie für alle Kraftfelder den generellen Einfluss auf das Partikelsystem definieren. Dies dient vor allem dem Finetuning von Systemen oder speziellen Effekten (wenn z. B. ein Partikelsystem nicht auf die Gravitation reagieren soll, aber weitere Physiksysteme eine Gravitation benötigen).

Im Force Field Settings-Panel können Sie durch Angabe von zwei Kraftfeldern bestimmen, ob einige Partikel Kraftfelder tragen sollen. Dabei bestimmt Self Effect, ob diese Kraftfelder auch das eigene Partikelsystem beeinflussen sollen, und Amount: definiert, wie viele Partikel solche Kraftfelder tragen sollen. Probieren Sie doch einmal ein Vortex- oder Turbulence-Kraftfeld aus.

Im Vertex Groups-Panel finden Sie Optionen, um mit Vertex Groups, d. h. also eigentlich der Gewichtung (Weights) von Vertices, Emitter-Eigenschaften für Haare zu steuern.

6.5.2   Schwärme: Boids

Boids, 1986 von Craig Reynolds entwickelt und benannt, sind kleine eigenständige Programmroutinen, die auf Partikel angewendet das Verhalten von Schwärmen, Herden oder Rudeln simulieren.

Einfache Regeln, komplexe Verhaltensmuster

Die Komplexität der Bewegungen ergibt sich dabei aus relativ einfachen Regeln, die aber im Zusammenspiel von vielen Individuen ein komplexes Verhalten erzeugen.

Dabei gibt es mehrere Verhaltensweisen, die man den Boids zuweisen und auch untereinander kombinieren kann. Hier nur einige der in Blender verfügbaren Verhaltensweisen:

Abb. 6.15

Mit Boids-Partikeln animierter Fischschwarm

- Separate, Trennung: Die Boids versuchen dichte Anhäufungen zu vermeiden.
- Flock, Zusammenhalt: Die Boids bleiben auf ihrem Weg zusammen und wählen gemeinsame Richtungen.
- Collision, Kollision vermeiden: Boids versuchen Kollisionen mit anderen Boids oder Deflektoren zu vermeiden.
- Goal, Zielsuche: Boids verfolgen ein Ziel.

Erstellen Sie in der Grundszene für den Würfel ein neues Partikelsystem. Der Würfel sollte für fliegende oder schwimmende Boids komplett über der x-y-Ebene liegen. Im Emission-Panel müssen Start: und End: auf 1.000 sein, damit gleich zu Beginn der Animation alle Partikel vorhanden sind. Amount stellen Sie für die ersten Versuche auf ca. 100 ein, Lifetime: auf 1.000, damit wir genug Zeit haben, die Verhaltensweisen zu beobachten, und damit uns unsere Boids nicht vorzeitig wegsterben. Im Emit From-Panel schalten Sie Volume ein, damit die Boids im gesamten Würfelvolumen erzeugt werden. Schalten Sie im Physics-Panel auf Boids um. Da sich die Partikel zu Beginn fast nur im Würfel aufhalten werden, sollten Sie den 3D View mit Z auf eine Drahtgitterdarstellung umschalten.

Starten Sie jetzt die Animation im 3D View mit Alt - A: Die Boids werden schon ein gewisses Schwarmverhalten zeigen. Im Moment erinnert es aber eher noch an einen relativ unkoordinierten Fliegen-

Übung!

schwarm. Dass überhaupt schon ein Schwarmverhalten sichtbar ist, liegt daran, dass im Boid Brain-Panel schon zwei Verhaltensmuster voreingestellt sind: Separate und Flock (s. o.).

Standardmäßig ist die Boid-Physik auf Allow Flight eingestellt (damit kann man übrigens auch Schwimmen simulieren). Daher können auch nur die passenden Parameter geändert werden. Die Parameter Size:, Random Size: und Mass: kennen Sie schon aus anderen Partikelsystemen. Als Besonderheit dient hier Size:, weil die Größe der Boid-Partikel natürlich auch mitbestimmt, wie nahe sich Boids kommen dürfen bzw. wollen. Mit Max- und Min Air Speed: definieren Sie Höchst- und Mindestgeschwindigkeit (Vögel stürzen ohne Geschwindigkeit normalerweise ab, Fische dagegen nicht …). Mit den Parametern für Acceleration: und Angular Velocity: legen Sie fest, wie schnell die Boids beschleunigen und die Kurven angehen. Über den Parameter Air Personal Space: kann man noch genauer bestimmen, wie nahe sich die Boids im Flug kommen.

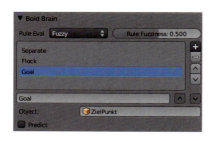

Fügen Sie nun ca. zehn Blender-Einheiten vom Würfel entfernt, etwa auf seiner Höhe, ein Empty ein. Fügen Sie im Boids Brain-Panel durch 🖱-Klick auf das Plus-Icon ein neues Verhaltensmuster (Rule) vom Typ Goal ein und selektieren Sie als Object: das gerade erstellte Empty. Die Boids werden nun beim Abspielen der Animation in Richtung des Ziel-Emptys gehen. Verschieben Sie dann einmal die selektierte Goal-Rule über die Flock-Rule, indem Sie den kleinen Pfeil neben der Liste anklicken: Jetzt ist es den Boids viel wichtiger, zum Ziel zu gelangen, als sich anzukuscheln, und dementsprechend schneller sind sie unterwegs. Sie sehen also, wie wichtig die Reihenfolge der Rules ist. Sollte einmal eine Rule scheinbar gar nicht beachtet werden, so steht sie höchstwahrscheinlich nur am falschen Platz in der Liste. Bewegen Sie das Empty einmal, während die Animation im 3D View abspielt.

Neben der Goal-Rule existiert noch eine weitere Möglichkeit, Objekte entweder attraktiv oder auch abstoßend für die Boids zu machen. Dazu benutzen wir die Avoid-Rule und erstellen Empties, denen dann im Physics Context ein Force Field vom Type Boid zugewiesen wird. Positive Strength:-Werte vertreiben die Boids, negative Werte ziehen die Boids an. Zur besseren Visualisierung des Einflussbereichs können Sie Minimum: und Maximum: einschalten und hier die Entfernungen definieren. Power: sorgt für eine entfernungsabhängige Kraft, wobei 2.0 dem entspricht,

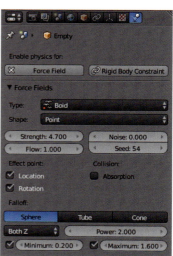

was Gravitation oder Magnetismus bewirken: Bei Verdoppelung der Distanz sinkt die Anziehungskraft auf ein Viertel.

Experimentieren Sie auch mit animierten Goals, der Follow-Leader-Rule und Avoid Collision. Eine Demoszene, die den Fischschwarm aus Abbildung 6.15 errechnet, befindet sich auf meiner Site unter dem Namen `Animation/Fischschwarm.blend`. Hier werden genau diese Rules verwendet. Dort finden Sie auch weitere Dateien mit interessanten Boid-Verhaltensweisen.

Ameisenkrieg im Würfelland

Interessante Experimente lassen sich auch mit der Fight-Rule durchführen. Zusammen mit den Relations:, in denen andere Boid-Partikelsysteme als Freund (Friend), Feind (Enemy) oder neutral (Neutral) gekennzeichnet werden können, lassen sich die Boids in Schlachten hetzen. Eine Demoszene befindet sich auf meiner Website unter `Animation/BoidsFight.blend`. Die einfachen Regeln der Boid-Systeme erzeugen fast immer Kämpfe, die eher wie Ameisenkriege aussehen. Aber mit beweglichen Goals und der Follow Leader Role sollten auch Schlachten möglich sein, die an menschliche Kriege erinnern, weil sie eine höhere Organisation (nach menschlichen Maßstäben) zeigen.Neben der Fight-Rule sind noch ein paar Vorkehrungen zu treffen: Wenn Sie möchten, dass die Bots nur auf dem Boden bleiben (standardmäßig die X-Y-Fläche in Blender auf Höhe Z = 0), dann deaktivieren Sie Allow Flight und aktivieren Sie Allow Land. Sollen die Boids auch der Geländekontur folgen, so aktivieren Sie Collision im Physics Context des Geländes.

Abb. 6.16
Krieg im Würfelland

Mit den Parametern für Geschwindigkeit (Max Land Speed:), den Beschleunigungswerten (Max Land Acceleration:) und der Drehrate (Max Land Angular Velocity:) sollten sie zuerst einmal die generelle Bewegung der Boids einstellen. Banking: sollte für Land-Boids nicht zu hoch sein, damit sich die Boids nicht unnatürlich in die Kurven legen.

Grundparameter

Wichtige Parameter für den Kampf sind dann die Fight Distance: (Kampfdistanz) und Flee Distance: (Fluchtdistanz). Sie bestimmen, in welchen Abständen die Boids angreifen und wie weit sie flüchten, wenn sie angeschlagen sind. Jeder Boid trägt zu Beginn die Gesundheit in dem Wert Health:, jeder Schlagabtausch mit einem Feind kostet Gesundheit. Je nach Aggression: werden auch übermächtige Feinde angegriffen. Mit Accuracy: (Genau-

Aggression und Furcht

igkeit) und Range: (Reichweite) können die Fähigkeiten der Boids noch weiter getuned werden.

6.5.3 Flüssige Seife: Fluid Particles

Neben der klassischen Fluid-Simulation (siehe Abschnitt 6.6.6) bieten Blender-Partikel die Möglichkeit, Flüssigkeiten oder Gase zu simulieren. Gegenüber der klassischen Fluid-Simulation haben Partikelfluids einige Vorteile: Es wird keine Domain benötigt, es lassen sich verschiedene Flüssigkeiten mischen und die Berechnung ist vergleichsweise schnell. Der große Nachteil besteht darin, dass im Moment noch keine Methode existiert, die aus den Partikeln dann eine geschlossene Oberfläche erzeugt.

Übung!

Erstellen Sie eine Fläche, die Sie als Boden dienend größer skalieren, und eine kleine Fläche oberhalb des Bodens, die als Partikelemitter dienen wird. Erzeugen Sie ein Partikelsystem für die Emitterfläche und richten Sie sie so aus, dass die erzeugten Partikel schräg in Richtung Boden ausgestoßen werden.

Abb. 6.17
Schaumsimulation mit Fluid-Partikeln

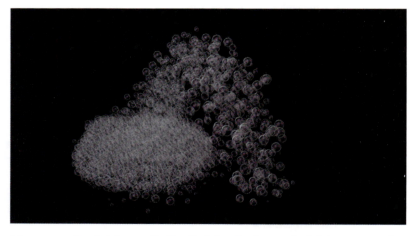

Momentan durchdringen die Partikel den Boden noch. Selektieren Sie den Boden und wechseln Sie in den Physics Context, wo sie den Button Collision anklicken. Die Partikel werden jetzt von der Bodenfläche weit abprallen. Da wir diese Elastizität bei Fluids nicht wünschen, sollten Sie unter Particle Damping: den Factor: auf 0.8000 und Particle Friction: auf 0.1000 erhöhen.

Selektieren Sie nun wieder dem Emitter und schalten Sie in dem Partikelsystem Fluid im Physics-Panel ein. Wenn Sie nun die Animation abspielen (Alt-A), sollte sich der Partikelstrom schon wie eine Flüssigkeit verhalten. Verlängern Sie noch die Lebenszeit und die Animationszeit, damit die Simulation lang genug läuft. Nun können Sie anfangen zu experimentieren, während Sie die Animation im 3D View mit Alt-A abspielen. Bewegen Sie doch einmal interaktiv den Emitter mit der Maus, während die Animation läuft. Das Ganze funktioniert natürlich auch mit Keyframe-Animation.

Oder setzen Sie weitere Collisions-Objekte in die Szene, über die dann der Partikelstrom läuft. Es sind auch Gefäße möglich, in denen sich die Partikel sammeln und mit denen auch aus den Partikeln geschöpft werden kann.

Im Physics-Panel finden Sie noch viele Parameter, mit denen Sie die Eigenschaften des Systems ändern können, sei es die Viskosität oder wie stark die Partikel aufeinander wirken.

Natürlich können Sie auch Objekte als Partikel instanziieren und so Sandhaufen oder Schaumberge simulieren.

6.5.4   Haare und statische Partikel

Partikel wurden bisher immer so verwendet, dass sich die Partikel durch Physik oder andere Animationssysteme bewegen. Relativ schnell kam man angesichts der teils interessanten Pfade, die die Partikel dabei beschreiten, auf die Idee, dies auch für die Erzeugung von Fell, Haaren, Gras und Stacheln zu benutzen. In den nächsten zwei Abschnitten werden Haare extra behandelt, da sich durch die Dynamik und die Länge von Haaren besondere Möglichkeiten ergeben.

Statische Partikel

Mit statischen Partikeln simulierte Strukturen wie Gras und Pelz, aber auch Dornen haben zwei Vorteile: Sie benötigen nur wenig Platz in der Datei und man bekommt mit einer nur geringen Parameteränderung ein völlig neues und anders aussehendes System.

Abb. 6.18
Autsch!

Kern der Berechnung von statischen Partikeln sind sogenannte »Strands« – kleine Polygone, die entlang des Partikelweges aufgebaut werden. Damit haben die Partikel jetzt Flächen, werfen Schatten und können (eingeschränkt) auch texturiert werden.

Strand Rendering

Übung!

Laden Sie `Partikel/Kaktus00.blend` oder starten Sie mit einer normalen UV Sphere als Partikelemitter.

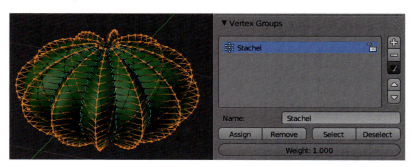

Viele Kakteen haben Rippen auf ihrer Oberfläche. Diese Rippen lassen sich gut modellieren, wenn jedes zweite Segment einer UV Sphere oder eines Stammes aus einem Mesh-Circle kleiner skaliert wird.

Da in den Rippen keine Dornen wachsen, selektiert man die Rippen und weist ihnen eine Vertex Group zu, die nachher die Partikelgenerierung steuert (siehe Abbildung oben).

Selektieren Sie den Kaktus im Object Mode und erzeugen Sie im Physics Context einen neuen Partikeleffekt. Schalten Sie Type: auf Hair und dem Kaktus wachsen lange Haare. Aktivieren Sie Advanced für das Partikelsystem und im Emission-Panel werden weitere Optionen sichtbar.

Da die Dornen in Büscheln wachsen, sollte Verts im Emission-Panel eingeschaltet werden, da die Partikel sonst über die gesamte Oberfläche erzeugt würden. Passen Sie mit Normal: die Länge der Dornen an, mit Random: im Velocity-Panel werden die Büschel geformt. Damit genügend Dornen vorhanden sind, muss Amount: noch kräftig erhöht werden.

Um zu verhindern, dass in den Rillen Dornen wachsen, scrollen Sie im Particles Context herunter bis zum Vertex Groups-Panel und wählen dort in der Density-Zeile die passende Vertex Group aus (in unserem Beispiel »Stachel«).

1. Rendern

Nun kann schon gerendert werden. Allerdings werden Stacheln und Kaktus noch mit dem gleichen Material berechnet.

Stellen Sie im Render-Panel des Partikelsystems Material: auf 2 ein. Dies sorgt dafür, dass für die Partikel das Material aus Slot Nummer 2 verwendet wird, das wir gleich erstellen werden. Der Emitter wird dann nach wie vor mit Material 1 berechnet.

Wechseln Sie in den Material Context, fügen Sie einen neuen Material-Slot durch Anklicken des Plus-Icons neben den Slots hinzu und benennen Sie das Material. Geben Sie dem Material eine blassgelbe Farbe und schalten Sie die Materialvorschau auf Hair Strand um: Im Materialvorschaufenster erscheinen einige Strands in der von Ihnen gewählten Farbe. Für die Stacheln sollten Sie die Intensity: auf etwa 0.900 setzen und Translucency: im Shading-Panel auf 0.500, damit die Dornen das Licht durchscheinen lassen.

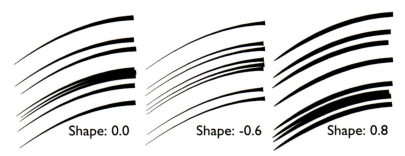

Shape: 0.0   Shape: -0.6   Shape: 0.8

Im Strand-Panel können Sie jetzt die Dicke der Dornen an Spitze (Tip:) und Wurzel (Root:) einstellen und die Dornen wie gewünscht formen. Mit Shape: könnte noch eingestellt werden, wie sich die Dicke des Strands von der Wurzel bis zur Spitze verändert. Probieren Sie die Einstellungen einmal aus. Für die Kakteendornen ist aber der Wert von 0.0 in Ordnung.

Wenn Sie Animationen rendern wollen, bei denen das Objekt aus sehr unterschiedlichen Entfernungen zu sehen ist, so sollten Sie für die Strand-Size: die Option Blender Units aktivieren. Damit werden die Strands nun in absoluten Blender-Einheiten berechnet und nicht wie per Default mit relativen Pixeldicken und somit unabhängig von der Betrachtungsentfernung.

Blender Units

Flauschig: Fell und Haare

Haare gut und realistisch zu rendern, erfordert einen hohen Rechenaufwand, allein schon aufgrund der schieren Menge an Haaren, die auf einem normalen menschlichen Kopf sitzen. Würde man z. B. auf dem Modell eines menschlichen Kopfes jedes Haar einzeln berechnen, würde das zu viel Leistung benötigen. Als Beispiel sei ein einfacher Haarball, wie wir ihn hier berechnen werden, genannt: 100.000 Haare, was in etwa der Menge an Haaren auf einem menschlichen Kopf entspricht, benötigen schon fast ein halbes Gigabyte an Arbeitsspeicher – und das bei einer Kurzhaarfrisur. So greift man in der Computergrafik zu mehr oder weniger gut funktionierenden Tricks, um zu realistisch wirkenden Haaren zu gelangen.

Abb. 6.19
Tätschel! Leopardenfell in kurz und lang

Ein Trick ist, die Haare dicker zu rendern, aber etwas transparent zu machen, damit die Haare dünner erscheinen. Gleichzeitig führen durchscheinende dahinterliegende Haare zum Eindruck von mehr Details. Für die Animation von Haaren – sei es nun per Hand oder physikalischer Simulation – berechnet man einige wenige »Leithaare« und lässt Blender die restlichen Haare automatisch ergänzen.

Übung!

Laden Sie die Datei `Partikel/Fellball00.blend` oder erstellen Sie sich eine einfache Testszene mit einer vorzugsweise als Fell texturierten, gut beleuchteten Kugel. In den Partikeleinstellungen kann angegeben werden, welches Material die Partikel benutzen sollen. Dies werden wir in dieser Übung ausnutzen, um den Emitter mit einem anderen Material als die Partikel rendern zu lassen. Also erstellen Sie den ersten Material-Slot für das Hautmaterial und den zweiten für das Fellmaterial (siehe auch vorheriger Abschnitt). Auch das Fellmaterial sollte die Felltextur tragen, die später die einzelnen Haare einfärben wird.

Partikelsystem

Selektieren Sie die Kugel und fügen Sie im Particles Context ein Partikelsystem hinzu. Stellen Sie den Typ auf Hair: Der Kugel wachsen lange Haare. Stellen Sie mit Hair Length: eine normale Felldicke ein. Ein Testrendering mit F12 ergibt ein eher trauriges Bild, einen Leopard mit Stacheln.

Aktivieren Sie Advanced im Particles Context und schalten Sie im dann erweiterten Emission-Panel auf Random um. Dies sorgt schon einmal für eine etwas realistischere Verteilung der Haare. Dann können Sie noch Random: im Velocity-Panel leicht erhöhen (ca. 0.010). Dies sorgt dafür, dass die Haare nicht komplett senkrecht wachsen.

Schalten Sie nun im Children-Panel auf Interpolated: Im 3D View werden nun zehn Mal so viele Haare angezeigt (Display: Wert) und beim Rendern 100 Mal so viele Haare (Render:). Ein Testrendering sollte jetzt ein dichteres Fell zeigen. Wenn Sie schon Materialien vergeben haben, sind die Partikel schon gefärbt dargestellt, sonst wird es eher wie ein Eisbärenfell aussehen.

Fellmaterial

Schalten Sie im Render-Panel auf Material: 2 um, dann wechseln Sie in den Material Context. Erzeugen Sie ein neues Material im Slot 1 und nennen Sie es »Haut«. Verwenden Sie nur wenig Specularity. Fügen Sie eine Image-Textur mit der Projection: Sphere hinzu. Ein Testrender sollte jetzt das Fell eingefärbt zeigen.

So richtig flauschig erscheint das Material aber noch nicht, denn ein normales Material passt nicht gut zu Haaren. Erstellen Sie einen zweiten Material-Slot durch Anklicken des Plus-Icons in den Material-Slots und benennen Sie es in »Fell« um.

Im Strand-Panel kann nun der Tip:-Parameter auf Minimum gesenkt werden. Damit werden die Spitzen der Haare dünner und das Rendering sieht schon etwas besser aus. Falls noch Haut an einigen Stellen des Fellballs durchscheint, so kann natürlich entweder die Anzahl der Haare erhöht werden oder Sie machen Root: größer, was nicht realistisch ist, aber ganz passabel aussieht.

Der Schlüssel, um das Fell jetzt zu perfektionieren, ist eine zweite Textur die Durchsichtigkeit der Strands steuern zu lassen und somit im Haarverlauf eine zunehmende Transparenz zu erzeugen. Dazu wechseln Sie aus dem Material Context des Fellballs in den Texture Context und erzeugen unter dem Textur-Slot der Fellfarbtextur einen neuen Slot. Ändern Sie den Typ in Blend. Im Mapping-Panel schalten Sie Coordinates: Strand/Particle ein. Dies sorgt dafür, dass die Textur in Wuchsrichtung der Haare aufgebracht wird.

Blend Texture

Wenn Sie im Preview-Panel Both einschalten und die Hair-Strands-Vorschau aktivieren, so sehen Sie, dass die Strands an den Spitzen violett eingefärbt sind. Dies rührt von der Standardfarbe neuer Texturen her, die von sich aus keine Farbinformation erzeugen. Es signalisiert aber auch, dass wir auf dem richtigen Weg sind. Schalten Sie Color im Influence-Panel ab, dafür Alpha an und setzen Sie den Einflusswert von Alpha auf –1.000. Wechseln Sie jetzt wieder in den Material Context, schalten Sie Transparency im Transparency-Panel ein und setzen Sie den Alpha:-Wert hier auf 0.000, d. h., nur die Textur bestimmt die Durchsichtigkeit der Haare. Das Fell sollte nun einen viel weicheren Eindruck machen. Durch Variation von Alpha: im Influence-Panel der Textur können Sie den gewünschten Grad der Weichheit regeln.

Mit den Parametern der Strands, insbesondere Root:, Tip:, Shape: (siehe auch vorheriger Abschnitt), und der Alphatransparenz kann nun das Haar-Partikelsystem auf möglichst wenige Haare optimiert werden, um Rechenzeit zu sparen und ohne auf einen bestimmten Look verzichten zu müssen. Für längere Haare sollten Sie die Option Blender Units benutzen, damit die Darstellung nicht mehr von der Abbildungsgröße abhängig ist und auch weiter entfernte Strands korrekt in der Dicke dargestellt werden.

Optimierung

Strand Renderer

Bisher wurden bei unseren Experimenten immer tatsächlich Polygone, also echte Geometrie, vor dem Rendern erzeugt, was Sie auch gut an der Ve:- und Fa:-Anzeige im Render Window sehen können und natürlich auch bei der Rechenzeit und beim Speicherbedarf von Szenen mit Hunderttausenden von Haaren merken. Der Strand Renderer ist ein System, bei dem nur die Schlüsselpunkte der Haare gespeichert und dann erst während des Renderns die Polygone zwischen diesen Punkten gezeichnet werden. Dies spart Rechenaufwand und viel Speicher, so dass man wesentlich größere Haar-Partikelsysteme berechnen kann.

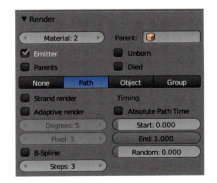

Natürlich gibt es auch Nachteile: So werfen Strand-Partikel keine Raytrace-Schatten und tauchen nicht in Raytracing-Spiegelungen auf. Raytracing-Schatten kann man gut durch gezielte Buffer-Shadow Spots (Classical-Halfway oder Deep) berechnen, Raytracing-Spiegelungen muss man entweder durch Environment Maps oder aufwändige Nachbearbeitung im Composer ersetzen.

Nachteile

Eingeschaltet wird der Strand Renderer im Render-Panel des Particles Context durch den Knopf Strand Renderer.

Haare sind sehr schwierig gut zu beleuchten. Zumindest für Fell, Gras und Ähnliches erleichtert die Option Surface Diffuse: im Strand-Panel des Material Context diese Arbeit deutlich. Je nach Distance: benutzt man die Beleuchtung, wie sie auf dem Emitter-Mesh stattfinden würde, um die Strands zu schattieren.

Letztlich kann man beide Haar-Partikelmethoden mischen, um die jeweiligen Vorteile zu nutzen. So kam z. B. bei Sintel [SINTEL] ein sehr komplexes System zum Einsatz, das Polygon-Haare benutzte, um die Schatten per Raytracing auf das Gesicht und den Körper der Hauptdarstellerin zu werfen, und das Strand-Renderer-Haar wurde von mehreren Spotlights mit Deep Shadows beleuchtet.

Haar-Tonikum: Wachstumsbereiche

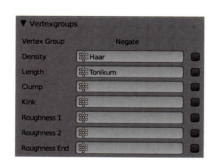

Wie schon im vorherigen Abschnitt kurz angedeutet, können Vertex Groups bei Partikeln eine Reihe von Parametern steuern oder modulieren, z. B. die Haardichte und Länge. Die Gewichtung der einzelnen Vertices kann entweder über den Weight:-Wert beim Zuweisen im Vertex Group-Panel geändert werden oder man malt mittels Weight Paint die Gewichtung direkt auf das Mesh auf, wodurch man auch weiche Verläufe der Gewichtung erzielen kann. Nachteil von Vertex Groups ist natürlich, dass genügend Vertices vorhanden sein müssen, um kleinere Details mit Haaren zu versehen, und dass das Haarwachstum so nur der Mesh-Topologie folgen kann. Um diese Beschränkungen zu umgehen, können auch über Texturen die wichtigsten Parameter eines Partikelsystems beeinflusst werden.

Texturen

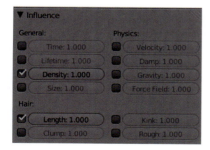

Wechselt man aus dem Particles Context in den Texture Context, so kann man hier Textur Slots erstellen, deren Texturen ausgewählte Partikelparameter steuern. So erhält man mit einer einfachen Cloud-Textur, die Density: und Length: beeinflusst, schon eine interessante Variation in dem Partikelsystem. Weiterhin kann man mit Texture-Paint auch direkt auf die Textur malen und so nahezu interaktiv die Partikelparameter beeinflussen. Es sind sowohl prozedurale Texturen als auch Bildtexturen möglich, bei Haaren sogar animierte Texturen. Einer Animation, die zeigt, wie einem Character ein Bart wächst, steht also nichts im Wege. Je nach Auflösung der zugrundeliegenden Textur kann man so sehr genau die Bereiche, in denen Haare wachsen sollen, beeinflussen.

Sieben Mal abgeschnitten, immer noch zu kurz: Frisieren

Sobald Haare länger werden, ist es sehr kompliziert, eine echte Frisur mit den reinen Mitteln des Particles Context zu gestalten – dies gelingt nur für kurzes Fell. Hier kommt dann der Particle Mode ins Spiel, in dem (Haar-) Partikel einzeln und in Gruppen bearbeitet werden können. Die Szene aus Abbildung 6.20 finden Sie natürlich auf meiner Site unter `Partikel/SuzanneFrisur.blend`.

Abb. 6.20
Jugendsünden eines Affen

Eingeschaltet wird der Particle Mode im Header des 3D View. Im Tool Shelf erscheinen jetzt die Optionen und Werkzeuge für den Particle Mode.

Im Brush-Panel findet die Auswahl des Werkzeugs statt: Comb ist Kämmen, Smooth Glätten. Add fügt per Mausklick neue Haare hinzu. Um eine überzeugende Frisur zu kreieren, ist es oft nötig, dass man wirklich alle Steuerpartikel von Hand setzt, da die automatische Verteilung zwar bei hohen Partikelzahlen gut arbeitet, man dann aber zu viele Steuerpartikel hat, um sinnvoll frisieren zu können. Length verlängert Haare, Puff lockert die Haare. Cut schneidet Haare und Weight fügt Gewichtungen zu den Haaren hinzu. Unter den Werkzeugen finden sich dann die Einstellungen der Werkzeuge. Die meisten Werkzeuge haben einen Parameter Size:, um die Größe des Pinsels einzustellen, und einen weiteren Paramter Strength:, um die Stärke des Effekts anzupassen. Oft findet sich noch eine Option, um die Wirkungsweise des Werkzeugs umzuschalten, z. B. zwischen Grow und Shrink, also Verlängern und Kürzen von Haaren.

Im Options-Panel finden sich dann allgemeine Einstellungen des Particle Mode. Deflect emitter sorgt mit einer einstellbaren

Distance: dafür, dass sich keine Haare unter die Kopfhaut kämmen lassen. X-Mirror hilft bei der Erstellung von symetrischen Frisuren. Unter Draw: kann mit Path Step: eingestellt werden, wie glatt die Haare im 3D View gezeichnet werden. Children zeichnet auch die automatisch generierten Child-Haare beim Kämmen.

Dem Frisör ist nix zu schwör.

　Das Erstellen einer überzeugenden Frisur hängt von vielen Faktoren ab (z. B. Material, Beleuchtung, Lage der Kontrollpartikel) und kann ein langwieriger und auch sehr frustrierender Prozess sein. Oft erscheinen Haare an unmöglichen Stellen und am Ende verbringt man Stunden damit, einzelne Kontrollpartikel per Hand auszurichten. Wie immer macht hier auch Übung den Meister und das Studium von Files anderer Künstler ist sehr inspirierend.

Ein paar Tipps aus der Praxis

- Versorgen Sie sich mit genügend Referenzmaterial in Form von Bildern, Videos, Freundin, Kaninchen, Katze, Hund, Rollrasen etc.
- Setzen Sie komplexe Frisuren, wann immer möglich, aus unterschiedlichen unabhängigen Partikelsystemen zusammen. Dies kann aber für Haar-Simulationen (Wind etc.) schwierig sein.
- Benutzen Sie Weight Paint, um die Vertex Groups zu erzeugen, und nutzen Sie die X-Mirror-Option, damit Sie symetrische Körper nicht doppelt bearbeiten müssen.
- Für gering aufgelöste Modelle (Low-Poly) kann es besser sein, die Haardichte per Textur zu definieren, da hier Vertex Groups nicht genau genug sind.
- Waschen (O.K., ich meine Partikelsyteme erzeugen), kämmen, schneiden. Dank Undo und Length-Tool wird Sie kein Kunde verklagen.
- Tendenziell sollten Sie wenige Kontrollpartikel benutzen und dafür die Child-Optionen verwenden. In den allermeisten Fällen ist Interpolated die richtige Wahl.
- Für gleichmäßige Scheitel ist es oft besser, sehr wenige Kontrollpartikel zu erzeugen und dafür per Add selbst Haare entlang des Scheitels zu setzen. Schauen Sie sich die Parting:-Option im Childs-Panel an.
- Für Langhaarfrisuren sollten Sie Long Hair aktivieren (nur für Interpolated Childs).
- Während des Editierens von Haarsystemen sollten Sie eine helle Farbe für das Haarmaterial wählen.
- Für Härtefälle können Sie im Particle Mode analog zum Edit Mode den kompletten Pfad, die Pfadpunkte oder nur die Spitze des Haares editieren; die Optionen befinden sich im Header des 3D View.

Windstärke 5: Die Frisur sitzt

Neben den Möglichkeiten der automatischen Generierung und dem Particle Mode gibt es noch die Möglichkeit, Haare durch physikalische Gegebenheiten bestimmen zu lassen.

Felder alleine können gut für die Formung von (Haar-)Partikelsystemen für Standbilder eingesetzt werden. Obwohl Felder auch allein auf Partikelsysteme inkl. Haare wirken können, ist es für eine realistische Animation doch nötig, Hair Dynamics zu benutzen.

Schalten Sie einmal Hair Dynamics im gleichnamigen Panel ein: Sobald Sie jetzt die Animation mit Alt-A abspielen, werden die Haare entsprechend der Schwerkraft herunterfallen und ausschwingen.

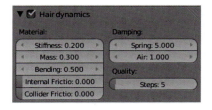

Abb. 6.21
Vortex Stärke 5, die Frisur sitzt.

Wichtigste Parameter sind zuerst die Stiffness:, mit der die generelle Steifheit der Haare eingestellt wird (typische Werte liegen hier bei unter 0.2000), und Bending:, mit dem eingestellt wird, wie sehr sich ein Haar einer Biegung widersetzt. Mit diesen beiden Werten sollte erst einmal ein natürliches Fallen der Haare um den Kopf herum eingestellt werden. Später kann man dann mit den Friction:-Parametern noch ein natürlicheres Verhalten bei der Berührung von Haar zu Haar oder Haar zu Kopf bewirken und mit Spring: die Elastizität der Haare verbessern. Air: sorgt für einen Luftwiderstand der Haare und Steps: kann die Simulation genauer machen.

Fügen Sie nun ein Empty hinzu und geben Sie ihm im Physics Context ein Kraftfeld durch den Button Force Field. Stellen Sie den Typ auf Wind und richten Sie das Empty so aus, dass dem Fellball der Wind die Haare zerzaust. Stärke und Richtung können Sie wie gewohnt interaktiv während des Abspielens einstellen.

6.6   Physikalische Animation

Neben der Beeinflussung von Partikelsystemen durch Felder gibt es in Blender noch das weite Feld der physikalischen Animationen wie z. B. die Simulation von Festkörpern und deren Interaktion miteinander und mit Kraftfeldern, Softbodies (verformbare Körper wie Gummibälle, aber auch Federn etc.), Rauch, Flüssigkeiten und Kleidung. Teilweise haben diese Verfahren Gemeinsamkeiten mit den Partikelsystemen, benutzen Partikel als Steuerelemente oder werden durch die gleichen physikalischen Effekte beeinflusst.

Versuchen Sie doch einmal ein Objekt zu selektieren und dann per Leerz. und Suchen nach »Quick« ein paar physikalische Animationen auszuprobieren. Diese Quick-Funktionen sind dazu gedacht, Entwicklern schnell einen Testfall zu generieren, ebenso für die Vorführung auf Messen und natürlich um mal schnell etwas zum »Spielen« zu haben und sich das Setup anschauen zu können.

6.6.1   Festkörpersimulation mit Bullet

Wichtig für Spiele, aber auch Simulationen und Animationen ist es, dass Objekte mit einer real wirkenden Physik simuliert werden. Dies ist z. B. das Fallen unter Gravitationseinfluss, die Reibung von Objekten aneinander, Kollisionen von Objekten usw. Die damals noch kommerziellen Versionen von Blender (um das Jahr 2000) verwendeten ein relativ einfaches Physikmodell, welches im Wesentlichen nur Kugeln als physikalisch bewegte Objekte berechnen konnte, und das auch nur für die Game Engine in Blender.

Zu allem Überfluss musste diese Physik bei den ersten Open-Source-Versionen von Blender auch noch entfernt werden, da die Lizenz der verwendeten Physik-Library nicht zur GNU GPL-kompatibel war.

Bullet-Physik

Seit einiger Zeit nun hat der ursprüngliche Entwickler von Blenders Echtzeit-Engine, Erwin Coumans, eine neue Physik-Engine namens »Bullet Physics Library« entwickelt. Sie ist eine Open-Source-Bibliothek, um physikalische Effekte und Kollisionen von festen (nicht verformbaren, »Rigid Bodies«) Objekten zu berechnen. Die Engine bietet auf nahezu allen Plattformen die Möglichkeit, eigene Programme mit Physikeffekten auszustatten, und bringt Werkzeuge zur Integration mit kommerziellen Produkten mit, allen voran die COLLADA-Schnittstelle [COLLADA] zum Austausch von 3D-Daten und zur Beschreibung physikalischer Szenendaten.

Seit Blender 2.66 ist nun die Bullet Library nicht nur für die Game Engine, sondern auch für das normale Animationssystem in Blender verfügbar und unterstützt den Animator bei Dingen wie springenden Bällen, einstürzenden Mauern bis hin zu komplexen Rigid-Body-Rigs von Federbeinen oder Autofederungen, aber auch das werbewirksame Ausschütten von Frühstückscerealien aus einer Packung.

Neben der Simulation von Rigid Bodies unterstützt Blender noch die Soft Bodies, also weiche verformbare Körper und deren Interaktion, sowie die Kleidungssimulation, die praktisch eine Spezialisierung von Soft Bodies darstellt.

6.6.2 Übung: Eine einfache Rigid-Body-Animation

Erstellen Sie eine einfache Testszene aus einem Würfel über eine einfachen Fläche (oder laden Sie `Animation/Bullet00.blend` von meiner Website).

Selektieren Sie nun die Fläche und drücken dann den Add Passive-Button im Rigid Body Tools-Panel des Tool Shelves. Dies sagt dem System, dass die Fläche sich nicht selbst bewegt, aber trotzdem Einfluss auf die Rigid-Body-Objekte hat. Die Fläche wird dann grün umrandet, dies ist ein Zeichen dafür, dass sie zu einer neuen Gruppe von Objekten gehört, in der Rigid-Body-Objekte verwaltet werden.

Jetzt wählen Sie den Würfel aus und machen ihn mit dem entsprechenden Knopf Add Active im Rigid-Body-Tools-Panel zu einem aktiven, d. h. sich bewegenden und interagierenden Objekt.

Nun können Sie mit Alt-A die Animation im 3D View abspielen und der Würfel wird auf die Fläche herunterfallen. Experimentieren Sie nun mit der Szene, drehen Sie den Würfel, so dass er auf eine Ecke fällt, duplizieren Sie den Würfel mehrfach mit Alt-D und platzieren Sie die Würfel so über der Fläche, dass interessante Interaktionen entstehen. Wenn Sie die Grundfläche schräg stellen, werden die Würfel auch an ihr herunterrutschen. Sie können natürlich auch weitere Mesh-Objekte hinzufügen und sie mit Add Active zu einem Rigid Body machen, auch diese Objekte werden sich sofort recht realistisch verhalten.

Vielleicht sind Ihnen die weiteren Optionen im Rigid-Body-Tools-Panel schon aufgefallen. Dies sind aber alles nur Abkürzungen zu Funktionen und Parametern im Rigid-Body-Panel des Physics-Panels und werden im nächsten Abschnitt beschrieben.

6.6.3 Rigid Body Parameter

Im Physics Context geht es jetzt ans Eingemachte. Prominentester Knopf ist das Menü, mit dem sich ein Rigid Body zwischen Active (siehe nebenstehende Abbildung) und Passive umschalten lässt. Oft hat man nur wenige passive Objekte und viele aktive, aber bei einer langen Murmelbahn kann das auch wieder anders aussehen.

Dynamic dient auch dazu, einen Rigid Body schnell mal einzufrieren, ohne dabei seine Eigenschaften zu Passive zu ändern. Die Option Animated erlaubt es, aktive oder passive Objekte auch mittels normaler Keyframe-Animation zu beeinflussen. Versuchen Sie doch einmal eine Animation der Grundfläche und kippen die Fläche, wenn die Objekte gerade liegen.

Ohne Animated bleiben die Objekte liegen, als ob sich die Fläche nicht bewegt hätte. Mit dem Mass-Parameter können Sie die Masse des Rigid-Body-
Objekts festlegen. Wenn Sie im Scene Context Einheiten (Units) gewählt haben, dann werden hier auch normale Gewichtseinheiten angeboten. In den
Rigid Body Tools gibt es auch noch einen Knopf Calculate Mass, der einige
Dichten von Stoffen definiert, über eine Volumenberechnung die Masse
ausrechnet und hier einträgt. Denken Sie aber daran, dass die Standard-
objekte alle im Bereich von mehreren Metern groß sind und daraus recht
große Massen resultieren.

> **Beachten Sie die generelle Szenen-Skalierung!**
> Es macht einen Unterschied, ob Sie einen Spielwürfel von 2 × 2 × 2 m mit ei-
> nem Kilo Gewicht animieren lassen oder den gleichen Würfel mit 10 g und
> 1 cm Kantenlänge.

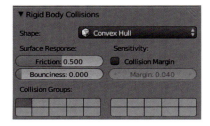

Im Rigid Body Collisions-Panel stellen Sie mit dem Shape:-Menü die zu be-
rechnende Außenhülle ein. Standardmäßig ist hier Convex Hull vorgegeben:
Dies beschreibt eine Hülle, die keine Einbuchtungen nach innen besitzt; bei
einem Torus wird also das Loch nicht mit in die Berechnung einbezogen.
Möchten Sie dies aber, so ist Mesh die richtige Option, die allerdings mehr
Rechenzeit beansprucht. Bei einigen wenigen Objekten spielt das noch kein
Rolle, aber wenn es komplexer wird, sollten Sie immer die einfachste Hül-
lenform wählen, bei Würfeln z. B. Cube. Margin definiert eine kleinen Spalt
zwischen kollidierenden Objekten und sollte nur verringert werden, wenn
es in der Animation negativ auffällt, denn auch diese kleine Lücke sorgt für
eine schnellere, aber vor allem genauere Berechnung.

Friction: unter Surface Response definiert die Reibung, die ein Objekt er-
fährt, wenn es über ein Objekt rutscht oder rollt. Bounciness: bestimmt die
Elastizität, also wie viel Energie bei einer Kollision wieder zurück auf das
Objekt übertragen wird. Natürlich müssen beide Objekte eine gewisse Elas-
tizität aufweisen. Besitzen beide eine Bounciness: von 1.0, so wird z. B. ein
Ball ewig springen.

Die Collision Groups: definieren Gruppen von Objekten, die untereinander kollidieren können. So können Sie durch Setzen der entsprechenden
(wie beim Layer-System) Buttons bestimmen, welche Objekte kollidieren
oder nicht beeinflusst werden.

Unter Damping: befinden sich der Parameter Translation:, der eine Dämpfung (denken Sie an Luftwiderstand) bei Bewegungen des Objekts definiert,
sowie der Parameter Rotation:, der eben diese Dämpfung bei Drehungen des
Objekts definiert. Hiermit können dann auch unterschiedliche Verhaltensweisen von fallenden Körpern mit unterschiedlichem Gewicht simuliert
werden, dies ist aber kein Ersatz für die fehlende Aerodynamik im System.

Mit Enable Deactivation können Objekte, die eine gewisse, durch Linear
und Angular Vel: definierte Geschwindigkeit unterschreiten, durch das Sys-

tem deaktiviert werden und benötigen so keine Rechenzeit mehr. Ein akti-
viertes Start Deactivated lässt ein Objekt so lange verharren, bis eine Kollision es aus seinem Schlaf aufweckt.

Rigid-Body-Einstellungen im Scene Context

Im Scene Context befinden sich noch einige wichtige Einstellungen und Parameter, die Rigid Bodies betreffend. Die schon erwähnte und auch im normalen Blender-Alltag wichtige Einstellung von Units, also Einheiten, wurde
ja schon kurz oben genannt.

Auch die Gravitation kann hier definiert werden, diese gilt aber für sämtliche physikbasierte Animationen in Blender. Der Wert von 9.81 kommt
Ihnen vielleicht noch aus dem Physikunterricht bekannt vor, dies ist die
Erdbeschleunigung von 1 g oder 9,81 m/s² kommt aus dem Physikunterricht. Wollen Sie Ihre Animation auf
einem anderen Planeten oder Mond spielen lassen, so können Sie hier ent-
sprechende Werte eintragen; Werte über 0.0 lassen Objekte hochschweben
(positive z-Achse).

Im Rigid Body World-Panel können Sie die komplette Rigid-Body Welt
durch Klick auf Remove Rigid Body World entfernen. Haben Sie dies versehentlich getan, so können Sie dann hier auch wieder eine Rigid-Body-Welt
hinzufügen, die Rigid-Body-Gruppen bleiben erhalten und können dann
im Group:-Browse-Button wieder ausgewählt werden und anschließend
sollte die Animation wieder wie gehabt laufen.

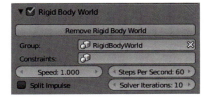

Constraints: sind Zwangsbedingungen, die Objekte miteinander nach bestimmten Regeln verbinden, z. B. Scharniere oder Lager. Auch diese sind in
Gruppen organisiert und die aktuelle Gruppe kann hier eingetragen werden.

Speed: bestimmt die generelle Geschwindigkeit der Simulation und kann
zum Feintunen der Animation verwendet werden. Split Impulse kann helfen, wenn durch viele Kollisionen in der Szene plötzlich alles auseinander-
fliegt, sollte aber nur mit Bedacht aktiviert werden.

Steps Per Second: gibt an, wie viele Berechnungsschritte pro Sekunde
durchgeführt werden. Wenn Ihre Objekte sich sehr schnell bewegen, kann
bei Ungenauigkeiten der Berechnung der Wert erhöht werden. In eine ähnliche Richtung geht der Parameter Solver Iterations:, der bestimmt, wie viele
Berechnungsschritte bei mit Constraints verbundenen Objekten ausgeführt
werden.

Im Rigid Body Cache-Panel können Sie einen Pfad auf der Festplatte setzen, an dem dann die Bewegungsdaten der Rigid-Body-Animation abgelegt werden. Dies ist vor allem wichtig, wenn Sie die Animation im Batch-
Verfahren berechnen wollen oder die Berechnung auf Einzelbilder verteilt
in einer Renderfarm stattfinden soll. Natürlich spart es bei komplexen Animationen auch Zeit, wenn die Simulation nicht nochmals berechnet werden muss, sondern einfach von der Festplatte geladen werden kann. Passen
Sie wie bei anderen Cache-Typen Start: und End: an und dann drücken Sie

Bake oder Bake All Dynamics, wenn noch weitere Simulationen mitberechnet werden sollen.

Im Rigid Body Field Weights-Panel können Sie den Einfluss verschiedener Kraftfelder, die auf eine Rigid-Body-Simulation einwirken können, abschwächen oder ganz ausschalten.

Rigid Body Constraints

An der Visualisierung von Constraints wird aktuell noch stark gearbeitet, so dass ich hier nur eine kleine Einführung gebe, die Grundfunktionalität wird natürlich erhalten bleiben.

Laden Sie doch einmal `Animation/Constraints00.blend`: Diese Datei enthält zwei Würfel im 3D View, als Drahtgitter von der Seite dargestellt. Der linke Würfel ist ein passives Rigid Body, der rechte ein aktives, was Sie durch [Alt]-[A] sofort überprüfen können.

Selektieren Sie jetzt den rechten Würfel und dann mit gehaltenem [⇧] den linken Würfel dazu. Im Rigid Body Tools-Panel klicken Sie jetzt auf Constraints: Connect, es erscheint ein Empty im 3D View und ein neues Connect Rigid Bodies-Panel. Mit Type: können verschiedene Constraints-Typen wie Hinge (Scharnier), Piston (Kolben), aber auch Motor gewählt werden. Wir belassen es erst einmal bei Hinge. Unter Location kann die Position des Constraint Empty angegeben werden. Wenn Sie jetzt die Simulation mit [Alt]-[A] starten, wird nichts passieren, der vorher fallende Würfel ist jetzt wie angenagelt. Das liegt einerseits an der noch falschen Position des Empty, aber auch an seiner Ausrichtung.

Bewegen Sie erst einmal das Empty nach unten bis zur Unterkante der Würfel. Im Physics-Context können Sie bei aktivem Empty die Einstellungen des Constraints sehen, Type: Hinge und Enabled, also eingeschaltet. Auch die verbundenen Objekte werden angezeigt. Einen Hinweis, warum es immer noch nicht funktioniert, gibt uns die Zeile unter Limits:, denn hier ist von einem Z Angle, also einem Winkel um die z-Achse die Rede, das Hinge Constraint muss also entlang der z-Achse ausgerichtet sein. Dies ist aus der Frontansicht schnell mit einer Rotation um 90° erledigt und beim Abspielen der Animation klappt der Würfel wie an einem Scharnier herunter. Was man jetzt noch sieht, ist dass er das feste Rigid Body durchdringt; dies ist aber durch Deaktivierung der Disable Collisions-Option zu beheben.

Schalten Sie doch einmal auf den Constraint Type: Point um oder probieren Sie die anderen Typen aus. Wenn etwas nicht wie gewünscht funktioniert, so ist wahrscheinlich das Empty nicht korrekt ausgerichtet. Um kompliziertere Verbindungen zu schaffen, können auch Constraints kombiniert werden, z. B. ein Slider mit einer Feder (Spring), um ein federndes Landebein zu simulieren.

6.6.4 Cloth

Die Kleidungssimulation von Blender können Sie als Modellierungstool und natürlich auch als Animationstool benutzen. Viele Dinge wie Tücher, Tischdecken, aber auch Kleidung für Characters, die später nur auf Standbildern auftauchen sollen, sind so machbar. Für die Animation wiederum verformt sich die Kleidung mit den Bewegungen des Characters, Fahnen flattern im Wind und Seile bewegen sich realistisch. So einfach die grundlegende Bedienung des Cloth-Simulators ist, so komplex kann die Verwendung von Kleidungssimulationen in aufwändigen Szenen werden.

Abb. 6.22
Szene mit Cloth- und Fluid-Simulation

Erstellen Sie eine Plane, die als Boden dient, und darauf ein einfaches Grundobjekt oder auch den Affenkopf (`Cloth/Samttuch00.blend`). Über dem Objekt platzieren Sie eine weitere Fläche, die uns als Testobjekt für die Cloth-Simulation dienen wird. Wechseln Sie für das Testobjekt (ein Tuch) in den Edit Mode und unterteilen Sie die Fläche mittels W→Subdivide zwei Mal, verlassen Sie dann den Edit Mode.

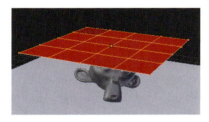

Wechseln Sie in den Physics Context und fügen Sie dem Tuch durch Klick auf den Cloth Button eine Cloth-Simulation hinzu. Wenn Sie nun im 3D View mit Alt-A die Animation abspielen, so sehen Sie das Tuch herunterfallen – noch fällt es allerdings durch unsere weiteren Objekte hindurch.

Selektieren Sie nun den Affenkopf (oder Ihr Objekt) und aktivieren Sie Collision im Physics Context. Das Gleiche machen Sie auch mit der Bodenfläche. Nun wird das Tuch beim Abspielen der Animation die Objekte nicht mehr durchdringen.

Cloth Simulation

Kollisionsobjekte

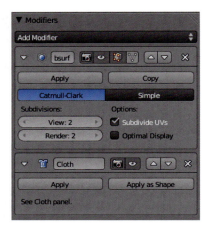

Cloth Cache

Caches speichern

Die Simulation verfeinern

Wirklich realistisch sieht die Simulation aber noch nicht aus, dazu ist das Tuch noch zu grob aufgelöst. Wir könnten jetzt mit W→Subdivide weitere Unterteilungen hinzufügen, allerdings ist dieses Verfahren sehr unflexibel. Besser ist es, einen Subdivison Surface Modifier zu verwenden. Selektieren Sie also das Tuch und erstellen Sie im Modifier Context einen Subdivison Surface Modifier. Setzen Sie View: und Render: vorerst auf 2 und schalten Sie im Tool Shelf das Shading: auf Smooth. Spielen Sie jetzt mit Alt-A die Animation nochmals ab: Die Fläche sieht besser aus, verhält sich aber immer noch nicht korrekt. Dies liegt, wie Sie sicher schon ahnen, an der Position des Subdivision Surface Modifier auf dem Modifier Stack. Die Cloth Simulation wird nämlich vor dem Subdivision Surface Modifier ausgeführt und arbeitet damit natürlich noch mit den Originaldaten. Also rücken Sie den Subdivision Surface Modifier mittels der kleinen Pfeile über den Cloth Modifier. Möchten Sie die Ecken des Tuchs nicht verrundet bekommen, so wählen Sie noch Simple im Subdivision Surface Modifier. Die Animation sollte nun wesentlich realistischer aussehen. Sie können jetzt durch Erhöhen der Subdivisions: für View: und Render: testen, ab wann Ihr Rechner in die Knie geht. Bei jeder Änderung sollten Sie aber mit ⇧-← an den Anfang der Animation springen.

Vielleicht haben Sie bemerkt, dass der erste Durchlauf länger dauert und weitere Durchläufe dann in Echtzeit ablaufen. Das liegt daran, dass Blender für physikalische Simulationen einen sogenannten Cache, also einen Zwischenspeicher, erstellt. Auch wenn Sie die Animationszeit über die Timeline oder den Render Context verlängern, wird die Cloth-Animation nur 250 Bilder lang abgespielt. Der Grund liegt im Cloth Cache-Panel der Cloth-Simulation im Physics Context: Hier ist End: mit 250 angegeben. Erhöhen Sie End:, falls die Simulation bei Frame 250 noch nicht zu einem Stillstand gekommen sein sollte. Im Prinzip haben wir schon bei den Partikeln mit Caches gearbeitet, allerdings mussten wir hier die Cache-Länge nicht manuell anpassen.

Die Caches in Blender können entweder mit der Szene gespeichert werden oder per Disk-Cache auf der Festplatte, was sich bei komplexeren Simulationen anbietet, damit der Hauptspeicher für die eigentliche Szene frei bleibt. Der Cache wird bei jedem ersten Abspielen der Animation aktualisiert, sofern Parameter in der Cloth-Simulation geändert wurden. Durch Bake wird explizit die Simulation in den Cache »gebacken« und danach die Simulation gegen versehentliches Ändern gesperrt. Gleiches leistet Current Cache to Bake, das die beim Abspielen der Animation berechnete Simulation benutzt, um den Cache zu füllen. Durch Free Bake wird der Cache und damit die Simulation wieder für Änderungen frei gegeben.

Wahrscheinlich haben Sie schon die Fehler in der Simulation bemerkt: Der Stoff durchdringt sich in Falten selbst und auch ein Erhöhen der Auflösung ändert daran nichts. Und wenn Sie das Tuch nicht ganz zentrisch auf den Affenkopf fallen lassen, so rutscht es herunter, weil es keine Reibung zwischen Tuch und Kopf bzw. Boden gibt.

Abb. 6.23
Was versteckt sich da wohl?

Die Selbstdurchdringung können wir sehr schnell durch Aktivieren der Option Self Collision im Cloth Collision-Panel des Physics Context verhindern, jetzt versucht die Simulation solche Selbstdurchdringungen zu vermeiden. Schlägt das einmal fehl, so kann man über die Quality:- und Distance:-Parameter noch Einfluss auf die Berechnung nehmen. Ähnliches ist im Cloth Collision-Panel auch für die Kollisionen von Stoffen mit anderen Objekten einstellbar und für diesen Fall zusätzlich noch der Parameter Friction: (Reibung), der auch unser letztes Problem löst, das zu starke Gleiten des Stoffes. Erhöhen Sie also Friction:, bis das Ergebnis Sie überzeugt.

Im Cloth-Panel können Sie jetzt noch weitere Parameter ändern. Ganz prominent sind hier die Presets:, wohinter sich Voreinstellungen für verschiedene Stoffe verstecken. So verhält sich natürlich Seide (Silk) ganz anders als Jeansstoff (Denim). Testen Sie die verschiedenen Stoffe und schauen Sie sich die Parameter an, um herauszufinden, was sie bewirken.

Mittels Pre roll: können Sie übrigens die Simulation schon eine Anzahl von Frames: vorlaufen lassen und so die Cloth-Simulation bereits auf einen stabilen Zustand hinarbeiten lassen.

Sie können nun auch einmal mittels Keyframe-Animation den zugedeckten Körper animieren oder ein Force Field wie z. B. Wind auf das Tuch wirken lassen. Bei der Keyframe-Animation könnte es jetzt passieren, dass das zugedeckte Objekt bei schnellen Bewegungen durch das Tuch dringt. Dies beheben Sie durch Erhöhen von Quality: im Cloth Collision-Panel und eventuell Quality: im Cloth-Panel.

Pinning

Fallende Tücher sind ja ganz schön, aber oft muss man Stoff an etwas befestigen. Ein T-Shirt über einem Körper funktioniert prima mit der Cloth-Simulation, einen Vorhang kann man tatsächlich mit Löchern modellieren, in denen eine Gardinenstange läuft, die so den Vorhang festhält. Dies ist aber oft viel zu aufwändig. Daher gibt es die Möglichkeit, einzelne oder

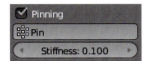

mehrere Vertices zu fixieren, das sogenannte »Pinning«. Und wie sollte es anders sein: Es funktioniert über Vertex Groups.

Erstellen Sie also eine Vertex Group, benennen Sie sie z. B. »Pin« und weisen Sie ihr die zu fixierenden Vertices mit dem Weight: von 1.000 zu. Natürlich lassen sich die Vertex-Gruppen auch wieder per Weight Paint verfeinern.

Im Cloth-Panel schalten Sie nun Pinning ein und wählen die Vertex Group »Pin« aus, schon sind die entsprechenden Vertices während der Simulation fixiert.

6.6.5   Smoke

Mit dem Smoke-Simulator in Blender ist es, wie der Name schon sagt, möglich, Rauch zu erzeugen, der sich sehr realistisch in einem Gebiet bewegt, mit Objekten interagiert und auf Kraftfelder reagiert. Sehr praktisch ist, dass man mit entsprechenden Texturen auch einfach das passende Feuer zum Rauch bekommt. Obwohl das initiale Setup für ein Rauch-System schnell erklärt ist, sind es doch wieder die Feinheiten, die später das Ergebnis ausmachen. So kann diese kurze Übung nur die Basis für Ihre eigenen Experimente bilden. Aufbauend darauf und mithilfe von Tutorials aus Spezialbüchern sowie aus dem Internet können Sie dann Ihre Simulation verfeinern und für den konkreten Anwendungsfall erstellen.

Grundlagen   Eine Rauchsimulation in Blender besteht immer aus einer Domain, in der die Simulation abläuft, und einem Rauchemitter (Flow). Auf dem Rauchemitter kann sich ein Partikelsystem befinden, dessen Partikel die Startposition und Geschwindigkeit des Rauchs bestimmen. Damit kann im 3D View schon der Rauch simuliert werden. Zum Rendern kommt allerdings noch ein Volumenmaterial inkl. einer Voxel-Data-Textur hinzu, in der die Ergebnisse der Rauchsimulation gespeichert sind.

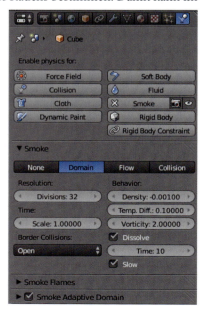

Übung!

Was hat die arme Suzanne nicht schon alles erleiden müssen. In der folgenden kleinen Übung werden wir sie auch noch in Flammen setzen (die Szenen finden Sie unter Smoke/ SuzanneBMF00.blend usw.). Erstellen Sie also einen Affenkopf mit ⇧-Ⓐ→Mesh→Monkey. Dann erzeugen Sie einen Würfel und skalieren ihn etwa um den Faktor 7. Dieser Würfel wird unsere Domain, in der die Rauchsimulation abläuft.

Platzieren Sie die Domain so, dass der Affenkopf etwa am Boden der Domain sitzt. Wechseln Sie bei selektiertem Würfel in den Physics Context und fügen dem Würfel durch einen Klick auf den Smoke-Button eine Smoke-Simulation hinzu. Im Smoke-Panel ändern Sie dann den Typ auf Domain. Der wichtigste Parameter hier ist Divisions:, der die Auflösung der Rauchsimulation bestimmt. Für die ersten Versuche lassen wir Divisions: bei 32 stehen; dies reicht bei normalen Domaingrößen für eine noch schnell zu erstellende Vorschau aus.

Domain

Schalten Sie jetzt noch Dissolve an und setzen Sie Time: auf 10. Dies sorgt dafür, dass sich der Rauch nach zehn Frames aufzulösen beginnt. Schalten Sie Smoke Adaptive Domain im gleichnamigen Panel ein, dies optimiert die Größe der Domain innerhalb des eigentlichen Domain-Objekts und sorgt für optimale Ausnutzung der Domain-Auflösung.

Selektieren Sie den Affenkopf und wechseln in den Physics Context, aktivieren hier Smoke und schalten den Typ auf Flow um. Setzen Sie Temp. Diff: auf 2.000 hoch – dies sorgt für eine hohe Temperaturdifferenz zwischen Rauch und Umgebung, damit der Rauch schnell aufsteigt. Wichtig ist noch der Flow Type:; schalten Sie hier auf Fire + Smoke um, da wir später auch die zum Rauch passenden Flammen erzeugen lassen wollen. Mit Flame Rate: können Sie später den Anteil von Flammen und Rauch ändern. Density: steuert hier die allgemeine Dichte des Rauchs.

Rauchgenerator: Flow

Speichern Sie die Szene nun das erste Mal, damit die Lage des Caches für Blender festlegt. Schalten Sie mit ⇧-← die Animationszeit auf den ersten Frame und spielen Sie die Animation im 3D View mit Alt-A ab: Die Simulation wird berechnet und der Rauch bildet sich aus. Auch die Flammen werden schon im 3D View dargestellt. Wenn die Animation von vorne anfängt, wird die Bewegung schneller, weil die Simulation nun aus dem Cache abgespielt wird. Wie bei der Cloth-Simulation spielt auch hier der Cache eine große Rolle. Wenn Sie die Simulation in der Länge anpassen wollen, so müssen Sie nicht nur die Animationszeit ändern, sondern auch immer die Start:- und End:-Werte im Smoke Cache-Panel des Domainobjekts. Sind Sie so weit mit dem Rauch zufrieden, können Sie die Simulation schützen, indem Sie Current Cache to Bake anwählen. Wenn Sie aufwändigere Simulationen, die durchaus Stunden zur Berechnung benötigen können, berechnen müssen, sollten Sie direkt den Bake-Button benutzen.

Berechnung

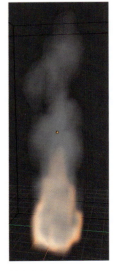

> Wenn die Simulation »gebaked« ist, sind im Domainobjekt die Parameter ausgegraut und nicht änderbar. Dies trifft aber nicht für das Flow-Objekt zu, hier können noch Parameter geändert werden, wirken sich aber nicht auf die Simulation aus.

Vielleicht haben Sie schon einmal F12 gedrückt und nur eine graue Wand gesehen, wo doch im 3D View Rauch ist. Dies ist die Domain, die im Moment noch als normales Objekt gerendert wird. Selektieren Sie die Domain

Material

Textur

Feuer!

Berechnung und Optimierung

und erstellen Sie im Material Context ein neues Material. Der Typ des Materials muss auf Volume gesetzt werden.

Setzen Sie Density: auf 0.000 und Density Scale: auf 5.000. Dies bedeutet, dass die Dichte des Rauchs nur von der noch zu erstellenden Textur bestimmt und um den Faktor 4 dichter berechnet wird. Im Shading-Panel setzen Sie Scattering: auf 0.600 und Emission: auf 0.000.

Ein wichtiger Wert bezüglich Rechenzeit und Qualität ist Step Size: im Integration-Panel. Setzen Sie ihn erst einmal auf 0.100. Wenn dann im Feuer (besonders am Emitter) Rauschen zu sehen sein sollte, so verkleinern Sie Step Size:. Dieser Wert beeinflusst allerdings besonders stark die Renderzeit von Volumenmaterialien.

Wechseln Sie in den Texture Context und erzeugen Sie eine neue Textur durch einen Klick auf New. Den Typ der Textur schalten Sie auf Voxel Data um und tragen unter Domain Object Ihr Domain-Objekt ein. Im Influence-Panel schalten Sie Emission Color: ab und Density: an.

Wenn Sie mit F12 rendern, sehen Sie das erste Mal etwas von dem Rauch. Würden Sie nur ein Rauchmaterial generieren wollen, so wären Sie damit im Prinzip fertig.

Erzeugen Sie eine weitere Textur im zweiten Texture-Slot, genau wie oben vom Typ Voxel Data, das Domain Object stellen Sie wie gehabt ein. Als Source: im Voxel Data-Panel schalten Sie allerdings auf Flame um. Im Influence-Panel schalten Sie Density:, Emission Color: und Emission: an und erhöhen den letzteren Wert auf 5.0 (per Tastatureingabe).

Der wichtigste Teil für das Feuermaterial findet sich aber im Colors-Panel. Schalten Sie hier Ramp an und erstellen Sie einen Farbverlauf, wie in der nebenstehenden Abbildung zu sehen. Diese Ramp bestimmt die Farbe, die für eine bestimmte Dichte in der von der Fire-Simulation generierten Voxel-Data-Textur benutzt wird. Links im Colorband befindet sich der kälteste Bereich, in dem die Flammen schon verblassen (daher wird auch der Alphawert hier auf null gesetzt), und je weiter man nach rechts kommt, sollen die Flammen heller und weißer werden. Indem Sie den Alphawert auch für die rechte Seite des Colorbands zurücknehmen, können Sie die Flammen transparenter gestalten. Dies ist allerdings immer im Zusammenhang mit Emission Color: und Emission: zu sehen. So erfordert es dann einige Testberechnungen, um »sein« Feuer zu erzielen.

Sie können jetzt einzelne Bilder mit F12 berechnen und sollten schon einen guten Eindruck von dem Feuer bekommen. Auch eine Animation sollte sich schnell berechnen lassen. Volumenmaterialien sind übrigens nur mit aktiviertem Ray Tracing zu berechnen (Cycles unterstützt noch keine Volumenmaterialien!). Sind Sie mit der Animation so weit zufrieden, kann die Auflösung der Domain erhöht werden, höchstwahrscheinlich werden Sie dann auch die Dissolve Time: erhöhen müssen.

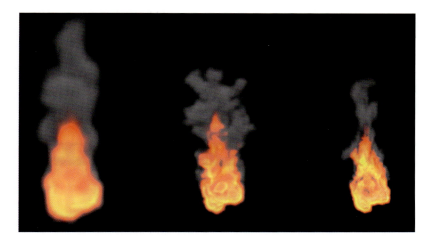

Abb. 6.24
Divisions: 32, 64 und mit High Res Smoke

Das Baken (Erstellen des Cache) der Simulation wird durch die höhere Auflösung wesentlich länger dauern. Die Belohnung sind aber detailliertere Flammen und Rauch.

Mit der High Res Smoke-Option wird nur etwas mehr Rechenzeit zum Baken benötigt, dabei werden durch Oversampling mehr Details in den Rauch eingerechnet. Der große Vorteil ist, dass die Bewegung des Rauchs nicht durch die High Res Smoke-Option verändert wird und somit gute, aber zu niedrig aufgelöste Simulationen verbessert werden können.

Blenders Smoke-Simulation reagiert auf alle Kraftfelder, die Sie im Physics Context finden. Erstellen Sie einfach ein Empty und weisen ihm ein Kraftfeld zu, anschließend müssen Sie die Smoke-Simulation neu baken. Probieren Sie doch einmal das Vortex-Feld für dramatische Effekte, die wie eine Feuerwalze aussehen.

Force Fields

6.6.6 Fluids

Fluid-Simulationen, also die Simulation von Flüssigkeiten, waren wohl eine der ersten physikalischen Simulationen in Blender. Ursprünglich im Rahmen eines Google Summer of Code entwickelt, gestaltete sich die Weiterentwicklung danach etwas schleppend und so funktioniert die Simulation heute noch so gut wie damals. Allerdings ist sie nicht so gut wie Cloth- oder Smoke-Simulationen in den Arbeitsfluss von Blender integriert und reagiert z. B. nicht auf Kraftfelder. Die existierenden Bücher und Online-Tutorials (auch meine DVD [DVD] enthält ein Fluid-Tutorial) sind noch gut mit der Blender-Version 2.5x zu verwenden, daher folgt hier nur eine kurze Einführung.

Über die Fluid-Simulation hinaus gibt es mit den Fluid-Partikeln (siehe Abschnitt 6.5.3) einen flexiblen und einfacher zu handhabenden Konkurrenten in den Startlöchern, der mangels der Möglichkeit, eine geschlossene Oberfläche zu produzieren, aber noch ein Nischendasein führt.

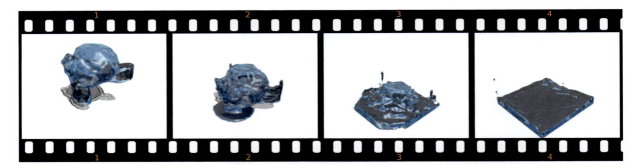

Abb. 6.25 Suzanne total (über-)flüssig

Übung!

Auch bei Fluid-Simulationen brauchen wir eine Domain und mindestens ein Objekt, das die Flüssigkeit im Ausgangszustand definiert. Setzen Sie also Blender zurück und skalieren Sie den Default-Würfel etwas hoch. Setzen Sie dann in die Mitte des Würfels ein Objekt, das Sie »verflüssigen« wollen. Ja, auch hier musste bei meinem Beispiel Suzanne ran (`Fluid/Suzanne_Ueberfluessig.blend`).

Domain

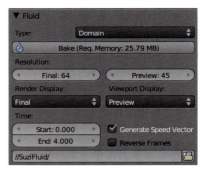

Selektieren Sie den Würfel, wechseln Sie in den Physics Context und schalten Sie Fluid an. Im Fluid-Panel wählen Sie nun Domain: Daraufhin erscheinen die Parameter und Panels der Domain. Wichtig für ein realistisches Ergebnis sind die Parameter bei Time: und Real World Size: im Domain World-Panel. Time: (in Sekunden) sollte mit der Animationszeit korrelieren, es sei denn, Sie wollen Zeitlupensimulationen machen. Real World Size: muss an die Größe des gewünschten Vorgangs angepasst sein, verhält sich doch ein 5 mm großer Tropfen physikalisch völlig anders als der Schwall eines zehn Liter fassenden Eimers.

Fluid

Selektieren Sie die arme Suzanne, schalten Sie im Physics Context Fluid ein und wählen Sie als Typ Fluid. Als Volume Initialization: wählen Sie Shell.

Simulation baken

Selektieren Sie wieder die Domain, wählen Sie unten im Fluid-Panel einen Pfad zur Ausgabe der Simulationsdaten und speichern Sie Ihre Szene. Nun können Sie durch den Bake-Knopf die Berechnung der Simulation beginnen. Im Knopf wird auch die dafür benötigte Speichermenge angegeben. Leider erscheint während des Bakens weder eine Fortschrittsanzeige, noch wird der 3D View automatisch aktualisiert. Sie können aber mit den Cursortasten in der Animation herumschalten und so der Simulation folgen. Es ist überall zu merken, dass die Fluid-Simulation schon länger in Blender existiert.

Ist die Berechnung fertig, können Sie sie per Alt - A ansehen oder mit Strg - F12 rendern. Experimentieren Sie auch mit höheren Auflösungen oder probieren Sie andere Flüssigkeiten im Domain World-Panel aus. Nach jeder Änderung ist allerdings die Simulation neu zu baken.

Neben dem Typ Fluid gibt es auch noch Inflow, Outflow, Controll Objects, Obstacles etc., die entsprechend mit der Simulation interagieren. Ein Beispiel für einen Inflow finden Sie in der Szene Animation/Handtuch. blend.

7 Blender Intern Renderer

Der Blender Intern (kurz BI) genannte Renderer ist historisch der älteste Renderer in Blender. Er wurde immer wieder erweitert und verbessert, wenn neue Verfahren in der Computergrafik dies erforderten. Die ständig weiter steigende Komplexität macht es heute aber fast unmöglich, BI zu warten oder zu erweitern. Daher wurde Cycles (siehe Kapitel 8) als moderner physikbasierender Renderer in Blender integriert.

Blender Intern ist aber noch lange nicht nutzlos, denn es werden einige wichtige Verfahren wie Volumenberechnungen (Feuer, Rauch) oder auch die beliebten Halopartikel von Cycles noch nicht unterstützt. Des Weiteren ist BI immer noch ein sehr schneller Renderer, mit dem man, wenn gewünscht, auch nicht fotorealistische Renderings (z. B. Toon Shading, Drahtgitter etc.) gut produzieren kann.

So ist es dann auch nicht verwunderlich, dass der aktuelle Open Movie »Tears Of Steel« [TOS] in einigen Szenen (Feuer, Rauch, Partikel und Holografieeffekte) noch den Blender Intern Renderer verwendet hat.

Auch wenn Sie sich nicht weiter für den Blender Intern Renderer interessieren, sollten Sie dieses Kapitel durchlesen, denn ich gebe hier auch einige allgemeine Tipps zur Beleuchtung und zu allgemeinen Arbeitsweisen.

Eine weitere grundlegende Eigenschaft einer 3D-Szene in Blender sind die sogenannten Welteinstellungen. Hier können Nebel, Farbverläufe des Himmels, Sterne, eine globale Beleuchtung und Ähnliches definiert werden. Diese Möglichkeiten werden im Abschnitt 7.11 besprochen.

Schließlich wäre eine Szene nicht komplett, wenn sie nicht durch eine virtuelle Kamera aufgenommen werden würde. Die Kameras in Blender sind so angelegt, dass sie sich möglichst wie reale (Film-)Kameras verhalten. Die Kameraeinstellungen werden daher im letzten Teil dieses Kapitels (Abschnitt 7.12) erläutert.

7.1   Licht

Ein nicht zu unterschätzender Teil einer guten Animation oder statischen 3D-Szene wird durch die Beleuchtung vorgegeben. Hierbei ist ähnlich wie bei Film und Fernsehen ein entsprechender Aufwand für eine gute Ausleuchtung zu betreiben. Dabei bedeutet gute Ausleuchtung nicht, dass an allen Stellen gleich viel Licht gesetzt wird, sondern dass mit dem Licht die Raumtiefe oder einzelne Objekte betont werden. Wo Licht ist, sind auch Schatten, und gerade letztere schaffen einen Bezug der Objekte zueinander.

Darüber hinaus tritt die Beleuchtung auch mit den Materialien der Szene in Interaktion. Das bedeutet auch, dass ein noch so gut ausgearbeitetes Material ohne die passende Beleuchtung nicht zur Geltung kommt.

Allgemeine Tipps und Informationen zur Beleuchtung in Blender werden im ersten Teil dieses Abschnitts gegeben.

Lichtstimmung

In diesem Abschnitt werde ich die Lichtsituationen mit einfachen, in Blender erstellten Grafiken illustrieren. Diese Szenen finden Sie natürlich auf meiner Website im Ordner `Licht/`.

In Abbildung 7.1 sehen Sie eine Lichtstimmung, wie sie draußen an einem frühen sonnigen klaren Nachmittag vorkommt. Die einzige direkte (primäre) Lichtquelle ist die Sonne, nur leicht durch die Atmosphäre gefiltert, die Schatten sind relativ scharf.

Sekundäre Lichtquellen

Eine sekundäre Lichtquelle ist der Himmel selbst. Das Sonnenlicht besteht aus einem (Regenbogen-)Spektrum, wobei alle Farben zusammen weißes Licht ergeben. Beim Durchqueren der Atmosphäre sorgen die Sauerstoffmoleküle dafür, dass der blaue Anteil des Lichts stärker gestreut wird, daher ist auch der Himmel blau. Dieses Streulicht beleuchtet die Szene von allen Seiten und sorgt für eine leichte blaue Färbung, die Sie besonders in den Schattenzonen beobachten können.

Abb. 7.1
Lichtarten an einem sonnigen Nachmittag

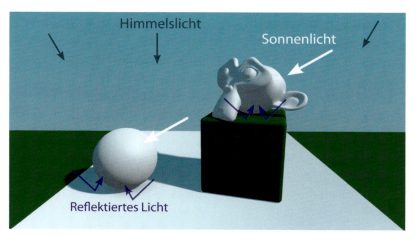

Als dritte Lichtquelle kommt die indirekte sekundäre Beleuchtung ins Spiel. Licht sowohl von der Sonne als auch vom Himmel wird an den Objekten, insbesondere vom weißen Boden, reflektiert und beleuchtet die Objekte von unten. Je näher Objektteile an dem reflektierenden Objekt sind, desto heller wird es beleuchtet, was Sie gut an der Kugel erkennen können. Ein weiterer Effekt des indirekten Lichts ist in dieser Szene nur subtil zu erkennen: Das indirekte Licht vom Würfel färbt den Affenkopf auf der Unterseite leicht grün ein. Eine Szene, in der dies im Einzelnen zu erkennen ist, finden Sie auf meiner Site unter dem Namen `Licht/IndirektesLicht.blend`.

Indirektes Licht

Mit der Lichtgestaltung in einer Szene sollen unter anderem folgende Effekte erzielt werden:

- das Auge des Betrachters auf wichtige Objekte und Szenenteile lenken,
- Stimmung, Atmosphäre, Dramatik erhöhen,
- Raumtiefe schaffen oder erhöhen,
- das passende Licht zu Tageszeit, Jahreszeit oder Innenbeleuchtung schaffen,
- die Persönlichkeit eines Charakters unterstreichen (Held im strahlenden Licht, Bösewicht in finsterer Ecke etc.).

Cheat as you can

Bei der Arbeit mit Blender sollten Sie allerdings nochmals bedenken, das der interne Renderer (Blender Intern, kurz BI) und die Beleuchtungsberechnungen in Blender nicht physikalisch korrekt sind. Dies hat den Vorteil, dass die Berechnungszeiten im Rahmen bleiben. Es hat aber den Nachteil, dass man oft schummeln (cheaten oder faken) muss, um eine glaubwürdige Beleuchtung zu erreichen. Da aber in der 3D-Grafik oft nur das Ergebnis zählt, kommen wir damit durch – vor allem wenn es darum geht, Animationen zu rendern. Oft ist aber auch gar keine realistische Beleuchtung erwünscht. Dies kann dann der Fall sein, wenn es um eine Comic-Figur geht oder wenn eine realistische Beleuchtung vom Inhalt der z. B. wissenschaftlichen Visualisierung nur ablenkt.

Durch die Entwicklung des neuen Cycles-Renderers (siehe Kapitel 8) wird einiges von dem oben Gesagten einfacher oder überflüssig. Da in Cycles die einzelnen Aspekte der Beleuchtung aber nicht so leicht zu trennen sind, wird im Folgenden weiterhin der Blender Intern Renderer benutzt. Letztlich ist auch genau diese Trennung der Grund, warum der BI immer noch gerne für Beleuchtungssituationen benutzt wird, die gerade nicht physikalisch genau sein sollen oder müssen.

7.2   Lichtrichtung

Die Richtung, aus der eine Lichtquelle auf die Szene wirkt, hat eine erheb-
liche Wirkung darauf, wie wir die Szene und die darin enthaltenen Objekte
wahrnehmen und empfinden. Die Wahl, aus welcher Richtung das Haupt-
licht in einer Szene kommt, ist daher die wichtigste Entscheidung bei der
Ausleuchtung der Szene.

Licht von vorn

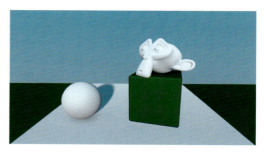

Bei der Beleuchtung von
vorne ist die Lichtquelle
direkt hinter dem Be-
trachter oder der Kamera.
Am häufigsten begegnen
wir dieser Beleuchtungs-
situation bei der Fotografie mit Blitz und häufig ist
diese Art der Beleuchtung
sehr unschön: Die Szene wirkt flach, Schatten sind kaum zu sehen und die
Objekte nicht voneinander zu trennen. Allerdings kann die Beleuchtung
von vorn aus genau diesen Grünen auch genutzt werden, um z. B. Falten im
Gesicht eines Schauspielers zu kaschieren.

In der Natur kommt diese Beleuchtung nur relativ selten vor, allenfalls am frühen Morgen oder späten Abend, wenn die Sonne sehr nahe am
Horizont steht.

Licht von der Seite

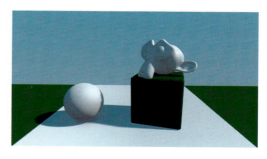

Licht von der Seite schafft
Tiefe im Bild, stellt die
Form und Textur der Ob-
jekte heraus. Die Schat-
ten sind auffällig und
zusammen mit den ent-
stehenden hohen Kont-
rasten ergeben sich weich
gezeichnete Bilder. Lässt
man die Schatten zusätzlich auf Oberflächen, Wände oder Objekte fallen,
ergeben sich mitunter sehr dramatische Effekte. In Film und Fotografie wird
diese Beleuchtung gerne für Morgen- und Abendstimmungen oder den Abschluss eines Filmkapitels benutzt.

Im Gegensatz zur Beleuchtung von vorn betont Seitenlicht natürlich Fehler und Falten.

Licht von hinten

Bei Beleuchtung von hin-
ten schaut der Betrach-
ter bzw. die Kamera ge-
nau in die Lichtquelle.
Verdeckt kein Objekt die
Lichtquelle, so können
Blendungen und Linsen-
effekte (Lensflares) ent-
stehen. Die beleuchtete

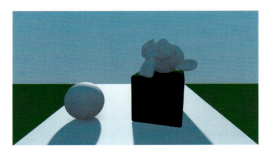

Seite der Objekte ist vom Betrachter abgewandt und die sichtbare Seite wird
nur von zusätzlichen oder sekundären Lichtquellen beleuchtet.

Von hinten beleuchtete Szenen sind oft sehr kontrastreich und erscheinen dramatisch. Wenn die Lichtquelle leicht von der Seite und oben kommt,
werden die Objekte von der entstehenden Lichtkante umrahmt und definiert. Je härter das Licht ist, desto mehr werden der Lichtkranz und die
Textur des Objektes an dieser Stelle betont.

Eine weitere Eigenschaft von Hinterlicht ist, dass es Transparenz (Durch-
sichtigkeit) und Transluzenz (Lichtdurchlässigkeit) hervorhebt. Auch das
Sub-Surface-Scattering (Lichtstreuung innerhalb von Objekten) lebt vom
Hinterlicht.

Licht von oben

Licht direkt von oben ist
eine recht ungewöhnliche
Situation im Freien, wenn
man nicht am Äqua-
tor wohnt. Am Nächsten
kommt dem in unseren
Breiten noch die Beleuch-
tung an einem leicht be-
deckten Tag. In Gebäuden

(Deckenlicht) oder auf der Bühne ist diese Beleuchtungssituation aber nicht
so selten.

Wenn eine weiche Lichtquelle benutzt wird, kann Licht von oben die
Form von Objekten hervorheben. Hartes Licht sorgt durch die Schatten
dafür, dass Teile des Objektes im Schatten untergehen. Bei dramatischen
Aufnahmen von Personen kann dieser Effekt durchaus erwünscht sein (z. B.
sind die Augen eines Schauspielers praktisch von den Schatten der Augen-
brauen und Augenhöhle verdeckt).

Licht von unten

Licht direkt von oben ist selten, noch seltener ist Licht direkt von unten. In einer natürlichen Umgebung kann es durch ein Feuer, eine spiegelnde Fläche wie Wasser oder eine umgekippte Kamera auftreten.

Wir sind so sehr gewöhnt, dass Licht von schräg oben kommt, dass uns eine Beleuchtung von unten immer fremd und unheimlich erscheint.

Aber lassen Sie sich davon nicht beeindrucken oder in Ihrer Kreativität bremsen, denn genau diese Fremdartigkeit kann benutzt werden, um erstaunliche Effekte und Stimmungen zu erzielen.

7.3   Lichtquellen in Blender Intern

Mit [⇧]-[A]→Lamp und der Wahl des Lampentyps wird der aktuellen Szene am Platz des 3D Cursors eine neue Lichtquelle hinzugefügt. Im Lamp Context (bei selektierter Lichtquelle) können nun die Parameter für die Lichtquelle eingestellt werden.

Wie bei Objekten hat jedes Lamp-Objekt einen Datenblock, der durch den Data Browse Button gewählt werden kann. Die 2 im Browse Button in der Abbildung links zeigt, dass zwei Lampenobjekte die gleichen Lampendaten nutzen.

Im Lamp Context kann man den Typ der Lampe jederzeit nachträglich zwischen den fünf in Blender verfügbaren Lampentypen wechseln.

Allen Lampen gemein ist, dass man die Intensität des Lichts mit dem Regler Energy: einstellt und die Farbe über das Farbfeld regelt. Die Buttons Specular und Diffuse steuern, ob die Lampe auf die diffuse Reflexion und den Glanzpunkt (siehe Abschnitt 7.13) wirken soll. Negative produziert Licht, das anderes Licht auslöscht. This Layer Only dient im Zusammenhang mit den Layer-Einstellungen von Blender zur selektiven Beleuchtung.

Folgende Lampentypen sind in Blenders Internem Renderer verfügbar:

Point

Punktlicht strahlt Licht in alle Richtungen gleichmäßig ab. Da es in der physikalischen Wirklichkeit keine echten Punktlichtquellen gibt, wirkt eine Point Lamp schnell unrealistisch, wenn sie unbedacht eingesetzt wird.

Der Parameter Distance: bestimmt die Entfernung, auf die das Licht wirkt. Mit Sphere wird dieser Wirkungsradius sichtbar gemacht und die Lichtabnahme in Abhängigkeit von der Entfernung zur Lichtquelle berechnet. Mit der Falloff:-Option können verschiedene mathematische Verfahren zur Lichtabnahme gewählt werden, Inverse Square ist das physikalisch korrekte Verfahren, aber scheuen Sie sich nicht, für den Effekt ein anderes Verfahren zu wählen.

Sun

Sonne erzeugt ein Licht, dessen Intensität von der Entfernung unabhängig ist. Die Position der Lichtquelle ist daher irrelevant. Die Richtung des Lichts ist über die Rotation der Lichtquelle einstellbar und wird durch eine gestrichelte Linie dargestellt.

Mit den Parametern im Sky & Atmosphere-Panel kann der Effekt von Sonnenstand und Position auf den Himmel und die Objekte bis ins Detail eingestellt werden. Je nach Sonnenstand wird das Licht physikalisch basiert eingestellt, Objekte in der Entfernung verblassen. An der Position der Sonne erscheint ein Lichtfleck, der die Sonne darstellt.

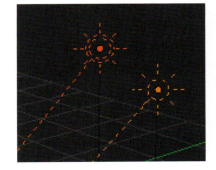

Spot

Scheinwerfer. Im Spot Shape-Panel ist mit Size: der Öffnungswinkel des Lichtkegels einstellbar. Blend: definiert die Schärfe des Lichtflecks, hohe Werte erzeugen einen weichen Lichtfleck. Der Parameter Distance: bestimmt die Entfernung, auf die das Licht wirkt. Mit Sphere wird dieser Wirkungsradius sichtbar gemacht und die Lichtabnahme in Abhängigkeit von der Entfernung zur Lichtquelle berechnet. Mit der Falloff:-Option können verschiedene mathematische Verfahren zur Lichtabnahme gewählt werden. Inverse Square ist das physikalisch korrekte Verfahren, aber scheuen Sie sich nicht, für den Effekt ein anderes Verfahren zu wählen.

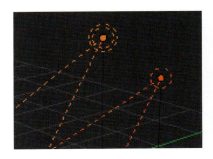

Square sorgt für einen quadratischen Lichtfleck und Show Cone visualisiert den Lichtkegel im 3D View, was eine einfachere interaktive Ausrichtung von Spots ermöglicht. Halo ermöglicht beim Rendern sichtbare Lichtkegel und wird in Abschnitt 7.10 behandelt.

Hemi

Der Typ Hemi erzeugt ein gleichmäßig gerichtetes, nicht von der Entfernung abhängiges Licht, ausgehend von einer imaginären Halbkugel, wie es z. B. bei bewölktem Himmel auftritt. Die Position des Hemilights ist wie bei der Sonne unerheblich. Hemilights können zur Simulation von Streulicht oder als Ersatz für Umgebungslicht benutzt werden.

Area

Arealights (Flächenlicht) simulieren das Licht von Oberflächen, zum Beispiel Fernsehern oder Monitoren, Fenstern oder wolkigem Himmel. Dabei produzieren Arealights weich auslaufende Schatten, erfordern aber ein behutsames Einstellen der Parameter, da sonst leicht die Rechenzeit ausufert oder die Beleuchtung alles überstrahlt.

7.4   Schatten

In Blender Intern (BI) sind zwei grundsätzliche Arten der Schattenberechnung möglich: Raytracing-Schatten und Shadow Buffer. Beide Methoden unterscheiden sich in der technischen Implementierung und haben jeweils Vor- und Nachteile, können aber problemlos in einer Szene gemischt werden, um von den jeweiligen Vorteilen zu profitieren.

7.4.1   Raytrace-Schatten

Bis auf das Hemilight unterstützen alle Lichtquellen in Blender Raytracing-Schatten. Hierfür muss in der jeweiligen Lichtquelle Ray Shadow eingeschaltet werden und es muss im Render Context im Shading-Panel Ray Tracing aktiviert sein.

In der Standardeinstellung sind Raytracing-Schatten scharf abgegrenzte, harte Schatten, die einfach einzusetzen sind, aber nicht sehr natürlich wirken (zu »sauber«). Am besten zu vergleichen ist der Effekt mit harten Schatten, die bei der Verwendung von Blitzgeräten in der Fotografie auftreten, oder mit Schatten bei hellem Sonnenlicht an einem sehr klaren Tag.

Werden im Shadow-Panel der Lichtquelle der Samples:-Wert und der Soft Size:-Wert erhöht, so werden die Schatten mehrfach gerendert und überblendet, was effektiv zu weichen Schatten führt. Dabei steigt aber die Rechenzeit erheblich an.

Im Folgenden werden die für die Schattenberechnung maßgeblichen Parameter der einzelnen Lichtquellen kurz beschrieben.

Point

Das Point Light hat einen Wirkungsradius, innerhalb dessen das Licht abnimmt.

Sun

Bei der Sun-Lichtquelle (paralleles Licht) bleibt der Schatten immer gleich groß, egal wie weit das Schatten werfende Objekt von der Lichtquelle entfernt ist.

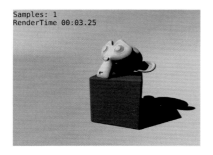  

Spot

Das Spotlight ist eine begrenzter Lichtkegel mit einstellbarer Härte.

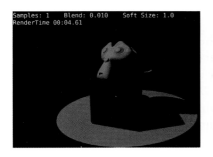  

Arealight

Arealights simulieren das Licht von Oberflächen, zum Beispiel Fernsehern oder Monitoren, Fenstern, wolkigem Himmel, und sind unentbehrlich, wenn man eine Studio-Lichtsituation erzeugen will. Arealights produzieren weich auslaufende Schatten, erfordern aber ein behutsames Einstellen der Parameter, da sonst leicht die Rechenzeit ausufert oder die Beleuchtung alles überstrahlt.

 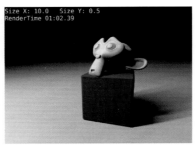 

Arealights sind sehr sensibel, was die Entfernung zur Lichtquelle angeht. Daher ist der Dist:-Parameter mit am entscheidendsten für die korrekte Ausleuchtung mit Arealights. Die Standardeinstellung von 20.0 ist für normal skalierte Szenen im Allgemeinen zu hoch und würde die Szene mit gleißendem Licht füllen. Als Faustregel gilt, dass kein Objekt im Dist-Bereich liegen sollte. Dies bedeutet bei Arealights aber nicht, dass keine Schatten dargestellt würden.

Weiterhin ist die Größe des Arealights wichtig, da sich die eingestellte Energie (Energy:) auf die Gesamtfläche verteilt. Die Größe des Arealights wird durch Size eingestellt, bei rechteckigen Arealights kann die Größe für Breite und Höhe getrennt eingestellt werden. Zu beachten ist, dass dann auch die Samples:-Parameter für X und Y einzustellen sind.

Mit diesen Parametern sollte man nun zuerst das Arealight einstellen und dann den Wert für Samples: so weit erhöhen, bis ein guter Kompromiss aus Rechenzeit und Schattenqualität erreicht wird.

7.4.2 Buffer-Schatten

Raytracing-Schatten sind leicht einzustellen, erfordern aber viel Rechenzeit, insbesondere wenn weiche Schatten erzeugt werden sollen. In Blender gibt es schon sehr lange (vor dem Raytracing) eine Methode, um Schatten zu erzeugen: den sogenannten »Shadow Buffer«-Algorithmus, der von vielen Nicht-Raytracing-Programmen benutzt wird. Eine große Einschränkung ist, dass er lediglich für Spotlights funktioniert und daher vor allem für Außenszenen nur schwierig einzusetzen ist. Trotzdem kann man für viele Anwendungen auf Raytracing-Schatten oder Raytracing im Allgemeinen verzichten und so Renderzeiten erzielen, die auch das Berechnen von langen Animationen in endlicher Zeit ermöglichen.

Da die Auflösung der Buffer begrenzt ist, erfordert das korrekte Einstellen einer Lichtquelle mit Shadow Buffer einige Erfahrung und Hintergrundwissen, um Artefakte, also Störungen in den Schatten, und allgemein schlechte Schatten zu vermeiden.

Beim Shadow Buffer, im Prinzip eine Textur, wird nur die Entfernung eines berechneten Pixels zur Lampe in einem 24-Bit-Wert gespeichert. Beim Rendern wird dann durch einen Vergleich der Pixelentfernungen festgestellt, ob der Punkt Licht empfängt oder im Schatten liegt. Der Shadow Buffer wird komprimiert gespeichert, so dass ein 1024 × 1024 großer Buffer nur ca. 1,5 Megabyte Speicher benötigt.

> **Classical- und Classical-Halfway-Algorithmen**
> Bitte benutzen Sie vorzugsweise den Classical-Halfway-Algorithmus für die Buffer-Shadows in Blender (s. u.). Wenn Sie Strand-Partikel (z. B. Haare) beleuchten wollen, sollten Sie sich einmal die Deep Shadows anschauen.

Ein Spotlight mit Schatten wird im 3D-Fenster mit einer sogenannten Clipping Line gezeichnet. Die Start- und Endpunkte dieser Clipping Line werden durch Clip Start: und Clip End: in den Lamp Buttons oder durch die Autoclip-Funktion eingestellt.

Alle Objekte, die von der Lampe aus gesehen vor Clip Start: liegen, sind voll beleuchtet, alle Objekte hinter Clip End: befinden sich im Schatten. Da der Shadow Buffer nur eine begrenzte Auflösung hat (in Blender 2.57 sind es 10.240 Pixel im Quadrat), sind die Werte für Clip Start: und Clip End: sorgfältig einzustellen, um eine qualitativ hochwertige Schattenberechnung zu erhalten, d. h., der Abstand von Clip Start: und Clip End: sollte möglichst gering sein. Dazu stellen Sie Clip Start: so ein, dass der Startpunkt knapp über/vor den Objekten der Szene liegt und Clip End: knapp unter/hinter den Objekten.

Die Funktionen Autoclip Start und Autoclip End versuchen, die Grenzen automatisch einzustellen.

Abb. 7.2
Guter Schatten, schlechter Schatten ...

Die Berechnung von Schatten mit der Shadow-Buffer-Methode kann zu folgenden Problemen führen (siehe auch Abbbildung 7.2):

Aliasing

Die Kanten der Schatten bekommen eine pixelige, grobe Struktur. Diesem Effekt kann man durch eine Erhöhung der Shadow-Buffer-Auflösung Size:, einer Verkleinerung des Lichtkegelwinkels und einer Erhöhung des Wertes Samples: entgegenwirken.

Biasing, Banding

Flächen, die im vollen Licht liegen, bekommen dunkle bandartige Muster. Diesem Effekt kann man durch eine Erhöhung des Wertes Bias: und einer Verringerung des Abstands von Clip Start: und Clip End: begegnen. Weiterhin ist das Classical-Halfway-Verfahren für diesen Fehler nicht so anfällig.

Fehlender Schatten

Dort, wo das Schatten werfende Objekt auf das Schatten empfangende Objekt trifft, fehlt Schatten. Dieses Problem ist durch den Bias:-Wert oder die Verwendung von Classical-Halfway zu beheben.

Die Einstellungen für die Schattenparameter können Sie in der Datei `Licht/ GuterSchattenSchlechterSchatten.blend` einsehen und vergleichen.

Classical-Halfway Shadow Buffer

Beim klassischen Shadow Buffer erfordert insbesondere der Bias-Wert erhöhte Aufmerksamkeit und ist in kritischen Situationen schwierig einzustellen. Der Classical-Halfway-Schattenalgorithmus berechnet diesen Wert automatisch, so dass der Bias-Wert nur noch in extremen Szenen angepasst werden muss; darüber hinaus rendert er auch schneller als der klassische Algorithmus.

Beim Classical-Halfway-Schatten ist aber besonders darauf zu achten, dass in der Szene keine überlappenden Flächen vorhanden sind (d. h. zwei Flächen in einer Ebene), da es sonst durch die spezielle Art, den Schatten zu berechnen, unweigerlich zu Fehlern kommt. Dies kann auch beim klassischen Schattenpuffer passieren, ist dort aber nicht so stark ausgeprägt, und natürlich sollten überlappende Flächen grundsätzlich vermieden werden. Auch mit der Halo-Option (siehe 7.10) können manchmal Fehler beim Classical-Halfway-Schatten auftreten.

Irregular Shadow Buffer

Der klassische Shadow Buffer in Blender und anderen Programmen hat immer ein Problem mit der begrenzten Auflösung des Buffers gehabt und muss immer vor der eigentlichen Szenenberechnung erstellt werden, was die Integration in verteiltes Rendern (auf mehreren CPUs oder mehreren Rechnern) verhindert.

In letzter Zeit wurden einige Artikel (siehe auch [IRREG]) veröffentlicht, um die Probleme des klassischen Shadow Buffer zu beheben. Bei der »Irregular Shadow Buffer«-Methode wird – stark vereinfacht gesprochen – die Information, ob ein Teil der Szene im Licht oder im Schatten liegt, nicht in einem gleichmäßigen Raster gespeichert, sondern nur dort, wo es auch erforderlich ist. Dies ermöglicht scharfe Schatten ohne Artefakte bei geringem Speicherverbrauch. Je nach Komplexität der Szene rendern diese Schatten um ein Vielfaches schneller als Raytrace-Schatten und haben eine ähnliche Qualität, aber auch den Nachteil, dass es harte Schatten sind. Weitere Nachteile sind, dass die Schatten nicht in Raytracing-Transparenzen oder Spiegelungen zu sehen sind und dass Halo-Lichter nicht damit funktionieren.

Deep Shadow Buffer

Der Deep Shadow Buffer ist eine neue Entwicklung, die einige Vorteile gegenüber den anderen Methoden verspricht. Implementiert wurde diese Methode als schnelle Schattenberechnung für Haare beim letzten Kurzfilm der Blender Foundation »Sintel« [SINTEL]. Bisher sind aber noch nicht alle Möglichkeiten, die Deep Shadow Maps bieten würden, auch implementiert, und so kann man im Moment nur experimentieren, ob für die eigene Szene Deep Shadow Buffers einen Vorteil bringen. Auf jeden Fall ist es einen Versuch wert, wenn man mit Strand-Partikeln als Haare arbeitet. Deep-Shadow-Buffer-Schatten sind auch in Raytrace-Spiegelungen zu sehen.

7.5   Ambient Occlusion

Ambient Occlusion ist eine Methode, um die Auswirkungen von Umgebungslicht zu simulieren. Dabei schatten Objekte das Umgebungslicht ab. Da im Gegensatz zum Raytracing Lichtstrahlen hier nicht von der Kamera aus verfolgt werden, sondern von jedem Punkt des Objektes zu einer (gedachten) Himmelshalbkugel, ist der Rechenaufwand wesentlich höher, denn theoretisch müssen unendlich viele Strahlen berechnet werden. Praktisch kann man aber nur einen Teil der Strahlen verfolgen, was im Endeffekt zu einem körnigen Bild führt oder zu Ungenauigkeiten, wenn man zwischen den Strahlen interpoliert.

Von jedem Punkt aus wird dann berechnet, wie viel von dieser gedachten Himmelskugel sichtbar ist, und dementsprechend wird der Bildpunkt heller oder dunkler berechnet oder auch eingefärbt, wenn die Himmelskugel eine Textur besitzt.

Ambient Occlusion ist also eine Methode, um globale Beleuchtung und Umgebungslicht zu simulieren. Allerdings werden keine anderen Lichtquellen als das Umgebungslicht unterstützt. Mit Environment Light und Indirect Light stellt Blender noch zwei weitere Verfahren zur Verfügung, die allein oder in Kombination gute Effekte liefern, ohne dass man einen physikalisch basierten Renderer – und damit einhergehend lange Renderzeiten – nutzen müsste. *Globale Beleuchtung*

Die Einstellungen für Ambient Occlusion finden sich im World Context und dort im Ambient Occlusion-Panel sowie im Gather-Panel. Hier schalten Sie erst einmal Ambient Occlusion durch den Toggle Button an. Dann kann zwischen zwei Arten gewählt werden: einmal Add, das Umgebungslicht hinzufügt und damit auch geeignet ist, ohne jegliche andere Lichtquellen eine Szene zu beleuchten, und zweitens Multiply, das ausgehend von vorhandener Beleuchtung Flächen nur abschattet. *Parameter*

Übung!   Erstellen Sie eine einfache Szene mit einigen Grundobjekten auf einer Fläche. Eine Lichtquelle ist nicht nötig und für dieses Experiment auch eher störend. Schalten Sie Ambient Occlusion ein, die Standardwerte für Factor: und Add sind bereits ausreichend.

Wenn Sie nun mit F12 die Szene rendern, wird sich langsam ein Bild aufbauen und auch sofort die Nachteile dieser Umgebungsbeleuchtung offensichtlich machen: Die Rechenzeiten sind nicht unerheblich und das Bild ist stark verrauscht.

Realismus   Allerdings sind die Schattierungen sehr realistisch: Schauen Sie einmal, wie ein normaler Kugelschreiber in einem Raum mit wenig direktem Licht die Tischplatte verdunkelt. Diese Effekte sind sehr subtil, tragen aber deutlich dazu bei, dass man die Szene als realistisch empfindet.

Maßgeblich beeinflusst der Regler Samples: die Qualität der Berechnung: Je höher der Wert, desto feiner fällt das Rauschen aus, weil mehr Punkte pro Bild berechnet werden. Allerdings steigt die Rechenzeit auch stark. In Abbildung 7.3 ist ein Vergleich von 5 und 24 Samples zu sehen, die Rechenzeit stieg etwa um das 13-Fache.

Abb. 7.3
Ambient Occlusion mit 5 und 24 Samples

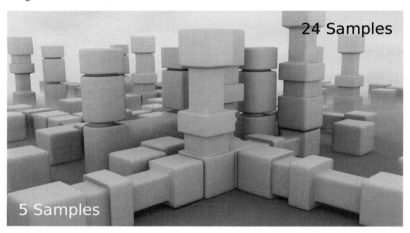

Die Rechenzeit kann durch Wahl von Adaptive QMC wieder etwas gesenkt
Raytrace-Gather-Einstellungen   werden, denn die adaptive Quasi-Monte-Carlo-Methode verbessert die Verteilung der Samples und bricht je nach Einstellung von Threshold: früher ab, wenn ein Pixel schon völlig dunkel ist. So ist Adaptive QMC die empfohlene Methode. Wie so vieles in Blender ist dies aber stark von der Szene abhängig und daher nur mit Vorbehalt zu verallgemeinern. In Einzelfällen kann es auch sinnvoll sein, die eher historische Constant-Jittered-Methode zu verwenden, vor allem wenn Sie eine auffällige Streifenbildung (Banding) auf Objekten sehen: Dann ist der Bias:-Wert zu erhöhen.

Distance: bestimmt die Länge der Occlusion Rays. Je höher der Wert, desto stärker ist der Einfluss von entfernten Objekten auf den Ambient-Occlusion-Effekt. Größere Werte von Distance: bedeuten aber auch, dass der Renderer mehr Geometrie durchrechnen muss. Also sollten Sie versuchen,

Distance: für den gewünschten Effekt so klein wie möglich zu halten. Praktisch bedeutet ein kleiner Distance:-Wert, dass nur noch in kleinen Details eine Ambient-Occlusion-Abschattung stattfindet.

Falloff schaltet die Berechnung einer Abschwächung der Occlusion auf den Objekten ein. Mit Strength: kann der Effekt gesteuert werden. Höhere Werte bedeuten eine stärkere Abschwächung, je weiter das berechnete Pixel von der verdeckenden Geometrie entfernt ist. Die Falloff-Berechnung hat ähnliche Auswirkungen wie Distance: und interagiert mit dieser.

Approximate

Durch Umschalten der Berechnungsmethode (Gather) auf Approximate wird ein Verfahren eingesetzt, um Ambient Occlusion mit Näherung, also Approximation, zu berechnen. Approximate ergibt rauschfreie, wesentlich weichere Bilder. Aber wie der Name »Näherung« schon andeutet, ist es nur eine Annäherung an die Raytrace-Methode und man muss mit einigen Fehlern rechnen. Potenziell ist Approximate schneller als Raytracing, allerdings sind die Ergebnisse bei wenig unterteilten (Low-Poly) Meshes oft sehr grob. Bei hochkomplexen Szenen kann auch wieder Raytracing schneller sein.

Der Error:-Parameter mit dem Default-Wert von 0.250 gibt an, wie viel Näherungsfehler gemacht werden dürfen. Je kleiner der Wert, desto näher ist das Ergebnis an dem des Raytracing-Gather, aber desto höher ist die Rechenzeit. Durch Verringern des Error:-Parameters kommt man leicht in Regionen, in denen Ambient Occlusion mit der Raytracing-Methode schneller ist. Allerdings hat man bei Approximate Ambient Occlusion (AO) garantiert kein Rauschen, was für Animationen wichtig sein kann.

Parameter Approximate

Wird Pixel Cache aktiviert, so wird der Wert eines bereits berechneten Pixels gespeichert, um Nachbarpixel zu interpolieren. Dies spart Rechenzeit, allerdings können unter Umständen Fehler im Bild (meist schwarze Pixel) auftreten.

Approximate AO tendiert dazu, die Occlusion zu weit auszudehnen und damit weit entfernte Geometrieteile in die Berechnung einzubeziehen. Erster Ansatzpunkt, um dies zu vermeiden, ist Falloff und Strength: zu benutzen. Ohne diese Parameter bekommt man in der Regel keine brauchbaren und mit Raytracing vergleichbaren Ergebnisse.

Weiterhin kann man mit Passes: die Anzahl der Rechenschritte erhöhen und damit die Genauigkeit der Verfahrens steigern. Allerdings steigt die Rechenzeit damit linear an und insbesondere die Phase, in der die Occlusion vorbereitet und nur ein Prozessorkern benutzt wird, verlängert sich dadurch.

Mit Correction hat man schließlich noch einen Parameter, mit dem die zu starke Occlusion vom Approximate-Verfahren bekämpft werden kann, falls andere Mittel nicht greifen.

7.6   Umgebungslicht: Environment Light

Durch Aktivieren von Environment Light wird eine Umgebungslichtsimulation eingeschaltet. In den Standardeinstellungen (Energy: 1.00 und White als Himmelsfarbe) ist der Effekt übrigens genau der gleiche wie ein Ambient Occlusion mit Add als Methode und Factor: 1.00. Daher gelten auch alle im vorherigen Kapitel gesagten Einstellungen für das Gathering durch Raytrace oder Approximate.

Die Wahl von White, Sky Color oder Sky Texture bestimmt, welche Farbe das Umgebungslicht haben soll. White benutzt nur reinweißes Umgebungslicht, Sky Color verwendet die Farben aus der World oder den Verlauf, wenn Blend eingeschaltet ist. Durch Sky Texture können Himmelstexturen zusammen mit dem Farbverlauf eingesetzt werden. Zu beachten ist, dass Approximate-Gathering keine Himmelstexturen unterstützt.

Abb. 7.4
Per Environment Light und Textur
beleuchtete Szene

Wenn eine Himmelstextur verwendet wird, so ist darauf zu achten, dass sie im Texture Context mit einem hohen Wert in Filter Size: gefiltert wird, denn sonst wird das Rauschen beim berechneten Bild verstärkt. Im Zweifelsfall kann man auch die Textur in einem externen Programm mit einem Weichzeichner bearbeiten.

7.7   Indirekte Beleuchtung: Indirect Light

Indirektes Licht ist Licht, das von Flächen des Objektes oder der Umgebung reflektiert wird und so auch Flächen beleuchtet, die im Schatten liegen, aber ebenfalls zur direkten Beleuchtung beiträgt. Dabei filtern farbige Flächen das Licht, so dass das reflektierte Licht auch farbig wird und dann die angestrahlten Flächen einfärbt. Wenn hier von Reflexion die Rede ist, dann ist immer diffuse Reflexion gemeint. Eine spiegelnde Fläche in Blender wird nicht mehr Licht zurückwerfen als eine matte Fläche. Die beiden Effekte von

Indirect Light sehen Sie in Abbildung 7.5. Diese ist mit den Parametern aus der Abbildung oben entstanden.

Factor: gibt die Menge von indirektem Licht an. Der Wert 1.00 ist sicherlich physikalisch korrekter, aber das sollte Sie nicht daran hindern, auch höhere Werte zu probieren, wenn damit das Ergebnis besser wird. Bounces: definiert, wie oft das Licht reflektiert wird, und sorgt für feinere Lichtmischungen im reflektierten Licht. Höhere Bounces:-Werte sorgen natürlich wieder für höhere Rechenzeiten.

In Blender wird aktuell nur das Approximate Gathering unterstützt.

Einschränkungen

Für die Approximate-Parameter gilt das in Abschnitt 7.5 Gesagte. Vor allem die Parameter für Falloff, Error und Correction sind durch Test-Renderings sinnvoll einzustellen und die Meshes sollten keine zu großen Flächen enthalten.

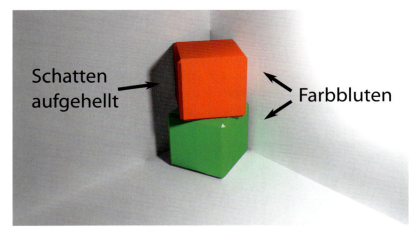

Abb. 7.5
Farbbluten und indirektes Licht

Ein weiterer Effekt, der mit Indirect Light erzeugt werden kann, sind Meshlights, also Meshes oder Teile von Meshes, die selbst leuchten und dadurch die Szene beleuchten.

Abb. 7.6
Szene nur mit Meshlights beleuchtet

Die Einstellung, um Materialien – und damit auch Teile des Mesh oder das gesamte Mesh – leuchten zu lassen, finden Sie im Shading-Panel des Material Context. Der Parameter Emit: regelt die Leuchtkraft.

In Abbildung 7.6 wurden verschiedene Teile der Objekte mit selbstleuchtenden verschiedenfarbigen Materialien versehen, die Neonstäbe ebenfalls, ansonsten wurde keine Lichtquelle verwendet. Die Szene ist auf meiner Site unter Licht/MeshLight.blend zu finden.

7.8   Natürliches Licht

Sun Lamp

Die Sonne ist natürlich die wichtigste Lichtquelle für Außenszenen. Der Abstand zum Objekt spielt keine Rolle und die Schatten bleiben immer gleich groß, was auch unserer Alltagserfahrung entspricht. Sonnenlicht in der Computergrafik wird gerne etwas gelber als in Natura gefärbt, um einen wärmeren Eindruck zu erzeugen. Da für Sun Lamps nur Raytrace-Schatten zur Verfügung stehen, muss man sich auf längere Rechenzeiten für weiche Schatten einstellen, wenn nicht gerade ein sehr klarer Tag um die Mittagszeit herum visualisiert werden soll.

Abb. 7.7
Fels in Sonnenlicht, Indirect Light und Environment Light

Hemi Lamps

Hemi Lamps eignen sich gut, um Umgebungslicht an sonnigen Tagen zu simulieren. Dabei wird der schwachen, von unten leuchtenden Hemi-Lampe eine leicht bläuliche Farbe gegeben, um das Streulicht vom blauen Himmel zu simulieren (siehe Abschnitt 7.1).

Lässt man das Licht von Hemis überwiegen und die Sonne nur einen sehr weichen schwachen Schatten erzeugen, so bekommt man den Eindruck eines bewölkten Tages. Je nach Wolkendicke passt man dann die Farben von »diesig« bis »grau in grau« an.

Environment Light

Eine Alternative, um Schatten aufzuhellen und die diffuse Beleuchtung eines Wolkentages zu simulieren, ist das Environment Light (siehe Abschnitt 7.6). Durch die Optionen Sky Color und Sky Texture bieten sich hier viele Möglichkeiten für eine Lichtstimmung.

Spot Lamps

Möchte man weiche Schatten, aber auch eine schnelle Berechnung (z. B. in Animationen oder wenn nur kleine Teile der Außenszenerie zu sehen sind), dann kann man mit Spot Lamps und den Buffered Shadows auch in Außenszenen Schatten erzeugen.

Hierzu platziert man einen Spot mit der gleichen Ausrichtung wie die Sun in der Szene. Die Sonne beleuchtet ohne Schatten, der Spot ist mit der Option Only Shadow versehen. Der Spot muss weit genug weg plaziert sein und einen kleinen Öffnungswinkel haben, damit die Schummelei nicht auffällt. In Animationen kann man den Spot an die Kamera parenten, damit man nicht aus dem Bereich des Schattens gerät.

Indirect Lighting

Die hohe Lichtintensität der Sonne führt leicht zum sogenannten Farbbluten (Color Bleeding), d. h., dass man die Farben der Umgebung in den schattigen oder weißen Teilen der Umgebung wiederfindet. Indirect Light in Blender kann genau diese Effekte simulieren, was eventuell einem Bild noch den letzten Schliff gibt.

Point Lamps

Color Bleeding und die Aufhellung von Schatten durch diffuse Reflexion können durch ein paar geschickt platzierte Point Lamps gut zurechtgemogelt werden.

7.9   Künstliches Licht

Spot Lamp

Taschenlampen, Halogenspots und Autoscheinwerfer sind perfekt durch Spot Lamps in Blender darzustellen. Spots haben den Vorteil, dass wir auch Buffered Shadows einsetzen können, um – ohne utopische Rechenzeiten – weiche Schatten zu erhalten. Oft kann man aber auch andere Lampentypen durch Spots ersetzen, z. B. nicht zu große Neonröhren in einem Reflektor oder einer Fassung, weil dort der Lichtaustritt nur in eine Richtung erfolgt. Aber auch ein Projektor inkl. dem projizierten Bild oder der Animation ist mit quadratischen Spots natürlich kein Problem.

Abb. 7.8
Texturierte Spot Lamp, Buch von
David Sullivan (blendswap.com)

Point Lamp

Die klassische Glühlampe, LEDs, Kerzen, Fackeln und andere in der Ausdehnung kleine Lichtquellen werden mit Point Lamps gut angenähert, obwohl ja in der physikalischen Wirklichkeit keine Punktlichtquellen existieren. Point Lamps sind mit eingeschränkter Reichweite (Sphere- und Distance:-Parameter) geeignet, um in moderater Rechenzeit flächige Leuchtmittel zu erzeugen. Dazu platzieren Sie viele Punktlichtquellen mit reduzierter Helligkeit so, dass eine gleichmäßige Beleuchtung entsteht. Auch Color Bleeding und die Aufhellung von Schatten durch diffuse Reflexion können durch ein paar geschickt platzierte Point Lamps gut zurechtgemogelt werden.

Area Lamp

Neonbeleuchtungen, die eine größere Ausdehnung haben und daher sehr weiche flächige Schatten liefern, können mit Area Lamps gut nachgebildet werden. Eine geschickt platzierte Area Lamp kann aber auch das Licht, das durch Reflexion von künstlichen Lichtquellen entsteht, simulieren. Auch für das Licht von Monitoren, TVs und flächigen Display-Hinterleuchtungen sind Area Lamps gut geeignet.

Ambient Occlusion

Gerade in Innenräumen ist Ambient Occlusion ein gutes Mittel, um mehr Realismus aus Beleuchtungssituationen herauszuholen. Schauen Sie einmal in die Zimmerecken in Ihrem Raum: Sie sind eindeutig dunkler als die Wand oder die Decke kurz darunter. Dieser Effekt ist bei den relativ geringen Beleuchtungsstärken von künstlichen Lichtquellen viel stärker ausgeprägt als bei Außenszenen, in denen viel mehr indirektes Licht vorhanden ist.

Meshlight

Braucht man in Innenszenen möglichst realistisches Farbbluten oder Neon-
reklamen, so kann man auch Meshlights mit Indirect Light einsetzen.

7.9.1   Studio-Licht

Studio-Licht wird meist durch mehrere große Softboxes erzeugt. Diese
leuchten das Objekt sehr gleichmäßig aus und produzieren keine harten
Schatten. Bei kleinen Gegenständen wird auch häufig der Untergrund
durchleuchtet. Durch die Softboxes entstehen große eckige Highlights,
machmal wird auch mit schwarzen Pappstreifen gearbeitet, um mehr Variation in die Reflexionen zu bringen – dies insbesondere, wenn es darum
geht, Glas oder spiegelndes Metall (Schmuck) zu fotografieren.

Abb. 7.9
Studio-Lichtsetup

Die Wirkung der Softboxes erreicht man natürlich am besten mit Area
Lights. Da aber Reflexionen in Blender keine Lichtquellen zeigen, muss man
diese zusätzlich zu dem Area Light als Meshes modellieren. Eine Fläche mit
einem weißen, selbst- leuchtenden Material (Emit:) in Größe des Area Light
ist hier meist genug. Wenn man mag, kann man auch noch durch zusätzliche Elemente für mehr Abwechslung sorgen, etwa indem man schwarze
Balken so setzt, dass sie an ein Fensterkreuz erinnern.

   Das Objekt platziert man auf einer Hohlkehle, die einen weichen Verlauf
im Hintergrund schafft. Je nach gewünschtem Effekt kann jetzt noch eine
Box in dunkler Farbe um das Ganze gesetzt werden. Die Seiten und Kanten
der Box schaffen zusätzliche Details in Spiegelungen. Zusätzlich wird man
noch Ambient Occlusion verwenden.

   Damit bei Area Lights kein Rauschen im Ergebnis zu erkennen ist, muss
der Samples:-Wert hoch eingestellt werden, was wiederum zu sehr hohen
Rechenzeiten führt. Allerdings berechnet man nur selten lange Animationen unter Studio-Lichtsituationen.

7.10 Halo-Lichter

In staubigen oder nebligen Umgebungen sowie unter Wasser kann man den Lichtkegel einer starken Lichtquelle sehr gut erkennen. Diesen Effekt kann man in Blender durch sogenannte Halos für das Spotlicht simulieren. In anderen 3D-Paketen wird diese Art von Licht oft Volumenlicht genannt.

Übung!

Laden Sie bitte die Szene `Licht/VolumenLicht01.blend`. Erzeugen Sie einen Spot mit ⇧-Ⓐ→Lamp→Spot und schalten Sie auf den Lamp Context im Properties Window.

Die Lampe sollte sich schon an der richtigen Stelle befinden, wenn Sie in der vorgefertigten Szene den 3D Cursor nicht anders positioniert haben. Um das Zielen mit dem Scheinwerfer zu erleichtern, werden wir nun den Spot auf das Empty mit dem Namen »Ziel« ausrichten.

Abb. 7.10
Halo- oder Volumenlicht

Zielen mit Licht

Hierzu wählen Sie die neu erstellte Lampe aus und erweitern die Selektion mit ⇧-🖱 um das Objekt »Ziel«, das sich etwa in der Mitte des Raumes knapp über dem Boden befindet. Mittels Strg-Ⓣ→Track To Constraint stellen Sie die Ausrichtung des Spots auf das Ziel ein.

Diese Ausrichtung ist permanent und durch Bewegen des Ziels (vorher Lampe deselektieren!) kann man nun einfach mit dem Scheinwerfer zielen. Eine Testberechnung sollte einen weichen Schatten des Ventilators auf dem Boden ergeben.

Selektieren Sie wieder den Spot und schalten Sie im Lamp Context die Option Halo ein. Eine erneute Berechnung zeigt jetzt einen deutlichen Lichtkegel, der allerdings noch glatt durch die Wand geht.

Um die Objekterkennung für ein Halo-Licht einzuschalten, ist der Parameter Step: auf einen Wert über null zu setzen. Ein Wert von eins bedeutet hierbei die höchste Genauigkeit, aber auch maximale Rechenzeit. Ein Wert von acht hat sich als guter Kompromiss zwischen Qualität und Rechenzeit erwiesen. Höhere Werte verstärken den Effekt auch, was in einigen Szenen durchaus wünschenswert sein kann.

Für einen besseren Effekt sollte man zusätzlich noch die Werte von ClipSta: und ClipEnd: an die Szene anpassen, um die Auflösung des Shadow Buffer zu optimieren, und die Intensität des Halos mit Intensity: heraufsetzen. Ein leicht gefärbtes Licht ergibt einen besonders starken Effekt.

Der Ventilator in der Szene ist übrigens animiert, so dass Sie auch eine Animation berechnen können, bei der der Halo-Effekt besonders deutlich wird.

7.11 Die Welt

Der World Context im Properties Window ist dazu gedacht, schnell eine Umgebung für die Szene zu schaffen. Dies beinhaltet die Einstellungen für Ambient Occlusion, Environment Lighting, Indirect Lighting und das Gathering, das Sie schon aus den Abschnitten 7.5 bis 7.8 kennen.

Daneben werden Nebel, Sterne und die Himmelsfarben definiert. Die Einstellungen im World Context gelten immer für die gesamte Szene. Sie können trotzdem mehrere Welten pro Szene definieren, um schnell umschalten zu können. Nur sollten Sie dann den F-Button benutzen, um einen Fake-User zu erstellen, damit Blender die unbenutzten Welten beim Laden der Szene nicht verwirft.

Eine neue Welt wird erzeugt, indem Sie im World Context das Plus-Icon bzw. New anwählen. Wenn es bislang keine Welt gab, ist die neue Welt noch ziemlich grau und wartet geradezu darauf, eingefärbt zu werden. Wenn Sie aus einer bestehenden Welt eine neue erzeugen, dann ist die neue Welt eine 1:1-Kopie der alten.

Die Weltfarben werden über die Farbfelder für die Horizontfarbe (Horizon Color:), die Zenitfarbe (Zenith Color:) und die Umgebungslichtfarbe (Ambient Color:) eingestellt. Ist Blend Sky nicht eingeschaltet, wird nur die Horizontfarbe benutzt, sonst wird zwischen den beiden Farben ein Farbverlauf über den Himmel erzeugt. Für einen wolkenlosen Himmel stellen Sie z. B. ein Hellblau für den Horizont (R = 0.6, G = 0.6, B = 0.85) und ein strahlendes Blau (R = 0.25, G = 0.25, B = 0.9) für den Zenit ein.

Der Parameter Real Sky sollte zusätzlich zu Blend Sky eingeschaltet werden, damit die Horizontfarbe wirklich am Horizont startet, auch wenn die Kamera geneigt wird. Ohne Real Sky wird der Farbverlauf immer komplett im Hintergrund des berechneten Bildes zu sehen sein. Ebenso ist Real Sky für die korrekte Abbildung des Himmels auf Spiegelungen nötig.

Ambient Color ist eine sehr einfache Umgebungslichtberechnung, bei der die Farbe und Helligkeit von Ambient Color zu allen Materialien hinzuaddiert wird. Für realistischeres Umgebungslicht sollte man Environment Light oder Hemi Lamps benutzen. Allerdings kostet Ambient Color praktisch keine Rechenzeit.

7.11.1 Nebel

Durch Anschalten der Mist-Option kann ein sehr einfacher Nebeleffekt hinzugefügt werden. Die Parameter Start: und Depth: bestimmen, in welcher Entfernung der Nebel startet und wie dick die Nebelwand ist. Beide Angaben sind entweder in Blender-Einheiten oder in den SI-Einheiten, die in der Szene definiert wurden, einzugeben. Für eine bessere Kontrolle kann beim Camera Context im Display-Panel die Anzeige der beiden Parameter im 3D View durch den Mist-Knopf aktiviert werden. Start: und Depth: werden dann durch zwei Punkte, die mit einer Linie verbunden sind, im 3D View dargestellt.

Der Nebeleffekt blendet Objekte im Nebel immer zu den Himmelsfarben (inkl. Texturen) aus. Es ist möglich, Materialien durch Abwählen der Use Mist-Option im Options-Panel des Material Context von der Nebelberechnung auszuschließen.

7.11.2 Welttexturen

Eine Welt kann einen oder mehrere Texturblöcke tragen, deren Texturen dann auf den Himmel projiziert werden. Hierbei ist jeder Texturtyp von Blender möglich. Bei Texturen, die nur Bump Maps produzieren, ist es aber nicht sinnvoll.

Prozedurale Welttexturen

Die prozedurale Cloud-Textur erschafft schnell einen Himmel mit allen möglichen Arten von Cirruswolken (Schäfchen- bis Schleierwolken). Durch geschickte Kombination von Cloud-Texturen sind darüber hinaus sehr komplexe Wolkenhimmel machbar. Zudem kann man mit prozeduralen Texturen sehr realistische Himmel erzeugen, weil die Texturen auflösungsunabhängig immer perfekte Resultate liefern, auch wenn dies viel Aufwand erfordert. Wenn aber der Himmel selbst nicht zu sehen ist, sondern nur Spieglungen oder nur die Lichtstimmung vom Himmel bestimmt wird, sind prozedurale Texturen eine Überlegung wert.

Im World Context sollten Sie Real Sky anwählen, dann direkt in den Texture Context wechseln und dort eine Textur, z. B. Cloud, erstellen.

Mindestens Horizon: muss im Influence-Panel angewählt werden, optional auch noch die Zenith-Optionen, wenn die Textur auch auf den Zenit wirken soll.

Eine Beispieldatei finden Sie unter `Welt/ProcedurealWorldTexture.blend`.

blenderbuch.de

Bilder als Welttexturen

Wird eine Imagetextur, z. B. eines Sonnenuntergangs oder Wolkenhimmels, als Welttextur benutzt, so erzielt man schnell einen realistischen Effekt für Standbilder. Für Animationen und wenn sich die Welttextur auf Objekten spiegeln soll, ist es problematisch, dass die Textur eine hohe Auflösung haben muss und dort eine sichtbare Stoßkante entsteht, wo sich die beiden Texturkanten treffen. Es gibt spezielle Sky Maps, die etwa ein Seitenverhältnis von 3:1 bis 4:1 haben, nahtlos gemacht sind und dann mit Tube Mapping auf die Welt gemappt werden. Diese Maps zusammen mit dem Tube Mapping können aber nur alles über dem Horizont abbilden. In Abbildung 7.11 ist ein Beispiel für solch eine Sky Map zu sehen, die Datei finden Sie unter `Welt/TubeWorldTexture.blend`.

blenderbuch.de

Abb. 7.11
Lichtstimmung und Spiegelung,
durch eine Sky Map erzeugt

Noch besser geeignet sind sogenannte Angular Maps, die dann als sog. Lightprobes oder als Hintergrundtextur verwendet die komplette Umgebung darstellen, also auch unterhalb des Horizonts. Dies kann als schnell zu schaffende Umgebung genutzt werden (z. B. für Testrenderings von Objekten oder für spiegelnde Objekte, die ohne Umgebung langweilig aussehen), aber auch um komplexe Umgebungslichter mit Environment Light zu simulieren. Hierbei wird es dann besonders interessant, HDR-Bilder (High Dynamic Range) zu verwenden, die einen höheren Dynamikbereich haben, als man am Bildschirm oder auf Papier darstellen kann.

Gute Informationen zu HDR-Lightprobes liefern die Seiten von Paul E. Debevec [DEBEVEC]. Dort sind auch die Quellen einiger der bekanntesten Lightprobes zu finden. Im Blender Artist Forum gibt es einige freie und sehr hoch aufgelöste Angular und Spherical Maps [SKYMAPS], solche findet man auch bei [HDRLABS]

Übung!   Laden Sie die Datei `Welt/Welttextur.blend`. Sie besteht aus einem spiegelnden Affenkopf auf einem Sockel. Erstellen Sie im World Context eine neue Welt und wählen Sie Real Sky im World-Panel. Wechseln Sie zum Aufbringen einer Textur in den Texture Context und erstellen Sie eine neue Textur vom Type: Image or Movie.

Laden Sie die Lightprobe `http://www.debevec.org/Probes/uffizi_probe.hdr` auf Ihre Festplatte und öffnen Sie sie durch Anklicken von Open in Blender. Stellen Sie das Mapping: auf AngMap und schalten Sie im Influence-Panel Horizon:, Zenith Up:, Zenith Down: an und Blend: aus.

Ein Rendern sollte jetzt einen realistisch mit Spiegelungen versehenen Affenkopf zeigen. Noch realistischer wird es, wenn Sie im World Context Environment Lighting mit Sky Texture einschalten und Ambient Occlusion mit Multiply verwenden. Gather sollte Approximate sein, für die Einstellungen orientieren Sie sich an Abschnitt 7.5 bis 7.7 . Experimentieren Sie in dieser Szene auch mit Indirect Light, den weiteren Lichtern und anderen Lightprobes.

7.12 Eine Frage der Perspektive: Die Kamera

In einer Blender-Szene können sich beliebig viele Kameraobjekte befinden, aber nur eine Kamera kann die aktive sein, aus deren Sicht auch gerendert wird. Dabei spielt es keine Rolle, ob der 3D View gerade eine Kameraansicht zeigt oder nicht.

Aktive Kamera   Um eine Kamera zur aktiven Kamera zu machen, selektieren Sie das Kameraobjekt und benutzen [Strg]-[Pad 0]. Der 3D View schaltet dann sofort auf die Kamera um. Mit [Pad 0] schalten Sie aus einer anderen Ansicht auf die gerade aktive Kamera um.

In Abbildung 7.12 sehen Sie den 3D View, wie er sich als Kameraansicht darstellt. Oben links sehen Sie die Beschriftung Camera Persp und ein dunkler Rahmen (Passepartout) grenzt die durch die Kamera sichtbare Fläche ein.

Im Camera Context finden Sie die Parameter für die Darstellung und die Art der Kamera. Focal Length: bestimmt die Brennweite der Kamera bzw. den Aufnahmewinkel, wenn Sie mit dem Menü auf Degrees umschalten.

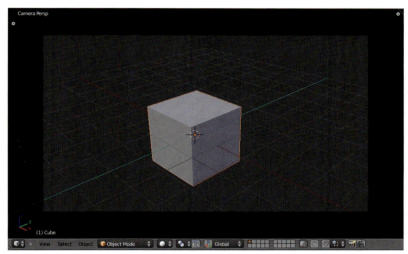

Abb. 7.12
Kameraansicht im 3D View

Mit Orthographic können Sie auf eine Kamera ohne Perspektive umschalten, was für bestimmte technische Illustrationen und das Rendern von Texturen mithilfe von Blender praktisch ist. Panoramic berechnet im Zusammenhang mit entsprechenden Bildseitenverhältnissen und einer weitwinkeligen Kamera Panoramen der Szene. Mittels der Shift:-Parameter ist es möglich, stürzende Linien im berechneten Bild zu vermeiden, eine beliebte Option bei Architekten.

Clipping: legt fest, in welchem Bereich vor der Kamera die Berechnung stattfinden soll. Nur Objekte innerhalb von Start: und End: sind auch sichtbar. Dies ist besonders bei groß skalierten Szenen zu beachten.

Bei Depth of Field: kann man die Lage des Schärfepunktes entweder mittels Distance: oder über ein Objekt, das durch die Auswahlliste definiert wird, einstellen. Die Lage des Schärfepunkts kann dann im Node Editor für die Berechnung von Tiefenschärfeeffekten (siehe Abschnitt 9.1.2) benutzt werden.

Im Display-Panel finden sich Einstellungen, die die Darstellung der Kamera in den 3D Views definieren. Limits visualisiert den Clipping:-Bereich der Kamera, Mist den Bereich, in dem Nebel berechnet wird (siehe Abschnitt 7.11.1).

Anzeigeoptionen

Die Option Safe Areas blendet einen zweiten Rahmen in die Kameraansicht ein, der angibt, in welchem Bereich auf garantiert allen (nach Norm) Fernsehern Titel oder Objekte vollständig zu sehen sind. Dieser Parameter wird durch moderne Fernseher, die immer das komplette Bild ohne Randbeschnitt (Overscan) zeigen, aber zunehmend uninteressanter.

Unter dem Menü Composition Guides verbergen sich Hilfslinien und Raster, die es nach Regeln der bildenden Kunst ermöglichen, die Szene leichter in gefällige Proportionen zu bringen. Die berühmteste ist sicher der Goldene Schnitt [GOLDEN].

Size: definiert die Größe des Kameraobjektes, wie es im 3D View gezeichnet wird.

Ein Passepartout erlaubt die bessere Beurteilung der Sicht auf die Szene, ohne von Objekten außerhalb der Kamerasicht abgelenkt zu sein. Die Passepartout-Option schaltet den abgedunkelten Rahmen um die Kameraperspektive an und ab. Mit Alpha: kann die Transparenz des Passepartouts gesteuert werden.

Name schaltet die Anzeige des Kameranamens im 3D View an, dabei erscheint der Name an etwas prominenterer Stelle als der Objektname.

Interaktive Ausrichtung der Kamera

Mit Pad 0 wird der aktuelle 3D View zu einer Kameraansicht, wie in Abbildung 7.12 dargestellt. Mit der Tastenkombination Strg - Pad 0 schalten Sie das aktuelle 3D-Fenster auf die selektierte Kamera um und machen sie zur aktiven Kamera.

Objekte als Kamera — Dies funktioniert auch mit beliebigen anderen Objekten, d. h., man kann aus der Perspektive einer Lichtquelle (vorzugsweise ein Spot) schauen und auch eine Berechnung durchführen, was bei der Ausleuchtung von Szenen extrem hilfreich ist.

Ausrichten der Kamera — Außerhalb der Kameraansicht kann die Kamera genauso wie jedes andere 3D-Objekt in Blender verschoben und rotiert werden. Hierbei bietet es sich an, zwei oder mehr 3D-Fenster geöffnet zu haben, um in einer Kameraansicht direkt die Auswirkungen der Transformationen zu sehen.

In einer Kameraansicht haben die Tasten G für das Verschieben und R zum Drehen besondere Bedeutung für die interaktive Positionierung der Kamera. Mit G verschieben Mausbewegungen die Kamera in der Kameraebene, die mittlere Maustaste schaltet auf eine Verschiebung in Blickrichtung um. Mit der rechten Maustaste werden die Änderungen verworfen, die linke bestätigt die Änderungen.

Im Rotationsmodus R einer Kameraansicht wird die Kamera um die Achse der Blickrichtung gedreht. Mit der mittleren Maustaste schaltet man in einen Modus, der die Blickrichtung der Kamera interaktiv ändert.

Mit Kameras zielen — Sie können eine Kamera auf ein animiertes Ziel fixieren, indem Sie die Kamera mit einem TrackTo Constraint versehen. Dazu wählen Sie erst das Zielobjekt an, dann mit gehaltener ⇧-Taste die Kamera. Dann erzeugen Sie mit Strg - T, T ein Track To Constraint. Die Kamera wird nun jeder Bewegung des Ziels mit der Blickrichtung folgen. Wenn Sie als Zielobjekt ein Empty benutzen, so haben Sie eine Kamera erzeugt, die in anderen Programmen »Zielkamera« genannt wird.

Flugmodus — Eine besondere Art, sich sowohl in der Szene zu bewegen als auch eine neue Kameraperspektive zu finden, ist die Fly Navigation, ein Modus, in dem man aus der Kameraansicht heraus durch die Szene fliegen kann. Die Fly Navigation wird durch ⇧ - F aufgerufen. Danach können Sie mit Mausbewegungen die Kamera schwenken und neigen. Mit den Tasten

W, S, A und D wird die Kamera beschleunigt bzw. abgebremst und zu den Seiten verschoben. Alternativ können Sie mit dem Scrollrad der Maus die Geschwindigkeit der Fahrt steuern. Haben Sie eine gute Perspektive gefunden, so drücken Sie Leerz. oder 🖱. Zum Abbruch der Fly Navigation, ohne die neue Kameraposition zu übernehmen, drücken Sie Esc oder 🖱.

Kamera umschalten

Möchte man innerhalb einer Animation (Szene) die Kamera umschalten, so kann man mehrere Blender-Szenen (siehe Abschnitt 4.9) anlegen und diese dann entweder per Batch oder über den Sequence Editor (siehe Abschnitt 9.2) rendern.

Für mittelgroße bis große Projekte oder Takes (Einstellungen) kann es praktisch sein, direkt während der Animation umschalten zu können. So kann ohne Renderzeit die Schnittabfolge besser beurteilt werden. Das Umschalten der Kameras geschieht, indem Marker in der Timeline mit Kameraansichten verbunden werden.

Laden Sie die Szene `Licht/KameraUmschaltung.blend`, es befinden sich drei benannte Kameras darin. Es sollte Frame 1 der Animation eingestellt sein; falls nicht, schalten Sie mit ⇧-← dorthin.

Übung!

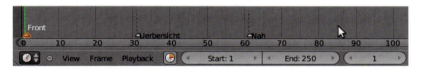

Bewegen Sie den Mauszeiger über das Timeline-Fenster und erzeugen Sie einen Marker mit M. Bleiben Sie weiterhin mit der Maus über dem Timeline Window und verbinden Sie mit Strg-B die aktuelle Kamerasicht mit dem Marker. Marker können übrigens mit 🖱 selektiert werden und Strg-M ruft dann einen Dialog zum Umbenennen des Markers auf.

Jetzt schalten Sie entweder mit den Cursor-Tasten oder durch 🖱-Klicken und Ziehen in der Timeline auf den Frame, an dem auf die nächste Kamera umgeschaltet werden soll. Wählen Sie die gewünschte Kamera im 3D View aus und machen Sie sie zur aktiven Kamera. Dann binden Sie mit der Maus über der Timeline mit Strg-B den Marker zur Kamera.

Jetzt können Sie mit ⇧-← zum ersten Frame zurückkehren und die Animation mit Alt-A abspielen. An den Markerpositionen sollte jetzt die Kamera umgeschaltet werden, dies natürlich auch beim Berechnen der fertigen Animation.

7.13 Das Materialsystem von Blender Intern Renderer

Materialien und Texturen definieren zusammen mit der Beleuchtung der Szene das Aussehen der Objekte. Ein Objekt kann noch so detailliert modelliert sein, ohne ein passendes Material ist es nur ein graues Etwas in einer Szene. Blender bietet mit seinen Material- und Textureditoren eine Vielzahl von Materialien und Effekten. Die Materialerstellung ist also ein wesentlicher Teil der Arbeit mit Blender, aber nicht leicht zu meistern. In diesem Einführungsbuch kann zwar nur ein genereller Überblick gegeben werden, er vermittelt Ihnen aber ein grundlegendes Verständnis und wird Sie zu eigenen Experimenten befähigen. Als weiterführende Literatur kann ich das Buch »Materialgestaltung mit Blender: Grundlagen – Planung – Umsetzung« [MATERIAL] von Thomas Hintz und Immanuel Günther empfehlen.

Versuchen Sie Materialien in Ihrer Umgebung nachzuahmen, vergleichen Sie die Ergebnisse mit der Realität und diskutieren Sie auftretende Fragen in den Internetforen [BP], [BA], wo auch ich gerne Ihre Fragen beantworte und mitdiskutiere.

Im Folgenden eine kleine Übung, um die grundlegende Arbeitsweise zur Materialvergabe zu verdeutlichen.

Übung!

blenderbuch.de

Erstellen Sie eine einfache Szene mit ein paar Grundobjekten, die gut in der Kameraansicht erkennbar sind, und beleuchten Sie die Szene. Alternativ laden Sie `Material/Material-Testszene00.blend`. Ein Testrendering sollte jetzt die Objekte gut beleuchtet in dunklem Grau zeigen. Blender verwendet dieses Basismaterial immer, wenn noch kein Material explizit zugewiesen ist.

Ist ein 3D-Objekt angewählt, das Materialien tragen kann (Mesh, Curve, Surface, Metaball, Text), so kann man auf den Material Context im Properties Window zugreifen. In der Abbildung oben sehen Sie den Material Context für ein Objekt mit dem Namen »Sphere«. Durch einen 🖱-Klick auf New erstellen wir jetzt ein neues Material. Der Material Context füllt sich mit Einstellungen, die wir jetzt genauer unter die Lupe nehmen.

Zuerst einmal sehen wir an der Zeile unter den Context-Icons, dass unser Objekt »Sphere« jetzt ein Material trägt. Jedes Objekt kann (theoretisch) beliebig viele Materialien tragen, die dann einzelnen Flächen zugeordnet sind. Zur Verwaltung dient die Liste, die momentan nur das Material »Material« enthält. Das Plus-Icon würde einen weiteren Material Slot hinzufügen, das Minus-Icon einen selektierten Slot entfernen. Hinter dem Icon mit dem Dreieck verbirgt sich ein kleines Menü, mit dem Materialien kopiert und eingefügt werden können.

In der Zeile unter den Material Slots befindet sich der schon aus anderen Bereichen bekannte Data Browse Button. Ein Klick auf das Material-Icon (roter Ball) öffnet eine Liste mit in der Szene verfügbaren Materialien. Durch ein Klick

auf den Namen des Materials kann der Name per Tastatur geändert werden – eine sehr sinnvolle Sache, um den Überblick in seinen Szenen nicht zu verlieren. Der F-Button erstellt einen Fake-User, so dass Blender diesen Materialblock nicht mehr als unbenutzt markiert und beim Laden der Szene löscht. Das Plus-Icon hier erstellt ein neues Material im selektierten Material Slot. Das X-Icon löscht das aktuelle Material. Der Knopf hinter dem Browse Button schaltet das Material für den Material Node Editor frei. Das folgende Menü bestimmt, ob das Material mit dem Objekt selbst oder mit dem Datenblock (Mesh) verknüpft ist.

Die Radio Buttons schalten den Materialtyp um zwischen Surface (normales Oberflächenmaterial), Wire (Drahtgitterdarstellung), Volume (Volumenmaterial wie z. B. Nebel und Rauch) und Halo (kleine Leuchtpunkte und Lensflares).

Vorschau

Im Preview-Panel wird eine Vorschau des Materials dargestellt. Über die Icons recht des Previews kann man als Vorschauobjekt eine Fläche, eine Kugel, einen Würfel, einen Affenkopf, Fasern/Haare und eine weitere Kugel (diesmal aber mit dem Welthintergrund) wählen.

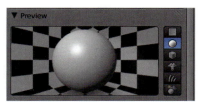

Im Diffuse-Panel können wir erstmalig etwas am Material ändern. Durch Anklicken des Farbfeldes ändert man über den dann erscheinenden Farbwähler die Farbe des Materials. Mit dem Anfasser im Farbkreis beeinflusst man dann den Farbton und die Sättigung im Farbkreis sowie

die Helligkeit mit dem Schieberegler in dem Grauverlauf. Weiterhin gibt es noch die Möglichkeit, per Schieberegler oder numerisch die Farbe nach dem RGB- oder HSV-Farbmodell zu wählen. Für Webentwickler praktisch ist die Möglichkeit, die Farbe nach den Hexadezimalwerten zu wählen. Hier ist auch Copy & Paste möglich. Schließlich gibt es noch eine Pipette, mit der eine Farbe aus einem beliebigen Blender-Fenster geholt werden kann.

Intensity: gibt an, wie viel des gesamten, auf die Fläche einfallenden Lichts diffus reflektiert wird.

7.13.1 Shader der diffusen Reflexion

Diffuse Reflexion im Gegensatz zu Reflexion an Spiegeln bedeutet, dass eintreffendes Licht komplett gleichmäßig in alle Richtungen zurückgeworfen wird. Die Helligkeit eines Punktes ist dabei von der Position des Betrachters unabhängig. Dadurch erscheinen Oberflächen matt. Die Menge des einfallenden Lichts auf das Objekt hängt natürlich von der Position der Lichtquelle ab. Daraus ergeben sich dann die Helligkeitsverläufe auf der Oberfläche, das »Shading«.

Über den Menu Button können die fünf verschiedenen Shader für die diffuse Reflexion gewählt werden, die ungewöhnlichen Namen rühren von den Entdeckern der Verfahren her.

Lambert

Dies ist Blenders Standard-Diffuse Shader und für sehr viele Materialien geeignet. Er bietet lediglich die Standard-Parameter.

Oren-Nayar

Der Oren-Nayar Shader benutzt einen physikalisch etwas korrekteren Ansatz, um die diffuse Reflexion zu beschreiben, weil er die mikroskopische Rauheit von Oberflächen mit einbezieht. Der Roughness:-Parameter steuert diesen Effekt. Starten Sie mit Werten unter 0.5 und erhöhen Sie den Wert langsam bis zum gewünschten Effekt.

Toon

Dieser Shader ist nicht dafür gedacht, die Realität nachzuahmen, sondern um ein zeichentrickähnliches Material mit klaren Schattengrenzen und gleichmäßig beleuchteten und im Schatten liegenden Bereichen zu erstellen. Trotzdem ist er relativ simpel und benötigt nur zwei weitere Parameter, die die Größe der beleuchteten Bereiche (Size:) und die Schärfe der Schattengrenzen (Smooth:) definieren.

Minnaert

Dieser Shader entspricht dem Lambert Shader, besitzt aber noch einen weiteren Parameter: Darkness:. Darkness-Werte größer 1 dunkeln Flächen in direkter Draufsicht ab, wodurch das Material ein samtiges Aussehen erhält. Um die gleiche Gesamthelligkeit zu erreichen, müssen Sie den Intensity:-Wert entsprechend erhöhen. Darkness:-Werte kleiner als 1 hellen Flächen, die schräg zur Ansicht ausgerichtet sind, auf, wodurch das Material metallischer erscheint.

Fresnel

Flächen, die vom Licht im flachen Winkel getroffen werden, werden durch den Fresnel Shader besonders aufgehellt. Der Parameter Fresnel: steuert dabei den Fresnel-Effekt von 0.0 bis 5.0. Factor: kann genutzt werden, um den Effekt (auch bis zur physikalischen Unmöglichkeit) zu vervielfältigen.

7.13.2 Specular Shader: Glanzlichter

Glanzlichter auf berechneten Objekten sind im Prinzip nur Annäherungen für Spiegelungen von hellen Lichtquellen auf realen Objekten. Da diese Spiegelungen kaum eine gegenständliche Form annehmen, lassen sie sich täuschend echt durch verschiedene Shader nachahmen, ohne eine echte Spiegelung berechnen zu müssen. Entgegen der diffusen Reflexion sind die Specular Shader von der Betrachtungsrichtung abhängig.

Über das Farbfeld kann die Farbe des Glanzpunktes eingestellt werden. Hier sollte in nahzu allen Fällen Weiß zum Einsatz kommen. Nur in Spezialfällen wird man die Farbe ändern, z. B. bei Metallen, die dazu tendieren, farbige Glanzlichter zu haben, oder wenn man ein Buch farbig druckt.

Hauptparameter ist immer Intensity:, was die Helligkeit (Anteil des reflektieren Lichts) des Glanzpunktes einstellt.

CookTorr

Der CookTorr (Cook-Torrance) Shader ist ein grundlegender Glanzlicht-Shader, der hauptsächlich für glänzende Kunststoffoberflächen geeignet ist. Er ist ein etwas optimierter Phong Shader. Hardness: bestimmt die Größe und Schärfe des Glanzpunktes.

Phong

Phong ist ein Basis-Glanzlicht-Shader, dem CookTorr sehr ähnlich, aber besser für Haut und organische Stoffe geeignet. Hardness: bestimmt die Größe und Schärfe des Glanzpunktes.

Blinn

Sehr gut zum Diffuse-Shader Oren-Nayar passend. Hardness: bestimmt die Größe und Schärfe des Glanzpunktes. Durch den zusätzlichen Parameter IOR:, der eine Art Brechungsindex angibt, können mit diesem Shader recht realitätsnahe Glanzlicher erzeugt werden.

Toon

Passend zum Toon Diffuse Shader. Glatte, scharf abgetrennte Glanzlichter, Parameter wie beim Diffuse- Shader Toon.

Wardlso

»Ward Isotropic Gaussian Specular Shader«. Statt Hardness kommt hier der Parameter Slope: zum Einsatz, der bei niedrigen Werten extrem kleine und scharf abgegrenzte Glanzlichter erzeugen kann. WardIso ist ein flexibler Glanzlicht-Shader für Metall und Plastik.

Übung!

Sie sollten jetzt einmal die Szene `Material/MaterialTestszene00.blend` laden oder Ihre eigene Szene benutzen und einige Materialoptionen ausprobieren. Versuchen Sie Farben und Glanzlichter von einfachen Materialien in Ihrer Umgebung nachzuahmen. Ändern Sie auch die Beleuchtung wie in Kapitel 7.1 beschrieben, um zu sehen, wie die Beleuchtung das Aussehen des Materials beeinflusst. Bei all Ihren Versuchen sollten Sie aber daran denken, dass die wenigen Grundparameter, die wir bisher von Materialien kennen, keine Wunder an Fotorealismus bringen, aber sehr wohl das stabile Fundament für Materialien sind.

7.13.3 Weitere Material-Parameter

Shading-Panel

Der Parameter Emit: sorgt dafür, dass das Objekt selbst Licht abstrahlt. Dies kann für selbstleuchtende Objekte oder Spezialeffekte in Materialien benutzt werden. Dabei ist zu bedenken, dass andere Objekte nicht von dem Licht beleuchtet werden, solange die World Context-Option Indirect Light nicht benutzt wird (siehe Abschnitt 7.7).

Ambient: steuert, wie viel Umgebungslicht (World Context) das Objekt reflektiert, somit wird ein Feintuning für Objekte, die z. B. im Dunkeln liegen, möglich.

Translucency: bestimmt, wie viel Licht durch das Objekt dringt und die Rückseite erhellt.

Shadeless schaltet die Beleuchtungsberechnung komplett aus, das Material erscheint wie 100 % homogen ausgeleuchtet. Dies kann für Spezialeffekte und mit Fototexturen versehende Objekte verwendet werden.

Die Tangent Shading-Option sorgt für einen extrem anisotropen Shader, d. h., das Licht wird stark in eine bevorzugte Richtung reflektiert und nicht in alle Richtungen gleichmäßig. Typische Anwendungen sind gebürstetes Metall oder eine CD.

Die Option Cubic Interpolation sorgt für eine sanftere Interpolation im Diffuse und Specular Shader.

Shadow-Panel

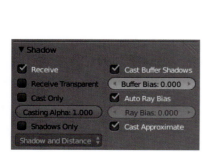

Im Shadow-Panel werden die Optionen, die für Schattenberechnung und Darstellung verantwortlich sind, eingestellt. Dies geschieht natürlich nur in direktem Zusammenhang mit den Optionen aus Abschnitt 7.4 . Viele der hier genannten Optionen dienen dazu, eine Szene mit Spezialeffekten zu versehen oder der Physik ein Schnippchen zu schlagen.

Durch Abwählen von Receive kann ein Material vom Schattenempfang ausgeschlossen werden. Receive Transparent sorgt dafür, dass das Material durch transparente Objekte verursachte Schatten empfängt. Shadows Only stellt das Material nicht mehr dar, nur die empfangenen Schatten werden noch angezeigt. In dem Menü unter der Shadows Only-Option kann noch die Berechnungsmethode eingestellt werden. Shadow and Distance ist die alte und kompatible Methode für Blender-Szenen vor 2.6x. Shadow Only ist eine neue Methode, die wirklich nur den Schatten betrachtet und besser für das Compositing geeignet ist. Shadow and Shading schließlich produziert auch dort, wo kein direkter Schatten, aber wenig Licht ist, einen Effekt.

Cast Only sorgt dafür, dass ein Objekt unsichtbar ist, aber trotzdem Schatten verursacht. Durch Casting Alpha: kann für Deep- und Irregular-Schatten die Transparenz des Schattenwurfs eingestellt werden.

Cast Buffer Shadow schaltet die Schattenberechnung für Buffer-Schatten ein oder aus. Mit Buffer Bias: kann der Bias-Wert der Lichtquelle noch moduliert werden. Auto Ray Bias und die dazugehörige Ray Bias:-Einstellung bekämpfen Renderfehler bei Raytrace-Schatten, wenn Licht in sehr flachem Winkel auf das Objekt scheint. Wird Cast Approximate abgeschaltet, so verhindert es, dass Objekte bei Approximate-Ambient-Occlusion-Schatten auf dem Material entstehen.

Options-Panel

Die meisten Einstellungen im Options-Panel sind für fortgeschrittene Anwendungen oder Spezialfälle interessant. Sofern nötig, werden diese Optionen in den entsprechenden Kapiteln besprochen. Hier möchte ich nur Traceable erwähnen, was das Material von jeglicher Raytracing-Berechnung ausnimmt, sowie Use Mist, mit dem man steuern kann, ob das Material von Nebel beeinflusst wird.

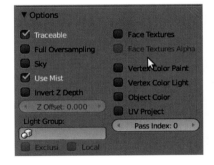

7.13.4 Ramp-Option

Sowohl Diffuse als auch Specular Shader bieten die Ramp-Option.

Viele Materialien, z. B. Haut oder Metall, zeigen Farbvariationen abhängig von der Lichtmenge, die die Oberfläche trifft, oder von der Richtung des Lichteinfalls. Diese und ähnliche Effekte lassen sich mithilfe eines Ramp Shaders simulieren. Im Prinzip wird hier nur ein beliebig komplizierter Farbverlauf inklusive Transparenz definiert und dann bestimmt, auf welche Parameter des Materials, der Materialfarbe und der Texturen er dann wirkt. Dies geschieht über die Optionen Input: und Blend:, deren Verständnis der Schlüssel zu guten Ramp-Materialien ist.

Da die Texturen vor dem Shading aufgebracht werden, können die Ramps die Texturen vollständig ersetzen oder mit ihnen verrechnet werden. Das geschieht zum einen über Alphawerte der Textur selbst, zum anderen über die Blending Modes und über den Blend-Faktor. Ramp Shader sind also eine zusätzliche Möglichkeit, das Material des Objektes zu beeinflussen. Alle anderen Materialoptionen bleiben erhalten.

Der Factor:-Wert bestimmt die generelle Stärke des Ramp-Effekts.

Colorband

Das Colorband, also Farbband, ist Blenders Farbverlaufeditor, dem Sie auch an anderen Stellen begegnen.

Die Striche auf dem Colorband stellen jeweils eine Farbe und Transparenz, also einen Farbwert (RGBA) dar.

Durch Add wird ein Farbwert hinzugefügt, durch Delete ein selektierter gelöscht. Die Selektion erfolgt mit 🖱 oder dem Number Button. Der aktive Wert wird gestrichelt angezeigt.

Jeder Strich auf dem Colorband kann durch 🖱-Click & Drag verschoben werden. So können auch die Positionen der Farbwerte gewechselt werden. Die aktuelle Position wird als Pos: angezeigt und kann dort auch numerisch geändert werden. Durch Klick auf das Farbfeld wird die Farbe zum aktuellen Wert gewählt. Der Alphawert bestimmt hier nicht die Transparenz des Materials, sondern die Stärke des Ramp-Effekts.

Blender interpoliert die Werte von einem Wert zum nächsten entsprechend dem eingestellten Interpolationstyp. Mit dem F-Knopf kann das Colorband umgedreht (Flip) werden.

Input

Für den Input: stehen vier Möglichkeiten zur Verfügung. Die ersten drei Möglichkeiten berechnen den Ramp Shader pro Lampe!

Shader:

Die Richtung des Lichteinfalls bestimmt die Farbe. Dabei entspricht die Position ganz rechts im Colorband einem senkrecht (orthogonal) zur Fläche auftreffenden Licht. Die Position links entspricht tangential (streifend) einfallendem Licht.

Energy:

Hier wird die Energie des einfallenden Lichts als Grundlage für den Shader verwendet. Je weniger Lichtenergie auf die Oberfläche trifft, desto mehr wird der linke Teil des Farbverlaufs berücksichtigt; je mehr Energie, desto stärker wird der rechte Teil berücksichtigt. Die Energie des Lichteinfalls ist sowohl von der Entfernung, von der Stärke der Lichtquelle als auch von dem Distance:-Parameter der Lichter abhängig.

Normal:

Die Flächennormale (relativ zur Kamera) wird benutzt. Ist die Blickrichtung orthogonal zur Fläche, wird die Farbe rechts aus dem Verlauf dargestellt, ist sie tangential zur Fläche, wird die Farbe links aus dem Verlauf benutzt.

Result:

Die Gesamthelligkeit (Energie) aller Lampen (die anderen Optionen arbeiten pro Lampe) wird als Grundlage für den Verlauf benutzt. Je dunkler die beleuchtete Fläche, desto stärker wird der linke Wert im Farbverlauf berücksichtigt; je heller, desto mehr der rechte Wert. Dieses Berechnung wird am Ende der Shading-Kette durchgeführt. Daher ist die komplette Kontrolle über das Ergebnis möglich, was für Toon-Shader oder mit geringen Alphawerten (oder Factor:) für einen Feinschliff des Material benutzt wird.

Blend:

Im Blend:-Menü kann man eine der 17 Arten einstellen, wie das Ergebnis des Ramp Shader mit dem Grundmaterial überblendet wird. Übliche Einstellungen sind hier z. B. Add, was die Farbwerte addiert, oder Multiply, bei dem eine Ramp von Schwarz nach Weiß die Grundfarbe von 0 bis 100 % moduliert.

7.14 Strukturen: Texturen

In der Realität gibt es kaum Oberflächen, die so ideal glatt und einfarbig sind, dass sie mit den Parametern aus dem vorherigen Abschnitt zufriedenstellend nachgebildet werden können. Daher verwendet man in der 3D-Grafik sogenannte Texturen, die komplexe Farbgebungen der Oberflächen und Materialstrukturen simulieren. In Blender gibt es drei grundsätzliche Arten von Texturen, die auch in Kombination auf einem Material vorkommen können:

Intensity Texture
    Gibt einen Wert zurück, der die Intensität eines Oberflächenparameters (wie z. B. Glanz, Reflexionseigenschaften, Transparenz, Oberflächenrauheit etc.) bestimmt.

RGB Texture
    Gibt einen Farbwert zurück. Neben dem offensichtlichen Nutzen als Farbe der Oberfläche kann so ein Wertetripel auch als mathematischer Vektor benutzt werden, um komplexe Oberflächenstrukturen zu steuern (Normal Map).

Point Density/Voxel Data

Diese speziellen Texturtypen geben 3D-Daten an ein Volumenmaterial
weiter. Dies wird u. a. für Blenders Rauchsimulation oder die Visualisierung medizinischer Daten eingesetzt.

Unter diesen drei Möglichkeiten reihen sich alle in Blender verfügbaren
Texturen ein. Eine ausführliche Beschreibung der Texturtypen folgt etwas
später in diesem Kapitel.

7.14.1 Material mit einer Textur versehen

Übung!

Als kurzen Einstieg in die Arbeit mit Texturen werden wir nun den Affenkopf aus dem Abschnitt 7.13 mit einer Textur versehen. Laden Sie die Mate-
rial-Beispielszene erneut und versehen Sie das Objekt mit einem Material,
dem sie eine Farbe geben.

Bei selektiertem Ob-
jekt wechseln Sie aus dem
Material Context in den
Texture Context. Diese Ansicht sollte Ihnen noch aus
dem Materialabschnitt entfernt bekannt vorkommen.
Nur geht es jetzt nicht um
Material Slots, sondern um
Texture Slots. In der ersten
Zeile unter den Icons wird
ersichtlich, dass wir uns in der Baumstruktur noch eine Ebene weiter oben
befinden. In der Szene gibt es ein Objekt Monkey, das ein Material trägt,
welches wir gleich mit einer Textur versehen.

Durch einen 🖱-Klick auf New erstellen wir jetzt eine neue Textur. Der
Texture Context füllt sich daraufhin mit Einstellungen, die wir später genauer unter die Lupe nehmen.

Jedes Material kann praktisch unbegrenzt viele Texturen tragen. Zur Verwaltung dient die Liste, die momentan nur die Textur »Texture« enthält. Die
beiden hellen Pfeile rechts verschieben den gewählten Texture Slot nach
oben und unten. Hinter dem Icon mit dem Dreieck verbirgt sich ein kleines
Menü, mit dem Texturen kopiert und eingefügt werden können.

In der Zeile unter den Material Slots befindet sich der schon aus anderen
Bereichen bekannte Data-Browser. Ein Klick auf das Textur-Icon (Schach-
brett) öffnet eine Liste mit in der Szene verfügbarer Texturen. Durch ein
Klick auf den Namen der Textur kann man den Namen per Tastatur ändern – eine sehr sinnvolle Sache, um den Überblick in seinen Szenen nicht
zu verlieren. Der F-Button erstellt einen Fake-User, so dass Blender diesen
Texturblock, auch ohne dass er benutzt wird, beim Laden der Szene nicht

mehr löscht. Das Plus-Icon hier erstellt eine neue Textur in dem selektierten Material Slot. Das X-Icon löscht die aktuelle Textur aus dem Texture Slot.

Über den Texture Slot kann noch gewählt werden, in welchem Context (Material, World oder Brush) die Texturen verwendet werden sollen.

Als Standard-Texturtyp hat Blender eine Cloud-Textur hinzugefügt. Wenn Sie jetzt einen Testrender mit F12 starten, wird das Objekt in seiner Materialfarbe gemischt mit einer Wolkentextur in Violett erscheinen.

Sie sollten nun die Textur mit einem sinnvollen Namen versehen, denn eine gute Namensgebung erleichtert die Arbeit erheblich, insbesondere in komplexeren Szenen.

Im Influence-Panel befindet sich die Möglichkeit, die Farbe einzustellen (jetzt Lila). Sie erreichen das Panel durch Runterscrollen mit dem Mausrad oder durch 🖱-Halten plus vertikale Mausbewegungen.

7.14.2 Panels im Texture Context

Preview

Im Preview-Panel des Texture Context wird standardmäßig die Textur dargestellt. Durch Wahl von Material kann aber auch nur das Material dargestellt werden, durch Both sowohl Textur als auch Material nebeneinander. Die Icons rechts schalten zwischen den verschiedenen Vorschauobjekten um: Fläche, Kugel, Würfel, Affe, Haare und Kugel mit Welthintergrund. Show Alpha zeigt die Textur inkl. der Alphawerte an.

Colors

Das Colors-Panel dient dazu, die Farben oder Intensität der Textur anzupassen. Die Werte R:, G: und B: ändern die Farbbalance, Brightness: die Helligkeit, Contrast: den Kontrast und Saturation: die Farbsättigung.

Über den Knopf Ramp wird ein Colorband eingeschaltet, das dazu dient, die Intensitätswerte einer Textur in Farben umzuwandeln. Somit kann man auch aus jeder Intensitätstextur eine Farbtextur machen.

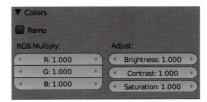

Mapping

Das Menü Coordinates: definiert, wie die Input-(Eingabe-)Koordinaten der Textur bestimmt werden:

Global

Globale Texturkoordinaten, auf die globalen Achsen der Szene bezogen.

Object

Ein Objekt, dessen Name im Eingabefeld rechts von diesem Knopf einge-geben werden kann, ist die Quelle der Texturkoordinaten. Dieses Objekt (auch ein Empty) kann rotiert werden, um die Textur zu drehen.

Generated (Standardeinstellung)

Texturkoordinaten kommen vom Objekt, auf dem die Textur ist. Dieses Objekt ist im Allgemeinen die Bounding Box, d. h. ein das Objekt um-schließender Quader.

UV

Die Texturkoordinaten kommen von einer NURBS-Oberfläche oder von einem UV-Mapping. Bei Verformungen der Oberfläche passt sich die Textur genau an.

Strand/Particle

Die X-Texturkoordinate wird von Haaren bestimmt (2D entlang der Wachstumsrichtung) oder vom Lebensalter von Partikeln bzw. die Y-Texturkoordinate von der Position von Trail-Partikeln.

Window

Renderwindow-Koordinaten dienen als Texturkoordinaten; sie sind ins-besondere für die Integration von 3D-Objekten in Bilder oder Filme ge-eignet.

Normal

Normalenvektoren der Flächen dienen als Texturkoordinaten zum Erzie-len von Spiegelungseffekten mit vorberechneten Bildern.

Reflection

Reflexionsvektoren der Flächen dienen als Texturkoordinaten. Insbeson-dere mit Reflectionmap- oder Environment-Texturen können so Spiege-lungen auf Objekten simuliert werden.

Stress

Generiert bei (animierten) Verformungen des Objektes je nach Stärke der Verformung einen Texturwert.

Tangent

   Optische Tangente. Hiermit werden Materialien wie gebürstetes Metall
   oder Schallplatten möglich, bei denen die Glanzpunke einer bestimmten
   Richtung folgen.

Für Texturen, die nur zweidimensionale Koordinaten liefern (z. B. der Tex-   *Mapping*
turtyp Image or Movie), ist es nötig, die 2D-Koordinaten in 3D-Koordinaten
umzuwandeln. Dieses »Mapping« oder Projektion genannte Verfahren findet besonders beim Aufbringen von Bildern auf Objekte seine Anwendung.
Für besonders komplexe Mappings empfiehlt sich das UV-Mapping, das in
einem eigenen Abschnitt (7.16) behandelt wird.

   Das Menü neben Projection: definiert das Mapping, die Einstellung Flat
ist für ebene Flächen wie Böden, Wände oder Ähnliches gedacht, Cube für
Objekte mit möglichst rechten Winkeln zwischen den Seiten, Tube für zy-
linderförmige Objekte und Sphere für runde, kugelähnliche Objekte. Die
weiteren Parameter erlauben es, die Textur zu verschieben (Offset: X,Y,Z)
und zu skalieren (Size: X,Y,Z). Diese Einstellungen können auch interaktiv
mit der Maus am Objekt vorgenommen werden. Dazu selektieren Sie das
Objekt und drücken die Tasten ⇧ - T : Jetzt kann der Texturbereich als ge-
strichelter Würfel verschoben werden. Möchten Sie skalieren, so schalten
Sie mit S um.

   From Dupli sorgt dafür, dass die Texturkoordinaten nicht vom duplizieren
Objekt, sondern vom Parent-Objekt (Elternobjekt) kommen.

   Mit den Achsenmenüs können Achsen getauscht oder komplett (None)
abgeschaltet werden.

Influence

Im Influence-Panel wird definiert, welche Parameter des Materials von der
Textur beeinflusst werden. Hierzu gibt es immer einen Toggle Button, mit
dem der Einfluss schnell abgeschaltet werden kann, und einen dazugehöri-
gen Faktor, der die Stärke des Einflusses bestimmt. Hierbei bedeuten negative Werte die Umkehrung des Einflusses. Die Namen der Einflussgrößen
entsprechen denen im Material Context.

   Die Einflussgröße Normal: sorgt per Shading Trick dafür, dass Oberflächen je nach Texturintensität Unebenheiten bekommen. Dieses Verfahren
wird bei anderen Programmen oft Bump Mapping genannt. Displace: dagegen versetzt die Vertices tatsächlich je nach Texturintensität. Für eine genauere Steuerung des Displacements kann auch der Displacement Modifier
benutzt werden.

   Mit den Blend:-Menü wird bestimmt, auf welche Art die Material-
Parameter von den Texturwerten moduliert werden. Negative invertiert
den Effekt der gesamten Textur. Ist RGB to Intensity eingeschaltet, so wird
die Textur zu einer Intensitätstextur. Im Farbfeld kann die Farbe bestimmt
werden, mit der Graustufentexturen eingefärbt werden.

DVar: moduliert die Einflusswerte von Color:, Ambient:, Emit:, Alpha:, Ray Mirror:, Translucency: und Hardness:.

Mit den Menüs von Bump Mapping: kann zwischen verschiedenen Bump-Mapping-Verfahren umgeschaltet werden. In alten Dateien wird noch der jeweilige kompatible Code verwendet, um Unterschiede beim Rendern zu vermeiden. Für neue Szenen sollten Sie natürlich Best Quality verwenden. Die Space:-Option gibt an, ob die Bump Map basierend auf dem Objekt (die sicher häufigst verwendete Option), dem View oder der Textur selbst berechnet werden soll.

Die Texturen in den Texturkanälen können völlig von einer Textur in einem höheren Kanal überdeckt werden. Mit dem Knopf Stencil kann man dies verhindern. Überall dort, wo die Textur mit aktiviertem Stencil einen Wert hat, kann keine weitere Textur einen Einfluss haben.

Ein Beispiel für ein solches Material ist die Datei `Material/Stencil.blend`. Komplexere Textur- und Materialmischungen können und sollten auch mit dem Node Editor für Materialien und Texturen erzielt werden (siehe Abschnitt 7.20).

7.14.3 Texturtypen

In Blender sind verschiedene Texturtypen verfügbar, die im Folgenden kurz aufgelistet werden. Jeder Texturtyp bringt sein eigenes Panel in den Texture Context, in dem die Textur genau eingestellt werden kann.

Image

Image ist ein sehr häufig verwendeter Texturtyp. Er bildet ein Bild (in den von Blender unterstützten Bild- und Animationsformaten) auf dem Objekt ab.

Environment Map

Umgebungsmap, um Reflexionen und Refraktion ohne Raytracing zu simulieren.

Clouds

Wolkentextur zur Generierung von Wolken, Rauch, Feuer, aber auch als Bump Map einsetzbar.

Wood

Zur Generierung von holzähnlichen Strukturen in Streifen und Ringformen jeweils glatt oder mit Turbulenz.

Marble

Marmorähnliche Strukturen

Magic

Bunte, zelluläre Strukturen

Blend

Farbverläufe, linear, radial etc. – so einfach und doch so vielseitig einsetzbar.

Point Density

Steuern von Volumenmaterialien mittels Partikelsystem oder den Vertices eines Mesh.

Voxel Data

Steuern von Volumenmaterialien mittels Daten aus der Rauchsimulation, durch Bilddaten medizinischer Scanner oder Blender Voxel.

Stucci

Zur Generierung von Oberflächenrauheiten mit Bump Maps.

Noise, DistortedNoise, Voronoi, Musgrave

Verschiedene, sehr weit variierbare prozedurale (Rausch-)Texturen. Mit Noise wird ein Rauschen erzeugt, das in jedem (!) Frame der Animation anders ist.

7.15 Die Bildtextur

Die Bildtextur (Image Texture) ist sicherlich eine der am häufigsten benutzen Texturtypen. Durch das Aufbringen von fotografierten oder (in Bildbearbeitungen) generierten Bildern erzielt man schnell einen sehr realen Anblick. Die Texturen können in allen von Blender unterstützten Formaten vorliegen. Das heißt, es sind auch animierte Texturen möglich (z. B. für einen Fernseher); sie bestehen entweder aus Reihen von Bildern oder aus einem großen Videofilm.

Im der folgenden Übung werden wir einen Tisch mit einer Holztextur versehen. Zu diesem Zweck müssen wir zuerst aus einfachen Grundobjekten (Würfel, Zylinder) einen Tisch bauen. Für die Tischplatte skalieren Sie einen Würfel ungleichmäßig (🖱 oder Taste Z), bis die Platte den gewünschten Abmessungen entspricht. Alternativ ist es auch möglich, von einer Fläche (Plane) ausgehend die vier Vertices in die Tiefe zu extrudieren. Ich bin bei dem Tisch in Abbildung 7.13 diesen Weg gegangen, um zusätzlich eine Fase am Tischrand anzubringen, Beveln ist natürlich erlaubt. Insgesamt wurden also die vier Vertices dreimal mit E im Edit Mode extrudiert und dabei entsprechend skaliert.

Übung!

Abb. 7.13
Aufbau des Tisches

Die Tischbeine entstanden aus einem skalierten Zylinder. Die Enden können offen bleiben (Cap End abschalten), wenn Sie den Tisch nicht umstoßen möchten. Sie sollten die Kopien der Beine mit Alt-D (siehe Abschnitt 4.13) erstellen: Dies erzeugt neue Objekte, die mit dem Ausgangsobjekt das Polygonnetz gemeinsam haben. Wenn nun alle Beine dünner gemacht werden sollen, so wählt man ein beliebiges Bein aus und ändert es im Edit Mode (!): Damit ändern sich auch die anderen Tischbeine.

Ähnlich verfährt man mit den Brettern zwischen den Tischbeinen. Auch hier wird ein Brett erzeugt und die restlichen mit Alt-D kopiert.

Da aber hier nicht alle vier Bretter gleich groß sind, wird die Skalierung außerhalb des Edit Mode vorgenommen. Diese Transformation ist eine Objekteigenschaft und beeinflusst die Polygondaten, die alle Bretter teilen, nicht.

Material   Selektieren Sie die Tischplatte und wechseln Sie in den Material Context, wo Sie mit dem Button New ein neues Material erzeugen;

benennen Sie das Material sinnvoll. Die weiteren Parameter des neuen Materials interessieren uns jetzt noch nicht weiter. Wechseln Sie daher direkt in den Texture Context und erzeugen Sie mit dem Button New eine neue Textur. Als Type: wählen Sie Image or Movie. Jetzt klicken Sie Open im Image-Panel und wählen im erscheinenden Dateifenster die Textur Material/textures/planken.jpg von meiner Website.

Pfadangaben

Die Textfelder für Pfadangaben in Blender erlauben auch relative Pfade, mit denen eine Szene nicht mehr von der Lage auf dem Speichermedium abhängig ist. So kann eine Textur mit //textures/ als Pfad aus dem Verzeichnis texures im aktuellen Verzeichnis geladen werden. Das aktuelle Verzeichnis ist immer das, in dem die Blender-Szene gespeichert wurde.

Die Szene kann dann (zusammen mit dem textures-Verzeichnis) verschoben werden, ohne dass Probleme mit absoluten Pfadnamen auftreten. In diesem Zusammenhang ist auch der relative Pfad ».. « wichtig. Er bezeichnet ein Verzeichnis eine Ebene höher als das aktuelle.

Eine Testberechnung mit F12 sollte jetzt schon die Tischplatte mit der darauf befindlichen Textur zeigen, allerdings ist das Holz noch viel zu glänzend.

Testberechnung

Wechseln Sie wieder in den Material Context und ändern Sie die Parameter Intensity: im Specular-Panel (nicht im Diffuse-Panel!) auf etwa 0.100 und Hardness: auf einen Wert unter 15. Wenn Sie nahe mit der Kamera an die Tischplatte herangehen möchten, kann es sinnvoll sein, auch Normal: im Influence-Panel für die Textur zu aktivieren, was eine gewisse Oberflächenrauheit simuliert. Um den Effekt zu prüfen, können Sie das Material ohne die Farbe der Textur rendern, indem Color: ausgeschaltet wird. Ist der Effekt zu stark, so kann er über den Regler Normal: verändert werden (für diese Textur etwa von 1.0 auf 0.1). Oft ist es ohne Weiteres möglich, die (Foto-) Textur auch als Bump Map (Normal Map) zu benutzen. Für komplexere Materialien wird man aber eine speziell bearbeitete Textur verwenden, die dann allein die Normal Map steuert.

Bei genauerer Betrachtung der Kanten des Tisches fällt noch auf, dass hier die letzten Texturpixel einfach weitergeführt werden; dies ist durch die Standard-Projection: Flat verursacht. Im Falle von Holz kann das gut aussehen, weil es an die Maserung im Sägeschnitt erinnert. Für sehr genaue Objekte müsste hier aber eine weitere Textur aufgebracht werden, die perfekt an die andere Textur anschließt.

Für die Bretter unter dem Tisch erzeugen Sie ein weiteres Material und versehen es mit der Textur textures/brett.jpg. Wenn Sie die Bretter mit Alt-D kopiert haben, so besitzen jetzt alle Bretter dieses Material. Im Texture Context sollte jetzt Projection: Cube für die Koordinatentransformation des Bildes aktiviert werden (im Mapping-Panel). Das sorgt dafür, dass das Bild auf alle Seiten der Bretter aufgebracht wird.

Eine bequeme Methode, um für die Füße das Material zu erzeugen, ist einem Bein zuerst das Brettermaterial zuzuweisen. Da wir aber noch das

Mapping anpassen müssen, sollten Sie jetzt durch Anklicken der Ziffer hinter dem Materialnamen das Material als »Single User« festlegen. Jetzt werden sich Änderungen am Material nicht mehr auf die Bretter auswirken. Vergessen Sie nicht, das Material umzubenennen.

Wechseln Sie wiederum in den Texture Context und setzen Sie für die Textur ebenfalls Single User durch Anklicken der Ziffer im Browse Button. Dann stellen Sie Projection: Tube ein. Im Image Sampling-Panel sollte jetzt noch Flip X/Y Axis eingeschaltet werden, um die Textur korrekt auszurichten.

Quellen für Bildtexturen

Im Internet sind viele Texturen und Hintergrundbilder zu finden. Allerdings sollten Sie sich die jeweiligen zu beachtenden Lizenzbedingungen genau durchlesen und das Urheberrecht immer genau beachten, bevor Sie die Textur für ein Projekt einsetzen. Viele dieser Sammlungen sind nur für den privaten Einsatz gedacht oder haben sonstige Einschränkungen. Einige Sammlungen sind gerade für die Verwendung in Open-Source-Projekten nicht geeignet, da die Weiterverbreitung der Bilder ausgeschlossen ist, eine Weitergabe aber genau der Kernpunkt von Open Source ist.

Eigene Texturen erstellen

Früher oder später wird auch der Wunsch entstehen, eigene Texturen zu erstellen, was dank der preiswerten Digitalkameras heutzutage sehr einfach ist. Und schneller als mit einer Digitalkamera wird man auch nicht zu eigenen Texturen kommen. Zur Nachbearbeitung der Texturen sind dann gängige Bildbearbeitungen nötig, die oft Scannern oder Digitalkameras beiliegen oder als Freeware oder Open Source zu bekommen sind.

Im Anhang finden Sie ein paar generelle Tipps zu Bildbearbeitungen und der Erstellung von Texturfotos.

7.16 Materialien und UV-Texturen für Echtzeit und Rendering

Bei komplexen Objekten mit Fototexturen wird die Platzierung von Texturen immer schwieriger, je mehr Texturen verwendet werden. Außerdem versagen die automatischen Projektionen oft bei komplexen Objekten.

Daher wurde eine neue und interaktive Art der Texturierung ersonnen: das sogenannte UV-Mapping. Hierbei sind die Buchstaben U und V als Koordinatenachsen zu verstehen. Objekte haben die Achsen X, Y und Z, das (zweidimensionale) Bild die Koordinaten U und V. Beim Mapping (oder Projektion) geht es nun darum, die UV-Koordinaten des Bildes auf das dreidimensionale Objekt abzubilden. Die Schwierigkeiten, die es dabei zu bewältigen gilt, kann man sich klarmachen, wenn man einmal versucht, mit einem Blatt Papier (2D-Bild) ohne Falten und Schnitte eine Kugel (3D-Objekt) einzupacken.

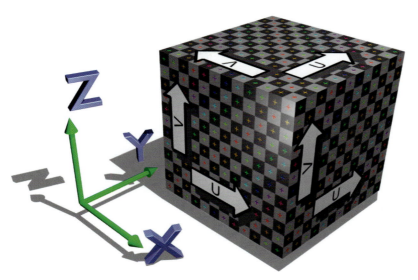

Abb. 7.14
3D-Raum- und 2D-Texturkoordinaten

UV-Texturen sind vor allem in der Echtzeitgrafik von besonderem Inter- *Echtzeitgrafik*
esse, da die Methoden, sie zu berechnen und darzustellen, von allen 3D-
Grafikkarten per Hardware unterstützt werden und dementsprechend
schnell sind. Aber auch bei organischen Objekten wie Tieren und Pflanzen
sind UV-Texturen sehr gut einzusetzen und teilweise nicht durch andere
Methoden zu ersetzen.

Die beste Art, das UV-Mapping zu verstehen, ist, sich eine einfache Form *Übung!*
zu nehmen und zu versuchen, dieses Objekt in Blender nachzubauen und
mit den Texturen zu versehen. Gute Dienste leisten hierbei Verpackungen
oder Kartons aus Papier, die einfach aufgeschnitten werden können und
dann per Scanner oder Fotoapparat in eine Textur umgewandelt werden.
Dabei ergibt sich dann fast automatisch die Idee, wie das Mapping zu funktionieren hat.

Als Beispiel benutze ich hier eine Saftpackung. Laden Sie das Bild
`Material/textures/Saftpackung.png` als Hintergrundbild (siehe Ab-
schnitt 5.3.1). Skalieren Sie einen Würfel in der Draufsicht so, dass er mit der
unteren Fläche der Saftpackung im Hintergrundbild übereinstimmt. Dann
schalten Sie auf eine Vorderansicht und skalieren den Würfel so in der vertikalen Richtung, dass er mit der Vorderseite der Saftpackung übereinstimmt.

Sollten Sie im Object Mode skaliert haben, so setzen Sie die Drehung
und Skalierung bitte mit $\boxed{\text{Strg}}$-$\boxed{\text{A}}$,$\boxed{\text{O}}$ zurück. Jetzt können Sie das Hintergrundbild abschalten.

Zentrale Stelle zum Vergeben und Bearbeiten von UV-Texturen ist der *UV-Koordinaten bearbeiten*
UV/Image Editor. Teilen Sie das 3D-Fenster auf und schalten Sie das neue
Fenster mit $\boxed{\Diamond}$-$\boxed{\text{F10}}$ auf den UV/Image Editor um. Um Texturen auf Flächen zu vergeben, arbeiten wir im Edit Mode ($\boxed{\text{⇆}}$) und dort vorzugsweise
mit dem Flächenselektionsmodus.

Mit der Maus über dem 3D View sollten Sie nun alle Flächen des Modells selektieren (A bzw. A A) und dann U drücken. Jetzt müssen Sie aus dem Menü Unwrap auswählen, daraufhin erscheinen im UV/Image Editor einige Vertices, die eine orange Fläche aufspannen.

Bewegen Sie die Maus über den UV/Image Editor und wählen Sie mit dem Menu Button aus der Fensterleiste das schon geladene Bild Saft-packung.png aus. Wenn im 3D-Fenster eine texturierte Darstellung angewählt ist, so erscheint das Bild auf allen Flächen des Quaders – wenn nicht, so schalten Sie bitte jetzt mit Alt-Z (eventuell 2-mal drücken!) auf die texturierte Darstellung um. Die Packung ist jetzt eventuell schlecht ausgeleuchtet, erstellen Sie also entweder weitere Lichtquellen oder löschen bereits vorhandene Lichter; so wird eine Standardbeleuchtung verwendet, die besonders zum Arbeiten an Modellen geeignet ist.

Das Bild ist jetzt noch komplett auf allen Seiten des Objektes zu sehen. Weiterhin stört noch die orange Füllung der Flächen, und dies besonders im UV Editor. Dem können wir Abhilfe schaffen, indem Sie das Properties Shelf im 3D View mit N aufrufen und dann im Mesh Display-Panel die Option Faces abschalten.

Die waagerechte Achse im UV Editor ist die U-Koordinate, die senkrechte Achse die V-Koordinate.

Die Kunst des UV-Texturierens und unsere Aufgabe besteht nun darin, die zwei Dimensionen U und V eines Bildes auf die drei Dimensionen X, Y und Z eines 3D-Objektes zu bekommen, ohne dabei Verzerrungen oder Störungen zu erhalten.

Im Edit Mode können nun einzelne Flächen des Quaders mit der rechten Maustaste selektiert werden; natürlich sind auch Mehrfachselektionen möglich. Selektieren Sie einmal eine Fläche, bewegen Sie dann die Maus über den UV/Image Editor und skalieren Sie dort mit $\boxed{S}$. Die Textur auf dem Objekt passt sich entsprechend mit an.

Im UV Editor können einzelne oder mehrere Vertices (oder Faces bzw. Edges) selektiert und dann verschoben, skaliert und rotiert werden. Alles funktioniert praktisch wie im Edit Mode von Mesh-Objekten.

Mit dieser Methode wäre es nun möglich, jede Fläche einzeln zu bearbeiten und anzupassen, bis das komplette Objekt korrekt texturiert ist. Bei komplizierten Objekten kann es tatsächlich auch nötig sein, dies praktisch ohne Computerhilfe durchzuführen.

Blender bietet jedoch Automatismen, die uns hier viel Arbeit abnehmen. Wir können das Objekt virtuell zerschneiden (genauso wie ich es mit der echten Packung gemacht habe) und dann halbautomatisch die Objektflächen dem entsprechenden Texturteil zuordnen.

Arbeitserleichterung

In Blender werden Schnitte oder Nähte (»Seams«) markiert, indem die entsprechenden Kanten selektiert und dann mit $\boxed{Strg}$-$\boxed{E}$→Mark Seam als Seam markiert werden. Dazu schalten Sie auf den Edge Select Mode mit $\boxed{Strg}$-$\boxed{\rightleftarrows}$, $\boxed{E}$ und markieren die erste Edge mit $\boxed{\text{🖱}}$. Halten Sie $\boxed{\Uparrow}$ und markieren Sie die restlichen Edges. Dann führen Sie $\boxed{Strg}$-$\boxed{E}$→Mark Seam aus. Für die Saftpackung sind Seams wie in nebenstehender Abbildung zu setzen. Vergleichen Sie dies einmal mit der Textur oder falten Sie die Textur in Gedanken wieder zu einem Quader.

Nähte, Schnitte und Fugen: Seams

Um die Objektkoordinaten jetzt auf die Textur abzubilden (engl. unwrap, entfalten), müssen wir erneut eine Projektion durchführen. Bewegen Sie die Maus über den 3D View, schalten Sie wieder auf den Flächenmodus um ($\boxed{Strg}$-$\boxed{\rightleftarrows}$, $\boxed{F}$), stellen Sie sicher, dass alle Flächen selektiert sind, und rufen Sie das Unwrapping mit $\boxed{U}$, $\boxed{U}$ auf.

Im UV Editor sollte nun schon eine gute Grundlage des Mappings zu sehen sein: Insbesondere stoßen alle Flächen mit den richtigen Seiten aneinander, sind richtig herum abgebildet und die Kanten der Flächen im UV Editor sind genau aneinander ausgerichtet. Jetzt sind nur noch relativ einfache Transformationen nötig, um die UV-Koordinaten mit den Kanten im Bild in Übereinstimmung zu bringen. Dazu selektieren Sie die Vertices wie im Edit Mode gelernt und schieben sie, immer kontrolliert im 3D View, an die passenden Stellen.

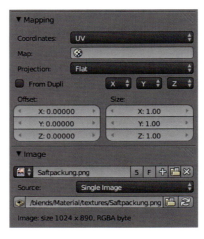

Rendern Sie jetzt ein Bild mit ⌊F12⌋: Der Würfel wird zwar schattiert, aber ohne Texturen berechnet. Wählen Sie den Würfel an und wechseln Sie in den Material Context. Dort erzeugen Sie mit Add ein neues Material, falls noch keines existiert. Als Nächstes ist die Option Face Textures im Options-Panel zu aktivieren: Diese sorgt dafür, dass die UV-Texturen beim Rendering mitbeachtet werden.

Noch sauberer ist es natürlich, wirklich die Textur im Texturslot zu verwenden. Obiges ist eine Abkürzung für die Blender Game Engine, wiewohl diese mittlerweile auch mit GLSL-Materialien umgehen kann. Dazu schalten Sie Face Textures im Options-Panel wieder ab und fügen eine Textur vom Typ Image or Movie hinzu. Im Mapping-Panel stellen Sie für Coordinates: UV ein und benutzen den Browse Button im Image-Panel, um die Saftpackung.png-Textur auszuwählen.

7.16.1 Übung: UV-Texturierung einer Kamera

In dieser Übung werden wir die in Abschnitt modellierte Kamera mit UV-Texturen versehen. Insgesamt sind vier Objekte mit sechs Texturen zu versehen.

Übung!

Starten Sie mit der von Ihnen modellierten Kamera oder laden Sie die Datei Material/OptioUV00.blend. In dieser Datei ist das Hauptfenster schon in zwei 3D Views (Back Ortho und Camera Persp) und einen UV/Image Editor aufgeteilt. Selektieren Sie den Kamerakörper (Objekt: Body), schalten Sie mit ⌊↹⌋ in den Edit Mode und wählen Sie alle Vertices mit ⌊A⌋, ⌊A⌋ aus. Da wir im Weiteren hauptsächlich mit Flächen arbeiten werden, sollten Sie nun noch auf die Flächenselektion ⌊Strg⌋-⌊↹⌋, ⌊F⌋ schalten.

1. Projektion

Jetzt können wir mit der Maus über

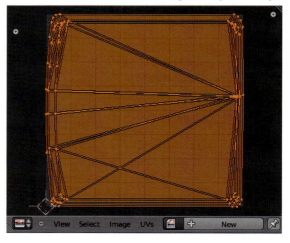

der Back-Ortho-Ansicht die erste Projektion machen. Dazu drücken Sie U und wählen dann den Menüpunkt Project from View (Bounds) oder drücken B. Im UV Editor erscheint jetzt eine Projektion des 3D-Modells, so wie es im View zu sehen ist. Dabei ist es maximal auf die Grenzen des Platzhalters skaliert (Bounds). Damit uns die orange gefüllten Flächen nicht die Sicht auf die Textur verdecken, sollten Sie diese Füllung im 3D View durch die Option Faces im Mesh Display-Panel des Properties Shelf N abschalten.

Laden Sie nun das Bild textures/Front_close.png, indem Sie im UV Editor den Menüpunkt Image→Open oder auch Alt-O verwenden. Das Bild sollte nun schon in der Kameraansicht erscheinen und halbwegs korrekt platziert sein.

Laden eines Bildes

Um den Umriss genau einzupassen, müssen im UV Editor noch die UV-Koordinaten angepasst werden. Dies geschieht am einfachsten, indem erst einmal alle Vertices etwas kleiner skaliert werden, bis die Kanten rechts und links gut mit den äußeren Grenzen der Kameratextur übereinstimmen. Danach müssen die UV-Koordinaten noch in der y-Achse gestaucht werden (S, Y), um die oberen und unteren Grenzen der Kamera-UV-Koordinaten an das Bild anzupassen. Danach verschieben Sie die Texturkoordinaten mit G,Y und skalieren eventuell nochmals, bis die UV-Texturkoordinaten genau passend über der Textur liegen. Ein Indikator für eine gute Positionierung ist, wenn im 3D-Fenster die Seitenflächen der Kamera möglichst gleichförmig gefärbt sind. Die Vorderseite der Kamera inklusive der ersten Fase ist nun fertig und korrekt gemappt.

Anpassen der UVs

Abb. 7.15
Fertig gemappte Vorderseite

Durch die 45°-Fasen an den Kamerakanten (im Modell wie im Original) müssen wir uns jeweils pro Seite entscheiden, welche Textur wir für eine dieser Fasen benutzen, da diese ja immer auf zwei Texturbildern zu sehen sind. Je runder und organischer ein Modell wird, desto schwieriger kann diese Zuordnung werden. Für die Kamera ist die Fase vorn an der Kamera sehr gut mit der Textur der Vorderseite zu texturieren.

Schalten Sie nun auch den großen 3D View mit Z auf eine schattierte Darstellung um und schalten Sie im Display-Panel des Properties Shelf N die Option Textured Solid ein, um auch hier die Texturen zu sehen.

Drehen Sie den View, um die Kamera von allen Seiten zu betrachten. Da wir einfach alle Flächen mit der Textur der Vorderseite versehen haben, erscheint die Textur auch auf der Rückseite. Da bei diesem speziellen Modell Vorder- und Rückseite im Umriss identisch sind, hilft uns dieser Umstand bei der Texturierung.

Rückseite

Schalten Sie die 3D-Ansicht auf eine Rückansicht der Kamera um, indem Sie `Pad 1` drücken (Sie erinnern sich, wir haben die Kamera in Fotografierrichtung modelliert). Hier ist die Textur prinzipiell gut gemappt, aber, wie man an den Schriftzügen erkennt, spiegelverkehrt. Im Moment sind noch alle Flächen selektiert, was uns bei der Weiterarbeit am Modell die bereits fertige Vorderseite zerstören würde.

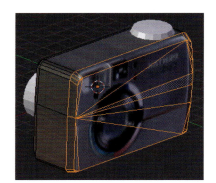

Um nur die Rückseite zu selektieren, klicken Sie bitte mit der rechten Maustaste in das Modell im 3D-Fenster. Jetzt ist garantiert nur noch eine Fläche der sichtbaren Kamerarückseite aktiv und selektiert. Mit Border Select `B` kann nun ein Auswahlrechteck um das Modell gezogen werden, um alle sichtbaren Flächen zu selektieren. Danach empfiehlt es sich, das Kameramodell mit gehaltener mittlerer Maustaste und Mausbewegungen einmal von allen Seiten anzusehen, um zu überprüfen, ob eventuell doch noch Flächen versehentlich mitselektiert wurden. Diese zu viel selektierten Flächen können dann durch Border Select mit der rechten Maustaste oder dem Circle Select (`C`) wieder deselektiert werden. Die Methode, mit `⇧`-🖱 Fläche zu deselektieren, ist hier nicht empfehlenswert, da die aktive (gepunktet gefüllte Fläche) sonst nicht mehr auf der Kamerarückseite liegt, was später bei der Texturvergabe zu Problemen führt.

> Im UV/Image Editor wird immer das Bild angezeigt, welches der aktiven Fläche (schraffiert dargestellt) zugewiesen ist! Die aktive Fläche ist diejenige, die zuletzt mit `⇧`-🖱 gewählt wurde. Durch Border und Circle Select wird nicht automatisch eine aktive Fläche gesetzt!

Mit der Maus im UV Editor wählen Sie nun für die selektierten Flächen das Bild `Material/textures/Back.png` durch `Alt`-`O` oder über Image→Open. Die Textur der Rückseite erscheint auf der Kamera, natürlich immer noch gespiegelt und daher nicht gut passend. Um die Textur zu spiegeln, wählen Sie im UV Editor `Strg`-`M`,`X`. Die UV-Koordinaten werden dadurch gespiegelt und sofort erscheint die Textur im 3D-Fenster richtig herum. Passen Sie jetzt wieder die Vertices im UV Editor durch Skalieren und Verschieben so an, dass die Kanten möglichst gut mit dem Bild übereinstimmen.

Abb. 7.16
Fertig gemappte Rückseite

Die Texturierung der verbleibenden Seiten läuft nach dem immer gleichen Schema ab:

Kochrezept

- Wählen Sie die passende Ansicht.
- Selektieren Sie **eine** Fläche aus der aktuellen Ansicht mit der rechten Maustaste.
- Wählen sie mit Border Select oder Circle Select die weiteren Flächen.
- Kontrollieren Sie das Objekt auf versehentlich selektierte Flächen und deselektieren Sie diese (wieder mit Border oder Circle Select).
- Berechnen Sie das UV-Layout in der passenden Ansicht mit ⬚U⬚, hier am besten Project from View oder Project from View (Bounds).
- Weisen Sie den Vertices im UV Editor die passende Textur zu.
- Passen Sie die Vertices im UV Editor durch Verschieben und/oder Skalieren (nötigenfalls ungleichmäßig) an. Ein Rotieren sollte bei der Kamera nicht nötig sein, kann aber bei anderen Objekten sinnvoll sein.

Achten Sie darauf, dass keine Verzerrungen in Schriftzügen oder bei runden Details entstehen, denn hierfür ist das menschliche Auge sehr empfindlich. Beim Einpassen der Vertices im UV Editor sollten Sie immer das Modell im 3D View im Auge behalten, um die Änderungen mitzuverfolgen.

Achten Sie besonders darauf, dass Details am Modell und auf den Texturen sowie dort, wo unterschiedliche Texturen aneinanderstoßen, zusammenpassen, so z. B. hier die Nähte, die Kanten der Fasen, die Details vom Batterie- und Speicherkartenfach.

Die Seiten der Objektive können mit einem Texturteil aus der linken Seitenansicht (Left.png) versehen werden. Die Vorderseite des Objektivs wird mit der Textur Front_open.png versehen, auf der der Objektivschutz offen ist. Der Programmwahlknopf wird einfach aus der Draufsicht gemappt, die Riffelung am Rand setzt sich dann in die Seitenflächen fort.

Tipps

Mit den gegebenen Texturen wird man kein hundertprozentig passendes Mapping hinbekommen. Mit Texture Paint, also dem Malen mit Texturen auf 3D-Objekten, wäre sicherlich noch etwas herauszuholen. Oder die Texturen werden in einer Bildbearbeitung so bearbeitet, dass insbesondere dort, wo zwei unterschiedliche Texturen im Modell wieder zusammenstoßen, gleiche Farben, Helligkeiten und Strukturen aufeinandertreffen.

Material fürs Rendern und die Echtzeit-Engine

Fügen Sie der Szene ein paar Lichter hinzu und rendern Sie ein Bild mit F12 : Die Kamera wird zwar schattiert, aber ohne Texturen berechnet. Wählen Sie den Körper der Kamera aus und wechseln Sie in den Material Context. Dort erzeugen Sie mit Add ein neues Material, falls noch keines existiert. Als Nächstes ist die Option Face Textures im Options-Panel zu aktivieren: Dies sorgt dafür, dass die UV-Texturen beim Rendering mit beachtet werden. Das gerade erzeugte Material können Sie nun für alle Kamerateile benutzen. Dazu wählen Sie die Teile nacheinander aus und weisen ihnen dann das Material mit dem Material-Browse-Button zu.

Material-Drag & Drop

Alternativ können Sie auch das Rote-Kugel-Icon anklicken und auf ein Objekt ziehen, um das angezeigte Material zu vergeben.

Mit diesem Material ist nun ein schnelles Rendering möglich, normalerweise kommen aber noch weitere Texturen zum Einsatz, die z. B. Oberflächenstrukturen generieren. Daher folgt im nächsten Abschnitt die Erklärung, wie man ein Modell mit mehreren Materialien, die dann auch mehrere Texturen nutzen können, versieht.

7.17 Es wird bunt: Multimaterialien

Ein Objekt in Blender kann mehrere Materialien besitzen, die verschiedenen Flächen des Objektes zugeordnet werden können. Im Gegensatz zu mehreren Texturen auf einem Objekt können so auch völlig verschiedene Materialeigenschaften, z. B. Reflexion, Transparenz, aber auch einfach nur die Farbe gesteuert werden. Je nach Objekt ist dann zu entscheiden, wie man am effektivsten modelliert, also z. B. das Objekt aus mehreren Teilen zusammensetzt, mehrere Texturen auf einem Objekt benutzt oder sogar Multimaterialien verwendet.

Abb. 7.17
Würfel mit verschiedenen Materialien

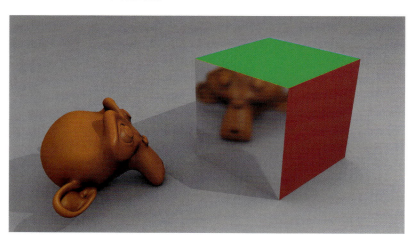

Die Zuweisung von verschiedenen Materialen geschieht im Edit Mode: Hier werden die entsprechenden Flächen ausgewählt, die dann per Assign im Material Context ein vorhandenes Material zugewiesen bekommen. Das Plus-Icon neben der Liste von Materialien erstellt ein neues Ma-

terial am Ende der Liste, dabei ist das neue Material eine Kopie des gerade aktiven Materials in der Liste. Durch Benutzung des Kugel-Icons kann das aktive Material durch ein anderes aus der Auswahlliste ersetzt werden.

Das Plus-Icon im Material-Browse-Button dagegen ersetzt das aktive Material durch eine Kopie.

Select selektiert alle Flächen im Objekt, die das aktive Material tragen. Deselect deselektiert entsprechend alle Flächen, die das selektierte Material tragen.

Übung: Modellierte Kamera mit Multimaterialien

Laden Sie `Material/Optio_ Multimaterial00.blend`, selektieren Sie die modellierte Kamera und löschen ein eventuell vorhandenes Material im Material Context. Dann wechseln Sie in den Edit Mode und selektieren mit eine Fläche

von der Vorderseite der Kamera. Dann drücken Sie ⇧-G und wählen Image aus dem Menü oder in Blender Steno ⇧-G I. Dies wählt alle Flächen, die diese Textur tragen, aus. Im Material Context erzeugen Sie jetzt ein neues Material mit dem Namen »Vorderseite«. Dann weisen Sie dieses Material den selektierten Flächen mit dem Knopf Assign zu.

Wechseln Sie in den Texture Context, erzeugen eine neue Textur vom Typ Image or Movie, schalten Coordinates: UV ein und wählen mit dem Browse Button im Image-Panel die Textur Front_close.png aus.

Wechseln Sie wieder in den Material Context und selektieren eine Fläche der linken Seite der Kamera. Drücken Sie ⇧-G I, um die weiteren Flächen zu selektieren, dann erzeugen Sie einen neuen Material Slot mit dem Plus-Icon, anschließend mit New ein neues Material und benennen das Material »Seite_links«, um dann Assign zu drücken. Nun fügen Sie, wie oben beschrieben, eine neue Textur hinzu.

Diese Schritte müssen Sie nun für jede Seite der Kamera wiederholen, bei den Objektivteilen gehen Sie analog vor und benutzen die Textur Front_open.png.

Der Lohn dieser Mühe ist ein Modell, das nicht nur die größte Freiheit für Materialien beim Rendern bietet, sondern auch für die Blender Game Engine funktioniert und zudem für andere Game- und Renderengines exportiert werden kann.

7.18 Nichts für Vampire: Spiegelungen

Spiegelungen bilden umgebende Objekte auf reflektierenden Objekten ab. Diese Aussage impliziert schon, dass Spiegelungen in einer Szene ohne Umgebung nur sehr uninteressant aussehen. Spiegelungen in realen Objekts wirken deshalb so lebendig, weil immer eine sehr komplexe Umwelt reflektiert wird. Wenn ein Objekt mit spiegelnder Oberfläche allein in Szene gesetzt werden soll (z. B. als Produktpräsentation oder Schmuck), dann muss eine Ersatzszene geschaffen werden, was entweder durch 3D-Modelle außerhalb der Kamerasicht oder durch (Welt-)Texturen geschehen kann. Insbesondere bei diffus reflektierenden Metallobjekten kann hier schon eine einfache Textur mit wenigen weißen und schwarzen Streifen ausreichend sein, um das Auge zu täuschen. In Abbildung 7.18 wurde neben Raytracing-Reflexion auch eine spezielle Angular-Map-Textur (siehe auch 7.11.2) verwendet, die eine interessante Umgebung schafft.

Abb. 7.18
Szene mit verschiedenen
reflektierenden Materialien

Je nach Oberflächenbeschaffenheit und Material spiegelt ein Objekt stärker oder schwächer, das Abbild ist scharf (glatte Oberfläche) oder diffus (raue Oberfläche).

Das Vermögen, Licht zu reflektieren, ist vom Absorptionsgrad α abhängig. Der Reflexionsgrad ist somit $\alpha + \rho = 1 \Rightarrow \rho = 1 - \alpha$. Dabei spielt noch die Frequenz oder das Spektrum (in der Tabelle auf Sonnenlicht bezogen) eine Rolle, was wir aber in Blender vernachlässigen können.

Poliertes Silber reflektiert also am stärksten. Daher bestehen auch Spiegel aus einer Glasscheibe mit aufgedampftem Silber.

Material	Absorptionsgrad α	Reflexionsgrad ρ
Aluminium, poliert	0,2	0,8
Asphalt	0,93	0,07
Blätter, grün	0,71 … 0,79	0,21 … 0,29
Dachpappe, schwarz	0,82	0,18
Eisen, verzinkt	0,38	0,62
Eisen, rau	0,75	0,25
Gold, poliert	0,29	0,69
Kupfer, poliert	0,18	0,82
Kupfer, oxidiert	0,7	0,3
Marmor, weiß	0,46	0,54
Schiefer	0,88	0,12
Schnee, sauber	0,20 … 0,35	0,65 … 0,80
Silber, poliert	0,13	0,87
Ziegel, rot	0,75	0,25
Zinkweiß	0,22	0,78

Quelle: http://de.wikipedia.org/wiki/Absorptionsgrad

7.18.1 Environment und Reflection Maps

Environment oder Reflection Mapping ist eine Möglichkeit, ohne Raytracing spiegelnde Oberflächen zu simulieren. Hierzu werden entweder vorgefertigte Texturen verwendet, um eine stark diffuse Reflexion zu simulieren (insbesondere für metallische Objekte geeignet), oder es werden während des Renderns die Texturen »on the fly« erzeugt.

Nachteile der Environment Maps:
- Sie sind nicht sehr realistisch im Sinne von physikalisch korrekt.
- Sie bieten keine Reflexion von Objektteilen des reflektierenden Objektes.
- Die planare Reflexion ist schwierig einzustellen.

Vorteile von Environment Maps:
- Sie benötigen geringe Rechenzeit.
- Raytracing ist nicht nötig.
- Halos sind in den Spiegelungen sichtbar (nicht so bei Raytracing-Reflexionen).
- Strands-Haare sind in den Spiegelungen sichtbar (nicht so bei Raytracing-Reflexionen).

■ Sehr gut eignen sich Environment Maps auch, wenn man relativ diffuse Reflexionen braucht. Hier wird Raytracing noch mal um Faktoren langsamer, während eine Environment Map in nur wenigen Sekunden berechnet ist. Dabei kann man die Auflösung sehr klein wählen und filtert dann die Map stark, so dass sich eine unscharfe Abbildung ergibt.

Prinzip

Das Prinzip hinter dem automatischen Environment Mapping besteht darin, von der Position des reflektierenden Objektes aus sechs Ansichten in alle Richtungen zu berechnen. Damit ist auch klar, dass das Objekt selbst von dieser Berechnung ausgenommen werden muss. Die so entstandenen Bilder werden dann auf das Objekt gemappt.

Generierung vom Env Maps

Natürlich läuft dieser Prozess automatisch in Blender ab. Da aber wirklich sechs weitere Ansichten berechnet werden müssen, steigt die Rechenzeit entsprechend, kann aber bei komplexen Szenen wesentlich unter der Rechenzeit für das Raytracing liegen.

Wie bei allen spiegelnden Objekten ist auch beim Environment Mapping zu bedenken, dass diese Maps nur einen realistischen Eindruck machen, wenn auch eine Umgebung vorhanden ist, die sich in den Objekten spiegeln kann. Wichtig ist in diesem Zusammenhang die Einstellung Real im World Context, die schon mal einen natürlich wirkenden Verlauf der Welttextur schafft.

Animation

Sind die Maps einmal berechnet, so können Kameraanimationen in der Szene durchgeführt werden, ohne dass eine erneute Berechnung der Environment Maps nötig ist. Bewegen sich Objekte in der Szene, die sich in anderen Objekten spiegeln, so muss für jedes Bild eine neue Map berechnet werden.

Abb. 7.19
Teekugelchen im Renderland

Übung!

Erstellen Sie sich eine Szene, in der sich ein paar Objekte, ein Boden und ein Himmel befinden, die sich in unseren Environment Maps spiegeln können. In der Szene `Material/EnvMap00.blend` befinden sich einige Objekte für Ihre Versuche.

Selektieren Sie die »Teekugel« oder Ihr eigenes Objekt, das die Environment Map tragen soll, und fügen Sie im Material Context ein neues Material hinzu. Erstellen Sie im Texture Context eine neue Textur für dieses Material. Den Typ der Textur setzen Sie auf Environment Map.

Der Name des Objektes, das die Environment Map tragen soll, muss in das Feld Viewpoint Object: eingetragen werden (im Beispiel »Teekugelchen«). Für Spezialeffekte kann auch ein anderes Objekt eingetragen werden.

Bei einem Rendering mit F12 berechnet Blender jetzt zuerst die sechs *Berechnung* Environment Maps, dann wird das eigentliche Bild berechnet.

Der Teekessel scheint jetzt mit Bildern der Umgebung beklebt zu sein. Für eine echt wirkende Spiegelung müssen noch ein paar Parameter bearbeitet werden. Am wichtigsten ist hier das Mapping Panel, in dem Sie als Coordinates: Reflection auswählen müssen – jetzt sieht eine Testberechnung schon besser aus. Anschließend sollten Sie Color: im Influence-Panel abwählen und stattdessen die Spiegelfarbe Mirror: benutzen. Mit diesem Parameter können Sie die Stärke der Reflexion anpassen. Möchten Sie eine diffuse Spiegelung, so sollten Sie Resolution: verringern und den Filter Size: im Filter-Panel so weit erhöhen, bis der gewünschte Effekt erreicht ist.

Weitere Parameter für Environment Maps bestimmen, wie und wann *Parameter* eine Environment Map berechnet wird. Static berechnet die Environment Map nur einmal beim ersten Rendern der Szene oder wenn Parameter an der Environment Map geändert wurden. Wie eingangs erwähnt, ist es – wenn nur die Kamera animiert wird – nicht nötig, die Environment Maps während der Animation erneut zu berechnen.

Mit aktiviertem Knopf Animated berechnet Blender für jedes Bild einer Animation neue Environment Maps. Dies ist nötig, wenn das spiegelnde Objekt selbst bewegt wird oder sich reflektierende Objekte bewegen. Mit der Option Image File können Sie bereits berechnete Environment Maps laden. Hierbei unterstützt Blender alle ihm bekannten Bildformate (aber keine Animationen). Allerdings müssen die Maße der Environment Maps stimmen. Die Environment Map aus dem Beispiel ist in Abbildung 7.20 dargestellt.

Abb. 7.20
Environment Map aus dem Beispiel

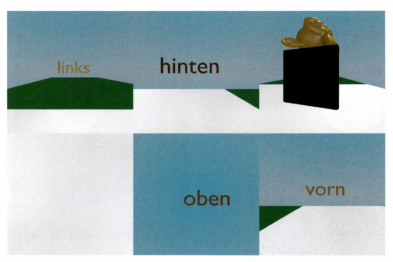

Das Eingabefeld Viewpoint Object: definiert, welches Objekt als Position für die Berechnung dienen soll. Hier kann auch ein Empty benutzt werden, um etwa das Objekt selbst auf der Environment Map zu haben. Dies kann für transparente oder hohle Objekte eingesetzt werden. Mit den Layer-Einstellungen Ignore Layer: können Layer bzw. die Objekte darauf von der Berechnung der Environment Maps ausgeschlossen werden.

Clipping: Start: und End: definieren, in welchem Bereich um das Objekt eine Berechnung erfolgen soll. So können weit entfernte oder sehr nahe Flächen bzw. Objekte von der Berechnung ausgenommen werden.

7.18.2 Raytracing-Spiegelungen

Die Einstellungen für ein einfaches reflektierendes Material sind schnell gemacht. Laden Sie die Datei Material/Reflexion00.blend, wiederum die klassische Testszene für das Raytracing: eine Kugel auf einem Schachbrettboden.

Übung!

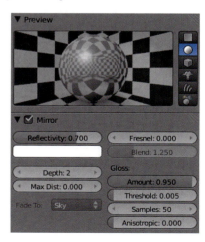

Fügen Sie im Material Context ein neues Material hinzu. Im Mirror-Panel muss zuerst einmal Mirror mit dem Toggle Button eingeschaltet werden.

Als Nächstes wird der Grad der Reflexion für das Material eingestellt, für unseren Fall ist erst einmal ein Wert von 0.70 sinnvoll. Es ist wichtig, dass im Render Context Raytracing im Shading-Panel eingeschaltet ist, damit der Blender-Raytracer auch aktiviert ist.

Beim Rendern mit F12 wird eine spiegelnde Kugel berechnet, wie sie in der Realität wohl nur selten anzutreffen ist, da natürliche Materialien kaum so glatt und perfekt sind. Hier kann eine einfache Bump Map eingesetzt werden, die z. B. Dellen oder Kratzer simuliert. Je dunkler das Grundmaterial ist, desto klarer werden die Spiegelungen.

Mit dem Gloss:-Parameter können unscharfe Reflexionen berechnet werden. Amount:-Werte unter 1.000 bedeuten zunehmende Unschärfe. Hierbei bestimmt Samples:, wie viele Durchgänge berechnet werden. Kleine Samples-Raten bedeuten viel Rauschen in den Reflexionen.

Unschärfe

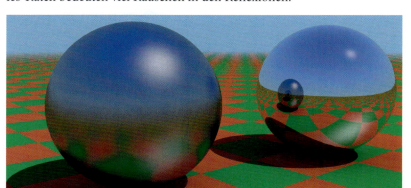

Abb. 7.21
Diffuse und klare Reflexion

Ein weiterer wichtiger Parameter für die Reflexion insbesondere auf transparenten Objekten ist Fresnel:. Hiermit wird bestimmt, wie stark das Material unter verschiedenen Betrachtungswinkeln spiegelt. Diesen Effekt können Sie an entspiegelten Flächen wie Brillen oder Computerbildschirmen beobachten. Je nach Güte der Entspiegelung sieht man kein klares und helles Spiegelbild bei senkrechter Betrachtung. Bei der Betrachtung von der Seite wird das Spiegelbild aber viel heller und schärfer. Blend: ist ein Faktor, um den Fresnel-Effekt über das physikalisch Normale hinaus zu verstärken und so besondere Effekte zu erreichen.

Fresnel

Der Parameter Depth: bestimmt, über wie viele spiegelnde Flächen hinweg die Reflexion berechnet werden soll. Eine simple Testszene dafür finden Sie unter `Material/Spiegelkabinett.blend`.

Für das Glasmaterial aus dem kommenden Abschnitt sollte etwa 10–20 % Spiegelung eingestellt werden und Fresnel: für die Reflexion auf ca. 3.0.

7.19 Durchblick: Transparente Materialien

Blender unterstützt zwei Typen von Transparenzen. Dies ist zum einen die einfache Durchsichtigkeit, auch Z-Transparenz oder Alphatransparenz genannt, die dementsprechend schnell vom Scanline-Renderer berechnet wird. Zum anderen gibt es Transparenzen, die per Raytracing berechnet werden und daher auch Refraktionseffekte (Brechung) bieten. Als Spezialfall der Z-Transparenz gibt es noch die Mask Transparenz, die wie der Name schon sagt zur Maskierung im Compositing benutzt werden kann.

7.19.1 Z-Transparenz

Z-Transparenz bedeutet in Blender eine einfache Durchsichtigkeit, die keine weiteren physikalischen Effekte wie Brechung berücksichtigt. Die Ergebnisse sind nicht so perfekt, benötigen aber kein Raytracing und sind daher sehr schnell berechenbar.

Generell wird die Durchsichtigkeit von Objekten über den Toggle Button in der oberen Leiste des Transparency-Panels im Material Context des Objektes eingeschaltet.

Die zentrale Einstellung für eine Z-Transparenz ist der Alpharegler im Transparency-Panel, der die Durchsichtigkeit des Materials von 0.0 (völlig durchsichtig) bis 1.0 (nicht durchsichtig) definiert.

Die Mask-Option lässt den Welthintergrund je nach Einstellung des Alpha:-Reglers durchscheinen.

Übung!

Specular Transparency

Erzeugen Sie eine Kugel auf einer Bodenfläche oder laden Sie die Szene `Material/Transparenz00.blend`. Versehen Sie die Kugel mit einem Material und stellen Sie Alpha: auf 0.200. Rendern Sie die Szene jetzt einmal, um den Effekt zu sehen. Die Farben können Sie je nach gewünschtem Material ändern.

Eine wichtige Eigenschaft von Glas ist, dass es an Stellen, wo sich eine Lichtquelle spiegelt, scheinbar undurchsichtiger wird. Dies kann mit dem Parameter Specular: aus dem Transparency:-Panel gesteuert werden.

Abb. 7.22
Kugel mit Z-Transparenz und
Raytracing-Schatten

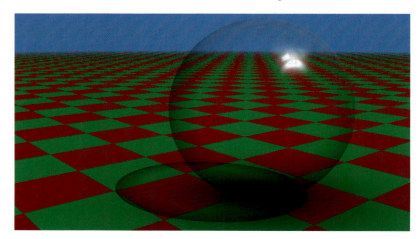

Der Parameter Fresnel: sorgt für eine blickwinkelabhängige Transparenz. Je höher Fresnel: und der Faktor Blend: sind, desto transparenter wird das Objekt in direkter Draufsicht. Probieren Sie auch einmal nur einen hohen Fresnel-Wert bei einem Alpha von 1.0 und nehmen Sie dann Alpha schrittweise zurück, bis der gewünschte Effekt erreicht ist.

Buffer-Schatten, mit Ausnahme des Deep Shadow, sehen transparente Objekte als undurchsichtig an. Im Material Context im Shadow-Panel kann für Deep Shadows mit Casting Alpha: eingestellt werden, wie stark der Schatten von dem Objekt beeinflusst wird. Raytrace-Schatten berücksichtigen dagegen die Alphatransparenz, wenn das Schatten empfangende (!) Material im Shadow-Panel auf Receive Transparent gesetzt ist. *Schatten*

Die Reflexionen eines Objektes können mit Blender z. B. über sogenannte Reflection Maps oder Environment Maps (siehe Abschnitt 7.18.1) simuliert werden. Als Reflection Maps können verschiedene Texturen infrage kommen. Für Chrom zum Beispiel bietet sich eine Marble- oder Cloud-Textur an. Für ein Glasobjekt im Freien kann ein Bild mit einem Wolkenhimmel darauf sinnvoll sein. *Reflection Maps*

Die Wirkung von Reflection Maps sollte nicht unterschätzt werden. Zum Beispiel werden solche Maps bei vielen Animationen von Chrom-Logos benutzt, da diese oft in einer sehr einfachen Umgebung (schwarzer Raum, einfarbige Hintergründe) animiert werden. Eine echte Reflexion würde auch nur diese einfache Welt abbilden, was extrem langweilig wirkt.

Fügen Sie zum Material der Kugel jetzt im Texture Context mit einem 🖱️-Klick auf New eine neue Textur hinzu. Als Typ wählen Sie Marble und stellen Size: auf etwa 0.9 und Turbulence: auf 16 ein. Dann stellen Sie die Mapping Coordinates: auf Reflection und im Influence-Panel schalten Sie Mirror:, Intensity:, Color: und Specular Intensity: ein. Die Texturfarbe sollte Weiß oder ein helles Blau sein.

Durch diese Textur wird die Transparenz etwas moduliert und eine Spiegelung angedeutet, was besonders bei Animationen gut herauskommt und ein wesentlich »lebendigeres« Glas zeigt. Die Tatsache, dass nicht wirklich die Umgebung gespiegelt wird, fällt bei Animationen kaum auf, und je komplexer die Umgebung wird, desto weniger bemerkt man diesen Trick. Weiterhin ist es möglich, gerenderte Bilder der Umgebung als Reflection Map zu verwenden. Mit Environment Maps aus Abschnitt 7.18.1 wird es dann nochmal etwas realistischer.

7.19.2 Raytracing-Transparenzen

Mit dem Raytracer in Blender sind durchsichtige und spiegelnde Materialien in Blender schnell erstellt. Mit Raytracing berechnete Bilder erfordern schnelle Computer, dafür sind die Ergebnisse aber nahe an der physikalischen Wirklichkeit.

Medium	Brechzahl n (IOR)
Vakuum	1,0000
Luft	1,0003
Kohlendioxid	1,0045
Wasser, Eis	1,333
Glas	1,5–1,9
Diamant	2,417

Quelle: http://de.wikipedia.org/wiki/Brechzahl

Übung!

Laden Sie die Datei `Material/RayTransparenz00.blend`. Sie enthält eine geradezu klassische Testszene für das Raytracing: eine Kugel auf einem Schachbrettboden.

Fügen Sie im Material Context ein neues Material für die Kugel hinzu. Im Transparency-Panel müssen Sie zuerst einmal die generelle Transparenz mit dem Toggle Button einschalten und dann Raytrace als Verfahren zur Berechnung wählen.

Abb. 7.23
Solide und hohle Glaskugel

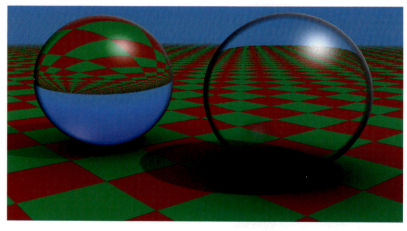

Parameter

Als Nächstes wird der Brechungsindex (IOR:, Brechzahl n, siehe Tabelle) für das Material eingestellt. Für Glas liegt er je nach Glassorte bei 1,5–1,9. Der Parameter Fresnel: wird auf 5.0 eingestellt. Er bestimmt, aus welchem Winkel betrachtet ein Material transparent ist.

Eine Testberechnung mit F12 zeigt: Wir haben eine solide Glaskugel (Murmel) geschaffen. Mit dem Filter:-Parameter können wir einstellen, wie stark die Materialfarbe das gebrochene Licht beeinflusst, und somit farbiges Glas produzieren. Mit den Parametern Falloff: und Limit: wird hier noch Finetuning betrieben.

Die Parameter um Gloss: sorgen wie bei der Raytracing-Spiegelung für eine diffuse Berechnung der Brechung.

Wenn bei komplizierten Glasobjekten schwarze Bereiche entstehen, so ist Depth: zu erhöhen. Dies bestimmt, wie oft ein Strahl auf seinem Weg durch das Material gebrochen werden kann.

Was noch fehlt, ist die Spiegelung im Glas, die mit Blenders Möglichkeiten (Ray Mirror oder Environment Maps) gut abgebildet werden kann. Außerdem fehlen die Lichteffekte, die entstehen, wenn Licht durch transparente Materialien auf eine Oberfläche fällt (Caustics), was mit Blenders eingebautem Raytracer (BI) aber nicht berechnet werden kann.

Dünnes Glas

Um dünnes Glas mit Raytracing-Transparenzen zu erzeugen, müssen wir die Wandstärken ausmodellieren. Fügen Sie einen Solidify Modifier zu der Kugel hinzu und berechnen Sie ein Bild. Das Ergebnis ist erst einmal ernüchternd: Die Kugel ist innen total undurchsichtig. Dies können wir, wie oben schon kurz erwähnt, durch Erhöhen des Depth:-Parameters auf in diesem Fall 4 beheben.

Schatten unter transparenten Objekten

Sollen Raytrace-Schatten auch von der Transparenz beeinflusst werden, dann ist in dem Schatten empfangenden (!) Material die Option Receive Transparent einzuschalten. Dies ist bei transparenten Objekten, die hohl sind oder andere Objekte enthalten, natürlich auch sehr wichtig.

Abb. 7.24
Szene mit Raytrace-Transparenzen und
-Spiegelungen

7.20 Nudelsuppe mit Materialeinlage: Node-Materialien

Der Node Editor (Node: Knoten) ist ein Werkzeug, das während der Produktion des Kurzfilms »Elephants Dream« im Rahmen der »Orange«-Initiative [ELE] entstand. Der Node Editor wird für das Compositing sowie für die Erstellung von komplexen Materialien und Texturen verwendet. Seinen Spitznamen »Noodles« (Nudeln) bekam er, da die Verbindungen zwischen den Nodes bei komplexen Setups wie ein Haufen Spaghetti aussehen können.

Das Erstellen von Materialien im Node Editor ist zum Teil übersichtlicher als in den Material Buttons. Trotzdem ergänzen sich beide Arbeitsweisen und sind nicht völlig getrennt behandelbar. Die große Freiheit im Node Editor kann allerdings auch leicht zu Problemen oder Fehlern führen, besonders da noch nicht alle Aspekte der Materialien durch den Node Editor gleich gut verarbeitet oder einzelne Aspekte noch nicht herausgelöst vom Material behandelt werden können. In Cycles ist die Arbeit mit Materialien schon sehr auf Nodes zentriert.

Ein einfaches Node-Material

Übung!

Setzen Sie Blender auf die Grundszene mit dem Würfel zurück, teilen Sie das 3D-Fenster auf und schalten Sie einen Teil mit ⇧-F3 auf den Node Editor um. Wir befinden uns bereits im Material Node Editor. Aktivieren Sie dann Use Nodes im Fenster-Header, es erscheinen zwei leere Nodes, ein Material Node und ein Output (Ausgabe) Node. Drücken Sie einmal den einladenden Knopf New im Material Node und es erscheint die Vorschau eines Standardmaterials in beiden Nodes. Nun kann die Szene schon berechnet werden – unser erstes Node-Material, noch nicht besonders aufregend, oder?

Anschlüsse

Viele Elemente und Knöpfe erkennen Sie sicherlich schon wieder. Neu sind allerdings die Anschlussstellen, mit denen die Nodes untereinander verbunden werden. Die gelben Kreise sind Aus- oder Eingänge, die Farbinformationen transportieren. Graue Kreise liefern nur Grauwerte (Intensitätswerte), blaue Kreise liefern Vektoren (z. B. Koordinaten).

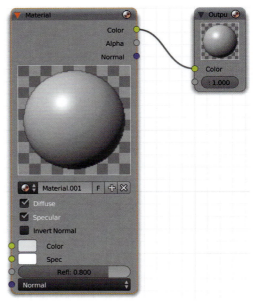

Mit dem kleinen Pfeil links in der Titelleiste des Nodes kann der Node minimiert werden, daneben rechts folgt der Name des Nodes. Die rote Kugel ist ebenfalls ein Knopf, der die Vorschau für den Node ein- und ausschaltet.

Wenn Sie mit der Maus über die linke oder rechte Kante des Nodes gehen und der Mauszeiger zum Doppelpfeil wird, können Sie durch Klicken und Halten mit der linken Maus den Node vergrößern bzw. verkleinern.

Verbindungen werden mit gehaltener linker Maustaste von Ausgängen zu Eingängen gezogen. Wird eine Verbindung mit 🖱 an einem Eingang gegriffen und weggezogen, so wird die Verbindung wieder gelöst und kann dann auch gleich an einen anderen Eingang angeschlossen oder gelöscht werden, indem Sie einfach die Maustaste loslassen. Mit Strg - 🖱 und Ziehen der Maus kann eine Skalpell-Linie gezogen werden, um Verbindungen zu trennen. Mit der mittleren Maustaste wird der Fensterinhalt verschoben, Zoomen erledigt das Mausrad oder Pad+ bzw Pad−.

Wechseln Sie in den Material Context: Hier scheint auf den ersten Blick alles beim Alten. Der zweite Blick offenbart jedoch ein paar kleine, aber entscheidende Unterschiede. Wir editieren ja gerade ein Material (hier »Bee« genannt, siehe auch Header des Node

Material Context

Editor), das wiederum aus mehreren Materialien bestehen kann, die im Node Editor miteinander gemischt werden. Dabei kann ein Objekt beliebig viele Materialien tragen. All dies muss hier visualisiert werden. Hierzu gibt es erst einmal das Node-Icon unten beim Material-Browse-Button; es aktiviert die Benutzung von Material Nodes für dieses Material. In der Liste der Materialien ist eine zweite Spalte hinzugekommen: Neben dem Materialnamen »Bee« steht noch das gerade im Node Editor aktive Material (also der zuletzt angewählte Material Input, hier »Gelb«) und auf **dieses** beziehen sich alle Parameter im Material Context, dies wird in der unteren Zeile nochmals angezeigt und das Material kann hier auch umbenannt werden.

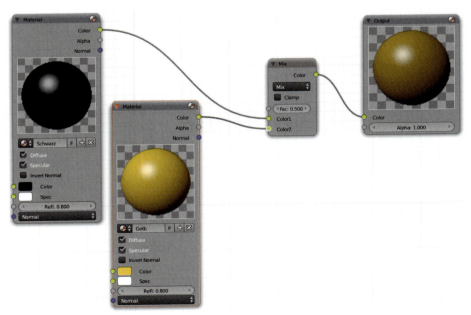

Abb. 7.25
Einfacher Materialmix

Fügen Sie nun einmal im Node Editor einen weiteren Input Node mit
⇧-Ⓐ→Input→Material hinzu, erzeugen Sie mit New ein neues Material
und benennen Sie das Material in »Gelb« um. Das erste Material im Node
Editor benennen Sie in »Schwarz« um und ändern im Material Context die
Farbe auf – na, haben Sie es erraten – Schwarz.

Blender heißt Mixer.

Um die beiden Materialien nun zu mischen, fügen Sie mit ⇧-Ⓐ
→Color→Mix einen Mix Node hinzu. Verbinden Sie die Nodes, wie in Abbildung 7.25 gezeigt: Die Farben und Glanzpunkte beider Materialien werden
jetzt gemischt. Durch Abschalten von Diffuse oder Specular könnte so z. B.
ein Material nur einen der Parameter liefern. Das Mischungsverhältnis regelt der Fac-Wert im Mix Node. Die Art und Weise, wie gemischt wird, kann
mit dem jetzt als Mix bezeichneten Menü ausgewählt werden.

Viel interessanter, als per Hand Mischungsverhältnisse einzustellen,
ist ja die Tatsache, dass der Fac-Wert auch einen Eingang hat, der zum
Steuern des Faktors dient. Deselektieren Sie alle Nodes, erzeugen Sie mit
⇧-Ⓐ→Input→Texture einen Texture Input Node und verbinden Sie dessen Value-Ausgang mit dem Fac-Eingang des Mix Node. Leider hat der
Texture Node keinen Knopf, um eine neue Textur zu erstellen, denn Texturen sind in Blender immer noch an einen anderen Datenblock gebunden,
z. B. eine Welt oder ein Material.

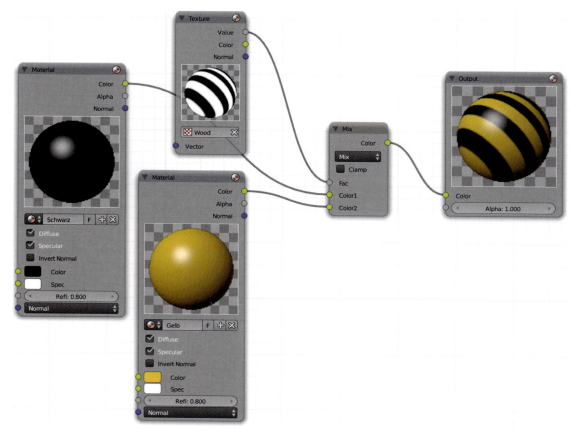

Für den Moment müssen wir uns also anders behelfen. Ich empfehle, dass Sie eine neue Textur für eines der im Node Material verwendeten Materialien erzeugen und den Einfluss der Textur dann abschalten. Dazu wählen Sie ein Material Node an und schalten dann vom Material Context in den Texture Context. Dort erstellen Sie eine Textur und haken die Benutzung der Textur in den Texture Slots ab (kein Haken). Wählen Sie Wood als Texturtyp und benennen Sie die Textur sinnvoll. Jetzt können Sie diese neue Textur in dem Texture Input Node verwenden und sollten so ein schwarzgelbes Material angezeigt bekommen.

Texturblock

Wenn Sie im Colors-Panel der Textur den Contrast: stark erhöhen, erhalten Sie klar abgegrenzte scharfe Streifen. Das erinnert sehr an Warnanstriche (»schmerzarme Farbe«) oder Bienen. Experimentieren Sie mit anderen Texturen und fügen Sie mal eine Bump Map zu einem der Materialien hinzu.

Abb. 7.26
Szene mit Node-Material (Wassereffekt)

Das Mapping von Texturen wird über den Geometry Node erzielt. Hier sind die üblichen Mapping-Typen möglich. Am häufigsten wird man Orco für die normalen Objektkoordinaten und UV für UV-Koordinaten verwenden. Mit dem Geometry Node können dann die Koordinaten noch verschoben, skaliert und rotiert werden.

Bis hierher ist dies alles noch mit den herkömmlichen Materialien und dem geschickten Einsatz von Texturen oder Multimaterialien realisierbar. Spätestens aber wenn die unterschiedlichen Materialien verschiedene Eigenschaften wie z. B. die Stärke und Härte des Glanzpunktes oder gar Reflexion aufweisen sollen, ist der Einsatz eines Node-Materials angebracht. Ein häufig benutzter Effekt ist zum Beispiel eine Metalloberfläche, die an einigen von einer Textur gesteuerten Stellen Rost hat. So kann die unbeschädigte Metallfläche glänzen und der Rost matt sein.

In Abbildung 7.26 wurde ein Node-Material verwendet, um per Textur gesteuert zwischen Beton und Wasser umzublenden und so den Anschein einer Pfütze zu erzielen. Die Szene heißt Material/NodeMaterial.blend.

7.21 Lohn der Arbeit: Die Berechnung

Am Ende der Arbeit mit einem 3D-Design- und Animationsprogramm steht immer die teilweise langwierige Berechnung der Bilder oder der Animation. Nur mittels geeigneter Grafikkarten ist die Berechnung mit Abstrichen in vergleichbarer Qualität auch in Echtzeit möglich, die Erweiterung dieses Prinzips findet sich auch in interaktiven 3D-Anwendungen und Computerspielen wieder.

In der klassischen Computeranimation muss abhängig vom Ausgabemedium ein geeignetes Bild- oder Animationsformat gewählt und das Bild dann berechnet werden. Zum Drucken sind hohe Auflösungen möglichst unkomprimiert nötig, für PC- oder Internetvideo sind geringere Auflösungen und eine effektive Kompression wünschenswert, für eine Ausgabe auf DVD oder Blu-Ray oder gar die Ausbelichtung auf Film zudem spezielle Dinge zu beachten. Somit sind bei diesem letzten Schritt einige Fußangeln verborgen, die eine möglicherweise stundenlange Berechnung zunichtemachen können.

Durch meine jahrelange Beschäftigung mit Computergrafik und Video hatte ich ausreichend Gelegenheit, durch Fehler zu lernen. Im Folgenden werde ich daher versuchen, entsprechende Tipps zu den einzelnen Techniken zu geben, und Ihnen damit hoffentlich viele Fehler ersparen.

7.21.1 Der Render Context

Schaltzentrale für jede Bildberechnung in Blender ist der Render Context. Im Render-Panel befinden sich Buttons, um einzelne Bilder sowie Animationen berechnen zu lassen. Mit dem Play Button können die berechneten Animationen auch abgespielt werden, wenn ein Player in den User Preferences konfiguriert wurde. Weiterhin können Sie mit dem Display-Menü einstellen, wie und ob das gerenderte Bild angezeigt werden soll.

Die wichtigsten Einstellungen finden sich im Dimensions-Panel. Hier sind auch fertige Bild-Voreinstellungen wie z. B. die gängigen Fernseh- und Videoauflösungen untergebracht. Über das Plus-Icon kann man eigene Voreinstellungen speichern.

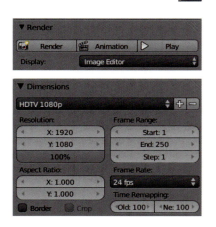

Preset	Resolution (X × Y)	Aspect Ratio (X × Y)	Frame Rate
DVCPRO HD 1080p	1280 × 1080	3:2	24 fps
DVCPRO HD 720p	960 × 720	4:3	24 fps
HDTV 1080p	1920 × 1080	1:1	24 fps
HDTV 720p	1280 × 720	1:1	24 fps
HDV 1080p	1440 × 1080	4:3	23.98 fps
HDV NTSC 1080p	1440 × 1080	4:3	29.97 fps
HDV PAL 1080p	1440 × 1080	4:3	25 fps
TV NTSC 16:9	720 × 480	40:33	29.97 fps
TV NTSC 4:3	720 × 486	10:11	29.97 fps
TV PAL 16:9	720 × 576	16:11	25 fps
TV PAL 4:3	720 × 576	12:11	25 fps

Die Parameter X: und Y: unter Resolution: können mit der Maus oder der Tastatur geändert und auf die eigenen Bedürfnisse angepasst werden. Über den Regler, der in der Abbildung mit 100 % beschriftet ist, kann man unkompliziert die Auflösung für Testberechnungen ändern, aber auch eine schnelle Erhöhung ist hier möglich. Aspect Ratio: gibt das Pixelseitenverhältnis an, mit dem z. B. für PAL-Video das Seitenverhältnis von Bild und Auflösung unabhängig voneinander geregelt werden kann.

Blender-Bilder drucken und dpi

Produziert man ein Bild für den Druck, wird sehr oft eine bestimmte Auflösung in dpi gefordert (Dots per Inch, Punkte pro Zoll), z. B. 300 dpi. Dies ist ohne Angabe der Druckgröße für uns sinnlos, denn erst wenn wir wissen, wie groß das Bild ausgegeben wird, können wir z. B. Bildbreite [Inch] × dpi [Pixel/Inch] = Rendergröße [Pixel] ausrechnen.

Kann jetzt der Drucker eine Auflösung von 1200 dpi produzieren, so gibt dies oft nur die Auflösung bei monochromem Druck an. Beim Farbdruck müssen Farben aus mehreren Druckpunkten gemischt werden, und das reduziert die Auflösung um ein Vielfaches (grob um den Faktor 1 / Anzahl der Druckfarben). Lassen Sie sich also nicht verleiten, ein A4-Bild in 10.000 × 14.000 zu berechnen, nur weil der Drucker 1200 dpi Auflösung bietet; 300 dpi reichen hier auch.

Ein ebenfalls weit verbreiteter Irrtum ist, dass Poster immer in »mindestens 300 dpi« gedruckt werden müssen. Auch dies führt zu Bildgrößen, die kaum zu berechnen sind. Hier kommt der Betrachtungsabstand ins Spiel: 300 dpi ist ungefähr die Auflösung, die man im Leseabstand braucht, um keine einzelnen Punkte zu erkennen. Ein Poster wird man aber sicherlich nicht aus 30 cm Entfernung anschauen, sondern eher aus 1–2 m, also reicht eine wesentlich geringere Auflösung.

Unter Frame Range: befinden sich Start: und End:, mit denen die Start- und Endbilder, somit also auch die Animationslänge, für Animationen eingestellt werden können. Mit Step: kann man eine größere Schrittweite für Animationen festlegen.

Mit dem Menu Button unter Frame Rate: wählen Sie zwischen verschiedenen Bildwiederholraten, darunter ist auch eine komplett freie Einstellung.

Die Parameter Old: und New: unter Time Remapping können genutzt werden, um eine komplette Animation nachträglich in der Geschwindigkeit zu ändern. Dabei geben die Werte in Old: und New: praktisch ein Verhältnis an: Old: 100 und New: 200 ist 100/200, also ½, d. h., die Animation wird nur halb so schnell abgespielt. *Zeitverschiebung*

Nach dem Drücken von ⬆-B kann man mit der Maus über einer Kameraansicht einen Rahmen aufziehen, um schnell kleine Bereiche des Bildes zu berechnen. Um diesen Bereich zu löschen, schalten Sie entweder *Border*

Border im Dimensions-Panel ab oder selektieren mit ⇧-B den kompletten Kamera-View (gestrichelte Linie).

Sehr wichtig für die Bildqualität bei computergenerierten Bildern ist das sogenannte Anti-Aliasing, also eine Kantenglättung. Da ja Computergrafik auf Monitoren mit einer begrenzten Auflösung und damit durch einzelne Pixel dargestellt wird, entstehen an schrägen Linien und Kanten »Treppenstufen«, die einen unruhigen Bildeindruck ergeben. Anti-Aliasing ist nun ein Verfahren, bei dem mit verschiedenen Filterverfahren weichere Übergänge von Kanten und Hintergrund erzeugt werden.

Über die Radio Buttons ist die Stärke des Anti-Aliasing von 5 bis 16 einstellbar, was aber jeweils mehr Rechenleistung kostet. Über den Menu Button kann man die verschiedenen Verfahren wählen und mit Size: lässt sich die Filtergröße einstellen. Von den angebotenen Filtern sind im Prinzip nur folgende gut geeignet:

Gauss:

Filtert nach einer Gaussschen Verteilungskurve – erzeugt verhältnismäßig verschwommene Ergebnisse.

Catmull-Rom:

Erzeugt die schärfsten Kanten.

Mitchell-Netravali:

Ist ein guter Allroundfilter mit scharfen Kanten.

Size:-Werte, die größer als 1.0 sind, erzeugen schärfere Bilder, Werte kleiner 1.0 verschwommene Bilder.

Wird Full Sample gewählt, so wird jedes Zwischenbild des Anti-Aliasing auf der Festplatte zwischengespeichert, so dass bei einem Compositing keine Aliasing-Artefakte auftreten können.

Shading-Panel   Im Shading-Panel können einzelne Aspekte des Renderns global für die aktuelle Szene an- und abgeschaltet werden – hilfreich, um schnelle Testberechnungen durchzuführen. Hier können Sie auch wählen, ob bei Alphatransparenzen im Bild der Himmel mit einberechnet werden soll oder nicht.

Bild- und Animationsausgabe

Output-Panel   Im Output-Panel werden die Einstellungen für die Ausgabe und das Format der ausgegebenen Dateien (Bilder und Video) festgelegt. Den Ausgabepfad kann man durch direkte Eingabe mit der Tastatur editieren oder per Klick auf das Ordner-Icon rechts ändern: Es erscheint ein Dateifenster (File Window), in dem man einen Pfad auswählen kann. Ein »//« am Beginn eines Pfades bedeutet übrigens in Blender (und damit auf allen Plattformen, die Blender unterstützt) das aktuelle Verzeichnis, d. h. das Verzeichnis, in dem die aktuelle geladene Blender-Szene liegt. Mit dem Menu Button unter dem Pfad kann man das Ausgabeformat für Einzelbilder, Bildsequenzen oder

Videos festlegen. Die Option File Extensions hängt automatisch eine Datei-typkennung an die gespeicherten Bilder und Videos an (z. B. .jpg oder .png).

Bei gewählter BW-Option werden nur Graustufen abgespeichert, RGB bedeutet Farbbilder und RGBA speichert neben den Farbinformationen auch den Alphakanal (Transparenzkanal) in Formaten, die dies unterstützen. Bei Color Depth: kann gewählt werden, ob 8 Bit oder 16 Bit Farbtiefe benutzt wird, sofern es das Ausgabeformat unterstützt.

Mit den Optionen Overwrite und Placeholders kann mit mehreren Computern an einer Szene (Bildsequenzen) gerendert werden: Wird Overwrite abgeschaltet, überschreibt Blender vorhandene Bilder nicht und macht mit dem nächsten aus der Animation weiter. Placeholder legt zu Beginn des Rendervorgangs eine leere Datei mit dem Bildnamen an und reserviert damit sozusagen das Bild, so dass andere Rechner es nicht berechnen und überschreiben.

Bild- und Videoformate

Targa, TIFF

Bildformate

Flexible Grafikformate, die die Bildinformationen verlustfrei speichern. Durch Anwahl von RGBA wird der Alphakanal (Transparenzinformation) mitgespeichert. Dies ist wichtig, wenn das Bild später noch freigestellt oder in das GIF- oder PNG-Format gewandelt werden soll. Da die Kompression z. B. für Farbverläufe und organische Farbübergänge schlecht geeignet ist, können recht große Dateien entstehen. TIFF unterstützt auch eine Farbtiefe von 16 Bit.

PNG

Modernes und sehr flexibles Format für 8 und 16 Bit Farbauflösung pro Kanal, mit verlustfreier Komprimierung. Der Alphakanal wird mitgespeichert, wenn RGBA eingeschaltet ist.

BMP

Älteres Windows-typisches Format. Einige Programme beharren leider auf diesem Format.

Radiance HDR

Radiance ist eine Programmsammlung für die Lichtsimulation, geschrieben von Greg Ward. Radiance bot eines der ersten HDR-Formate (High Density Range, Bilder mit erweitertem Kontrastumfang). Deshalb ist es auch heute noch ein verbreitetes Format, speichert aber nur Farbinformationen ohne Alphakanal.

OpenEXR

Von der Computergrafikfirma Industrial Light & Magic entwickelt, wurde OpenEXR schnell zu einem Industriestandard für HDR-Bilder. Kann auch den Z-Buffer speichern und eignet sich daher gut, um später aufwändige Compositings durchzuführen.

Multilayer

Abwandelung des OpenEXR-Formats, das aber zusätzlich alle Render
Layer speichern kann und es somit ermöglicht, sehr aufwändige Compositings durchzuführen.

DPX und Cineon

Cineon ist Kodaks Standard-Bildformat für die Filmdigitalisierung. Es
bietet eine 10-Bit-logarithmische Auflösung pro Kanal. DPX wurde von
der Firma Cineon entwickelt und als ANSI/SMPTE-Industriestandard
festgelegt. Es bietet als Erweiterung mit 16 Bit pro Kanal sowohl eine
logarithmische als auch lineare Speicherung der Helligkeitswerte. DPX
ist ein sehr weit verbreitetes Format in der Film- und Filmhardware-
Industrie.

Die Blender-DPX-Bilder des kompletten Animationsfilms »Elephants
Dream« [ELE] wurden problemlos in ein professionelles Quantel-IQ-
HD/2K-System importiert, was die hohe Kompatibilität in diesem Be-
reich dokumentiert.

Targa Raw

Wie Targa, aber unkomprimiert. Wenn z. B. Ihre Videoschnittsoftware
Probleme mit TGA hat, verwenden Sie diesen Dateityp.

Iris

Natives SGI-Bildformat, RLE-komprimiert, Alphakanal möglich.

JPEG

Bildformat für Fotos und ähnliche (auch gerenderte) Bilder. Es produziert durch eine verlustbehaftete Kompression sehr geringe Bildgrößen.
Die Art der Kompression ist aber auf die menschliche Wahrnehmung angepasst, so dass auch eine starke Kompression, z. B. bei üblichen Video-
oder Computermonitoren, kaum auszumachen ist. Die Kompression ist
mit Quality: im Bereich von 10 % bis 100 % einstellbar. Dabei bedeutet
100 % nicht, dass die Kompression verlustfrei ist! Viele Videoschnittsys-
teme auf Computerbasis benutzen ein JPEG-Format, um die Videobilder
auf Festplatte abzulegen, und sind oft in der Lage, JPEG ohne erneute
Komprimierung einzulesen. Dies ist besonders wichtig, da sich durch die
verlustbehaftete Komprimierung bei JPEG die Fehler bei jeder erneuten
Komprimierung aufsummieren.

JPEG 2000

Moderne Variante von JPEG, bietet verlustbehaftete und verlustfreie
Kompression, hohe Komprimierungsraten, 16 Bit Farbtiefe und Alpha-
kanäle.

AVI Raw

AVI bedeutet »Audio Video Interlaced«, also ein Dateiformat, in dem Audio und Video ineinander verwoben sind. Eine AVI-Datei ist nur ein Container für eine Vielzahl von Audio- und Videoformaten, die zudem noch mit einer von zahlreichen Kompressionsmethoden versehen sein können. Als AVI Raw speichert Blender die unkomprimierten Bilder in einer AVI-Datei, die von jeder Software, die AVI einlesen kann, verstanden werden sollte. Die Dateien werden aber naturgemäß sehr groß. Achtung: In diesem Format wird von Blender kein Audio abgespeichert!

AVI JPEG

Eine AVI-Datei, in der die Bilder JPEG-komprimiert abgelegt sind. Die Quality:-Einstellung definiert die Kompressionsrate. Die AVI-Dateien sind durch die verlustbehaftete Kompression recht klein und sollten von modernen AVI-fähigen Programmen gelesen werden können. Achtung: In diesem Format wird von Blender kein Audio abgespeichert!

Frame Server

Frame Server auf Port 8080. Hierüber kann ein externes Programm auf Blender zugreifen und ein bestimmtes Bild aus einer Animation berechnen. Blender wird also sozusagen von außen gesteuert und liefert nur die Bilder, die das externe Programm anfordert und direkt verarbeitet. Zwischendateien werden nicht gespeichert und somit wird auch kein Speicherplatz benötigt.

Nach Wahl von Frame Server als Ausgabeformat muss die Berechnung mit dem Knopf ANIM gestartet werden, Blender wartet dann auf Anweisungen.

Eine kurze Übersichtsseite bekommt man, indem man die Adresse http://localhost:8080/in seinen Webbrowser eingibt. Das zwölfte Bild kann dann durch http://localhost:8080/images/ppm/0012.ppm erhalten werden.

H.264

H.264 bzw. MPEG-4 AVC ist ein Standard zur hocheffizienten Videokompression. H.264 wurde nicht auf einen spezifischen Verwendungszweck zugeschnitten, sondern ist sehr flexibel für alle möglichen Arten der Videospeicherung einsetzbar.

MPEG

MPEG-1- und MPEG-2-Format, wie es auch auf Video-DVDs zum Einsatz kommt.

Ogg Theora

Theora ist ein von der Xiph.Org Foundation entwickelter freier Video-Codec und ein Videoformat. Aufbauend auf dem VP3.2-Codec des Unternehmens On2 Technologies soll eine patentfreie Alternative zu proprietären Niedrig-Bitraten-Video-Codecs wie RealVideo, DivX oder Windows Media Video geboten werden.

Xvid

Xvid ist eine freie Implementierung des MPEG-4-Video-Codec.

Die vier letzten Formate sind an sich nur Platzhalter und können beliebig angepasst werden, was Format, Container, Kompression und Audio angeht.

Je nach Bildformat oder Video-Codec erscheinen die passenden Optionen entweder im Encoding-Panel oder direkt im Output-Panel.

Generell kann ich Ihnen das JPEG-Format empfehlen, wenn die Bilder nicht mehr nachbearbeitet werden müssen oder per Internet übertragen werden sollen. Um die maximale Qualität und Flexibilität zur Nachbearbeitung zu erhalten, sollte das PNG-Format mit Alphakanal benutzt werden, für hohe Ansprüche in der Nachbearbeitung die Formate OpenEXR, DPX, Radiance oder, wenn später noch das komplette Compositing durchgeführt werden soll, das Multilayer-Format.

Einzelbilder speichern   Einzelbilder können nach der Berechnung mit F3 oder dem Image-Menü aus dem Image Window (ein UV/Image Editor) gespeichert werden. Das zuletzt berechnete Bild ruft man mit F11 auf. Beim Speichern erscheint ein Dateifenster, in dem dann der Bildname und der Verzeichnispfad eingegeben werden. Als Speicherformat dient dabei die Einstellung aus dem Render Context oder das Format, das im Speicherdialog eingestellt wird.

Abb. 7.27
UV/Image Editor als Render Window

Eine wichtige Funktion zum Vergleichen von Testberechnungen ist die Umschaltung auf insgesamt acht Bildspeicher (Render Slots) im Renderfenster mit J bzw. dem entsprechenden Menü. So können schnell verschiedene Optionen und sonstige Änderungen an der Szene miteinander verglichen werden. Angezeigt wird auch die Rechenzeit des jeweiligen Bildes und der Speicherverbrauch, was speziell für die Rechenzeitoptimierung sinnvoll ist.

Mit der linken Maustaste können die Farb-, Alpha- und Z-Werte einzelner Bildpunkte ausgelesen werden, das Mausrad oder `Pad+` und `Pad−` zoomen die Ansicht.

Bildformate für HTML

Für die Integration von Bildern in HTML-Dokumente, die im World Wide Web veröffentlicht werden sollen, kommen nur die Formate JPEG, GIF und PNG infrage, die von allen grafikfähigen Browsern unterstützt werden. JPEG und PNG kann Blender direkt speichern, allerdings sollte man für eine geringe Übertragungszeit und Dateigröße die Qualitätseinstellung so weit senken, wie es das spezielle Bild zulässt. Das GIF-Format sollte eigentlich nicht mehr benutzt werden und kann durch das PNG-Format ersetzt werden.

Das GIF-Format besitzt allerdings eine Eigenschaft, die es trotzdem interessant macht: In einer GIF-Datei können mehrere aufeinander folgende Bilder gespeichert werden, die dann wie beim klassischen Zeichentrick hintereinander abgespielt eine Animation ergeben. Somit sind kleine Animationen möglich, z. B. sich drehende Logos oder blinkende Knöpfe. Dies wird auch extensiv auf gängigen Webseiten genutzt. Das MNG-Format, ein von PNG abgewandeltes Format, das auch solche Animationen abspielen kann, scheint leider gescheitert zu sein, und so ist entweder das alte GIF-Format, Flash oder ein Videoformat nötig, um Bewegung auf Websites zu bringen. Eine interessante Möglichkeit ist aber auch JavaScript, um Bilder in Webseiten auszutauschen und so kurze Animationen zu erzielen (z. B. 3D-No Plugins [3DNP]).

Um animierte GIFs zu produzieren, ist ein Programm nötig, das ein Bildformat von Blender einlesen kann und als GIF speichert.

Als Speicherformat aus Blender heraus ist hier das PNG-Format besonders geeignet, da es verlustfrei komprimiert und die Transparenzinformation mit abspeichert, die nötig ist, um transparente GIFs zu erzeugen.

Bildbearbeitung

Auf den Plattformen Apple Mac OS X und Windows ist als großes und teures, aber auch professionelles Werkzeug zur Bildbearbeitung Photoshop zu nennen. Außerdem ist GIMP »The GNU Image Manipulation Program« [GIMP] auf Unix oder Unix-ähnlichen Plattformen (Linux, FreeBSD etc.) sowie Windows und Mac OS X verfügbar, das nahezu alle Funktionen von Photoshop bietet, aber frei erhältlich ist, inklusive Quellcode.

Neben diesen ausgewachsenen Bildbearbeitungen existieren für alle Plattformen noch kleinere Programme, die oft auf eine spezielle Aufgabe hin optimiert sind (etwa Erzeugung animierter GIFs), sowie eine nahezu unüberschaubare Anzahl von Freeware- und Shareware-Tools.

Animationen als Einzelbilder ausgeben

Um eine Animation zur weiteren Bearbeitung als Folge von Einzelbildern zu speichern, gelten prinzipiell die im vorherigen Abschnitt gemachten Bemerkungen.

Damit Blender eine Animation berechnet, ist ein Klick auf Animation im Render-Panel oder Strg - F12 nötig. Blender beginnt daraufhin die Animation zu berechnen, und zwar vom Startbild bis zum Endbild, wie in Start: und End: eingestellt.

Speicherpfad　　Die Dateien werden mit den im Output-Panel festgelegten Einstellungen und am genannten Ort gespeichert. Der eingegebene Pfad inkl. Basisname (z. B. `/tmp/bild.`) wird um die aktuelle Bildnummer ergänzt, und zwar ohne den Punkt, der bei Bedarf anzugeben ist, wenn z. B. eine ganz spezielle Formatierung des Dateinamens gefordert wird. Falls das Ausgabeverzeichnis nicht existiert, wird es erstellt (die entsprechenden Rechte bei Mehrbenutzersystemen vorausgesetzt). Aus dem obigen Beispiel würden für eine Animation von 100 Bildern die Dateien `/tmp/bild.0001`, `/tmp/bild.0002`, `/tmp/bild.0003...`, `/tmp/bild.0101` gespeichert.

Dateiendungen　　Programme unter Windows benutzen eine Dateiendung, die aus einem Punkt und drei Buchstaben (z. B. `.jpg`) besteht, um den Dateityp zu erkennen. Mit aktiviertem Knopf File Extensions hängt Blender eine dem Dateityp entsprechende Dateiendung (z. B. .tga, .jpg etc.) an den generierten Dateinamen. Der Basisname sollte in diesem Fall keinen Punkt enthalten, da dies einige Windows-Programme durcheinanderbringen kann.

Berechnung für Video　　Wenn für ein Videoschnittsystem in einer Standard-Fernsehauflösung (SD, die meisten TV-Sender nehmen allerdings nur noch HD-Formate an) berechnet wird, so ist noch der Knopf Fields im Post Processing-Panel zu aktivieren. Damit wird das Zeilensprungverfahren (Interlace) oder Halbbildverfahren von TV- und Videosystemen (inkl. DVDs) unterstützt. Auch einige HD-Videokameras nehmen noch interlaced auf. Blender berechnet dann für jedes Bild (Frame) zwei Halbbilder (Fields). Dies ist ein Trick, um die Bildwiederholfrequenz bei Fernsehbildern zu erhöhen. Je nach verwendetem Schnittsystem kann es erforderlich sein, entweder Upper First oder Lower First zu benutzen, um die richtige Reihenfolge der Halbbilder zu erhalten.

Für HDTV und Blu-Ray wird man natürlich ein progressives System (keine Halbbilder) mit der entsprechenden Bildrate verwenden.

Performance-Panel　　Im Performance-Panel finden sich Optionen, die den Rendervorgang insbesondere auf Mehrkernrechnern erheblich beschleunigen können. Mit den Einstellungen unter Threads: kann man angeben, ob alle Kerne des aktuellen Systems oder nur ein Teil davon zum Berechnen genutzt werden sollen. So kann z. B. auch während des Berechnens einer Animation auf dem Rechner weitergearbeitet werden. Tiles: bestimmt, in wie vielen Abschnitten die Berechnung durchgeführt werden kann. Dies kann die Berechnung bei Mehrkernrechnern wesentlich optimieren. Sinnvoll für eine geringere Rechenzeit bei den meisten Szenen sind auch noch die Optionen Instances und Local Coordinates.

Im Postprocessing-Panel kann man für die aktuelle Szene den Compositing- und Sequencer-Durchlauf abschalten. Dither: kann bei bestimmten problematischen Szenen helfen, eine Streifenbildung in feinen Farbverläufen zu beheben. Mit Fields wird die Ausgabe in Halbbildern eingeschaltet, was besonders wichtig für die Ausgabe in SD-TV-Formaten wie PAL oder NTSC ist. Edge versieht Kanten der Objekte nachträglich mit einer Umrandung und wird gerne in Zusammenhang mit Toon-Rendering benutzt. , in Blender >2.68 kann auch der integrierte Freestyle Renderer [FREESTYLE] benutzt werden, der noch viel mehr Möglichkeiten bietet.

Post Processing-Panel

Im Stamp-Panel finden sich die Optionen, um ein berechnetes Bild mit verschiedenen Informationen zu versehen, z. B. dem aktuellen Frame, dem Szenennamen etc. Dies wird gerne für Vorschauen benutzt, die dann als Diskussionsgrundlage bei der Begutachtung von Szenen dienen sollen.

Stamp-Panel

Beim Baken im Bake-Panel (im Gegensatz zum Baken bei physikalischen Simulationen) geht es darum, Ergebnisse des Renderers als Texturen festzuhalten. So hält man z. B. aufwändige Beleuchtungen und Oberflächendetails in Lightmaps oder Normal Maps fest, was bei weiteren Berechnungen viel Rechenzeit sparen kann.

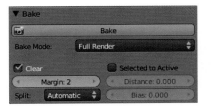

7.21.2 Bewegungsunschärfe – Motion Blur

Alle Kameratypen haben eine mehr oder weniger lange Belichtungszeit, abhängig vom belichteten Material (Film oder Halbleiterchip). Wenn nun eine schnelle Bewegung aufgenommen wird, bewegt sich das Objekt innerhalb der Belichtungszeit weiter: Es entsteht eine Bewegungsunschärfe.

Durch entsprechende Verkürzung der Belichtungszeit – die natürlich empfindliche Filme oder schnelle Halbleiter erfordert – kann man diesen Effekt mindern oder nahezu verschwinden lassen. Diese Technik wird z. B. bei Sportaufnahmen benutzt: Da nur mit einer bestimmten Bildrate pro Sekunde aufgenommen wird, entstehen so praktisch Momentaufnahmen über die Zeit der Bewegung. Bei der Wiedergabe solch einer Aufnahme erhält man dann eine Bewegung, die nicht ganz so flüssig aussieht, dafür aber in jedem Bild scharf ist, also auch bei Standbildern, die gerne z. B. für die Analyse von Abseitssituationen etc. benutzt werden.

Belichtungszeit

Was für Sportaufnahmen wünschenswert ist, wird bei normalen Film- und Videoproduktionen vermieden, um eine möglichst flüssige Wiedergabe der Bewegungen zu erhalten.

Ähnlich wie bei Lens Flares ist dies im Grunde ein Fehler in der Technik. Unsere Sehgewohnheiten haben sich aber im Laufe der Zeit an diesen Fehler gewöhnt und unser Gehirn registriert das als eine realistische Aufnahme. In diesem Moment kommt wieder die 3D-Animation ins Spiel:

Sehgewohnheiten

3D-Grafik ist »steril«, wirkt künstlich. Das liegt daran, dass das menschliche Auge solch eine Grafik recht schnell erkennt, und zwar anhand der nicht vorhandenen »Fehler«. Dies sind zu perfekte Oberflächen, zu glatte Bewegungen, kein Filmkorn, Linsenfehler und auch die fehlende Bewegungsunschärfe. Eine virtuelle Kamera in einem 3D-Programm hat sozusagen eine unendlich kleine Belichtungszeit, daher ist auch eine noch so schnelle Bewegung immer scharf, was wiederum unseren Sehgewohnheiten widerspricht und dem Gehirn sofort auffällt.

Abb. 7.28
Szene, ohne und mit Bewegungsunschärfe
berechnet

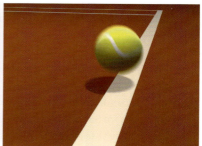

Es gibt im Blender Intern Renderer (BI) zwei Methoden, Motion Blur zu berechnen. Bei der ersten Methode wird ein Bild mehrfach mit einem kleinen Zeitversatz berechnet und anschließend das Bild aus diesen Einzelbildern durch eine Art Überblendung zusammengesetzt. Die zweite Methode ist wohl bisher einzigartig in der Computergrafik oder wurde noch nicht in der Literatur beschrieben: Hierbei wird die Szene nach der Berechnung wieder in kleine 3D-Flächen zerlegt und über Geschwindigkeitsvektoren zu einem Motion Blur berechnet. Diese Methode wird im Abschnitt über Postproduction (9.1.3) beschrieben, da sie in Blenders Compositor stattfindet.

Zum Einschalten von Motion Blur nach der ersten Methode ist im Render Context Sampled Motion Blur im gleichnamigen Panel zu aktivieren.

Die Einstellung Motion Samples: bestimmt die Anzahl von zu berechnenden Zwischenbildern. Der Faktor Shutter: definiert praktisch die Verschlusszeit (Belichtungszeit) der Kamera, höhere Werte ergeben eine stark ausgeprägte Bewegungsunschärfe.

Für die in Abbildung 7.28 dargestellte Szene wurde mit elffacher Wiederholung und einem Wert von 0.250 für Shutter: gerechnet. Für die Verwendung auf Video sind aber normalerweise fünf Wiederholungen ausreichend. Die Beispielszene ist unter Rendering/MotionBlur.blend zu finden.

8 Cycles

Cycles ist die seit Blender 2.61 verfügbare physikbasierte Renderengine. Hauptentwickler ist Brecht van Lommel, der schon lange die interne Renderengine in Blender betreut. Nachdem Blender Intern mit seinem 80er-Jahre-Design immer mehr Schwächen zeigte und Erweiterungen nicht mehr einfach zu integrieren waren, entschloss sich Brecht van Lommel 2011 [CYCLES] dazu, eine neue Renderengine zu schreiben. Grundlage waren etliche Artikel über moderne Rendertechniken und so entstand ein solides Grundgerüst, auf dem dann die zukünftige Renderengine von Blender stehen soll. Cycles soll den Blender Intern Renderer in Zukunft einmal komplett ablösen, bis dahin ist es aber sicher noch eine Weile hin und so behält auch BI weiterhin seine Berechtigung.

Cycles ist physikbasiert, was die Engine in einer Nische zwischen physikalisch korrekten und auf totalen Realismus ausgerichteten sowie komplett programmierbaren Renderern positioniert. Die Physikbasiertheit ermöglicht eine intuitive Benutzung, um realistische Renderings zu erstellen, gleichzeitig sind aber auch Tricks und Cheats möglich, um einen speziellen Look oder eine Renderzeitverkürzung zu erzielen. Ziel ist es, eine Engine für die Produktion von Filmen für kleine bis mittelständische Studios und Künstler zu schaffen.

Ein weiteres Designziel ist es, eine interaktive Renderengine zu entwickeln. Wird etwas in der Szene geändert (Beleuchtung, Materialien etc.), so wird die Szene im 3D View sofort neu gerendert, wobei erst ein grobes, aber komplettes Bild dargestellt und das dann laufend verfeinert wird. Um dies zu erreichen, wird auch die Leistung moderner Grafikkarten genutzt, um zu rendern.

Die Shader, also Programmteile, die das Aussehen berechnen (Beleuchtung, Material, Texturen), sind Node-basiert und reihen sich so in die Entwicklung ein, die sowieso schon mit den Node-basierten Materialien und dem Compositor (sowie in Zukunft einem Node-basierten Partikelsystem) in Blender Einzug gehalten hat. Diese Nodes ermöglichen eine hohe Flexibilität und komplexe Shader, sind aber trotzdem leichter zu überblicken als ein GUI-basierter Ansatz wie bei den Blender-Intern-Materialien.

Cycles wird inzwischen standardmäßig als Add-on mit Blender verteilt und ist auch aktiviert, so dass ein Umschalten auf Cycles Render im Header von Blender reicht, um Cycles zu benutzen. Dies zeigt auch ein weiteres Designziel von Cycles: Die Schnittstellen zu externen Render-Engines sollen verbessert werden, so dass Blender-Anwender in Zukunft die Wahl zwischen möglichst vielen Engines haben, die trotzdem alle perfekt in Blender integriert sind.

8.1 Übung: Schnellstart in Cycles

Laden Sie die Szene `Cycles/Cycles_Schnellstart.blend` von meiner Seite. Sie besteht wie üblich aus einem Affenkopf auf einer Grundfläche. Schalten Sie nun die Renderengine auf Cycles Render um. Eventuell haben Sie jetzt schon aus dem Augenwinkel eine leichte Veränderung der Darstellung im 3D View und im Scene Context bemerkt, hier hat sich das Render-Panel verändert und es gibt nun das Menü Feature Set:. Im Prinzip könnten Sie hier schon die Darstellungsmethode im 3D View auf Rendered umschalten und der Affenkopf würde in einer ambient beleuchteten Umgebung berechnet werden.

Haben Sie allerdings eine schnelle Grafikkarte (aktuell wird nur CUDA auf Nvidia benutzt, Unterstützung für AMDs OpenCL ist in der Entwicklung, scheitert allerdings noch an einigen Bugs in OpenCL), so können Sie diese auch für die Berechnung nutzen, dazu sollten aber die aktuellsten Grafikkartentreiber installiert sein. Die Einstellungen finden Sie in den User Preferences ([Strg]-[Alt] [U]) im System-Tab unten links. Wenn Sie hier das Compute Device: auf CUDA ändern können, sind die richtigen Treiber und eine kompatible Grafikkarte installiert und die Berechnung in Cycles wird je nach Karte um einiges schneller. Sollten Sie mehrere Grafikkarten im System haben, kann noch die Karte ausgewählt werden, die Rendern soll. Ist diese Hardware-Auswahl erfolgt, kann auch im Scene-Kontext GPU Compute gewählt werden.

Nun können Sie die Darstellungsmethode im 3D View auf Rendered umschalten und ein erstes Bild von Cycles gerendert bekommen. Was hier wie ein Rendering aussieht, ist aber in Wirklichkeit immer noch unser 3D View. Versuchen Sie doch einmal den View mit gehaltener 🖱-Taste und Mausbewegungen zu drehen, Cycles wird nun je nach Rechenleistung Ihres Computers die Ansicht immer neu berechnen. Sobald Sie mit der Transformation des Views aufhören, verfeinert Cycles das Bild immer weiter. Dass es sich um einen 3D View handelt, merken Sie auch daran, dass Sie weiterhin per 🖱 Objekte selektieren können, unten links im View wird dann auch der Name des Objekts angezeigt.

Selektieren Sie nun bitte den Affenkopf und wechseln in den Material-Kontext. Mit Klick auf den New-Button erstellen Sie hier ein neues Material mit dem Diffuse BSDF-Shader. Dieser Shader definiert ein diffus Licht streuendes Material. Ändern Sie doch einmal die Farbe des Materials durch Klick auf das Farbfeld neben Color: und Cycles wird das Objekt direkt neu rendern. Probieren Sie auch einmal andere Shader, einige sind allerdings nur in Kombination mit aufwändigeren Materialien sinnvoll.

Im Moment ist die Beleuchtung noch wie an einem sehr wolkigen Tag. Wechseln Sie in den World Context und erstellen mit New eine neue Welt. Mittels Strength: und der Farbe können Sie nun eine grundsätzliche Lichtstimmung einstellen. Als Nächstes können Sie eine Lichtquelle mit ⇧-A→Lamp hinzufügen. Aktuell arbeiten die Lampentypen Point, Spot, Sun und Area so, wie man es erwarten würde, die Hemi Lamp wird aktuell noch nicht unterstützt und wie eine Lampe vom Typ Sun berechnet. Im nächsten Abschnitt werden die einzelnen Lampentypen ausführlich behandelt.

8.2 Cycles Camera

Cycles unterstützt wie auch Blender Intern perspektivische (normale Kamera), orthografische und Panorama-Kameras. Orthografische Kameras werden gerne zum Berechnen von Texturen und eher grafischen Layouts verwendet, Panoramakameras berechnen Panoramen, die die ganze Welt komplett abbilden können.

Die normale Kamera reagiert wie eine Fotokamera in der realen Welt, der wichtigste Parameter ist die Brennweite Focal Length:, die wie bei Objektiven üblich in Millimeter (oder abgeleiteten Einheiten) angegeben wird. Da die Berechnung an den optischen Gesetzen ausgerichtet ist, gibt es aber noch eine weitere wichtige Größe im Camera-Panel, die Sensorgröße, was entweder der Größe des Aufnahmechips in Digitalkameras oder der belichteten Filmgröße entspricht. Zusammen mit der Brennweite ergeben sich dann die Eigenschaften des Systems aus Objektiv und Kamera – wichtig für die Abbildungsgröße und Schärfentiefe (auch Tiefenschärfe genannt). Diese an der realen Welt ausgerichtete Betrachtungsweise findet sich auch im Camera Presets-Menü wieder, wo Sie einige Daten von realen Kameras finden. Dies zusammen mit dem Bildseitenverhältnis im Render Context ermöglicht es, einfacher 3D-Szenen mit Realaufnahmen zu kombinieren.

Mittels Shift: können Sie nach Festlegen einer Perspetive die Kamerasicht noch verschieben (und so das Objekt positionieren), ohne stürzende Linien zu produzieren; dies ist bei Architektur-Renderings sehr beliebt.

Schärfentiefe – Depth of Field (DOF)

Die Cycles-Kameras berechnen sehr realistische Schärfentiefeeffekte. Der wichtigste Parameter ist hier der Schärfepunkt (Focus:), den man als Entfernung (Distance:) in Blendereinheiten (softwarespezifische Einheit) oder

metrischen Einheiten vom Kameraursprung aus angeben kann. Praktischer ist allerdings ein Hilfsobjekt (z. B. ein Empty oder auch den Hauptakteur) anzugeben, woraufhin der Schärfepunkt immer auf diesem Objekt liegt. Durch Animation des Hilfsobjekts oder den Distance:-Wert kann auch eine manuelle oder automatische (Autofokuspumpen) Schärfeeinstellung animiert werden.

Der zweite, wesentlich die Schärfentiefe beeinflussende Faktor ist die Blendenöffnung (Aperture:), die entweder direkt oder als Blendenstufe (F/Stop) eingegeben werden kann. Dabei gilt wie bei echten Kameras: Je kleiner die Blendenstufe, desto größer die Blendenöffnung, desto kleiner ist der Schärfentiefebereich. Dabei ist auch zu beachten, dass je größer die Brennweite ist, desto kleiner der Schärfentiefenbereich ausfällt.

Blades: gibt die Anzahl der Lamellen für die Blende an, Werte unter 3 führen zu kreisförmigen Halos um Glanzlichter, Werte darüber entsprechend zu Dreiecken, Vierecken etc. Übliche Anzahlen der Lamellen von Irisblenden sind 9, was zu einem Nonagon, also einem Neuneck führt.

8.3 Cycles-Lampentypen

Neben Licht vom Welthintergrund und Licht aussendenden Meshes (Emission Shader), sind Lampen eine weitere und einfach zu handhabende Lichtquelle für Ihre Szenen. Lichtquellen sind wie im BI auch in Cycles nicht direkt in dem berechneten Bild zu sehen und werden im Modelling Prozess genau wie die Lichter in Blender Intern Renderer (Kapitel 7) bewegt und animiert.

Lampen werden wie gewohnt per ⇧-Ⓐ→Lamp hinzugefügt. Im Lamp-Panel des Lamp-Kontexts kann dann der Lampentyp noch verändert werden. Aktuell arbeiten die Lampentypen Point, Spot, Sun und Area so, wie man erwarten würde, die Hemi Lamp wird aktuell noch nicht unterstützt und wie ein Lampe vom Typ Sun berechnet.

Size:

Mit dem Size:-Parameter wird die Größe der Lampe in Blender oder Szeneneinheiten (Meter, Zentimeter etc.) festgelegt. Je größer die Lampe, desto weicher der Schatten und Shading.

Cast Shadow

Mit diesem Button kann die Schattenberechnung an- und ausgeschaltet werden, was unter Umständen auch die Rechenzeit verkürzen kann.

Color:

Hier kann mit dem Standard-Farbwähler die Farbe der Lichtquelle ausgewählt werden.

Strength:

　　Die Stärke der Lichtquelle in Watt (W), mit Ausnahme des Typs Sun-
　　Lamp.

Point Lamp

Point Lamps sind Lichtquellen, die ihr Licht gleichmäßig in alle Richtungen abstrahlen. Mit einem Size: von null entsprechen sie einer nur theoretisch möglichen Punktlichtquelle mit absolut scharfen Schatten, mit einem
Size:>o werden Point Lamps zu kugeligen Lichtquellen mit entsprechend
weicheren Schatten und Shading.

Spot Lamp

Spot Lamps strahlen das Licht innerhalb eines Kegels in eine definierte
Richtung aus. Size: im Lamp-Panel bestimmt auch hier die Weichheit des
Schattens und von Shadings. Mit Blend: im Spot Shape-Panel kann unab-
hängig davon der Rand des Lichtkegels weicher gemacht werden. Size: im
Spot Shape-Panel bestimmt den Öffnungswinkel des Lichtkegels in Grad.

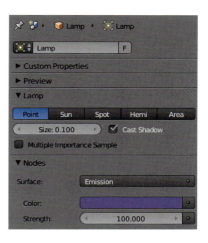

Area Lamp

Area Lamps strahlen das Licht von einer rechteckigen Fläche aus nach dem
Lambertschen Gesetz ab, was praktisch bedeutet, dass die Lichtstärke kugel-
förmig gleichmäßig von der Fläche ausgehend verteilt ist.

Sun Lamp

Sun Lamps strahlen paralleles Licht in einer bestimmten, durch die Rotation der Lichtquelle bestimmten Richtung aus. Die Entfernung von der
Szene spielt keine Rolle, das Licht wird mit der Entfernung nicht schwächer. Durch diese Eigenschaften ist der Strength:-Parameter nicht mit denen anderer Lichtquellen vergleichbar und muss typischerweise viel kleiner
eingestellt werden.

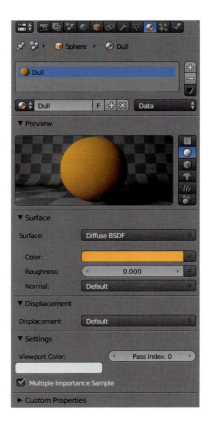

8.4　Das Materialsystem von Cycles

Für Cycles-Materialien gilt im Prinzip das in Abschnitt 7.13 Gesagte. Neu
wird es erst ab dem Surface-Panel, wichtigster Parameter ist hier Surface:,
mit diesem Menü können verschiedene Shader eingestellt werden. Shader
sind Rechenvorschriften, die der Renderengine sagen, wie das Licht mit der
Oberfläche des Objekts interagiert, absorbiert, reflektiert und gestreut wird,
aber auch ob ein Objekt selbst Licht aussendet. Die in Blender verwendeten
Rechenvorschriften nennen sich BSDF, Bidirectional Scattering Distribution Function, auf Deutsch etwa Bidirektionale Streuungsverteilungsfunk-
tion, die angeben, wie Licht auf einer Oberfläche diffus gestreut und gebeugt
wird. Erweiterungen dieser Funktion sorgen dafür, dass auch Reflexion,
Transmission und Beugung berechnet werden können.

Parameter

Ein kleiner Button mit einem Punkt darauf hinter einem Parameter bedeutet, dass hier der Parameter durch einen weiteren Node oder eine Textur gesteuert werden kann.

Im Folgenden werden kurz die wichtigsten Shader und ihre Parameter aufgelistet:

Diffuse

Diffus reflektierende Materialien werden nach dem Lambert- (siehe 7.13.1) bzw. Oren-Nayar-Verfahren berechnet. Das Farbfeld hinter Color: ruft den bekannten Farbwähler auf, mit dem eine Grundfarbe für das Material gewählt werden kann (physikalisch gesprochen die Wahrscheinlichkeit, dass Wellenlängen der entsprechenden Farbe reflektiert werden). Roughness: bestimmt, mit welcher Gewichtung Lambert (0.0)- und Oren-Nayar (1.0)-Shader gemischt werden.

Glossy

Mit dem Glossy BSDF lassen sich reflektierende Materialien erstellen. Mit dem Roughness:-Parameter kann die Unschärfe der Reflexion von 0 bis 1.0 eingestellt werden.

Glass

Der Glass Shader verbindet Transparenz, Refraktion (Beugung) und Reflexion (Spiegelung), um durchsichtige Materialien zu erzeugen. Roughness: steuert hier, wie stark Licht beim Durchdringen des Materials gestreut wird. IOR: (Index Of Refraction) gibt den Brechungsindex des Materials an, der bestimmt, wie stark Licht beim Übergang von einem Material ins andere abgelenkt (gebeugt) wird. Normales Glas hat z. B. etwa einen IOR von 1.5.

Emission

Der Emission Shader macht jedes Objekt zu einer Lichtquelle. Wichtigste Parameter sind natürlich auch hier die Farbe (Color:) und die Leuchtstärke, die mit Strength: gesteuert wird.

Shader wie Background, Holdout, Ambient Occlusion, Mix und Add sind erst in Spezialfällen und für die Node-Materialien interessant und werden dann ggf. später in diesem Zusammenhang behandelt.

Allgemeine Parameter

Im Displacement-Panel kann z. B. eine Textur durch Klick auf den Menu Button gewählt werden. Im Settings-Panel kann Sample as Lamp abgeschaltet werden, was aber nur bei großen Objekten, die relativ wenig Licht aussenden, Sinn macht. Mittels Viewport Color: kann die Objektfarbe in schattierten oder texturierten Viewports eingestellt werden. Pass Index: ist eine Kennung, die beim Compositing nützlich ist.

Jeder Parameter, der das kleine Punkt-Icon am Menu Button hat, kann vom Ergebnis eines anderen Shaders oder Input Nodes gesteuert werden.

Im einfachsten Fall könnten Sie das Punkt-Icon z. B. bei Color: im Diffuse BSDF anklicken und so z. B. ein Checker Texture (Schachbrettmuster) hinzufügen, die dann wiederum Parameter hat, die wiederum gesteuert werden können etc. Wenn Sie sich die Abbildung rechts anschauen, dann wird schnell klar, dass diese Ansicht bei nur leicht komplexen Materialien sehr schnell unübersichtlich wird. In der Abbildung wird ein Silber-Material dargestellt. Wenn man die Darstellung von oben nach unten liest, geht man praktisch vom gesamten Material aus immer weiter ins Detail. Das Material wird also von einem Mix Shader gebildet, dessen Mix-Faktor (Fac:) durch einen Fresnel Shader gesteuert wird und einen weiteren Mix Shader und einen Glossy BSDF mischt. Der zweite Mix Shader mischt wiederum, von einem Fresnel Shader gesteuert, einen Diffuse und einen Glossy BSDF. Hätten Sie es auf Anhieb erkannt? Wahrscheinlich nicht, und daher wurde eine weitere Darstellungsmethode für solche komplexen Shader-Verbünde erdacht. Wenn Sie schon Abschnitt 7.20 gelesen haben, ahnen Sie, was das sein könnte: die Material Nodes.

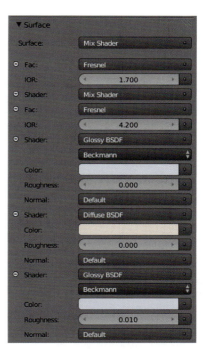

8.4.1 Ein einfaches Cycles-Nodes-Material

Laden Sie `Cycles/Cycles_Nodes00.blend` und schalten Sie den 3D View unten rechts auf Rendered: Sie sollten eine einfache Szene eines Affenkopfes, beleuchtet von einer Sky-Map Welt und einer leuchtenden Fläche, sehen. Das große Fenster links ist ein Node-Editor. Bei selektiertem Affenkopf können Sie nun per ⬜-Klick auf New im Material-Kontext oder im Node Editor ein neues Material erzeugen.

Es erscheint die Node-Darstellung eines einfachen Diffuse BSDF, wie Sie es schon aus dem Material-Kontext (das ja zum Vergleich noch rechts zu sehen ist) ken-

nen. Alle Parameter erscheinen auch in den Nodes. Alle Nodes münden letztlich in den Material Output-Node und da sich z. B. bei Mix Nodes oder Mix BSDF der Node-Baum auftrennen kann, ist es anfangs immer sinnvoll, von diesem Wurzel-Node aus einen Node-Baum (Node Tree) zu untersuchen; man geht dabei vom großen Ganzen (Wurzel) in die Details (Äste). Der Material Output-Node hat Eingänge für die Oberfläche (Surface), Volumen (Volume) und Oberflächenstrukturen (Displacement). Volume für z. B. Nebel oder Raucheffekte wird zurzeit allerdings noch nicht unterstützt. Das Displacement wird in Abschnitt 8.5.7 gesondert behandelt. Die grünen Ein- und Ausgänge (Sockets) zeigen an, dass hier ein Shader angeschlossen werden soll. Gelbe Ein- und Ausgänge zeigen eine Farbinformation in Form von einzelnen Farben, Verläufen oder Texturen an. Graue Ein- und Ausgänge verarbeiten Graustufeninformationen in Form von einzelnen Werten, Verläufen oder Texturen. Blaue Ein- und Ausgänge arbeiten mit Vektordaten wie z. B. Texturkoordinaten.

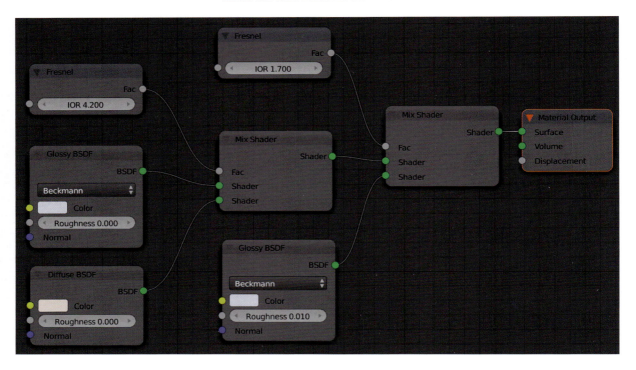

Abb. 8.1
Node Tree zum Material
aus dem vorherigen Abschnitt

Nodes können mit 🖱 dort, wo keine Schaltfläche ist, angeklickt, gehalten und dann verschoben werden. Verbindungen werden durch Klicken, Halten und Ziehen mit 🖱 zwischen einem Ein- und einem Ausgang hergestellt. Erstellen Sie doch einmal einen Checker Texture Node (⇧-Ⓐ Ⓣ Ⓒ) und verbinden Sie seinen Color-Ausgang mit dem Color-Eingang des Diffuse BSDF … Ihr Objekt bekommt ein Schachbrettmuster.

Verbindungen können bei gehaltener Strg-Taste mit der Maus wie mit einem Messer zerschnitten werden, alternativ können Sie auch die Verbindung an einem Eingang(!) mit der linken Maustaste greifen und dann vom Eingang wegziehen. Lassen Sie jetzt die Maustaste los, so verschwindet die Verbindung; noch wichtiger ist aber hierbei, dass Sie die Verbindung so auch schnell wieder mit einem anderen Eingang verbinden können.

Jetzt wird sicher auch Abbildung 8.1, die das Material aus dem vorherigen Abschnitt als Node Tree zeigt, klarer und Sie stimmen hoffentlich zu, dass die Darstellung im Node Editor wesentlich übersichtlicher ist als die im Material Context.

8.5 Shader, BSDFs und Material Nodes

Die Kunst des Erstellens von Shadern besteht darin, die vielen vorhandenen Nodes so zu kombinieren, dass am Ende das gewünschte Material herauskommt. Hier ist fast alles möglich vom einfachen Mischen der Materialeigenschaften bis hin zu komplexen vektormathematischen Berechnungen. Im zweiten Teil dieses Abschnitts werden dann ein paar »Kochrezepte« geliefert. Die schiere Anzahl der Nodes ist zu groß, um sie hier komplett zu beschreiben, allerdings unterscheiden sich einige Nodes nur in Einzelheiten. Und wenn die Parameter für einen Node bekannt sind, kann man sich die Bedeutung der Parameter für weitere Nodes ableiten oder durch eigene Experimente herausbekommen.

Neue Nodes werden wie immer im Node Editor mittels ⇧-A hinzugefügt. Da mittlerweile sehr viele Nodes existieren, hilft Ihnen hier der erste Eintrag Search… dabei, Nodes schnell zu finden und dann auch direkt einzufügen.

8.5.1 Shader

Shader definieren die Interaktion des Lichts mit der Oberfläche des Objekts. Dabei können Shader aus einem oder mehreren BSDFs (Bidirectional Scattering Distribution Function) bestehen, die wiederum von Mix- und Add-Shadern in der Zusammensetzung gemischt werden.

Die folgende Liste baut aufeinander auf, so dass nicht immer wieder einzelne gemeinsame Parameter erklärt werden müssen.

Diffuse BSDF

Diffus reflektierende Materialien, nach dem Lambert- (siehe 7.13.1) bzw. Oren-NayarVerfahren berechnet.

Das Color-Farbfeld ruft den bekannten Farbwähler auf, mit dem eine Grundfarbe für das Material gewählt werden kann (physikalisch gesprochen die Wahrscheinlichkeit, dass Wellenlängen der entsprechenden Farbe reflektiert werden).

Roughness bestimmt, mit welcher Gewichtung Lambert (0.0)- und Oren-Nayar (1.0)-Shader gemischt werden.

An den Normal-Input kann man die fürs Shading zu benutzen Normalen einspeisen, diese können z. B. von einer Normal Map kommen. Wird nichts angeschlossen, werden die aus der Oberfläche des Objekts resultierenden Normalen benutzt.

Der BSDF Ausgang gibt das Ergebnis des BSDF-Nodes aus.

Glossy BSDF

Mit dem Glossy BSDF lassen sich reflektierende Materialien erstellen.

Der Menu Button, hier mit Beckmann beschriftet, bestimmt die Art der Reflexion, Sharp bietet nur komplett scharfe Spiegelungen bei Beckmann und über CGX kann mit dem Roughness-Parameter die Unschärfe der Reflexion von 0.0 bis 1.0 eingestellt werden.

Anisotropic BSDF

Anisotropisches Shading tritt vor allem bei gebürsteten Oberflächen, aber auch auf der Abspielseite einer CD/DVD auf. Für die genaue Kontrolle über den Verlauf des anisotropischen Shaders sollte das Objekt UV gemappt sein, ansonsten wird ein kugelförmiges, an der Bounding Box ausgerichtetes Mapping verwendet.

Anisotrophy: Anteil anisotroper Spiegelung, 0.0 ist praktisch mit normaler Reflexion gleichzusetzen, Werte über 0.0 ziehen die Spiegelung orthogonal zur Tangente länger, negative entlang der Tangente.

Rotation: Drehung der Spiegelungen, 0 entspricht 0°, jeweils 0.25 dazu drehen um 90°.

Tangent: Tangente fürs Shading, üblicherweise findet hier der Tangent-Node seine Anwendung. So können die Achsen für die anisotrope Spiegelung oder eine UV Map gewählt werden. Mittels UV Maps können auch lineare anisotrope Spiegelungen perfektioniert werden, oft reichen aber auch die standard-radialen anisotropen Spiegelungen.

Glass BSDF

Der Glass Shader mischt Beugung und Reflexion, um glasartige Materialien darzustellen. Wie auch der Transparency Shader steuert die Farbe (Color) die Transparenz und das Filtern von Licht. Der Glass BSDF neigt dazu, viel Rauschen durch die Berechnung von Kaustiken zu erzeugen, für Abhilfe siehe Abschnitt 8.5.6.

IOR definiert den Brechungsindex des Materials und bestimmt so, wie weit die Lichtstrahlen beim Ein- und Austritt durch das Material gebeugt (abgelenkt) werden. 1.0 ist praktisch mit der reinen Transparenz (Vakuum) gleichzusetzen, Werte um 1.5 entsprechen dem Brechungsindex von normalem Glas (siehe 7.19.2).

Refraction BSDF

Der Refraction BSDF ist praktisch nur der Beugungsanteil vom Glass BSDF und als Baustein für aufwändigere Shader gedacht.

Translucent BSDF

Mit dem Translucent BSDF werden Materialien erzeugt, in die Licht eindringt, das dann nach dem Lambertschen Gesetz gestreut wird, also ein Material, das lichtdurchlässig, aber nicht durchsichtig ist.

Subsurface Scattering

Transluzente Körper (siehe auch oben) besitzen oft auch die Eigenschaft, dass eine Schicht des Objekts Licht recht zufällig zurückstreut, die sogenannte Volumenstreuung oder Subsurface Scattering (SSS). Seit Kurzem unterstützt Cycles auch diese Art der Lichtberechnung, was insbesondere für eine glaubwürdige menschliche Haut sehnlichst erwartet wurde. Auch Wachs, Milch, Marmor und Kunststoffe zeigen diesen Effekt.

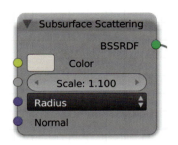

> Aktuell (Blender2.69) können Sie den Subsurface Scatter Shader nur mit der CPU-Berechnung benutzen!

Der Scale:-Parameter bestimmt die generelle Skalierung des Effekts und muss an die Objekt- und Szenenskalierung angepasst werden. Der Radius-Eingang bestimmt für die drei Grundfarben die Stärke des Subsurface Scattering, d. h. wie sehr pro Grundfarbe das eindringende Licht gestreut wird, es kann entweder ein Vektor angeschlossen werden oder die Werte werden einzeln mit dem Menu Button Radius eingestellt.

Transparent BSDF

Transparent BSDF erzeugt reine Transparenz ohne Beugung, ein reines Weiß bedeutet totale Transparenz (praktisch unsichtbar).

Emission

Materialien mit diesem BSDF senden Licht aus. Strength: bestimmt, wie stark das Material leuchtet. Eine Strength: von 1.0 bedeutet, dass die Farbe im gerenderten Bild exakt wie bei Color angegeben erscheint, dies ist praktisch das Shadeless-Material vom Blender Intern Renderer.

Mix, Add

Diese Shader nehmen zwei BSDF bzw. Shader und mischen sie. Der Add Shader addiert, wie der Name schon sagt, der Mix Shader mischt die beiden Shader entsprechend dem Fac:-Wert. 0.0 bedeutet dabei 100 % des oberen und 1.0 entsprechend 100 % des unteren Eingangs.

8.5.2 Input

Value, RGB

Diese beiden Input Nodes stellen einen Wert (Value) bzw. eine Farbe an ihrem Ausgang zur Verfügung. Das ist praktisch in Node Groups und wenn man mehrere Shader mit gleichen Werten füttern will.

Light Path

Dieser Node stellt vielfältige Informationen darüber zur Verfügung, woher Lichtstrahlen kommen. Anwendung findet z. B. der Shadow Ray in

Abschnitt 8.5.6, um Glasmaterial schneller zu rendern. Oder wollen Sie ein Vampirmaterial erstellen? Mixen Sie ein Transparent BSDF mit einem Diffuse BSDF und lassen den Mix-Faktor (Fac:) von dem Is Camera Ray-Ausgang des Light Path-Nodes steuern, schon ist das Objekt in spiegelnden Oberflächen nicht mehr zu sehen.

Fresnel

Viele Materialien sehen von wechselnden Betrachtungswinkeln unterschiedlich aus bzw. spiegeln bei schräger Draufsicht stärker. Dies ist der Fresnel-Effekt, der auftritt, wenn man an einem See steht und sich darin aus der Ferne Berge im Wasser spiegeln, man aber am Ufer in das klare Wasser blicken kann.

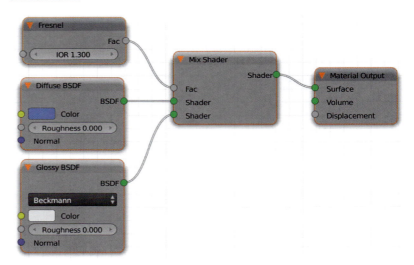

Der IOR:-Parameter bestimmt die Stärke des Effekts von 1.0 (stärkste Winkelabhängigkeit) bis zu hohen Werten, die dann kaum noch Winkelabhängigkeit zeigen. Sehen Sie sich auch den Layer Weight-Node an.

Layer Weight

Auch der Layer Weight-Node bietet einen Fresnel-Ausgang, im Gegensatz zum Fresnel-Node ist hier aber der Eingang (Blend) von 0 bis 1.0 normiert. Dies erleichtert gegenüber dem Fresnel-Node mit seinem physikalischen Brechungsindex (IOR) die Verwendung in Node-Setups. Der Facing-Ausgang gibt einen Wert aus, je nachdem, wie direkt die berechnete Objektfläche zur Kamera zeigt.

Texture Coordinates

Der Ausgang des Texture Coordinates-Nodes wird fast immer in einen Texture Node Vector Input geleitet. Am häufigsten werden sicher Generated für automatisch generierte Koordinaten und UV für per UV-Mapping aufgebrachte Koordinaten verwendet. Bei Objekten, die sich im Aussehen ändern (Mesh-Animation, Bone-Deformation etc.) ist fast immer die UV-Texturierung sinnvoll, damit sich die Textur entsprechend der Mesh-Verformung streckt.

Particle Info

Hier werden Informationen über das jeweils berechnete Partikel (in Cycles nur instanziierte Objekte) bereitgestellt. So kann man dann auch Materialparameter von z. B. dem Alter des jeweiligen Partikels abhängig machen. Eine Beispieldatei finden Sie auf meiner Seite unter `Cycles/Partikel-Info.blend`.

In Abbildung 8.2 können Sie sehen, wie man eine Änderung der Materialfarbe eines Partikels in Cycles realisiert. Zu beachten und erwähnenswert ist an sich nur, dass das Alter (Age) durch die Lebenszeit (Lifetime), wie im Partikel Context eingestellt, dividiert werden muss, um über die Lebenszeit des Partikels von Geburt bis Tod einen Wert von 0.0 bis 1.0 zu erhalten, mit dem der Fac-Eingang des Color Ramp-Nodes gesteuert wird.

Abb. 8.2

Materialfarbe, abhängig vom Alter des Partikels

8.5.3 Texture

Image Texture

Der Image Texture-Node ist sicher einer der am häufigsten verwendeten Textur-Nodes. Er gibt Farbinformationen (Color) und Transparenzinformationen (Alpha) aus, die in der Textur enthalten sind und je nach Texturkoordinaten am Vector-Eingang auf das Objekt gebracht wurden.

Über den Image-Browse-Button oben links kann ein schon in der Szene vorhandenes Bild ausgewählt werden, daneben erscheint der Dateiname, gefolgt von dem F-Button, mit dem ein Fake User des Bildes erstellt werden kann. Der Open-Button (Ordner Icon) lädt ein Bild von der Festplatte und der X-Button löscht das Bild aus dem Node.

Im Menu Button darunter kann der Farbraum, der für dieses Bild verwendet werden soll, gewählt werden. Für normale Texturen und Fotos sollte natürlich Color genommen werden. Non Color Data bedeutet nun aber nicht,

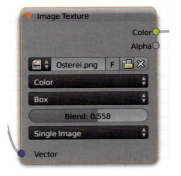

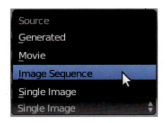

dass es sich um Graustufen- oder Schwarzweißfotos handelt, sondern dass in den Farbwerten der Textur Informationen stecken (Alpha Maps, Bump Maps, Normal Maps), die nicht vom Colormanagement beeinflusst werden sollen.

Der Projection-Menu Button erlaubt die Wahl zwischen normalem flachem (Flat) Aufbringen der Textur und Box-Projection, das sehr gut geeignet ist, um Texturen, die natürliche Strukturen haben, so auf alle Seiten eines Objekts zu mappen, dass kaum Übergänge zu erkennen sind – man spart sich so das UV-Mapping. Der Blend:-Faktor definiert, wie stark an den Stoßkanten die Pixel übergeblendet werden.

Mit dem Source-Menu Button kann die Bildquelle gewählt werden: einzelne Bilder natürlich mit Single Image, nummerierte Bildsequenzen mit Image Sequence und Videos mit Movie. Generated wird gewählt, wenn man ein mit New im UV/Image-Editor erstelltes und nicht auf Platte gespeichertes Bild verwendet.

Environment Texture

Der Environment Texture-Node dient vor allem dazu, den Welthintergrund mit Sky- und Environment Maps zu versehen, die als Equirectangular- oder Mirrorball-Seitenverhältnis vorliegen können. Bilder mit diesen Formaten gibt es massenweise im Internet (Lizenzen beachten!); besonders hochqualitative, auch als HDR (High Dynamic Range) und somit zur Beleuchtung von Szenen geeignete gibt es bei HDR Labs [HDRLABS].

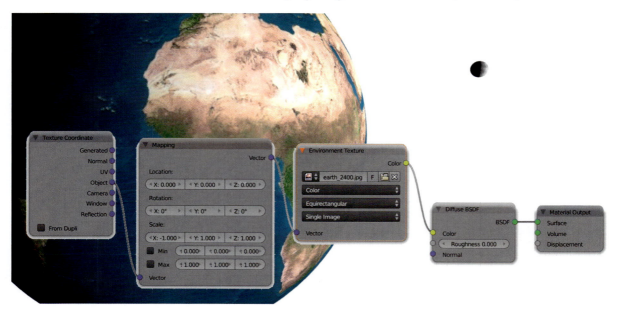

Abb. 8.3
Environment-Texturen, mal anders verwendet

Eine immer einmal wieder benötigte Mapping-Art und kreative Anwendung von Environment Textures ist das Mappen von Planeten, Bällen und

Ähnlichem, ohne dabei eine UV-Abwicklung machen zu müssen. In Abbildung 8.3 sind die nötigen Nodes dargestellt. Beachten Sie die Skalierung –1.0 für die X:-Achse: Ohne diese Feinheit stimmt sonst die Erde nicht ganz mit der Realität überein, und auch die Object Texture-Koordinate ist wichtig. Planetentexturen bekommen Sie z. B. direkt bei der NASA, hier gibt es auch gleich einige 3D-Modelle von Raumfahrzeugen.

Sky Texture

Sky Texture generiert eine mathematisch berechnete Textur, die Himmel (Nebel/Dunst, keine Wolken), Sonne, Sonnenstand und das abgestrahlte Licht simuliert. Mit dem Menu Button kann zwischen zwei Berechnungsmethoden Preetham und Hosek/Wilkie umgeschaltet werden. Hosek/Wilkie ist das realistischere Modell, allerdings kann es je nach Szene auch angebracht sein das Preetham Modell zu verwenden was dramatischere Sonnenuntergänge produziert.

Was wie eine Materialvorschau aussieht, ist tatsächlich ein Werkzeug, um die Position der Sonne einzustellen. Klicken und halten Sie 🖱 und bewegen Sie die Maus, um die Lichtrichtung auf der Kugel zu beeinflussen. Wenn Sie Blender in einem 3D View auf Rendered geschaltet haben, so sehen Sie den Effekt sofort. Norden liegt in positiver y-Richtung, Osten in negativer x-Richtung in Blenders Koordinatensystem.

Turbidity: steuert, wie dunstig der Himmel ist. Eine Turbidity von 2 entspricht einem sehr klaren arktischen Himmel, 3 ist ein normaler klarer Himmel, 6 ein leicht dunstiger Himmel. Der Albedo Parameter beim Hosek/Wilkie-Modell gibt an wieviel Licht vom Planeten in den Himmel zurückgestrahlt wird. Die Parameter der Sky Texture sind nicht sehr intuitiv einzusetzen, aber mit dem Echtzeit-Preview in Cylces kommt man mit etwas Experimentieren doch recht schnell zu schönen Lichtstimmungen.

Checker Texture, Brick, Noise, Wave, Magic, Vronoi

Diese prozeduralen Texturen sind praktische Bausteine, um komplexe Shader aufzubauen, die bei entsprechender Mühe kaum von Fototexturen zu unterscheiden sind, aber im Gegensatz dazu auf beliebig große Objekte aufgebracht werden können, ohne dass die Auflösung zu klein wird oder Wiederholungen erkennbar werden.

8.5.4 Color, Vektor, Converter, Skript

Color

Alle Nodes in dieser Kategorie (bis auf Light Falloff) nehmen Farben oder Texturen als Eingangsgröße und geben diese Information verändert aus. So können Sie z. B. mit dem Bright/Contrast-Node die Helligkeit und den Kontrast wie in einer Bildbearbeitung ändern. Weitere Möglichkeiten sind RGB Curves (Kontrast sowie Rot-, Grün- und Blaukanal per Kurven anpas-

sen) oder Invert (Farbumkehr). Sehr nützlich ist auch der Mix-Node, der zwei Farbeingänge mit einem einstellbaren Faktor (Fac) und Modus mischt (nicht mit dem Mix-Shader zu verwechseln).

Vector

Vector Curves
Mapping
Normal
Bump
Normal Map

Hier finden sich Nodes zum Verändern und Erstellen von Vektorinformationen. Oft benutzt sind der Mapping- und die Bump- und Normal Map-Nodes. Mit dem Mapping-Node werden oft Texturkoordinaten angepasst, z. B. in der Skalierung und damit dem Tiling der Textur. Mit dem Normal Map-Node können in Cycles die beliebten Normal Maps verwendet werden, der Normal-Ausgang wird dann mit einem Normal-Eingang des BSDFs verbunden.

Converter

RGB to BW
Combine RGB
ColorRamp
Separate RGB
Math
Vector Math

Converter beinhaltet Nodes, um Farbwerte aufzuteilen und in Graustufen umzuwandeln, bzw. andersherum. Sehr oft verwendet und nützlich ist der ColorRamp-Node. Mit ihm können Werte (0.0 bis 1.0) direkt in Farbverläufe umgewandelt werden. Ist der Verlauf ein Graustufenverlauf, so können auch Mappings von einem Wertebereich in einen anderen leicht und visuell durchgeführt werden. Mit den Math-Nodes können Werte weiterbearbeitet werden, hier findet sich von der Addition über Multiplikation bis zu Sinus, Logarithmen und Vektormathematik alles, was das Mathematikerherz begehrt.

Script

Seit Version 2.65 unterstützt Blender mit Cycles (als eine der ersten Render Engines) die Open Shading Language (OSL), die von Sony Pictures Imageworks (SPI) entwickelt wurde [OSL]. Um mit OSL in Cycles Shader zu schreiben, muss als Render Device CPU gewählt und der Open Shading-Button aktiviert werden.

8.5.5 Group, Interface, Layout

In diesen Menüs finden sich Nodes, um Node-Netzwerke (auch im Compositor) zu organisieren und in Funktionsgruppen zusammenzufassen. Node Groups sind dazu gedacht, Nodes zu einer Gruppe zusammenzufassen und damit in der eigenen Szene mehrfach nutzbar zu machen, aber auch diese Gruppe aus anderen Szenen wiederzuverwenden (per Linking oder Append). Mit den Ein- und Ausgängen für Gruppen-Nodes aus der Interface-Kategorie lassen sich so leicht wiederverwendbare Gruppen erstellen, die eine beliebige Komplexität in einem Gruppen-Node verstecken. Mittels des Frames aus der Layout-Kategorie lassen sich Blöcke zusammenfassen, die dann gemeinsam verschoben werden können. Durch die freie Namenswahl bei Frames und die optische Abgrenzung erhöhen diese auch die Übersichtlichkeit (siehe Abb. 8.4).

Abb. 8.4
Node Gruppe

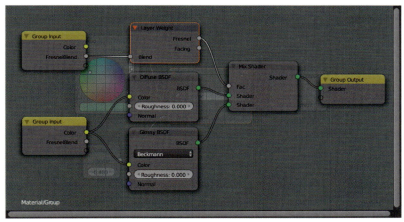

8.5.6 Kochrezepte: Rauschfreie Bilder

Wenn in Cycles oder anderen physikbasierten Renderern ein Bild gerendert wird, ist es an sich nie fertig, man kann praktisch endlos rendern und das Bild kann sich trotzdem noch verbessern, weil die Lichtsimulation endlos weiter läuft. Natürlich ist das vom praktischen Standpunkt aus unmöglich, denn ein Bild oder gar eine Animation muss ja in endlicher Zeit fertig werden. Als Abbruchbedingung kann hier der Samples-Wert dienen. Viel wichtiger ist aber, ob unserem Auge das Bild schon gefällt, und dabei ist vor allem die Rauschfreiheit das wichtigste Qualitätsmerkmal. Das Auge ist durch Fotos (Filmkorn oder digitales Rauschen) und Videos (Aufnahmen bei schlechtem Licht) schon an Rauschen gewöhnt, obwohl es jeder Fotograf oder Filmer zu verhindern sucht (es sei denn, es dient als Stilmittel). Bei Standbildern wird im Allgemeinen weniger Rauschen als bei Animationen toleriert. Praktisch müssen also immer Testbilder oder Testberechnungen und ein anschließendes Hochrechnen auf das Gesamtbild oder die Animation dazu dienen, einen Kompromiss aus Rechenzeit und Qualität zu finden.

Aber es gibt auch einige technische Möglichkeiten und Tricks, zu rauschfreien Bilder zu gelangen bzw. bei gleicher Renderzeit eine höhere Qualität
zu erzielen. Rauschen in Cycles entsteht hauptsächlich dadurch, dass Lichtquellen von den zufällig verteilten »Taststrahlen« in der Szene nicht gefunden werden. So kann es passieren, dass ein Pixel auf dem Bildschirm sehr
hell ist, das benachbarte Pixel aber viel dunkler, weil dort der Strahl (Ray)
nicht zu der Lichtquelle gefunden hat – diese extreme Art des Rauschens
nennt man »Fireflies« (Glühwürmchen) und ist besonders störend. Hierbei
sind Lampen und Meshes, die als Emitter dienen, nicht das Problem, sondern helle Stellen, die durch indirekte Beleuchtung oder die Spiegelung einer Lichtquelle entstehen.

Bounces

Stellen Sie bei kritischen Szenen die Bounces: (also Reflexionen der Rays) im
Light Path-Panel entsprechend ein. Diffuse Materialien brauchen weniger,
Glossy mehr und Glasmaterialien (Transmission) die meisten Bounces, um
rauschfrei zu werden. Eine Gewichtung der Bounces sorgt hier dafür, dass
an kritischen Stellen mehr Bounces zur Verfügung stehen.

Farben

Anstatt Farben im Bereich von 1.0 zu erstellen, sollten Sie besser maximal
0.8 als Intensität (also kein Farbkanal über 0.8) verwenden und entsprechend das Licht in der Szene heller setzen, denn dies sorgt dafür, dass Licht
von diffusen Reflexionen nicht so lange hin und her springt (bounced) und
so weniger Rauschen entsteht. Ausnahmen von dieser Regel sind natürlich
Glasmaterialien, die aber sowieso viele Bounces benötigen.

Filter Glossy

Glossy-Materialien mit einem Roughness: >0.0 bedingen mehr Rauschen,
mit dem Parameter Filter Glossy: im Light Paths-Panel kann dieses Rauschen bekämpft werden. Allerdings leidet hier die Genauigkeit der Spiegelung leicht, was aber nur in wenigen Situationen sichtbar und durch die
Rauschminderung deutlich übertroffen wird.

Clamp

Wenn alle anderen Tricks nicht helfen, Fireflies zu verhindern, kann der
Clamp:-Parameter im Sampling-Panel Abhilfe bringen. Clamp beschränkt
Rays auf eine maximale Intensität, die sie einem Bildschirmpixel hinzufügen. Dies verhindert Fireflies, kann aber bei unbedachtem Einsatz (Werte
um 1.0) auch die Spitzenlichter (Highligths) in der Szene vernichten. Ein
guter Startwert ist hier 1.3.

Multiple Importance Sample

Materialien mit Emission Shader haben die Option Multiple Importance Sample, die dafür Option sorgt, dass bei großen hellen Objekten weniger Rauschen entsteht. Bei kleinen, eher dunklen Objekten kann es aber sinnvoll sein, diese Option zu deaktivieren, damit anderen Szenenteilen mehr Samples zur Verfügung stehen.

Im World Context findet sich die Multiple Importance Sample-Option auch, hier sollte sie bei komplexen Hintergrundbildern aktiviert werden. Map Resolution: gibt die Auflösung der generierten Map an, höhere Auflösungen arbeiten genauer, brauchen aber mehr Zeit und Speicher.

Für Lampen ist normalerweise Multiple Importance Sample deaktiviert, bei Glossy-Materialien kann das aber zu sehr starkem Rauschen führen und sollte in diesem Fall aktiviert werden und verstärkt die durch die Lampe verursachten Highlights, was durchaus erwünscht sein kann.

Rauschen in Animationen

Standardmäßig ist die Verteilung des Rauschens in berechneten Bildern bei jedem Rendern gleich. Dies gilt auch für die einzelnen Bilder einer Animation und hat den Effekt, dass in der Animation die Objekte »unter dem Rauschen durchrutschen«, wenn die Animation abgespielt wird, was viele Betrachter stört, vor allem wenn die Bilder starkes Rauschen enthalten.

Das Muster des Rauschens kann durch den Seed:-Parameter im Sampling-Panel beeinflusst werden. Der Seed ist praktisch ein Startwert für den Zufallszahlengenerator, der immer die gleiche Folge von Zufallszahlen produziert, wenn der Seed gleich bleibt.

Wie nahezu alles in Blender kann auch Seed: per Keyframe animiert werden, noch einfacher ist es aber, #frame als Wert einzugeben. Damit wird dann ein Driver eingerichtet, der die aktuelle Bildnummer einträgt und somit den Zufallsgenerator in jedem neuen Frame eine andere Zahlenreihe erzeugen lässt.

Renderzeit sparendes Glasmaterial

Bei Glasmaterialien berechnet Cycles Caustics (Kaustiken), also die durch Lichtbrechung und -beugung entstehenden Lichtflecken hinter Glasobjekten. Dies sieht zwar sehr realistisch aus, braucht aber äußerst lange, um wirklich rauschfrei zu werden, denn der Cycles Renderer als Path Tracer ist nicht die beste Wahl, um schnell Kaustiken zu berechnen. Man kann nun versuchen, mit Clamp: und Filter Glossy: einen Kompromiss zwischen der Stärke der Caustics und der Rechenzeit oder der Rauschfreiheit zu erzielen, oder man schaltet mit No Caustics die Berechnung der Kaustiken komplett ab und hat dann auch bei Glas nur einheitliche Schatten. Gerade für Animationen gibt es aber noch einen dritten Weg: Man schaltet die Berechnung von Kaustiken ab und erhält durch einen Trick transparente Schatten.

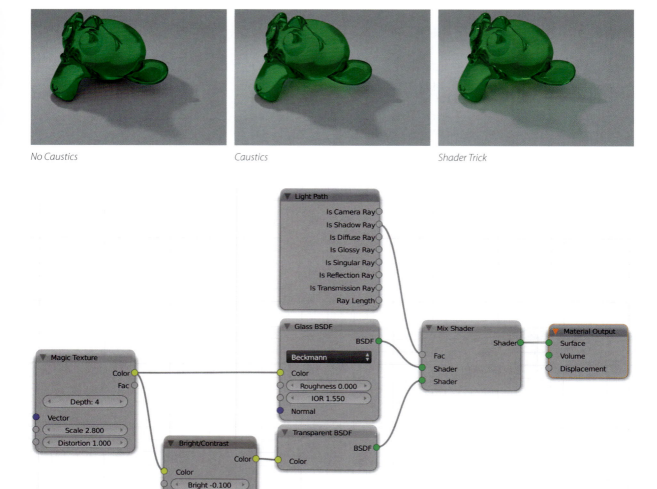

No Caustics   *Caustics*   *Shader Trick*

Der Trick besteht darin, einen Materialmix aus Glas und normaler Transparenz zu erstellen. Würde man nun aber beide Materialien einfach per Mix-Shader mischen, so würde, je realistischer der Schatten aussieht, das Objekt selbst immer unnatürlicher wirken. Hier kommt jetzt der Light Path-Node ins Spiel, genauer dessen Is Shadow Ray-Ausgang, der immer dann aktiv (1.0) ist, wenn gerade Schatten berechnet wird. Indem man nun den Is Shadow Ray-Ausgang mit dem Fac-Eingang des Mix Shader verbindet, wird das Objekt als solches mit dem Glasmaterial berechnet, der Schatten aber durch den Transparent Shader.

Fenster als Beleuchtung

Will man eine Innenraumszene rendern, die hauptsächlich durch Licht beleuchtet wird, das durchs Fenster scheint, so wird man starkes Rauschen feststellen. Dies liegt daran, dass die Rays nur selten den Weg aus dem Fenster zur Lichtquelle außerhalb des Raumes/Gebäudes finden.

Die Lösung ist, eine Fläche als Emitter im Fenster zu platzieren. Damit man diese nicht direkt sieht, kann man die Ray Visibility im gleichnamigen Panel für die Kamera abschalten. Wenn auch Scheiben vorhanden sind, sollte der Emitter innen im Raum angeordnet werden.

8.5.7 Cycles Displacement und Bump

Vielleicht haben Sie sich gefragt, wie Bump- oder Normal Maps in Cycles behandelt werden, und eventuell ist Ihnen schon der Displacement-Eingang im Material-Output-Node aufgefallen. Genau hier können die entsprechenden Maps, seien es nun prozedurale Texturen oder Bildtexturen, angeschlossen werden. In Abbildung 8.5 wird eine Wave-Textur benutzt, deren Stärke durch den Multiply-Node gesteuert werden kann.

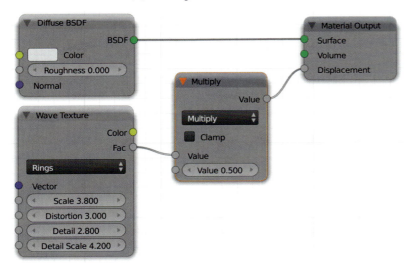

Abb. 8.5
Displacement

True Displacement und Subdivision

Dieser Bereich in Cycles ist noch nicht fertig. Wenn Sie aber experimentierfreudig sind, können Sie im Render-Panel das Feature Set auf Experimental stellen, dann erscheint ein Displacement-Panel im Object Data Context. Hier können Sie nun mit einem Displacement (das hochaufgelöste Mesh wird direkt von der Map beeinflusst) und sogar einer automatischen Unterteilung (Subdivision) experimentieren.

Seien Sie aber gewarnt: Diese Features sind teils noch sehr absturzfreudig, zumindest normales Displacement ist aber durch den Displacement Modifier auch in Cycles zu benutzen, ohne experimentelle Features zu verwenden.

Wollen Sie die sehr beliebten Nomalmaps verwenden, so ist ein etwas aufwändigeres Setup nötig.

Eine Image-Textur wird geladen (beachten Sie die Einstellung Non Color Data, damit keine Farbmanagement stattfindet). Der Image Texture-Node bekommt seinen Vektor von einem Vektor Coordinate-Node, hier der Generated-Ausgang. Der Normal Map-Node macht dann daraus die Normalen für den BSDF unter Beachtung einer eventuellen UV Map.

8.6 Cycles' Welteinstellungen

Die Cycles-Welt kann Licht einer definierten Farbe, von einem physikalisch basierten Himmelsmodell oder von Texturen gesteuert aussenden. Zugriff erhalten Sie wie gewohnt über den World Context. Falls noch keine Welt in der Szene existiert, so kann, wie üblich, mit dem New-Button eine neue Welt erzeugt werden. Sollte noch eine Welt vom internen Blender Renderer existieren, so wird auch diese angezeigt und die Basisparameter auch verwendet. Die komplette Funktionalität erhalten Sie aber erst durch Anwählen des dann sichtbaren Buttons Use Nodes.

Im Surface-Panel finden Sie die offensichtlichen Einstellungen für die Lichtstärke (Strength:) und Farbe (Color:). Durch den Button mit dem Punkt kann wie bei den Materialien eine Textur für den Parameter vergeben werden. Als Surface:-Shader wird aktuell nur der Typ Background unterstützt. Dieser Shader definiert die Lichtabstrahlung von der Umgebung (Welt) auf die Szene. Die Szene beeinflusst dabei nicht die Welt.

Ambient Occlusion ist eine Beleuchtungsmethode, die darauf basiert, wie stark ein Punkt auf der Oberfläche von der umliegenden Geometrie vom Licht abgeschirmt wird, und somit wird ein Kontaktschatten simuliert. Dieses Verfahren ist keine physikalisch korrekte Berechnung, aber trotzdem sehr nützlich, um ohne große Renderzeiten die Struktur der Objekte hervorzuheben und den Eindruck von indirekter Beleuchtung zu simulieren oder zu verstärken. Ambient Occlusion wird nur für den Diffuse Shader berechnet, Glossy oder Transmission Shader werden nicht beachtet. Transparente Objekte tragen entsprechend ihrer Transparenz mehr oder weniger zu Ambient Occlusion bei. Der Parameter Factor: bestimmt die Stärke der Ambient Occlusion, ein Wert von 1.0 entspricht einem weißen Welthintergrund. Der Distance:-Parameter definiert, wie weit eine Geometrie vom Berechnungspunkt entfernt sein darf, damit sie noch von Ambient Occlusion beeinflusst wird.

Im Settings-Panel befindet sich der Sample as Lamp-Schalter, mit dem der Welthintergrund wie eine Lampe (Importance Sampling) berechnet wird. Dies führt besonders bei Welten mit komplexen Texturen zu weniger Rauschen im Bild. Die Map Resolution: definiert die Auflösung der Importance Sampling Map. Größere Maps verbessern den Effekt, natürlich steigt dann auch der Speicherbedarf und die Rechenzeit, so dass man hier einen Kompromiss finden muss.

8.6.1 Cycles Scene-Kontext

Render-Panel

Im Render-Panel ist die Feature Set:-Auswahl im Gegensatz zu BI hinzugekommen. Hier kann zwischen Supported und Experimental ausgewählt werden. Supported sind Renderfunktionen in Cycles, die schon ausreichend erprobt sind, während Experimental Funktionen beinhaltet, die noch nicht fertig sind, eventuell Bugs enthalten und zu Abstürzen führen könnten.

Wenn in den Preferences, System-Tab, ein Compute Device: ausgewählt ist, erscheint im Render-Panel noch das Device:-Menü. Hier kann dann zwischen CPU, also dem Hauptprozessor, und der Grafikkarte (GPU Compute) zum Berechnen der Bilder gewählt werden. Auch wenn Grafikkarten teils um ein Vielfaches schneller sind als CPUs, so gibt es doch gute Gründe, auch auf CPUs zu rechnen: Viele Grafikkarten haben nur ein oder zwei Gigabyte Arbeitsspeicher an Bord, was bei komplexen Szenen schon zu wenig sein kann, und weiterhin ist es oft so, dass auf Renderfarmen nur CPU-Berechnung zur Verfügung steht. Nicht zuletzt sind einige teils experimentelle Features in Cycles bisher auch nur auf der CPU möglich (z. B. OSL).

Integrator

Es gibt in Cycles zwei verschiedene Integratoren, d. h. Programmteile, die die Lichtverteilung in der Szene berechnen: den Path Tracing Integrator und den Branched Path Tracing Integrator. Ersterer ist die Voreinstellung und berechnet ein reines Path-Tracing, bei dem ein Lichtstrahl immer ohne Verzweigungen bis zum Ende verfolgt wird. Dies sorgt für eine hohe Geschwindigkeit einzelner Samples, bedeutet aber auch, dass eventuell viele Samples pro Bildpunkt berechnet werden müssen, um ein akzeptabel geringes Rauschen zu erzielen.

Sampling-Panel

Hauptparameter ist natürlich die Anzahl der Samples für Render: und Preview: (im 3D View). Preview: sollte natürlich relativ gering gehalten werden, damit man eine gute Interaktivität beim Arbeiten im 3D View erhält. Render: ist je nach Szene so einzustellen, wie es die Geduld beim Rendern oder die zu erreichende Qualität erfordert. Für die Berechnung von Standbildern kann auch ein sehr großer Wert für Render: benutzt und dann die Berechnung bei Erreichen der gewünschten Rauschfreiheit abgebrochen werden (Esc). Dazu sollte dann noch Progressive Refine im Performance-

Panel eingeschaltet werden, damit immer das komplette Bild berechnet wird und nicht einzelne Kacheln.

Seed: ist der Startwert des Zufallsgenerators, der für die Verteilung der Samples verantwortlich ist, was wiederum das Muster des Rauschens in der Szene bedingt. Bei gleichem Seed: ist das Muster des Rauschens in allen Bildern gleich. Gerade bei Animationen kann dies störend sein, denn animierte Objekte scheinen sich unter dem Rauschen zu bewegen. Natürlicher und Filmkorn oder dem Rauschen von Videokameras ähnlich wird es, wenn sich in jedem Bild das Rauschmuster ändert. Dies erzielen Sie, indem Seed: animiert wird, entweder per Keyframe-Animation oder indem Sie #frame als Wert eintragen, was dafür sorgt, dass ein Python-Driver, der in jedem Animationsframe die aktuelle Bildnummer einträgt, installiert wird und so Seed: in jedem Bild anders ist.

Clamp: sorgt für ein Filtern der Samples (vor allem bei Glossy- und Glas (Caustics)-Materialien in der Szene), um sehr helle Ausreißer in den Ergebnispixeln (Fireflies) und starkes Rauschen zu verhindern. Ein Wert von 0.0 schalten das Filtern aus, kleine Werte (unter 1.0) filtern am stärksten, gleichzeitig gehen aber auch helle Farben in dem Ergebnisbild verloren. So ist es wieder eine Sache von einigen Testberechnungen, um eine akzeptable Balance zwischen Bildqualität und Rauschen zu bekommen. In diesem Zusammenhang ist auch der Parameter Filter Glossy: aus dem Light Path-Panel beachtenswert.

Mit dem mit Use beschrifteten Layer Samples Menü (nur sichtbar wenn auch Samples: >0 definiert) kann die Verwendung von unterschiedlichen im Render Layer Context (siehe nächster Abschnitt) definierten Sample Zahlen gesteuert werden. Use ist voreingestellt und benutzt genau den im Render Layer angebebenen Wert, bzw. die globale Einstellung wenn dort null eingetragen ist. Ignore nutzt egal was im Render Layer angegeben ist immer den globalnen Samples:-Wert. Bounded schließlich begrenzt die Anzahl der Samples auf den global angegebenen Wert.

Der Branched Path Tracing Integrator kann von dem ersten Treffer des Lichtstrahls aus mehrere Strahlen verfolgen, berechnet pro Sample auch alle Lichtquellen der Szene ein und bietet so schon mal einen Vorteil bei Szenen mit hohem Anteil an direktem oder reflektiertem Licht. Weiterhin ist es durch die Parameter möglich, den Branched Path Tracing Integrator genau auf die Szene zu optimieren, was natürlich einiges an Erfahrung und Tests erfordert, allerdings gerade bei Animationen entweder zu höherer Qualität oder geringerer Rechenzeit führen kann.

Um etwa vergleichbare Sample-Zahlen zu erhalten, gilt folgende Formel: Samples = AA Samples × Samples, also z. B. 250 Samples = 10 AA Samples × 25 Diffuse Samples. Hat man in einer Szene z. B. keine oder kaum Glossy-Materialien, so kann man die Glossy:-Samples gering halten, und Gleiches gilt natürlich für Transmission:, AO:, Diffuse: und Mesh Light:.

Non Progressive Integrator

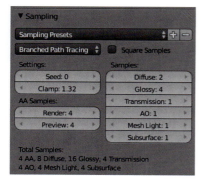

Light Paths-Panel

Im Light Paths-Panel kann die Arbeitsweise des Integrators genauer kontrolliert werden. Der Integrator verfolgt ja die Lichtstrahlen in der Szene mit
allen Reflexionen (diffus und reflektierend). Dies würde im Prinzip immer
so weitergehen, aber dann auch endlos lange dauern. Der Clamp:-Parameter
bietet ja schon so eine Abbruchbedingung, eine andere Methode ist es, einfach mitzuzählen, wie oft (Bounces) der Lichtstrahl (Ray) schon reflektiert
wurde, und dann bei einer bestimmten Anzahl die Berechnung abzubrechen bzw. hier wird noch einmal ein Ray zufällig in die Szene reflektiert, um
auch weniger prominente Lichtquellen zu finden.

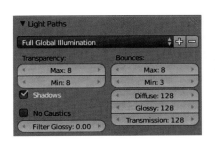

Bounces: Max: bestimmt somit praktisch die Anzahl der Reflexionen eines Rays, hohe Werte bringen natürlich höhere Qualität, aber auch hier
muss ein Kompromiss zwischen visueller Qualität und Rechenzeit gefunden werden. Berechnet man mit einem Max: 1, so entspricht das einem
»Direct Light«, also einer Szene ohne reflektiertes Licht (wie es Raytracing
macht, mit Max: 0 werden keine Spiegelungen berechnet). Min: bestimmt,
wie viele Bounces der Strahl mindestens verfolgt wird. Analog gilt das für
die Max:- und Min:-Werte unter Transparency:. Diese werden natürlich auf
die Diffuse:-, Glossy:- und Transmission:-Werte bezogen.

Die Min:- und Max:-Parameter unter Transparency: geben die Anzahl der
maximal bzw. minimal zu berechnenden Bounces in Transparency-Materi-
alien an. Sollten in einem komplexen Objekt schwarze Flecken auftauchen,
so müssen Sie Max: erhöhen. Shadow schaltet die Schattenberechnung von
durch transparente Materialien hindurchgehenden Lichstrahlen ein oder
aus.

Die Option No Caustics schaltet die Berechnung von durch Lichtbeugung entstehenden Lichteffekten hinter Glasmaterialien und Lichtflecken,
die ausgehend von gebogenen spiegelnden Flächen entstehen, aus, was Rechenzeit spart und auch schneller zu rauschfreien Bildern führt.

Filter Glossy: filtert das Rauschen, das beim Berechnen von Szenen mit
Glossy-Materialien entsteht. 0.0 bedeutet, es wird nicht gefiltert, ein Wert
von 1.0 ist ein guter Startwert für Experimente. Zusammen mit Clamp: erzeugt man so mit einigermaßen erträglichen Sample-Werten rauschfreie
Bilder. Bei zu extremen Werten von Clamp: und Filter Glossy: können aber
auch Details verloren gehen.

Motion Blur-Panel

Im Motion Blur-Panel kann für die Szene Motion Blur für Kamera- und
Objektbewegungen (Translation und Rotation) eingeschaltet werden. Skalierungen und Objektverformungen werden im Moment noch nicht unterstützt.

Achtung: Motion Blur ist nicht im 3D View zu sehen, es muss gerendert werden. Physikalische Simulationen sollten gebaked werden vor dem Rendering

Der Shutter:-Parameter bestimmt, wie lang die »Belichtungszeit« ist. Ein Wert von 1.0 blurrt über einen Frame, 2.0 über zwei Bilder und so weiter. Auch wenn der Shutter:-Slider nicht über 2.0 mit der Maus eingestellt werden kann, so ist es doch möglich, einen höheren Wert mit der Tastatur einzugeben.

Film-Panel

Im Film-Panel kann global die Helligkeit der Szene mit dem Parameter Exposure: korrigiert werden.

Unter dem Menü aktuell mit Gaussian betitelt, kann unter derzeit zwei Antialias-Filterarten für das berechnete Bild gewählt werden. Dabei ist Gaussian aber fast immer Box vorzuziehen. Für Gaussian kann mit Width: noch die Wirkgröße des Filters eingestellt werden.

Die Einstellung Transparent bewirkt, dass Bereiche, in denen der Szenen-Hintergrund (Sky) zu sehen ist, einen transparenten, »premultiplied« Alphakanal bekommen.

Performance-Panel

Im Performance-Panel finden sich etliche Einstellungen, die die Rechengeschwindigkeit teils erheblich beeinflussen können.

Für die Berechnung auf der oder den CPUs sind die Einstellungen unter Threads: wichtig. Auto-detect erkennt die Anzahl der CPU-Kerne im System (auch virtuelle CPU-Kerne bei Hyper Threading etc.) und stellt Blender darauf ein, alle Ressourcen auszureizen. Mit Fixed kann man die Anzahl der Kerne auf einen Wert begrenzen – ideal, wenn man den Rechner noch weiter nutzen oder die Rechenzeit auf zwei oder mehr Aufgaben aufteilen will. Je nach Szene kann es auch etwas bringen, die Anzahl der Threads vorsichtig über die Anzahl der aktuellen CPU-Kerne zu setzen. Wichtig für die Berechnung in mehreren Threads ist die sinnvolle Aufteilung in mehrere Teile, was mit den Parametern unter Tiles: erreicht werden kann. Hier ist möglichst eine Aufteilung zu finden, die passend zur Szene und der berechneten Auflösung die ideale Verteilung der Rechenleistung auf die einzelnen Kerne der CPU(s) bringt. Sie können das gut an der Systemleistung ablesen: Wenn am Ende einer Berechnung nur noch ein Kern aktiv ist, hilft es meistens etwas, die Größe der Tiles mit X: und Y: zu verringern, damit sich am Ende der Berechnung nicht nur ein CPU-Kern die Zähne ausbeißt.

Schauen Sie sich auch das Addon »Auto Render Tile Size« an, welches die Berechnung der Tile Size automatisch anpasst

Unter Viewport: befinden sich jene Einstellungen, die steuern, wie die Szene vor dem Rendern aufgeteilt wird. Bounding Volume Hierarchy (BVH) ist ein Caching-Verfahren, das »leeren« Raum vom Rendern ausschließt und so extrem viel Zeit spart. Dazu wird vor dem Rendern eine baumartige Struktur aufgebaut. Dynamic BVH sorgt für einen schnelleren Rendering-Start, ist also ideal für das Erstellen der Szene, da hier eine hohe Interaktivität gefordert wird. Für die Berechnung von Animationen ist aber Static BVH zusammen mir der Option Use Spatial Splits vorzuziehen. Mit Cache BVH kann dann auch noch der BVH auf Festplatte gespeichert werden, was zu einer Beschleunigung führt, solange keine Objekte verändert werden (z. B. reine Kamera- oder Materialanimation).

> Wenn Sie auf einer GPU (Grafikkarte oder spezielle Renderkarte) berechnen, so dürfen Sie sich nicht wundern, wenn die Systemauslastung nicht auf 100 % kommt, denn die CPU wird nur dazu verwendet, die Daten zur GPU zu schaufeln.

Unter Viewport: finden Sie auch die Optionen, die das Rendern im 3D View beeinflussen. Start Resolution: bestimmt, wie groß die Auflösung ist, mit der anfangs gerendert wird: Je kleiner, desto interaktiver und schneller wird die Bedienung des 3D View, allerdings wird das Bild z. B. während einer View-Rotation auch pixeliger. Persistent Images hält einige Renderdaten im Speicher, um ein erneutes Rendern zu beschleunigen.

Wenn Progressive Refine aktiviert ist, so wird das ganze Bild pro Sample aktualisiert, was etwas langsamer rendert, aber den Vorteil hat, dass man das Rendern von Einzelbildern abbrechen kann, wenn einem die Qualität ausreicht. Save Buffers speichert Zwischenbilder auf der Festplatte statt im RAM. Das wird vor allem bei Full Samples im BI benötigt, kann bei knappen RAM aber auch für Cycles sinnvoll sein.

8.6.2 Render Layer Context

Render Layer sind dafür gedacht, die Szene in verschiedene Layer, die unterschiedliche Objekte der Szene enthalten, aufzuteilen, um sie später z. B. im Composer wieder zu einer Gesamtszene zusammenzufügen, aber die Layer einzeln z. B. mit Farbkorrektur zu versehen, die Objekte mit

Realaufnahmen zu vereinen oder auch unterschiedliche Render-Parameter pro Layer zu verwenden, was viel Rechenzeit sparen kann.

Durch das Plus-Icon rechts oben im Panel können neue Layer hinzugefügt werden, die dann im Name:-Feld umbenannt werden können (und sollten). Alle Einstellungen, die Sie im Layer- und Passes-Panel vornehmen, gelten dann nur für den selektierten (blau unterlegten) Layer. Mit dem Minus-Button löschen Sie den aktivierten Layer. Mit den Checkboxen hinter dem Layer-Namen können Layer aktiv oder inaktiv geschaltet werden.

Layer-**Panel**

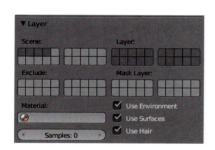

Die Render Layer sind natürlich eng mit den Objekt-Layern (siehe 4.4.4) verknüpft. Layer, die in Scene: aktiviert sind, werden in die Berechnung einbezogen, wenn nicht eine der folgenden Einstellungen dagegen spricht. Layer: definiert, welche Layer (und damit welche Objekte) für diesen Renderlayer komplett gerendert werden; Objekte, die auf nicht in Layer: aktiven Layern liegen, sind nicht direkt in dem Bild zu sehen, sehr wohl aber ihre Schatten, diffuse Reflexion, Glossy-Reflexion etc.! Dies ist äquivalent zum Deaktivieren von Camera im Ray Visibility-Panel. Diese Arbeitsweise mag anfangs etwas verwirrend sein, ermöglicht aber, dass man später die Renderlayer ohne fehlende Schatten oder Reflexionen wieder kombinieren kann.

Objekte auf aktiven Mask Layers: maskieren andere Objekte hinter ihnen aus. Dies ist äquivalent zur Vergabe eines Hold Out-Materials.

Will man den Effekt von Layers: auf einzelnen Layern verhindern, so können in Exclude: die entsprechenden Layer selektiert werden; die Objekte werden somit komplett in diesem Render-Layer ignoriert.

Mit Samples: kann die Anzahl der Samples pro Render-Layer definiert werden. Hat man z. B. einen Render-Layer mit nur zum Compositing gedachten Bildern, so reichen in Cycles oft wenige Samples bis zur gewünschten Rauschfreiheit; andererseits kann es nötig sein, auf Render-Layern mit z. B. Glasobjekten mehr Samples als für den Rest der Szene zu berechnen.

Unter Material: kann ein Material ausgewählt werden, das dann alle Materialien der Objekte ersetzt. Dies ist für aufwändige Maskings sinnvoll oder wenn schnell eine Übersicht mit einem einfachen Material gerechnet werden soll (z. B. Clay Render).

Use Environment steuert, ob der Welthintergrund (inkl. der (HDR-) Beleuchtung durch die Welt) mit in den Render-Layer einbezogen wird. Entsprechend steuern Use Surfaces und Use Hair ob die entsprechenden Features mitgerendert werden.

Passes-Panel

Im Passes-Panel dienen alle Buttons der Steuerung, wie die Light Passes berechnet und in den Render Layer Nodes ausgegeben werden. Im Folgenden werden die wichtigsten kurz besprochen, schauen Sie sich dazu auch die Szene `Cycles/RenderLayer.blend` an.

Combined/Image

Dies ist praktisch das fertige Bild und so auch als Image im Render Layer Node zu finden.

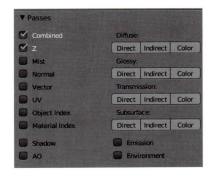

Alpha

Der Alphakanal des Bildes, wichtig für das spätere Kombinieren z. B. mit dem Alpha Over Node. Um auch tatsächlich einen Alphakanal zu bekommen, ist Transparent im Film-Panel des Render Context zu aktivieren.

Z

Hier wird der Tiefenpuffer der Szene ausgegeben, z. B. für den Vector Blur und Kombinationen von Objekten. Dies ist ein 32 Bit tiefer Buffer, der ohne Mapping nicht direkt als Bild ausgegeben werden kann.

Normal

Oberflächennormalen der gerenderten Objekte

Vector

Geschwindigkeitsvektoren der Objekte, besonders für Vector Blur

UV

UV-Koordinaten der Oberflächen

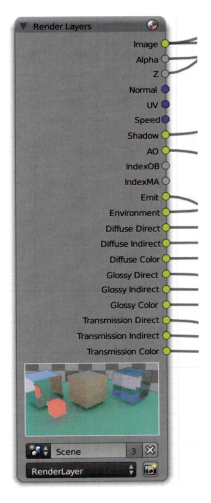

Object und Material Index

Gibt den jeweiligen Index aus, hilfreich für Maskierungen und Trennungen von Objekten für das Compositing

AO

Ambient Occlusion Pass

Shadow

Schatten-Informationen, in einem Graustufenbild kodiert. Schatten bedeutet in Cycles nicht nur den Ort, wo ein Objekt ein anderes beschattet, sondern jede Abwesenheit von Licht.

Emission/Emit

Mesh Emitter (also Objekte mit Emit-Material) werden in diesem Layer ausgegeben.

9 Feinschliff: Postproduction

Ohne Zweifel sind Postproduction – kurz englisch ausgesprochen »Post« – und Compositing derzeit sehr angesagte Themen in der Computergrafikindustrie. Hierbei bezeichnet Postproduction die abschließende Bearbeitung des Materials, sei es nun gefilmtes oder computergeneriertes Material. Wer sich regelmäßig das »Making of« auf DVDs anschaut, wird schon den gravierenden Unterschied zwischen rohem und bearbeitetem Material bemerkt haben.

Compositing bezeichnet einen Teil der Postproduction, in dem die einzelnen Aufnahmen und Teile der Produktion zusammengefasst werden. So werden hier Studioaufnahmen in Landschaften eingefügt, computergenerierte Elemente hinzugefügt, aber auch störende Elemente entfernt. In Blenders Compositor wachsen allerdings Postproduction und Compositing zusammen, denn hier sind auch Farbanpassungen (Colorgrading und Correction) und sonstige Filter möglich.

Die Postproduction macht es einfacher, besser kontrollierbar und effizienter, komplexe Szenen und Bilder zu erstellen. Typischerweise besteht eine 3D-Grafik heutzutage aus vielen unterschiedlichen Layern (Schichten), die aus Zeit- und Kostengründen einzeln berechnet und erst in der Postproduction zusammengefügt werden. Bei diesem Prozess können die einzelnen Layer viel besser individuell durch Filter und Effekte gesteuert werden.

Blenders Compositor, der Node Editor, ist eng mit dem Rendering verknüpft. Praktisch jeder Aspekt des Renderings, z. B. Farben, Schatten, Reflexionen etc., kann einzeln im Compositor bearbeitet werden.

Weiterhin kann das Compositing auch benutzt werden, um fertig berechnete Bilder und Animationen von der Festplatte zu bearbeiten und mit Effekten zu versehen. Es sind nicht nur realistische Ergebnisse möglich, sondern auch Effekte, die die generierten oder geladenen Bilder völlig verfremden oder ihnen ein gezeichnetes Erscheinungsbild geben.

Anschließend können die einzelnen Szenen und Filme im Sequence Editor von Blender zu einem fertigen Film mit Ton geschnitten werden.

9.1   Der Compositor

Übung!

Node Editor

Setzen Sie Blender auf die Standardszene zurück, teilen Sie das Fenster einmal vertikal in der Mitte und schalten Sie ein Fenster auf den Node Editor um. Dort schalten Sie auf die Composite Nodes um und aktivieren Use Nodes. Es erscheinen zwei Nodes, die sozusagen das Minimum für ein Compositing darstellen: ein Render Layers Node, der das berechnete Bild bereitstellt, und ein Composite Node, der das berechnete Bild an die Renderpipeline weitergibt. Rendern Sie nun die Szene einmal mit [F12], im Renderlayer erscheint dann eine kleine Vorschau des Renderergebnisses (Renderfenster mit [Esc] schließen).

Viele Elemente und Knöpfe in den Nodes erkennen Sie sicher entweder aus Blenders Oberfläche oder den Material Nodes schon wieder. Neu (wenn Sie das Materialkapitel übersprungen haben) sind allerdings die Anschlussstellen, mit denen die Nodes untereinander verbunden werden. Die gelben Kreise sind Aus- oder Eingänge, die Farb(bild)informationen transportieren; graue Kreise liefern nur Grauwerte oder allgemein Parameter, blaue Kreise sind Anschlüsse für Vektoren (hier drei Werte, die einen Richtungsvektor repräsentieren, aber auch kompatibel mit RGB-Farbwerten).

Durch den kleinen Pfeil in der Titelleiste des Nodes kann dieser minimiert werden, es folgt der Name des Nodes. Die rötliche Kugel ist ebenfalls ein Knopf, der die Vorschau für den Node ein- oder ausschaltet. Nodes können in der Breite geändert werden, indem Sie die Maus über die Kanten links oder rechts bewegen, bis die Maus zum Doppelpfeil wird, und dann per 🖱-Click & Drag die Kante ziehen. Verbindungen werden mit der linken Maustaste gezogen und auch wieder »ausgestöpselt«. Haben Sie eine Verbindung an einem Eingang abgezogen, so können Sie diese nun wieder an einem anderen Eingang verbinden. Mit [Strg]-🖱 kann eine Skalpell-Linie gezogen werden, um eine oder mehrere Verbindungen zu trennen. Mit der mittleren Maustaste wird der Fensterinhalt verschoben, Zoomen erledigt das Mausrad oder [Pad+] bzw. [Pad−].

Ein neuer Node

Erstellen Sie nun einen neuen Node mit [⇧]-[A]→Color→RGB Curves. Verbinden Sie den Ausgang des Render Layers Node mit dem Eingang des RGB Curves Node und seinen Ausgang mit den Eingängen des Composite und des Viewer Node.

Die RGB-Kurven kennen Sie vielleicht schon aus einer Bildbearbeitung, mit ihnen können der Kontrast und die Helligkeit entweder des gesamten Bildes (C) oder einzelner Farbkanäle (RGB, Rot, Grün, Blau) geändert werden. Dies ist ideal, um im Postprocessing die Farben und Helligkeiten einzelner Szenen anzupassen. Durch Klicken und Ziehen mit der linken Maustaste kann man die Kurve ändern bzw. neue Kurvensteuerpunkte einfügen. Mit den Icons können die Kurven gezoomt werden, und die Tools- und Clipping-Menüs stellen weitere Manipulationsmöglichkeiten zur Verfügung.

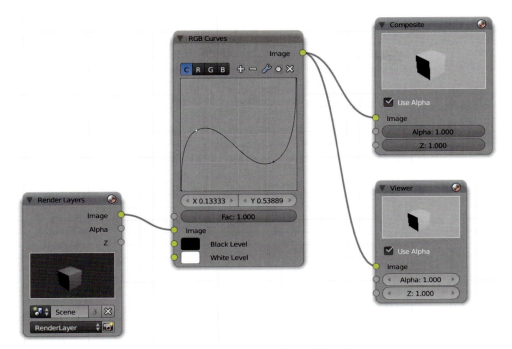

In einer Szene können beliebig viele Viewer-Nodes vorhanden sein, um Zwischenergebnisse des Compositings anzuzeigen. Durch einen Mausklick wird der angeklickte Viewer aktiv und das Bild wird entweder im Hintergrund des Node Editor oder im UV/ImageWindow angezeigt.

Das Menü zum Hinzufügen von Composite Nodes ist nach thematischen Zusammenhängen geordnet:

Search...
öffnet eine Eingabemaske, in der nach Nodes gesucht werden kann. Nach Bestätigen mit der Maus oder per ↵-Taste wird der entsprechende Node eingefügt.

Input
Eingangs-Nodes wie z. B. Bilder, Werte und Farben

Output
Ausgabe in die Renderpipeline, als Vorschau oder zum Speichern auf Festplatte

Color
Nodes zum Mischen, Ändern und Zusammenfügen von Bildern

Vector
Nodes, die mit Vektorinformationen arbeiten

Filter

    Filter-Nodes zum Schärfen, Verwischen und Filtern

Convertor

    Umwandeln von Farb- und Schwarz-Weiß-Bildern und Zusammenfügen
    von (Farb-)Kanälen

Matte

    Erzeugen von Masken, um bestimmte Bereiche eines Bildes freizustellen
    oder abzudecken, u. a. mit Blue- und Greenbox-Verfahren

Distortion

    Verschieben, Rotieren, Verzerren und Skalieren eines Bildes

Group

    Benutzerdefinierte Node-Gruppen

Interface

    Ein- und Ausgänge für Gruppen

Layout

    Elemente, um komplexe Node-Layouts zu entflechten und zu ordnen

9.1.1 Übung: Blender als Video-Titeler

Mit Blender haben wir auch einen Video-Titeler, der sicher etwas komplizierter zu bedienen ist als die spezialisierte Konkurrenz. Allerdings dürfte
Blender von den Möglichkeiten und Effekten her ungeschlagen sein, denn
das gesamte Animations- und Materialarsenal steht zur Verfügung: Text wie
auf einer Wasseroberfläche, aus Stein gemeißelter Text, ein Star-Wars-Titel
mit Sternenhintergrund – es wird wohl kaum etwas geben, was nicht möglich ist. Das Rendering von Text und Transparenz ist in Blender zudem sehr
ausgereift und die jahrelange Entwicklung für den Einsatz in Videoproduktionen garantiert eine hohe Qualität.

    Laden Sie Composer/Titel00.blend, diese Datei enthält einen einfa-
chen Lauftitel, der zusätzlich noch einen Wave Modifier besitzt. Den Text
können Sie beliebig ändern, aber achten Sie darauf, dass der Titel innerhalb
des gestrichelten Rands der Kameraansicht bleibt.

    Wenn Sie die Anzahl der Textzeilen oder die Größe des Textes ändern,
so muss eventuell die Animation angepasst werden. Die Fläche hinter dem
Text hat ein Material mit der Einstellung Shadows Only, sie ist also komplett
durchsichtig bis auf die Stellen, die Schatten empfangen.

    Erzeugen Sie mit ⇧-A→Input→Image einen neuen Image Node. An-
ders als der Name vermuten lässt, kann der Image Node neben Bildern auch

nummerierte Bildsequenzen und Videodateien laden. Laden Sie durch einen Klick auf Open entweder ein Bild, das Sie als Hintergrund verwenden möchten, oder einen Videofilm in einem der von Blender unterstützten Formate. Eine kurze Testsequenz gibt es auf Sequenzen/Strand.avi. Wenn Sie Bildersequenzen laden, so ist es nötig, die Einstellung Image Sequence im Image-Node zu wählen und die Anzahl der zu verwendenden Bilder in Frames: einzustellen. Dies ist auch bei Movies erforderlich, die Strand.avi-Sequenz hat übrigens 201 Bilder. Durch Auto Refresh wird bei Änderung des aktuellen Frames auch immer das aktuelle Bild der Sequenz dargestellt.

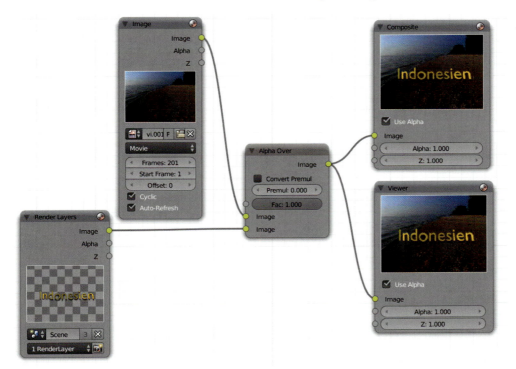

Abb. 9.1
Nodes für einen
einfachen Titel

Fügen Sie nun mit ⇧-A→Color→AlphaOver einen AlphaOver-Node hinzu. Dieser kombiniert zwei Bilder unter Berücksichtigung des Alpha-kanals (Transparenzinformation). Dort, wo also in der Textanimation der Szenenhintergrund (Sky) durchscheint, wird dann im kombinierten Bild die Videosequenz erscheinen. Verbinden Sie den Ausgang des Image-Node mit dem oberen Image-Eingang des AlphaOver-Node und den Ausgang des Render Layers-Node mit dem unteren Eingang des AlphaOver-Node. Verbinden Sie dann den Ausgang des AlphaOver-Node mit dem Composite-Node-Eingang. Zur Vorschau können Sie noch einen zweiten Viewer-Node erzeugen und diesen auch mit dem Ausgang des AlphaOver-Node verbinden.

Kombination der Bilder

Wechseln Sie in den Render Context und passen Sie die Rendergröße an die Auflösung des Videohintergrunds an. Wählen Sie ein Ausgabeformat und stellen Sie einen Speicherort ein, an dem genug Platz ist.

Nun kann die Animation berechnet werden. Bedenken Sie bei Arbeiten mit Videos immer, dass diese Dateien viel Speicherplatz und Rechenleistung benötigen.

9.1.2 Schärfentiefe – Tiefenschärfe

Schärfentiefe, umgangssprachlich oft auch Tiefenschärfe genannt, bezeichnet den Effekt, dass optische Systeme (Kameras, das Auge, Scanner etc.) nur einen begrenzten Bereich entlang der optischen Achse besitzen, in dem abgebildete Objekte scharf erscheinen.

Übung!

Halten Sie einmal einen Finger 20–30 cm vor ihre Augen und fokussieren Sie ihn: Objekte weiter hinter dem Finger sind jetzt unscharf. In Foto- oder Filmkameras wird die Größe des Schärfentiefebereichs im Wesentlichen durch die Blendenöffnung und die Brennweite des Objektivs bestimmt. Je kleiner die Blendenöffnung (große Zahl am Objektiv), desto größer ist der Schärfentiefebereich. Je länger (Teleobjektiv) die Brennweite, desto geringer ist die Schärfentiefe. Die Brennweite findet sich im Lens-Panel des Camera Context.

Im Depth of Field-Panel des Camera Context finden sich die Parameter für die Schärfentiefe.

Als Erstes sollte Limits im Display eingeschaltet werden, das für eine Anzeige der Grenzen wie Clipping, Nebel, aber auch den Schärfepunkt der Kamera sorgt. Jetzt können Sie mit Distance: die Entfernung des Schärfepunktes einstellen. Der Schärfepunkt bezeichnet die Entfernung von der Kamera aus, an der die maximale Abbildungsschärfe erreicht ist. Alles davor und dahinter wird zunehmend unschärfer. In den 3D-Fenstern wird der Schärfepunkt durch ein gelbes Kreuz auf der Clipping-Linie der Kamera dargestellt. Die Entfernung des Schärfepunktes kann auch per Keyframe-Animation animiert werden. Dazu werden entweder im Depth of Field-Panel Keyframes mit [I] (Maus über dem Wert) eingefügt oder die F-Curve »Focal Length« wird direkt geändert. Alternativ kann auch ein Objekt eingetragen werden, auf das dann immer fokussiert wird. Dies kann das aufzunehmende Objekt sein, aber natürlich auch ein Empty wie in der Abbildung.

Der Defocus-Node ist eine Nachbearbeitung (Postprocessing) und nicht in allen Bereichen mit echter Tiefenschärfe zu vergleichen. So fehlt zum Beispiel der Effekt, dass ein sehr nahes Objekt optisch nahezu verschwindet, wenn bei geringer Schärfentiefe ein weit entferntes Objekt im Fokus ist. Für die meisten Fälle ist der Defocus-Node aber sehr gut geeignet und erhöht die Dramatik und den Realismus einer Szene erheblich. Mit dem Cycles Renderer sind allerdings sehr fotorealistische Schärfentiefeeffekte möglich (siehe Abschnitt 8.2).

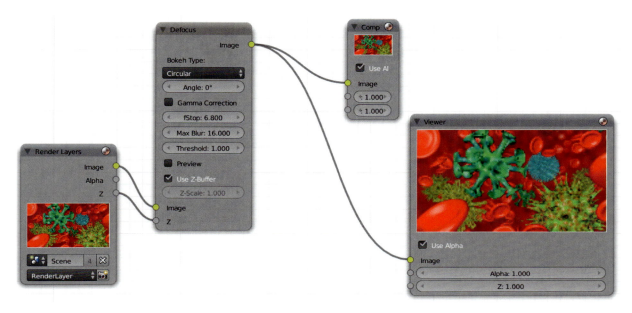

In Abbildung 9.2 sehen Sie die für den Schärfentiefeeffekt nötigen Nodes. Der Defocus-Node muss mit den Image- und Z-Anschlüssen des Render Layers-Node verbunden werden. Die Parameter sind wie folgt:

Abb. 9.2
Node-Setup für einen Schärfentiefeeffekt

Bokeh Type:

Definiert die Anzahl der (simulierten) Lamellen der Irisblende. Disk ist eine perfekt runde Blendenöffnung. Die anderen Optionen simulieren verschiedene Lamellenzahlen und somit Blendenöffnungen vom Dreieck bis zum Achteck. Dieser und die folgenden Effekte sind teils sehr subtil und oft nur vom geübten Auge unterscheidbar.

Angle:

Drehung der Lamellenöffnung

Gamma Correction

Der Schärfebereich wird durch die Gammakorrektur etwas hervorgehoben.

fStop:

DieserWert entspricht ungefähr der Blendeneinstellung einer realen Kamera. Bei 128 ist die Blendenöffnung am kleinsten, alles ist scharf. Ein Wert von 64 entspricht dann halber Schärfe.

Da der Wert von der Brennweite der Kamera und der Szenengröße abhängig ist, können nur Anhaltspunkte gegeben werden. Ein Wert von unter 10 zeigt üblicherweise einen überzeugenden Effekt. Damit dieser Knopf aktiv ist, muss Use Z-Buffer aktiviert sein (s. u.).

Max Blur:

> Mit diesem Parameter kann die Stärke des Unschärfeeffekts begrenzt werden, was hauptsächlich dazu dient, die Rechenzeit im Rahmen zu halten und Artefakten (Störungen) entgegenzuwirken.

Threshold:

> Mit diesem Parameter kann man Artefakte beheben, die z. B. auftreten, wenn ein nahes Objekt vor einem Welthintergrund (z. B. Himmel) zu sehen ist. Der Standardwert von 1.0 ist in den meisten Fällen ausreichend.

Preview

> Je nach Szene und Einstellung können die Berechnungen des Defocus-Node lange dauern. Wenn Preview (Vorschau) eingeschaltet ist, wird eine vereinfachte Berechnung angewendet, die es erlaubt, schnell Parameter auszuprobieren und zu beurteilen. Der Parameter Samples: bestimmt die Qualität des Previews. Für die endgültige Berechnung sollte dann Preview abgeschaltet werden.

Use Z-Buffer

> Bei deaktiviertem Knopf ist es möglich, ein Bild als Steuerung der scharfen und unscharfen Stellen im Bild zu verwenden. Dies ist nur für Spezialeffekte sinnvoll. Der Parameter Z-Scale: steuert dann die Stärke des Effekts.

Wenn der Ausgang des Defocus-Node mit einem Viewer-Node und dem Composite-Node verbunden ist, können Sie die Parameter im Preview Mode einstellen; für die endgültige Berechnung schalten Sie Preview aus.

Im Render Context, Post Processing-Panel, muss Compositing aktiviert sein, damit das Post Processing in den Renderprozess integriert wird. Ein Beispielbild befindet sich auf Seite 108, die zugehörige Datei finden Sie auf meiner Website unter `Compositing/DOF.blend`.

9.1.3   Vector Motion Blur

In Abschnitt 7.21.2 wurde ja schon die alte und sehr rechenintensive Methode für Motion Blur beschrieben und auch die neue Methode mittels des Compositors kurz erwähnt. Die Cycles Renderengine verfügt allerdings über einen sehr guten und schnellen echten Motion Blur.

Diese zweite Methode [VECBLUR] ist wohl bisher einzigartig in der Computergrafik bzw. wurde noch nicht in der Literatur beschrieben: Hierbei wird das Bild per Pixel nach der Berechnung wieder in kleine 3D-Flächen zerlegt und über Geschwindigkeitsvektoren, die aus den sich bewegenden Punkten der Objekte errechnet werden, zu einem Motion Blur verrechnet. Obwohl der Prozess in mehreren Schritten ablaufen muss, ist Vector Blur doch in den allermeisten Fällen schneller als Sampled Motion Blur.

Um einen Vector Motion Blur zu berechnen, muss zuallererst im Render Layers Context unter Passes: Z (Tiefenpuffer) und Vector (Geschwindigkeitsvektoren der Objekte) eingeschaltet sein. Beide Informationen benötigt der Vector-Blur-Algorithmus.

    Anschließend rufen Sie den Node Editor mit den Compositing Nodes auf und verbinden den Vector Blur-Node per Image-, Z- und Speed-Verbindungen mit dem Render Layer-Node (siehe Abbildung 9.3).

    Samples: bestimmt die Qualität des Vector Motion Blur: Je mehr Samples (Zwischenschritte) berechnet werden, desto glatter erscheint das Objekt im Blur. Allgemein gilt: Je stärker der Blur ist, sei es durch hohe Geschwindigkeiten oder einen hohen Blur:-Faktor, desto höher muss auch Samples: gesetzt werden, damit keine Renderfehler oder Lücken im bearbeiteten Objekt auftreten.

Abb. 9.3
Vector Motion Blur im Einsatz

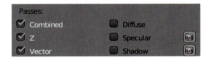

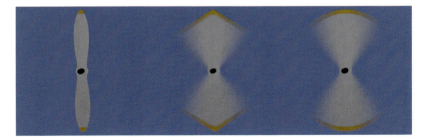

Abb. 9.4
Kein Blur, Vector Motion Blur, Curved-Option

Der Parameter Blur: ist praktisch die Verschlusszeit der virtuellen Kamera: Je höher, desto länger/breiter verwischen die Objekte.

    Mit Min: und Max: kann man eine minimale und maximale Geschwindigkeit definieren, ab der bzw. bis zu der der Blur-Effekt auftritt. So können zu langsame Objekte vom Motion Blur ausgenommen werden, und bei zu schnellen Objekten wird die Unschärfe nicht zu stark.

Die Curved-Option berechnet die Vektoren nicht linear, sondern als Bézier-Kurven; damit werden insbesondere Drehbewegungen viel realistischer berechnet, siehe Abbildung 9.4 und `Compositing/VectorBlur-Propeller.blend`.

Sicherlich haben Sie sich jetzt gefragt, ob das Sampled Motion Blur überhaupt noch eine Daseinsberechtigung hat. Ja, denn Vector Motion Blur hat einige gravierende Nachteile, die unter Umständen die Verwendung komplett unmöglich machen, wenn man den Blender Intern Renderer benutzen will oder muss.:

- Schatten von sich bewegenden Objekten werden nicht von dem Effekt erfasst. Das fällt allerdings bei schwachen oder weichen Schatten wenig auf (siehe auch den nächsten Punkt für eine mögliche Lösung).
- Die Spiegelung eines sich bewegenden Objekts zeigt kein Motion Blur. Hier kann ein Sampled Motion Blur mit wenigen Passes mit Vector Blur kombiniert werden. Bei richtiger Auslegung kann die Rechenzeit trotzdem geringer als bei reinem Sampled Motion Blur sein. In den Spiegelungen ist dann nur das Sampled Motion Blur zu sehen.
- Ein Objekt, das sich hinter einer transparenten Fläche bewegt, wird nicht geblurrt. Dies kann durch (aufwändiges) Zerlegen der Szene in Render Layer und anschließendes Compositing gelöst werden.
- Bei großen Flächen kann es zu Fehlern kommen, wenn ein Teil der Fläche vor und ein anderer hinter der Kamera liegt. Teilen Sie solch riesige Flächen mittels Subdivide auf.
- Hat man in einer Szene sehr schnelle und sehr langsame Objekte, so sollte man diese auf verschiedene Render Layer packen und separat mit dem Vector Motion Blur Node behandeln.

9.1.4   Alpenglühen: Glow-Effekt

Möchte man einen Glow- (Glühen) oder Glare-Effekt (Blendung, Schein) auf seinen Szenen haben, ist dies mit dem Compositor auf vielfältige Weise möglich. Im Grunde beruht alles auf einer Idee: Das Bild wird geblurrt, also unscharf gemacht, und dann dem Originalbild überlagert. Macht man dies mit dem ganzen Bild, so erhält man ein Glare. Wendet man den Effekt nur auf Teile oder bestimmte Farben an, so erhält man ein Glow, die Objekte scheinen zu glühen.

Für mein Beispiel (`Compositing/Glow.blend`) habe ich das Objekt in zwei Teile aufgeteilt, nämlich in die grüne Vorderfläche und den Rest. Das grüne Material benutzt noch `Emit:`, um schon einmal eine Grundhelligkeit mitzubringen.

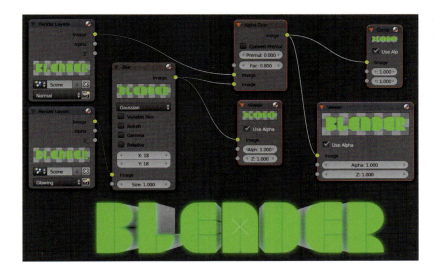

Abb. 9.5
Glow-Effekt

Das Objekt ist auf Render Layer verteilt, wobei auf dem Layer »Glowing« nur die Vorderseite ist und auf dem Layer »Normal« das komplette Objekt (siehe Layer:). Beide Render Layer werden jeztzt im Node Editor getrennt berechnet. Der Layer »Glowing« wird dann per Blur-Node mit einer generellen Unschärfe versehen. Dann werden beide Layer per AlphaOver-Node übereinandergelegt. Mit Fac: im AlphaOver-Node kann die Stärke des Glühens bestimmt werden. Alternativ kann man einen Color Mix-Node im Add-Modus verwenden, dann wird man aber auch Überstrahlungen erhalten.

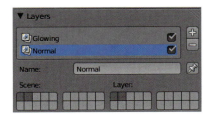

Die Aufteilung in Render Layer scheint erst einmal recht elegant, aber es gibt Probleme, wenn sich ein Objekt vor dem glühenden Teil befindet. Dann ist es eventuell effektiver, die zu blurrenden Teile anhand ihrer Farbe zu separieren. Dies bedeutet aber auch wieder, dass alle Objekte, die eine ähnliche Farbe haben, glühen. Ist dies nicht möglich, kann man mit weiteren Layern arbeiten oder sogar per Z-Buffer oder Mask die Teile trennen. Sie sehen, es ist stark von der Szene abhängig, welche Methode verwendet werden muss, und wie immer bei Nodes kann das Setup beinahe beliebig komplex werden.

9.1.5 Kekse ausstechen: Green Screen

Wo immer es nötig ist, aus realen Aufnahmen den Vordergrund (Schauspieler oder Objekte) vom Hintergrund zu trennen, kommen Farbverfahren zum Einsatz. In den Anfängen der Videotechnik waren auch Verfahren üblich, die versuchten, aus den Helligkeitsunterschieden von Vorder- und Hintergrund die Trennung zu erzielen. Heutzutage sind diese Verfahren nur noch für Spezialeffekte im Einsatz.

Um es der Elektronik oder dem Computer leichter zu machen, werden einfarbige, möglichst homogene Hintergründe verwendet. Anfangs wurden gerne blaue Hintergründe verwendet, daher rührt der alte Begriff »Bluebox« für das Verfahren. Heutzutage wird fast ausschließlich ein grüner Hintergrund verwendet. Natürlich klappt das nur, wenn die Haupdarstellerin kein grünes Kleid trägt. So gesehen haben natürlich auch andere Hintergrundfarben ihre Berechtigung und so nennt sich das allgemeine Verfahren auch »Color Keying«.

Ein Green Screen ist heutzutage ein täglich Brot bei Special Effects in Filmen. Da immer mehr an Hintergründen am Computer entstehen, hat man das Problem, die Schauspieler oder auch Fahrzeuge in den vom Computer generierten Hintergrund so einzupassen, dass man den Trick möglichst nicht bemerkt. Dies passiert heutzutage mit solcher Perfektion, dass sich selbst Profis täuschen lassen, während es früher, als die ersten Blueboxes aufkamen, doch eher lächerlich wirkte, wenn ein Schauspieler plötzlich vor großer Kulisse stand. Auch Blenders Compositor beherrscht die Extraktion von Schauspielern aus Hintergründen.

Abb. 9.6
Lu, das Stoffschaf von Paul;
rechts das originale Videobild

Hintergrund

Als Erstes muss man sich Gedanken machen, wie man einen möglichst perfekt ausgeleuchteten und sehr monochromen Hintergrund bekommt. Ohne eine Studiobeleuchtung und spezielle Materialien für den Hintergrund sind eigene Experimente fast immer zum Scheitern verurteilt. Spezialfarben und Stoffe sind sehr teuer und für ein kurzes Experiment nicht zu bezahlen. Als Abhilfe gibt es im Internet einige freie Green-Screen-Aufnahmen, mit denen man experimentieren kann. Für mein Beispiel habe ich aber einen anderen Weg gewählt: Da meine »Schaupielerin« nicht sehr groß ist, konnte ich sie einfach vor meinem Monitor, der ein rein grünes Bild anzeigte, filmen. Vor einem sehr großen LCD-Fernseher kann man eventuell schon ein ganzes Kasperletheater filmen oder die gern genommene Aufnahme eines Pilotenkopfes für ein Raumschiff-Cockpit.

Übung!
blenderbuch.de

In Abbildung 9.7 sehen Sie den linken Teil der Nodes für den Green-Screen-Effekt. Es gibt noch weit komplexere und sicherlich auch bessere Setups, allerdings ist dieser hier nach meiner Erfahrung nicht so schlecht und recht einfach zu verstehen. Die vielen Viewer dienen dazu, die einzelnen Schritte zu überprüfen und den Vorgang für Sie transparent zu machen, wenn Sie die Szene `Compositing/Greenscreen_Lu.blend` untersuchen.

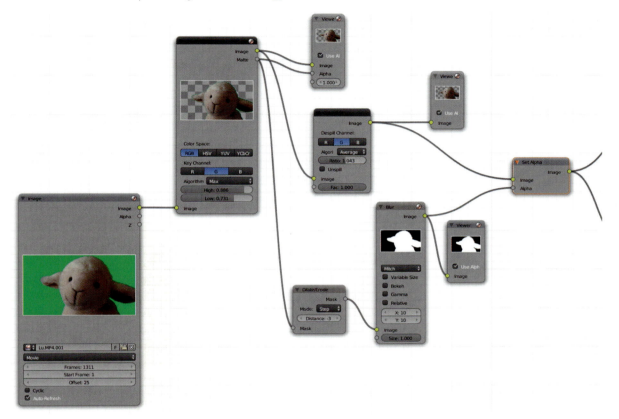

Ganz links wird erst einmal das Video geladen. Es ist ein MPEG-4-AVC/H.264-Video einer normalen Consumer-HD-Kamera. Durch die Art, wie in MPEG-4 AVC/H.264 Farben komprimiert werden, ist dies keine ideale Kamera für Color Keying, denn besonders an den Rändern von Objekten kommt es hier zu Kompressionsartefakten und Farbfehlern, die ein sauberes Keying erschweren.

Vom Ausgang des Image Node geht es schon in den wichtigsten Node dieses Setups. Mit dem Channel Key-Node wird der grüne Hintergrund aus dem Bild extrahiert und durch Transparenz ersetzt. Wir arbeiten im RGB-Farbraum und suchen nach grüner Farbe (G). Die Werte für High: und Max: müssen durch Ausprobieren und Experimentieren gefunden werden, zur Kontrolle ist hier ein Viewer-Node an den Ausgang des Channel Key-Node angeschlossen. Der Channel Key-Node gibt einerseits ein Bild mit Vordergrund und Transparenz anstelle der Hintergrunds aus, andererseits die sogenannte »Matte«, ein Graustufenbild, bei dem der Hintergrund schwarz und der Vordergrund weiß ist.

Abb. 9.7
Erster Teil der Nodes

Eingang

Würde der Channel Key für sich alleine perfekt arbeiten, wären wir hier an dieser Stelle schon fast fertig. Leider arbeitet solch ein Keyer nie ganz perfekt. Schauen Sie sich einmal den Viewer am Image-Ausgang des Keyers an: An den Rändern ist noch deutlich Grün zu sehen, vor allem dort, wo das Fell den Hintergrund leicht durchscheinen lässt. Diese Fehler treten auch gerne bei transparenten Stoffen und an Haaren auf. Weiterhin findet man auf den Seitenflächen des gefilmten Objekts auch oft grüne Stellen, weil der Hintergrund diese Flächen beleuchtet.

Color Spill

Diese grünen Stellen nennt man Color Spill, die Farbe des Hintergrunds »ergießt« sich über das Vordergrundobjekt. Um dies aus dem Bild zu filtern, gibt es den Color Spill-Node. Auch hier arbeiten wir wieder am Grün-Kanal (G) des Bildes. Das Rechenverfahren Algorithm: und der Parameter Ratio: müssen wiederum durch Experimente und Kontrolle im Viewer gefunden werden, da jede Szene anders reagiert. Im Prinzip wären wir auch hier wieder fertig, wenn nicht unsere Transparenzinformation durch den Color Spill Node verloren gehen würde.

Kantenglättung

Aber im Grunde trifft sich das gut, wir haben ja noch das Problem der grünen Kanten zu lösen. Als Grundlage für die weitere Bearbeitung nehmen wir den Matte-Ausgang des Channel Key-Node und schicken diese Matte (Maske) durch ein Dilate/Erode-Node. Dieser Node-Typ erweitert oder verkleinert solch ein Maskenbild um Distance: Bildpunkte. Da Distance: hier −3 ist, wird also um drei Pixel verkleinert, und damit wird der grüne Rand abgeschnitten. Dieser Wert für Distance: muss wiederum durch Probieren gefunden werden. Ist er zu groß, gehen Details am Rand verloren, ist er zu klein, bleiben grüne Ränder. Anschließend wird die so bearbeitete Matte durch einen Blur-Node etwas unscharf gemacht, was bei einem Schwarz-Weiß-Bild den Rand der Maske weicher macht. Dies wird nachher das Bild organischer in den Hintergrund einfügen. Im nachfolgenden Set Alpha-Node kombinieren wir dann das Bild aus dem Color Spill-Node mit der Maske.

Farbanpassungen

In Abbildung 9.8 sind die weiteren Nodes abgebildet: Von links kommt das Bild mit Transparenzinformationen aus dem Set Alpha-Node und geht in einen Color Balance-Node. Hier können jetzt noch eventuelle Farbstiche aus dem Bild entfernt oder die Farbbalance an die Hintergrundszene angepasst werden. Darüber befindet sich ein Render Layer-Node, der die berechnete Szene des neuen Hintergrunds zur Verfügung stellt; natürlich könnte dies auch eine weitere Realszene sein, die durch einen Image-Node eingespeist wird. Vom Ausgang des Color Balance-Node geht das Bild noch durch einen Scale-Node, in dem das Bild auf die Größe der 3D-Szene gebracht wird. So können wir immer schnell die Auflösung der Szene anpassen, während dabei der Realfilm automatisch an diese Auflösung angeglichen wird.

Kombinatorik

Jetzt endlich werden der freigestellte Vordergrund und die 3D-Szene zusammenfügt. Dies erledigt ein AlphaOver-Node und der Ausgang desselben wird direkt mit dem Composite-Node, der für die Ausgabe sorgt, verbunden.

Abb. 9.8

Weitere Nodes fürs Color Keying

9.1.6 Keying Node

Im vorangegangenen Abschnitt habe ich im Prinzip die grundlegenden Funktionen eines Keyers aus Nodes zusammengebaut. Seit Projekt »Mango« [TOS] gibt es aber auch einen Keying Node der dies alles in einem Aufwasch erledigt.

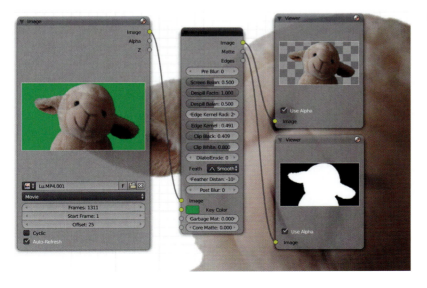

Abb. 9.9

Der Keying Node

Hier gibt es nicht viel einzustellen. Experimentieren Sie mit Clip Black: und Clip White: immer mit einem Auge auf den Viewer, bis das Ergebnis in Ordnung ist, bei Haaren und ähnlichen Strukturen kann dann noch die Feather Distance: helfen, einen Spill zu verhindern. Für sehr komplizierte Situationen bietet der Keying-Node natürlich noch haufenweise weitere Parameter. Sehr interessant ist es auch, per Tracking mittels des Keying Screen-Node aus dem Movie Editor einen Bereich von Farben aus dem jeweils aktuellen Bild herauszupicken, dann kann man auch sich lichttechnisch verändernde Hintergründe gut tracken.

9.2 Sequence Editor

Was der Node Editor für einzelne Szenen oder Einstellungen ist, ist der Video Sequence Editor, oder kurz Sequencer bzw. VSE, für den ganzen Film. Im Sequencer werden die einzelnen Einstellungen oder Blender-Szenen aneinandergereiht, eventuell mit Überblendungen, Einblendungen oder Effekten versehen, ggf. vertont und dann als kompletter Videofilm ausgegeben.

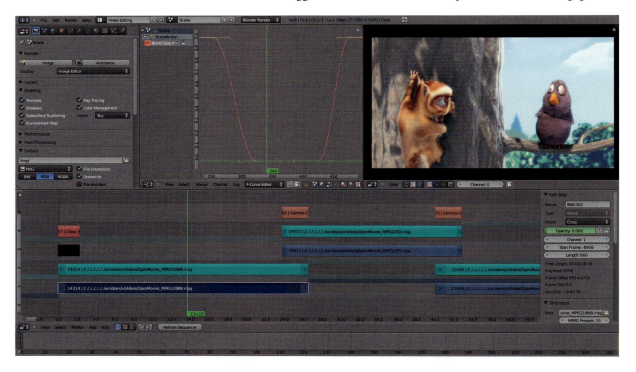

Abb. 9.10
Sequence Editor auf eigenem Bildschirm

Videobearbeitung braucht viele Ressourcen.

Bedenken Sie, dass die Verarbeitung von Videobildern viel Speicherplatz und schnelle Rechner benötigt. Das bedeutet, dass das Abspielen von Full-HD-Animationen oder größer in Echtzeit nur mit spezieller Hardware (die Blender so nicht direkt unterstützt), komprimiert oder in kleinen Auflösungen (z. B. als AVI) möglich ist. Solange Blender die Bilder im Speicher halten kann, wird aber auch HD-Material schnell abgespielt. Den Anteil von

Speicher, der hierfür verwendet wird, kann man in den User Preferences im System Tab mit der Einstellung Memory Cache Limit: begrenzen. Übertreiben Sie hier nicht, denn wenn Ihr Rechner beginnt, den angeforderten Speicher wieder auf die Festplatte auszulagern, dann kehrt sich der Effekt ins Gegenteil um. Beim ersten Betrachten des Clips spielt Blender den Film so schnell ab, wie es von Festplatte möglich ist, beim zweiten Durchlauf wird dann aus dem Speicher abgespielt.

Ein Proxy-System, welches automatisch kleine Versionen des hochauflösenden Materials berechnet und diese Proxy-Clips dann flüssig abspielt, ist in Blender ab Version 2.60 verfügbar und hilft beim Bearbeiten von hochaufgelöstem Material.

Der Video Sequence Editor wird durch das Editor-Type-Menü aufgerufen. Da der Video Sequence Editor recht viel Platz beansprucht, bietet es sich an, einen neuen Screen (siehe Abschnitt 4.8) für die Arbeit mit Sequenzen zu erstellen und in Ihrer Grundszene (startup.blend, [Strg]-[U]) abzuspeichern. In der Standard-Blender-Szene ist dieser Arbeitsbereich auf dem Screen »Video Editing« zu finden (4x [Strg]-[→] oder 3x [Strg]-[←]).

Abbildung 9.10 zeigt einen typischen Screen für die Arbeit mit dem Video Sequence Editor (VSE): Ein großer Teil des Bildschirms wird durch den Sequence Editor selbst eingenommen. Rechts oben befindet sich ein weiteres Sequence Editor Window, das aber auf eine Bildvorschau umgeschaltet ist, so dass hier die Sequenzbilder angezeigt werden. Ferner ist noch ein F-Curves Editor geöffnet, in dem Zeitabläufe für Effekte bearbeitet werden können. Unten auf ganzer Breite befindet sich das Timeline-Window, in dem die Animation bequem abgespielt werden kann, und links noch ein kleines Properties Shelf, in dem die verschiedenen Contexts angezeigt und bearbeitet werden können.

Im Folgenden werden wir einen kleinen Demofilm aus vorhandenen Sequenzen oder Videos erstellen und mit Um-, Ein- und Ausblendungen versehen. Es ist hilfreich, wenn Sie für diese Arbeiten einen eigenen Projektordner anlegen, in dem Sie die Videos, Szenen und Bilder sammeln und organisieren. Achten Sie darauf, dass genügend Speicherplatz zur Verfügung steht; hierbei hat sich eine schnelle externe Festplatte als gut geeignet erwiesen.

9.2.1 Übung: Sequenzen editieren

Schalten Sie in der Blender-Standardszene auf den Video-Editing-Bildschirm um. Bewegen Sie den Mauszeiger über das große Sequence Window und fügen Sie mit [⇧]-[A]→Movie eine Sequenz ein: Es erscheint ein Dateifenster, mit dem Sie die Videodatei auswählen können. Die Ansicht wechselt zurück auf das Sequence Window; der Movie Strip hängt am Mauszeiger und kann nun von Ihnen an den Anfang der Sequenz bei Bild 1 bewegt werden.

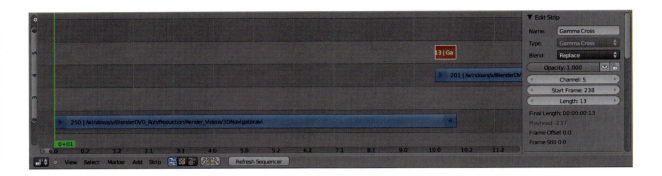

Abb. 9.11
Ein typisches Sequence Editor Window

Achten Sie beim Importieren von Dateien mit Ton darauf, dass die Einstellung für die Framerate im Dimensions-Panel mit der des zu importierenden Videos übereinstimmt, sonst kommt es zu einem Versatz von Audio und Video.

In dem Sequence Window mit aktiviertem Preview-Icon erscheint das jeweilige Bild der Sequenz, wenn die Szene über den grünen Cursor im VSE bewegt wird. Dieser Cursor/Marker gibt die aktuelle Stellung innerhalb der Animation an. Verschieben Sie die Szene in der unteren Spur so weit, bis am Anfang der Szene eine 1 anzeigt wird, und drücken Sie dann die linke Maustaste.

Durchsehen der Sequenz

Die erste Szene ist jetzt platziert. Durch das Anklicken mit der linken Maustaste im Sequence Window wird der grüne Marker gesetzt und Sie können so die einzelnen Bilder der Sequenz ansehen oder bei gedrückter linker Maustaste durch die Animation scrollen. Im Render Context können Sie die Auflösung der Szene einstellen, die so auch in dem Vorschaufenster angezeigt wird. Durch eine entsprechend niedrige Auflösung wird es möglich, die Animation mit [Alt]-[A] in dem Vorschaufenster abzuspielen, so dass Sie schon einen Eindruck von der Sequenz erhalten. Wenn Sie viel RAM-Speicher besitzen, kann Blender diese Bilder im Speicher halten und bei einem erneuten Abspielen schneller anzeigen.

Zeit- und Spurachse des Sequencers

Unten im Sequence Window sehen Sie Zahlen, die die Animationslänge in Sekunden angeben. Die erste Szene reicht von null bis etwa zehn Sekunden. Die Skalierung der Zeitachse hängt von der Framerate-Einstellung im Render Context ab – sie gibt die Anzahl von Bildern pro Sekunde an. Standardmäßig auf 24 eingestellt, bedeutet das bei der Beispielszene mit 250 Bildern also 250 B/24 fps = 10,42 s Animationsdauer – ein Indiz dafür, dass die Animation wohl mit 25 B/s berechnet wurde und ursprünglich eine Länge von 10 s hatte. Die Hochachse des Sequence Window ist nach Kanälen oder Spuren durchnummeriert.

Der Inhalt des Sequence Window kann wie bei allen Blender-Fenstern verschoben und gezoomt werden. Durch Selektion mit der rechten Maustaste und [G] verschiebt man die Strips. Um die Strips am Anfang oder Ende zu kürzen (trimmen), selektiert man das kleine Dreieck am Anfang oder

Ende und verschiebt es mit $\boxed{\text{G}}$. Alternativ können Strips auch geschnitten werden: Bewegen Sie den Cursor (grüner Balken) mit der Maus oder den Cursortasten an die entsprechende Stelle und drücken Sie $\boxed{\text{K}}$. Damit wird der Strip zerteilt und der überflüssige Teil kann verschoben oder gelöscht werden. Dieses Löschen beeinflusst die Datei auf der Festplatte **nicht!**

Mit $\boxed{\text{N}}$ wird das Properties Shelf aufgerufen, in dem der Name des Strips geändert werden kann. Hier kann man aber auch Filter aktivieren und Eigenschaften des Strips ändern. Je nach Typ des Strips erscheinen hier unterschiedliche Parameter.

Wie in Blender üblich, werden Strips mit $\boxed{\Uparrow}$-$\boxed{\text{D}}$ kopiert, die Kopie kann dann mit der Maus positioniert werden.

9.2.2 Übung: Eine Überblendung

Wir werden jetzt eine zweite Szene hinzuladen und zwischen den beiden Szenen eine Überblendung definieren. Fügen Sie mit $\boxed{\Uparrow}$-$\boxed{\text{A}}$→Movie eine weitere Videodatei hinzu. Verschieben Sie die Sequenz auf der zweiten Spur so weit, dass sie mit der ersten etwas überlappt, und fixieren Sie die Position mit einem Klick der linken Maustaste. Der konkrete Wert der Überlappung ist momentan noch nicht wichtig.

Ein Abspielen der Sequenz mit $\boxed{\text{Alt}}$-$\boxed{\text{A}}$ in dem Vorschaufenster zeigt, dass Blender bei überlappenden oder direkt aufeinander folgenden Szenen praktisch einen harten Schnitt ausführt. Hierbei hat die Sequenz in der unteren Spur Priorität. Achten Sie einmal bei Fernsehsendungen oder Filmen darauf, wie oft ein harter Schnitt eingesetzt wird. Sie haben somit schon den wichtigsten Übergang zwischen zwei Szenen kennengelernt.

Harter Schnitt

Abb. 9.12
Zwei mit Gamma Cross übergeblendete Szenen und das Resultat

Je nach Szeneninhalt und Filmdynamik wird aber auch eine weiche Überblendung zwischen Szenen eingesetzt oder ein harter Schnitt wird mit einer 2–3 Bilder dauernden Überblendung etwas »entschärft«.

Ist der Cutter am Ende, macht er eine Blende.

Zur Definition eines solchen Effekts in Blender selektieren Sie erst den Ausgangs-Strip und erweitern dann mit gehaltener $\boxed{\Uparrow}$-Taste die Selektion um die zweite Szene. Mit $\boxed{\Uparrow}$-$\boxed{\text{A}}$→Effect Strip...→Gamma Cross fügen Sie eine Überblendung ein, die in der Spur über dem zweiten Strip platziert

Weiche Überblendung

wird. Die Überblendung ist genauso lang wie die Überlappung der beiden Szenen und auch nur vertikal zu verschieben. Platzieren Sie jetzt mit der linken Maustaste den Cursor an verschiedenen Stellen in dem braunen Gamma-Cross-Effekt. Sie sehen je nach Position eine mehr oder weniger starke Überblendung zwischen den Szenen.

Zoomen Sie jetzt mit Pad+ oder mit dem Mausrad so weit in das Sequence Window hinein, bis Sie den Text in der roten Effektspur komplett lesen können. Sollte der Effekt dabei aus dem Bild geraten, so können Sie mit gehaltener mittlerer Maustaste die Ansicht verschieben.

Strip Info   Der Text in dem Gamma-Cross-Effekt gibt einige wichtige Informationen zu der Art der Überblendung. Links steht die Effektlänge in Bildern, dann folgt der Name des Effekts. Hinter dem Doppelpunkt steht die Information, welche Spuren der Effekt bearbeitet. In unserem Beispiel sollte hier 1>2 stehen, was bedeutet, dass von Spur 1 nach Spur 2 übergeblendet wird.

Effektlänge   Die Überblendung soll hier im Beispiel zehn Bilder, also etwas über 1/3 Sekunde betragen. Selektieren Sie die Szene in Spur 2 mit der rechten Maustaste und schalten Sie mit G in den Verschiebemodus.

Wenn Sie jetzt die Szene nach links oder rechts bewegen, so sehen Sie, wie sich die Länge des Effekts automatisch an die Überlappung der Szenen anpasst und wie auch die Effektlänge neu angezeigt wird. Bewegen Sie die Szene hoch, so wird auch die Information hinter dem Doppelpunkt angepasst. Stellen Sie jetzt die Überlappung so ein, dass sich eine Effektlänge von zehn Bildern ergibt.

Mit Alt-S könen die Input Strips eines Effekts getauscht werden, mit R können zwei selektierte Strips dem Effekt zugewiesen werden. Viele weitere Funktionen finden sich im Strip-Menü.

Im Folgenden ein Überblick, was an Effekten verfügbar ist:

Cross

Blendet zwischen zwei Szenen um, ideal zum Ein- und Ausblenden.

Gamma Cross

Überblendung zwischen zwei Szenen, bei der aber die Helligkeit der Szenen berücksichtigt wird. Dies ergibt weichere Übergänge.

Add

Addieren von zwei Szenen nach ihren Helligkeitswerten.

Substract

Subtrahieren von zwei Szenen nach ihren Helligkeitswerten.

Multiply

Multiplizieren von zwei Szenen nach ihren Helligkeitswerten.

Alpha Over

Szene A wird unter Berücksichtigung der Transparenzinformation (Alphakanal) über Szene B gesetzt.

Alpha Under

Szene A wird unter Berücksichtigung der Transparenzinformation unter Szene B gesetzt.

Over Drop

Wie Alpha Over, allerdings wird noch ein Schatten hinzugerechnet.

Wipe

Blendet die Szenen mit einer klassischen Wischblende oder anderen Wipe-Effekten um.

Glow

Lässt die Sequenz glühen.

Transform

Mit diesem Effekt sind Transformationen wie Verschieben, Skalieren und Rotieren der Sequenz möglich. Hierfür wird eine steuernde Ipo benötigt.

Color

Erzeugt einen Strip mit definierter Farbe, ideal für Ein- und Ausblendungen.

Speed Control

Beschleunigt oder verlangsamt den Strip.

Multicam Selector

Effekt, der das Bearbeiten von Mehrkamera-Video erleichtert.

Adjustment Layer

Mit diesem Strip ist es möglich, die komplette Sequenz zusammengefasst nochmals z. B. mit einer abschließenden Color Correction zu versehen.

9.2.3   Übung: Titel und Untertitel

In Abschnitt 9.1.1 wurde schon die Möglichkeit diskutiert, wie man mit dem Node Editor einen Titel über einer Szene erzeugt. Prinzipiell kann man auch im Sequencer eine Blender-Szene direkt in das Sequence Editor Window laden und als Vorder- oder Hintergrund benutzen. Dies geschieht durch ⇧-Ⓐ→Scene, woraufhin die entsprechende Blender-Szene aus der aktuellen Datei ausgewählt werden kann. Dann wird diese Szene ganz normal, z. B. über der zu betitelnden Szene, platziert. Wird dann ein AlphaOver als Blend:-Typ im Properties-Panel (N), Edit Strip-Panel, ausgewählt, so erscheinen die 3D-Elemente der Blender-Szene über dem Video. Hierfür wird die schnelle OpenGL-Vorschau aus dem 3D View verwendet, so dass man praktisch interaktiv weiterarbeiten kann.

Natürlich hat man so nur durch eine Berechnung mit F12 einen Eindruck davon, wie die Szene fertig gerendert aussieht. Daher kann man die Szene schon vorberechnen und dann als Videosequenz einbinden. Dabei ist darauf zu achten, dass ein Speicherformat gewählt wird, in dem der Alphakanal mitgespeichert wird (z. B. PNG, RGBA), wenn der Titel über einer vorhandenen Szene platziert werden soll. Einzelne Texttafeln oder Schriftzüge kann man natürlich auch mit einer Bildbearbeitung, die den Alphakanal unterstützt, erstellen.

Laden Sie ein Bild oder eine ganze Sequenz mit ⇧-A→Image und platzieren Sie den Strip über einem anderen. Einzelbilder werden mit der Standardlänge von 26 Bildern eingefügt. Schalten Sie auch hier AlphaOver als Blend:-Typ im Properties Shelf (N), Edit Strip-Panel, ein. Der Text erscheint dann über dem Video-Strip.

Wenn Sie die Sequenz nun abspielen, erscheint die Texttafel über dem Bild und verschwindet genauso abrupt wieder. Da sich aber jeder Effekt über eine F-Curve steuern und animieren lässt, ist auch dies schnell behoben. Nicht ohne Grund befindet sich auf dem Video Editing Screen ein F-Curve Editor. Sollte das bei Ihrer Szene nicht der Fall sein, so schalten Sie ein Fenster mit ⇧-F6 um.

Abb. 9.13
Ein- und Ausblenden eines Bildes

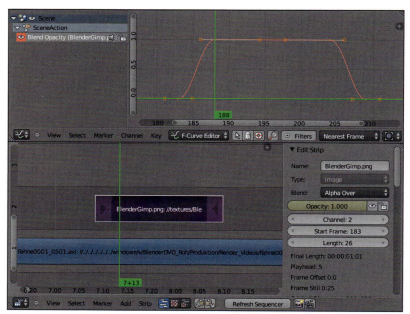

Die Deckkraft eines Strips, also auch der geladenen Bilder, wird durch   *F-Curve*
den Opacity:-Wert bestimmt. Sie können nun also eine ganz normale Keyframe-Animation mit Opacity: erstellen. Bewegen Sie dazu den Cursor an
den Start des Bild-Strips, ändern Sie Opacity: auf 0.000 und drücken Sie mit
der Maus über dem Opacity: ⒤: Dies fügt den ersten Keyframe ein. Dann
schalten Sie weiter, z. B. sechs Bilder, setzen Opacity: auf 1.000 und fügen
mit ⒤ wieder einen Keyframe ein. In dem F-Curve Editor wird jetzt auch
eine F-Curve für den Blend-Opacity-Wert angezeigt. Für die Ausblendung
am Ende des Bild-Strips fahren Sie entsprechend fort. Die Animation kann
natürlich wie gewohnt im F-Curve Editor geändert werden.

Eine Einblendung aus dem Schwarzen heraus oder dort hinein (oder be-   *Farbblende*
liebige andere Farben) ist einfach möglich durch Verwendung des Color-
Effekts und einer Cross-Überblendung. Die Farbe wählen Sie im Properties
Shelf (⒩) im Effect Strip-Panel.

> Der F-Curve Editor bietet sich zur Demonstration an, später kann aber das
> Dope Sheep übersichtlicher sein. Die Animationen werden übrigens beim Ver-
> schieben des Strips mit angepasst.

9.2.4   Audio im Sequencer

Die Soundbearbeitung in Blender ist immer noch etwas eingeschränkt. Aufwändigere Bearbeitungsschritte wie mit Videosequenzen sind nicht möglich, so dass ein externer Soundeditor verwendet werden sollte. Als Format
können alle Formate verwendet werden, die die FFmpeg Library unterstützt, also z. B. WAV, MP3 oder Ogg.

Audiodateien werden wie auch Sequenzen mit ⇧-Ⓐ→Sound hinzugefügt. Die Lautstärke (Volume:) bzw. Dämpfung (Attenuation:) kann dann
pro Audio-Strip im Properties Shelf, Sound-Panel, geändert und auch per
Keyframe animiert werden.

Liegt ein Sound-Strip im Sequence Editor, so wird auch im 3D View
dieser Strip gespielt, wenn mit Alt-Ⓐ die Animation abgespielt wird. Ist
im Playback-Menü der Timeline Audio Scrubbing angewählt, so wird der
Sound auch beim Bewegen des Timeline Cursor abgespielt.

Im Output-Panel des Render Context muss ein audiofähiger Codec gewählt werden, damit man im Encoding-Panel einen Audio Codec wählen und so die Sequenz als Video mit Ton ausgeben kann. Wenn Sie Einzelbilder-Sequenzen ausgeben wollen, so können Sie auch nur den Ton rendern, um diesen dann später zusammen mit der Einzelbildsequenz zu verwenden.

Möchten Sie die Audiohüllkurve beim Animieren sehen, so ändern Sie ein Fenster auf Ihrem Animationsscreen zu einem Video Sequence Editor und wählen für den Audio-Strip im N-Panel die Option Draw Waveform im Sound-Panel aus.

10 Keine Angst vor Schlangen: Python

In diesem Kapitel beschreibe ich die Grundlagen und einige Anwendungsmöglichkeiten der Programmiersprache Python, die seit Version 1.68 in Blender eingebettet ist. Dieses Kapitel ist allerdings kein kompletter Python-Lehrgang, denn diese Sprache ist zwar leicht zu erlernen, aber auch sehr komplex.

Python ist eine portable, interpretative, objektorientierte Skriptsprache. *Sprachkonzept*
Die Sprache und ihre Standardbibliotheken sind auf allen Plattformen als ausführbare Programme und im Quelltext frei verfügbar. Entwickelt wurde Python von Guido van Rossum, der die Entwicklung heute immer noch maßgeblich steuert.

Seit Version 2.5x von Blender kommt Python eine noch viel bedeutendere Rolle als bisher in Blender zu. Mittlerweile wird Python 3.3 in Blender benutzt, und – noch viel wichtiger – die komplette grafische Benutzerschnittstelle von Blender wird nur noch durch Python-Skripte definiert und gezeichnet. Auch viele Erweiterungen und Im- oder Exportskripte sind jetzt Python-Skripte, ohne dass man es bei der Arbeit merken würde. Aufgrund der hohen Verzahnung von Python und Blender bringt Blender mittlerweile auch eine komplette Python-Installation mit, so dass es nicht mehr zwingend nötig ist, Python extra zu installieren, nur um in Blender damit zu arbeiten.

Für weitere Informationen zu Python ist die Homepage [PYTHON] die offizielle englischsprachige Anlaufstelle. Hier finden Sie viele Tutorials und die komplette Dokumentation zu Python.

Obwohl solch ein Kapitel über Programmierung sehr trocken sein kann, will ich versuchen, Ihnen die Beschäftigung mit Python schmerzfrei und kurzweilig nahezubringen – auch wenn Sie bisher keine Ambitionen hatten, eine Programmiersprache zu lernen. Wundern Sie sich also nicht, dass Wortwahl und Formulierungen in diesem Kapitel etwas locker und lässig daherkommen. Denn: Wichtiger als eine wissenschaftlich korrekte Ausformulierung von Python ist mir hier die kreative Beschäftigung (Hacken im ursprünglichen Wortsinn) und der Spaß bei der Sache.

10.1 Erste Schritte mit Python

Für den ersten Kontakt mit Python aus Blender heraus benutzt man am besten die interaktive Python Console. Die Python Console wird per ⌖-F4 oder über das Editor-Type-Menü aufgerufen. In der Standard-Szene von Blender existiert auch ein Screen »Scripting«, auf dem schon alles für die Programmierung in Python vorbereitet ist.

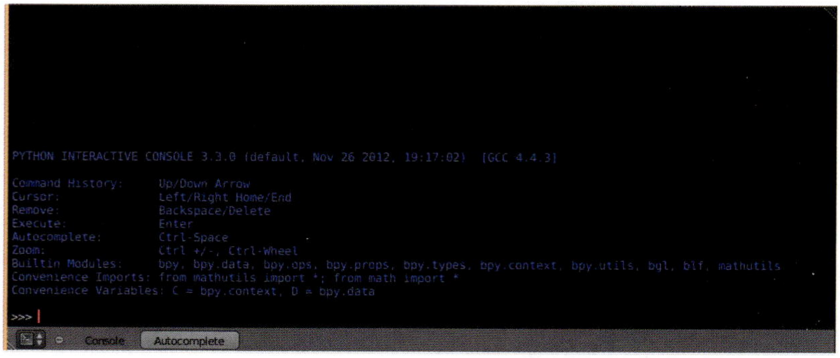

Abb. 10.1
Interaktive Python Console

![Interaktive Python Console]

Was bedeutet nun interaktive Konsole? Tippen Sie doch mal etwas ein, d. h., bewegen Sie die Maus über die Console und tippen Sie drauflos:

```
>>> hallo?
  File "<blender_console>", line 1
    hallo?
         ^
SyntaxError: invalid syntax
>>>
```

Blender versteht mich nicht!

Ich habe hier mal `hallo?` getippt und dann ⏎ gedrückt. Die folgende Fehlermeldung weist mich darauf hin, dass dieses `hallo?` kein sinnvoller Python-Befehl war. Dies zeigt, dass Python nur darauf wartet, benutzt zu werden, und sofort auf unsere Befehle reagiert, also interaktiv ist.

Hallo Blender!

Also tippen wir einmal den für alle Programmiersprachen traditionell ersten Befehl ein:

```
>>> print("Hello Blender!")
Hello Blender!
>>>
```

Das sieht schon besser aus, denn `print()` ist ein eingebauter Befehl, der auf dem aktuellen Ausgabekanal etwas ausgibt. Das `"Hello Blender!"` ist auf Computernesisch ein sogenannter String-Literal, also ein Text, den Python an den Anführungszeichen erkennt. Python versteht übrigens auch einfache Anführungszeichen (`'...'`).

Blender verwendet Python 3.3

Wenn Sie schon Python 2.x kennen, werden Sie sich erst einmal daran gewöhnen müssen, dass print jetzt eine Funktion ist und nicht mehr als `print "Hallo"` geschrieben werden darf.

Python 2.x gegen 3.x

Diesen String nimmt also `print()` entgegen und gibt ihn aus. Dies ist natürlich nicht besonders aufregend, probieren Sie nun einmal `print(12*9)` oder Folgendes:

```
>>> for i in range(1,10):
...  ⇥  print(i*2)
...  ↵
2
4
6
8
10
12
14
16
18
>>>
```

Wichtig ist das ⇥ (Tabluator) in der zweiten Zeile: Python verwendet Einrückungen der Programmzeilen, um Anweisungsblöcke zusammenzufassen. Also wird alles, was hinter der Zeile mit dem Doppelpunkt steht und um ein ⇥ eingerückt ist, neun Mal ausgeführt. Die for-Schleife zählt demnach im Bereich (`range()`) 1 bis 10 hoch und schreibt die jeweilige Zahl in die Variable i.

Anweisungsblöcke

Also versuchen wir doch mal, mit Blender zu »reden«. Die Console hat uns in der Startmeldung schon ein paar Hinweise gegeben, denn es ist dort von »Builtin Modules«, also eingebauten Modulen, die Rede. Module in Blender sind Funktionssammlungen, über die Python sich mit neuen Fähigkeiten erweitern lässt. Um nun die Funktionen der Module kennen zu lernen, kann man Bücher lesen, Online-Dokumentationen benutzen oder aber Python selbst befragen.

Python ist eine selbstdokumentierende Sprache. Ein `dir()`, angewendet auf einen Modulnamen, verrät uns z. B. einiges:

Dokumentation eingebaut

```
>>> print(dir(bpy))
['__all__', '__builtins__', '__cached__', '__doc__', '__
file__', '__initializing__', '__loader__', '__name__', '__
package__',
'__path__', 'app', 'context', 'data', 'ops', 'path', 'props',
'types', 'utils']
```

Das Modul »bpy« (was für Blender Python steht) hat also diese oben genannten Informationen zu bieten. Interessant scheint doch data, also weiter bohren: Python-typisch wird mit einem Punkt (».«) die Referenz zwischen den Modulen hergestellt:

```
>>> print(dir(bpy.data))
['__doc__', '__module__', '__slots__', 'actions', 'armatures',
'bl_rna', 'brushes', 'cameras', 'curves', 'filepath', 'fonts',
'grease_pencil', 'groups', 'images', 'is_dirty', 'is_saved',
'lamps', 'lattices', 'libraries', 'masks', 'materials',
'meshes', 'metaballs', 'movieclips', 'node_groups', 'objects',
'particles', 'rna_type', 'scenes', 'screens', 'scripts',
'shape_keys', 'sounds', 'speakers', 'texts', 'textures',
'window_managers', 'worlds']
>>>
```

Szenendaten   Aha, das sieht aus wie das »Who is Who« von Blender-Szenen. »Objects« klingt spannend – das schauen wir uns näher an:

```
>>> print(bpy.data.objects)
<bpy_collection[3], BlendDataObjects>
>>>
```

Die Ausgabe beschreibt uns eine Sammlung (Collection) von drei Blend-DataObjects. Wenn Sie schon eine Weile mit Blender arbeiten, ahnen Sie bereits, welche das sein könnten:

```
>>> for obj in bpy.data.objects:
...  ⇥     print(obj)
...  ⏎
<bpy_struct, Object("Camera")>
<bpy_struct, Object("Cube")>
<bpy_struct, Object("Lamp")>
>>>
```

Auf diese Weise kann man sich nun zu allen Informationen und Daten in Blender durchhangeln, egal ob es Objekte, Materialien, F-Curves, Bilder, Welten oder Metaballs sind. Aber schauen wir uns noch etwas bei den Objekten um:

```
>>> print(dir(bpy.data.objects["Cube"]))
['MhAlpha8', 'MhxMesh', 'MhxRig', 'MhxRigify',
'MhxShapekeyDrivers', 'MhxSnapExact', 'MhxStrength', '__
doc__', '__module__', '__qualname__', '__slots__', 'active_
material', 'active_material_index', 'active_shape_key',
'active_shape_key_index', 'animation_data', 'animation_data_
clear', 'animation_data_create', 'animation_visualization',
'bl_rna', 'bound_box', 'children', 'closest_point_on_mesh',
'collision', 'color', 'constraints', 'convert_space', 'copy',
'cycles_visibility', 'data', 'delta_location', 'delta_
rotation_euler', 'delta_rotation_quaternion', 'delta_scale',
'dimensions', 'draw_bounds_type', 'draw_type', 'dupli_faces_
scale', 'dupli_frames_end', 'dupli_frames_off', 'dupli_frames_
on', 'dupli_frames_start', 'dupli_group', 'dupli_list',
'dupli_list_clear', 'dupli_list_create', 'dupli_type', 'empty_
draw_size', 'empty_draw_type', 'empty_image_offset', 'extra_
recalc_data', 'extra_recalc_object', 'field', 'find_armature',
'game', 'grease_pencil', 'hide', 'hide_render', 'hide_select',
'is_deform_modified', 'is_duplicator', 'is_library_indirect',
'is_modified', 'is_updated', 'is_updated_data', 'is_visible',
'layers', 'layers_local_view', 'library', 'location', 'lock_
location', 'lock_rotation', 'lock_rotation_w', 'lock_
rotations_4d', 'lock_scale', 'material_slots', 'matrix_basis',
'matrix_local', 'matrix_parent_inverse', 'matrix_world',
'mode', 'modifiers', 'motion_path', 'name', 'parent', 'parent_
bone', 'parent_type', 'parent_vertices', 'particle_systems',
'pass_index', 'pose', 'pose_library', 'proxy', 'proxy_group',
'ray_cast', 'rigid_body', 'rigid_body_constraint', 'rna_type',
'rotation_axis_angle', 'rotation_euler', 'rotation_mode',
'rotation_quaternion', 'scale', 'select', 'shape_key_add',
'show_all_edges', 'show_axis', 'show_bounds', 'show_name',
'show_only_shape_key', 'show_texture_space', 'show_
transparent', 'show_wire', 'show_x_ray', 'slow_parent_offset',
'soft_body', 'tag', 'to_mesh', 'track_axis', 'type', 'up_
axis', 'update_from_editmode', 'update_tag', 'use_dupli_faces_
scale', 'use_dupli_frames_speed', 'use_dupli_vertices_
rotation', 'use_dynamic_topology_sculpting', 'use_fake_user',
'use_shape_key_edit_mode', 'use_slow_parent', 'user_clear',
'users', 'users_group', 'users_scene', 'vertex_groups']
>>>
```

Das bringt uns zu folgenden Erkenntnissen:

- Wir können Objekte nicht nur mit ihrer Nummer ansprechen, sondern auch mit ihrem Namen (`objects["Cube"]`).
- 3D-Objekte in Blender-Szenen haben Massen von Informationen und Eigenschaften, mit denen sie sich manipulieren lassen.
- Ohne eine gute Dokumentation ist man verloren.

API-Referenz Den dritten Punkt können wir durch das Help-Menü und den Menüpunkt Python API Reference schon mal abhaken, denn hier gibt es immer die aktuelle und gut durchsuchbare Dokumentation zur API (API steht für Application Programming Interface und bezeichnet in unserem Fall die Programmierschnittstelle von Python und Blender).

Der zweite Punkt der Liste zeigt nur, wie flexibel und komplett die Python-Integration in Blender ist. In den nächsten Jahren werden sicherlich noch einige sehr hilfreiche Skripte und Add-ons erscheinen, denn letztlich ist es doch einfacher, etwas in Python zu entwickeln, als direkt in den C- oder C++-Quellcode von Blender einzusteigen.

Mit der Erkenntnis aus dem ersten Punkt der Liste (Objekte mit dem Namen ansprechen) machen wir gleich weiter:

```
>>> print(bpy.data.objects["Cube"].name)
Cube
>>>
```

Ach nee … echt? Na, wenigstens ist man sich in Blender-Internalien einig über die Namen seiner Einwohner. Aber geht es nicht doch etwas sinnvoller? Sicherlich:

```
>>> print(bpy.data.objects["Cube"].location)
Vector((0.0, 0.0, 0.0))
>>> print(bpy.data.objects["Camera"].location)
<Vector (7.4811, -6.5076, 5.3437)>
>>>
```

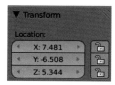

Wenn wir uns die Szene einmal anschauen, dann scheint das zu stimmen: Der Würfel ist eindeutig im Weltmittelpunkt und das Transform-Panel für die Camera Location: gibt uns auch die passenden Werte zurück. Wenn wir die Position der Objekte auslesen können, dann müssten wir doch auch …

```
>>> bpy.data.objects["Cube"].location = (0,0,4)
>>>
```

Jawohl, wir können auch seine Position ändern: Der Würfel rückt im 3D View um vier Blender-Einheiten hoch – q.e.d.

Nun ist es natürlich schwierig, sich immer alle Objektnamen zu merken, um dann eine Operation damit auszuführen – vor allem wenn man geschlampt und seine Objekte nicht konsequent benannt hat. Wir erinnern uns an die interaktive Arbeit im 3D View: Die Namen haben wir kaum verwendet und trotzdem wusste Blender immer, welches Objekt wir meinen. Klar, denn wir haben es ja auch vorher selektiert. Diese Information bekommen wir natürlich auch per Python, und zwar durch den sogenannten Context, also Zusammenhang:

Context

```
>>> print(bpy.context.object.name)
Cube
>>>
```

Der schon wieder. Selektieren Sie doch mal den Würfel mit 🖱 und dann die Kamera dazu mit ⇧-🖱. Anschließend führen Sie den Befehl nochmals aus (⬆,⏎)

```
>>> print(bpy.context.object.name)
Camera
>>>
```

Hmm. Aber wir haben doch zwei Objekte selektiert? `bpy.context.object` gibt uns immer das aktive Objekt aus. Das ergibt ja auch Sinn nach der Blender-Philosophie und so kennen wir das ja schon. Alle selektierten Objekte bekommen wir wie folgt:

Aktives Objekt und selektierte Objekte

```
>>> print(bpy.context.selected_objects)
[bpy.data.objects["Cube"], bpy.data.objects["Camera"]]
>>>
```

Machen Sie dann folgendermaßen weiter:

```
>>> for obj in bpy.context.selected_objects:
...  ⇥     obj.location[2]=0
...  ⏎
>>>
```

Und alle selektierten Objekte klatschen auf den Z = 0-Boden. Im Prinzip haben wir jetzt alles zusammen, um eigene Befehle in Blender programmieren zu können, denn natürlich gibt es neben dem Objektzugriff noch Schnittstellen zu den Meshes, Materialien und so weiter. Aber es gibt in Blender noch eine Ebene über diesem »Low Level«-Zugriff, die Operatoren.

Operatoren

Operatoren sind die internen Funktionen, die wir bei der Arbeit mit Blender täglich benutzen. Diese Operatoren können in C, in Python oder als Makros realisiert sein – von der Benutzerseite macht das keinen Unterschied. Wir könnten jetzt in die Python API Reference schauen, im Operator Cheat Sheet (siehe Help-Menü) suchen oder einfach den Operator aus Blenders GUI ausführen und die Parameter spicken, also abschreiben oder per Copy & Paste weiterverwenden. Dazu schalten Sie ein Fenster auf ein Info Window um oder ziehen die obere Menüleiste von Blender herunter. Ausgaben von Blender sind grün markiert, mit 🖱 können Sie einzelne Operatoren markieren, die dann blau dargestellt werden, mittels Strg-C und Einfügen per Strg-V in einen Texteditor oder in die Konsole können diese Operatoren wieder verwendet werden.

In der Abbildung oben bin ich erst in den Edit Mode (⊟) gewechselt, habe dann ein Remove Doubles ausgeführt (W→Remove Doubles), anschließend das Mesh mit Subdivide Smooth (W→Subdivide Smooth) behandelt und dann den Edit Mode verlassen. Wäre das jetzt ein Arbeitsschritt, den ich für 200 importierte CAD-Modelle immer ausführen muss, dann wäre mein Skript, das mir die Arbeit erleichtert, schon fast fertig. Im Folgenden sehen Sie ein Skript, wie es so ähnlich tatsächlich für solche Umwandlungen eingesetzt wurde. Pro CAD-Datei, von denen es etwa 30 gab, hätten diese Schritte etwa 40 Mal ausgeführt werden müssen.

```
1 import bpy
2 for obj in bpy.data.objects:
3     if obj.type =='MESH':
4         bpy.ops.object.mode_set(mode='EDIT')
5         bpy.ops.mesh.select_all(action='SELECT')
6         bpy.ops.mesh.remove_doubles(limit=0.0001)
7         bpy.ops.object.mode_set(mode='OBJECT')
8         bpy.ops.object.shade_smooth()
```

Natürlich steckt dieses »Skript« noch voller Fußangeln und hat keinerlei Sicherheitstests. Es kann also bei falscher Selektion schnell mal eine Fehlermeldung geben, die dem User eventuell nicht hilft – aber zum Einsatz für sich selbst muss das ja auch nicht (unbedingt) sein. Lesen Sie den nächsten Abschnitt, um mehr über Blenders Skript- und Texteditor zu lernen.

Wenn Sie sich einmal den Operator für eine einfache Verschiebung ansehen (siehe nächstes Listing), dann merken Sie, dass dieser scheinbar so simple Operator sehr flexibel ist. Das liegt sicherlich auch daran, dass er ein so grundlegender Befehl ist, der es »allen recht machen« muss.

```
bpy.ops.transform.translate(value=(2.57619, 3.32833,
-2.03124), constraint_axis=(False, False, False), constraint_
orientation='GLOBAL', mirror=False, proportional='DISABLED',
proportional_edit_falloff='SMOOTH', proportional_size=1,
snap=False, snap_target='CLOSEST', snap_point=(0, 0, 0),
snap_align=False, snap_normal=(0, 0, 0), texture_space=False,
release_confirm=False)
```

10.2 Ein erstes einfaches Skript

Schalten Sie in Blender ein Fenster mit ⬆-F11 auf einen Texteditor um, wählen Sie per Editor-Type-Menü den Text Editor oder schalten Sie den Scripting Screen ein.

⬛ Text Editor

Im Window Header finden Sie einen Button New, mit dem Sie einen neuen Text erstellen können. Machen Sie es sich auch hier zur Gewohnheit, neue Elemente gleich zu benennen.

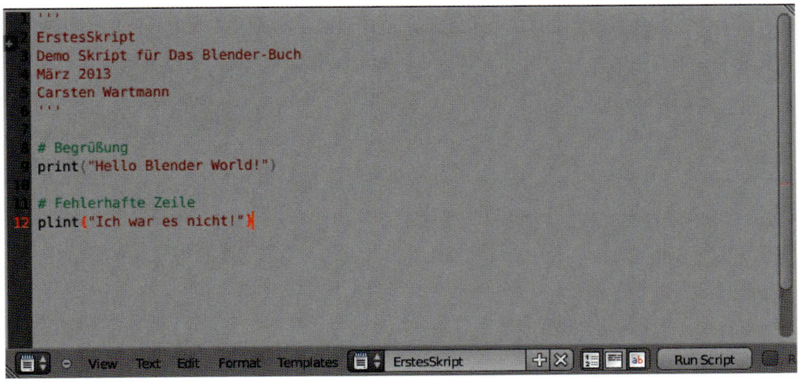

```
'''
ErstesSkript
Demo Skript für Das Blender-Buch
März 2013
Carsten Wartmann
'''

# Begrüßung
print("Hello Blender World!")

# Fehlerhafte Zeile
plint("Ich war es nicht!")
```

View   Text   Edit   Format   Templates   ErstesSkript   Run Script

Abb. 10.2
Blenders Texteditor

Der Text Editor ist ein einfacher Texteditor, der für kleinere bis mittlere Skripte ausreichend ist. Für komplexere Skripte empfiehlt es sich, einen komfortableren externen Editor zu benutzen. Wie das funktioniert, werde ich etwas später beschreiben.

Beginnen Sie jetzt mit der Eingabe des folgenden Skripts. Die Zeilennummern dürfen nicht mit eingegeben werden, sie dienen hier nur der Orientierung. Im Text Editor lässt sich die Anzeige der Zeilennummern durch einen Klick auf das erste Icon nach dem Text-Browser einschalten.

Übung!

Tippen Sie zunächst das in allen Programmiersprachen traditionelle »Hello World!«-Beispiel ein, hier natürlich etwas abgewandelt:

```
1 print("Hello Blender-World!")
```

Ausführen Führen Sie das Programm nun mit Alt - P oder durch Anklicken des Run Script-Buttons aus. Die Ausgabe findet in dem Terminal statt, aus dem Sie Blender gestartet haben, oder in dem Terminalfenster, das beim Blender-Start automatisch geöffnet wurde.

> Bei Windows-Betriebssystemen wird seit Blender Version 2.57 die Konsole automatisch abgeschaltet, Sie können sie durch den Menüpunkt Help→Toggle System Console wieder sichtbar machen oder starten Blender mit der »-con«-Option aus einer Kommandozeile oder über eine Verknüpfung.
> Bei Mac OS X finden Sie die Ausgaben in der Console.app (/Applications/ Utilities/Console). Unter Linux starten Sie Blender entweder aus einem Terminal oder über eine Verknüpfung, in der Sie je nach Window-Manager so etwas wie »Öffnen im Terminal« angeben.

Kommentare Kommentare in Python werden entweder durch ein #-Zeichen für einzeilige Kommentare eingeleitet oder durch drei Hochkommata als Blockkommentare:

```
1 # Einzeiler
2
3 '''
4 Block-Kommentar
5 über mehrere
6 Zeilen
7 '''
```

Versuchen Sie von Anfang an Ihre Skripte gut zu kommentieren. Nicht nur Fremde tun sich dann leichter, Sie zu verstehen, sondern auch Sie selbst, wenn Sie nach einiger Zeit die Skripte wieder benutzen.

Fehlermeldungen Fügen Sie nun einmal absichtlich eine falsche Zeile in ein Skript ein und starten es, z. B. plint() statt print(). Im Text Editor erscheint dann ein Fehlermelder und in dem Terminalfenster sehen Sie eine genaue Fehlerbeschreibung, ähnlich der folgenden:

```
Traceback (most recent call last):
 File "ErstesSkript", line 12, in <module>
NameError: name 'plint' is not defined
```

Hier teilt uns Blender mit, in welchem Skript und in welcher Zeile der Fehler auftrat. Leider ist es dem Python-Interpreter nicht möglich, die genaue Stelle anzuzeigen. Bei einem »NameError« ist es noch relativ einfach.

Einen Syntaxfehler dagegen – also wenn die Python-Sprachkonvention nicht eingehalten wird – markiert Pyhon mit einem »^«. Dann müssen wir vor dem »^« den Fehler suchen. Viele Syntaxfehler werden durch eine fehlerhafte Einrückung hervorgerufen und sind dann teils schwierig zu entdecken, insbesondere wenn in einer Zeile die Einrückung durch Leerzeichen vorgenommen, aber sonst Tabulatoren benutzt wurde.

In Python werden zusammengehörige Teile der Sprachkonstrukte – sogenannte Blöcke – nicht wie in vielen anderen Sprachen durch Klammern gebildet, sondern durch die Einrückung des Blocks. Daher ist es wichtig, die Einrücktiefe der Zeilen genauso einzugeben. In Blender-Skripten empfehlen die Entwickler nach dem Pep8-Standard [PEP8], nur Leerzeichen für die Einrückung zu benutzen. So erzeugt dann auch ein ⇥ vier Leerzeichen. Dieses Verhalten kann im Properties Shelf (Strg-F) des Text Editor konfiguriert werden.

Blöcke

Auf jeden Fall sollten Sie einheitlich entweder ⇥ oder Leerz. zur Einrückung verwenden. Insbesondere bei per Copy & Paste importierten Skripten aus dem Web sollten Sie bei Problemen Convert Whitespace aus dem Format-Menü benutzen, damit alle Tabulatoren in Leerzeichen umgewandelt werden.

Hier einmal ein kurzes Beispiel für einen Block in Python:

```
1 # Block.py
2
3 for i in range(0,10):
4     print(i,)
5     print(i*i)
```

Python/Block.blend

Alles, was zu der for-Schleife gehören soll, muss korrekt eingerückt sein. Entfernen Sie doch einmal die Einrückung des ersten print() und starten das Skript. Was passiert wohl, wenn Sie die Einrückung der Zeile 5 entfernen?

Fehler, die wir beim Programmieren begehen, sind eine Sache – Fehler, die während der Benutzung des Skripts auftreten, eine andere. Diese Art von Fehlern sollten Sie im Skript so abfangen, dass der Benutzer einen sinnvollen Hinweis bekommt, was falsch ist. Python bietet dazu folgende Konstruktion an:

```
1 import bpy
2
3 try:
4     obj = bpy.data.objects["Wurpfel"]
5     print(obj)
6 except:
7     print("Objekt nicht gefunden!")
```

Python/Fehlerbehandlung.blend

In dem `try:`-Block wird versucht, ein Blender-Objekt mit dem Namen »Wurpfel« zu finden. Schlägt dies fehl, so werden die Befehle in dem `except:`-Block ausgeführt. Hier kann jetzt der Benutzer verständigt oder z. B. das Objekt neu erzeugt werden. Das Skript bricht jetzt nicht ab, sondern wird nach dem `except:`-Block weiter ausgeführt. Achtung: Im `try:`-Block werden auch Syntaxfehler übergangen, dies kann bei der Erstellung von Skripten leicht dazu führen, solche Fehler innerhalb des `try:`-Blocks zu übersehen.

Das `bpy.data.objects` haben wir ja schon im vorherigen Kapitel kennengelernt. In einer Console wird `bpy` automatisch importiert, in einem Skript müssen wir selbst (in Zeile 1) dafür sorgen.

Sicherheitshinweise vor dem Start

Vielleicht ist Ihnen schon die Option Trusted Source im File Window aufgefallen. In Python-Skripten kann potenziell gefährlicher Code stecken, der praktisch alles am System machen darf, was der aktuelle Benutzer darf, also auch Dateien löschen, ausspähen, Programme ausführen. Durch das Ausnutzen von Sicherheitslücken kann es auch nicht ausgeschlossen werden, dass ein Python-Skript einen kompletten Systemzugriff (root/Administrator) bekommt.

> **Sicherheit von Python-Skripten**
> Sind Sie sich nicht ganz sicher über die Herkunft eines .blend-Files, so schalten Sie Trusted Source aus und untersuchen erst einmal die Skripte im Text Editor. In den User Preferences im File-Tab können Sie den Standard ob Skripte automatisch ausgeführt werden über den Button *Auto Run Scripts* steuern. Skripte die automatisch laufen können sind registrierte Skripte im Texteditor, Freestyle Renderskripte und die Gameengine.

10.3 Der Text Editor

Der Text Editor bietet grundlegende Funktionen zur Eingabe von Texten, z. B. einer Beschreibung der Änderungen an der Szene, aber vor allem für Python-Skripte. In der Fensterleiste des Text Editors befindet sich das übliche Editor Type Menu, mit dem der Typ des Fensters auf den Text Editor umgeschaltet wurde. Dann folgen die Menüs:

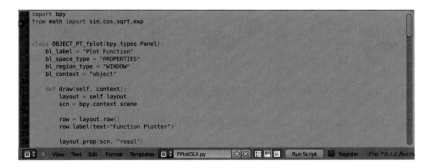

Abb. 10.3

Blenders Text Editor

View

Hier gibt es Menüpunkte, um schnell im Text zu navigieren und das Fenster formatfüllend zu vergrößern oder abzutrennen. Der wichtigste Punkt ist aber der Aufruf des Properties Shelf mit (Strg - F).

Text

Hier finden sich Befehle zum Laden, Speichern und Ausführen des Skripts. Interessant ist der Menüpunkt Script Templates, in dem es einfache Skriptvorlagen gibt, aus denen heraus man seine eigenen Befehle für Blender entwickeln kann. Weiterhin gibt es hier auch Skripte für die Game Engine in Blender.

Edit

Hier gibt es die üblichen Befehle, um Text zu finden, zu markieren, Copy & Paste etc. Unter dem Markers-Menüpunkt kann man die durch den Suche-Befehl markierten Fundstellen löschen oder anspringen. Text To 3D Object schließlich wandelt den Text im Editor in ein 3D-Objekt um.

Format

Im Format-Menü finden sich Befehle, um die Whitespaces (⇥) oder Leerz.) ineinander zu wandeln, Regionen zu kommentieren oder einzurücken.

Templates

Im Templates Menu finden sich zahlreiche Skripte, die Sie als Beispiele oder Gerüst für eigene Skripte nutzen können. Das Menü ist nochmals in Open Shading Language (OSL) und Python aufgeteilt.

Der Browse Button erlaubt die Auswahl von schon vorhandenen Textpuffern, die Umbenennung, das Hinzufügen (Plus-Icon) und Löschen (X-Icon) von Texten.

Es folgen Icons, mit denen man Zeilennummern einblendet, einen Zeilenumbruch für überlange Zeilen einfügt und einfaches Syntax-Highlighting für Python-Skripte einschaltet.

Run Script führt das Skript aus. Register führt das betreffende Skript beim Laden der .blend-Datei aus, dazu muss der Skriptname mit .py enden. Dies ist die Sicherheitslücke, die schon weiter oben angesprochen wurde.

Markieren und Bearbeiten

Durch Klicken und Ziehen mit der linken Maustaste können Bereiche des Textes markiert werden, die Sie dann per Tastatur ausschneiden oder kopieren können.

Wichtige Tastaturkommandos des Texteditors sind:

Strg-C	Kopiert den markierten Text in eine Zwischenablage.
Strg-X	Schneidet den Text aus, er kommt in die Zwischenablage.
Strg-V	Fügt Text aus der Zwischenablage am Textcursor ein.
Alt-S	Speichert den Text als Textdatei, es erscheint ein Dateifenster.
Alt-O	Lädt eine Textdatei, es erscheint ein Dateifenster.
Strg-J	In einem Pop-up kann eine Zeilennummer angegeben werden, zu der dann der Cursor springt.
Alt-P	Führt den Text als Python-Skript aus.
Strg-Z	Rückgängigmachen (Undo) der letzten Aktion im Texteditor
Strg-⇧-Z	Redo der letzten Undo-Aktion
Strg-A	Gesamten Text markieren
Strg-F	Properties Shelf

Properties Shelf

Durch Strg-F wird das Properties Shelf des Text Editor aufgerufen. Hier können diverse Optionen gesetzt werden, aber auch die Schriftgröße im Editor-Fenster. Live Edit ist eine Funktion, mit der noch Änderungen vorgenommen werden können, während das Skript läuft. Im Find-Panel sind die Suchen-und-Ersetzen-Befehle zu finden.

Externe Editoren

Für längere Skripte wird der Text Editor eventuell nicht ausreichend sein. Sie können die Skripte dann mit einem Editor Ihrer Wahl schreiben, der reine ASCII-Texte speichern kann. Um diese Skripte dann in Blender zu nutzen, öffnen Sie sie ganz normal im Text Editor und, wann immer etwas extern verändert wird, erscheint ein kleiner Rettungsring im Header des Text Editor, mit dem der externe Text neu geladen werden kann. Fortgeschrittene benutzen externe Module, die man in Python programmiert.

10.4 Neue Objekte mit Python erzeugen

Selbstverständlich kann man mit Python auch neue Objekte erzeugen. Das folgende Beispiel erzeugt eine kleine Pyramide:

```
1   import bpy
2
3   me = bpy.data.meshes.new('Py-ramide')
4   ob = bpy.data.objects.new('Py-ramide', me)
5
6   bpy.context.scene.objects.link(ob)
7
8   verts = [[1,1,0],[1,-1,0],[-1,-1,0],[-1,1,0],[0,0,1.41]]
9   faces = [[0,1,2,3],[0,1,4],[1,2,4],[2,3,4],[0,3,4]]
10
11  me.from_pydata(verts, [], faces)
12  me.update()
```

Python/Pyramide.blend

Zuerst wird wieder bpy in Zeile 1 importiert. In Zeile 3 erzeugen wir ein neues Mesh mit dem Namen »Py-ramide« (haha, witzig) und weisen es der Variablen me zu. In Zeile 4 wird dann ein Objekt mit dem Namen »Py-ramide« (Programmierer-Humor) erstellt, mit dem verlinkten Mesh me. Wie in Blender gewohnt, haben wir nun ein Objekt, das als Daten ein Mesh besitzt. Dass diese beiden Strukturen gleich heißen, ist kein Problem, denn eins ist ja ein Objekt, das andere ein Mesh, das so auch in anderen Objekten verwendet werden könnte.

Objektkunde

Bisher ist noch nichts von dem Objekt in der Szene zu sehen. Probieren Sie es mal aus, indem Sie die restlichen Zeilen auskommentieren und dann das Skript ausführen. Das Mesh könnte man finden, wenn man einem anderen Objekt per Browse Button ein neues Mesh zuweist. Dann wäre das Mesh »Py-ramide« auch in der Liste. Beim nächsten Speichern/Laden würde es aber von Blender gelöscht werden. Das Objekt selber existiert auch in Blenders Datenbank. Dies merkt man, wenn man versucht, ein weiteres Objekt mit dem Namen »Py-ramide« zu erzeugen. Blender erstellt dann ein Mesh mit dem Namen »Py-ramide.001«, weil der Name ohne Nummer schon vergeben ist.

Verlinkung

Zeile 6 sorgt nun dafür, dass unser neues Objekt, dessen Referenz in der Variable ob gespeichert ist, mit der Szene verlinkt wird. Wenn Sie das Skript wiederum nur bis Zeile 6 ausführen, wird das neue Objekt im Outliner auftauchen und auch als einzelner Pivot-Punkt im 3D View, denn bisher enthält das Mesh noch keine Vertices.

Vertices

In Zeile 8 werden dann diese Vertices in einer Liste [ ]definiert, jeder Vertex mit seinem 3D-Koordinatentripel [x,y,z]. Für unsere Pyramide brauchen wir also vier Vertices für die Grundfläche und eines für die Spitze.

Versuchen Sie doch einmal ein anderes Objekt zu definieren. Karopapier hilft hier ungemein und mich hat es sofort in die 80er Jahre zurückversetzt, als ich die ersten 3D-Grafiken auf einem VC-20 erstellte.

Flächen

In Zeile 9 folgt dann eine weitere Liste, in der definiert wird, wie die Flächen aus den Vertices aufgebaut werden sollen. Blender arbeitet vorzugsweise mit Drei- oder Vierecken, also wird die Grundfläche als Viereck und die Seitenflächen werden als Dreiecke definiert. Zuerst wird die Grundfläche gebildet aus den Vertices 0, 1, 2 und 3. Indices in Python zählen immer von null an, und wenn man in solch einer Flächenliste einmal einen nicht existenten Index (5 etwa, fragen Sie nicht, woher ich das weiß ...) einbaut, dann hat man ganz schnell eine Datei, die sofort, beim Rendern oder beim Wechsel in den Edit Mode abstürzt.

Zuweisung

In Zeile 11 weisen wir dann unserem Mesh die Vertex- und die Flächenliste zu. Dabei wird automatisch vom Python-Format in das interne Blender-Format konvertiert. Die leere Liste in der Mitte des Funktionsaufrufs kann übrigens Kanten (Edges) enthalten. Nur sollte man nicht gleichzeitig Flächen und Edges angeben, sonst kann es zu Abstürzen kommen (ja genau, fragen Sie nicht ...).

In Zeile 12 wird dann das Mesh aufgefrischt, damit alles seine Ordnung hat. In diesem einfachen Fall würde es aber auch ohne `me.update()` funktionieren.

Funktionsplot

Ein komplizierteres Beispiel finden Sie in der Datei `Python/FPlot00.blend`, es ist ein kleiner Funktionsplotter in 3D. Nach dem Laden können Sie mit dem Mauszeiger über dem Text Editor Alt-P aufrufen, um die Funktion zeichnen zu lassen.

Abb. 10.4
Blender als 3D-Funktionsplotter

Vorbereitungen

Die Zeilen 1–7 dienen den Imports, und hier sieht man schon: Es wird mathematisch. Dann werden noch ein paar Variablen deklariert, `xw` und `yw` sind praktisch eine Wellenlänge, `xmax` und `ymax` definieren die Auflösung des Grids, in dem gerechnet wird.

In Zeile 9 erstellen wir im Gegensatz zum datenzentrierten Ansatz (s. o.) ein neues Mesh durch einen Operator. Das Objekt bekommen wir in Zeile 10 durch den Context, denn nachdem ein neues Objekt erzeugt wurde, ist es sicher selektiert und aktiv. In Zeile 11 wird noch ein Name für das Objekt vergeben. In Zeile 12 laden wir die Variable `me` mit den Mesh-Daten. In den

Zeilen 14–15 werden leere Listen erstellt, die im Folgenden unsere Vertices und Flächen enthalten.

Vertex-Raster erstellen

In den Zeilen 17–22 wird eine Fläche erstellt, indem in zwei verschachtelten Schleifen die X- und Y-Koordinaten hochgezählt werden. Die Fläche wird also zeilenweise aufgebaut. Für die jeweiligen X- und Y-Werte wird dann nach einer mathematischen Funktion die Z-Koordinate errechnet.

In Zeile 22 wird dann das Koordinatentripel des neuen Vertex an die Liste der Vertices angehängt (append()-Funktion).

Python/FPlot.py

```
1   import bpy
2   from math import sin,cos,sqrt,exp
3
4   xw=0.6
5   yw=0.6
6   xmax=36
7   ymax=36
8
9   bpy.ops.object.add(type='MESH')
10  ob = bpy.context.object
11  ob.name = "Funktionsplot"
12  me = ob.data
13
14  verts=[]
15  faces=[]
16
17  # Vertices erzeugen
18  for y in range(0,ymax):
19      for x in range(0,xmax):
20          r=sqrt((x-xmax/2)**2+(y-ymax/2)**2)
21          z=sin(r*xw)*cos(r*yw)*exp(-r/5)*10
22          verts.append([x,y,z])
23
24  #Vertices mit Flaechen verbinden
25  for y in range(0,ymax-1):
26      for x in range(0,xmax-1):
27          a=x+y*ymax
28          faces.append([a,a+xmax,a+ymax+1,a+1])
29
30  # Mesh mit Daten fuellen
40  me.from_pydata(verts, [], faces)
50  me.update()
51
52  # Mesh verschoenern
53  bpy.ops.object.shade_smooth()
54  bpy.ops.object.subdivision_set(level=2, relative=False)
```

In einer weiteren Schleifenkonstruktion (Zeilen 24–28) werden jetzt immer vier Vertices zu einer Fläche verbunden. Hierzu werden die X-Y-Koordinaten der Schleifen erst einmal in Variable a linearisiert, um dann als Wertequadrupel an die Flächenliste angehängt zu werden.

In den Zeilen 31–32 wird, wie schon von dem Pyramiden-Beispiel bekannt, das Mesh mit den Listen für Vertices und Flächen gefüllt.

Aufhübschen   In den Zeilen 35 und 36 wird dann noch Smooth eingeschaltet und ein Subdivision Surface Modifier auf das Objekt angewendet, um es etwas glatter zu machen. Die Operatoren habe ich natürlich wieder aus dem Infofenster herauskopiert, nachdem ich die entsprechenden Funktionen per Hand aufgerufen habe.

10.5 Grafische Benutzeroberflächen (GUI)

Die komplette GUI von Blender wird durch Python-Skripte gezeichnet und ausgeführt. Diese Skripte kann man sich zur Inspiration anschauen und von ihnen lernen. Sie befinden sich in einem Verzeichnis scripts/ui bei Ihrer Blender-Installation.

Ein einfaches Beispiel

Öffnen Sie einen Text Editor und rufen Sie Text→Script Templates→Panel Simple auf. Dies erstellt einen neuen Textbuffer mit dem Namen panel_simple.py. Rufen Sie das Skript mit Alt-P oder Run Script im Header auf. Wechseln Sie nun in den Object Context und scrollen Sie herunter: Hier sollte ein Hello World-Panel erschienen sein. Um die komplette Tiefe der GUI-Erstellung und Anwendung in Blender zu verstehen, muss man schon ein wenig tiefer in die Python-Sprache und Blenders API eintauchen. Wenn Sie allerdings wie ich eher an Beispielen lernen, so fangen Sie einfach an zu hacken und Code zusammenzuschnipseln und machen Sie sich erst mal keine Gedanken über die Interna.

```
1  import bpy
2
3
4  class HelloWorldPanel(bpy.types.Panel):
5      """Creates a Panel in the Object properties window"""
6      bl_label = "Hello World Panel"
7      bl_idname = "OBJECT_PT_hello"
8      bl_space_type = 'PROPERTIES'
9      bl_region_type = 'WINDOW'
10     bl_context = "object"
11
12     def draw(self, context):
```

```
13          layout = self.layout
14
15          obj = context.object
16
17          row = layout.row()
18          row.label(text="Hello world!", icon='WORLD_DATA')
19
20          row = layout.row()
21          row.label(text="Active object is: " + obj.name)
22          row = layout.row()
23          row.prop(obj, "name")
24
25          row = layout.row()
26          row.operator("mesh.primitive_cube_add")
27
28
29  def register():
30      bpy.utils.register_class(HelloWorldPanel)
31
32
33  def unregister():
34      bpy.utils.unregister_class(HelloWorldPanel)
35
36
37  if __name__ == "__main__":
38      register()
```

In Zeile 1 steht wie üblich der Import unseres bpy-Moduls, das den Zugriff auf die Blender-Funktionen bietet.

In den Zeilen 4–10 geht es jetzt schon ans Eingemachte: Es wird eine neue Klasse (HelloWorldPanel) definiert, die unsere GUI bereitstellt. bl_idname bestimmt eine eindeutige ID. Die nächsten Zeilen definieren, dass wir in ein Window (WINDOW) zeichnen wollen und darin den Bereich des Properties Shelf (PROPERTIES). Unser Panel soll »Hello World Panel« heißen und im Object Context erscheinen (bl_context="object"). *GUI-Klassen*

In den Zeilen ab 12 wird eine Funktion draw() definiert, die dann von Blender aufgerufen wird, um das Panel darzustellen und zu layouten. In Zeile 11 wird die Variable layout gesetzt und in Zeile 15 die Variable obj über den Context mit dem aktiven Objekt beladen, damit wir auch eine tatsächliche Funktion des Panels erreichen. *Zeichenfunktion*

Jetzt geht es in Zeile 17 los mit der Gestaltung des Panels. Die GUI-Elemente werden in einer row (also Zeile) durch row = layout.row() angeordnet, zuerst ein Text-Label mit Icon, dann ein Textlabel, der den Namen des aktiven Objekts (obj.name) ausgibt.

In Zeile 21 passiert etwas Spannendes: Es wird ein Texteingabefeld erzeugt, in dem das Property `name` des Objekts in der Variablen `obj` angezeigt wird. Ändern Sie doch einmal den Namen des Objekts in diesem Feld, wenn das Panel aktiv ist: Es ist ein direkter Zugriff auf die Eigenschaft des Objekts und es wird auf diese Weise szenenweit umbenannt. Wir haben also direkten und unmittelbaren Zugriff auf Blenders Interna.

In Zeile 26 wird dann noch ein Button, der einen Operator ausführt, definiert, in diesem Fall wird ein neuer Würfel beim Drücken des Buttons erzeugt.

In den Zeilen 29–34 werden Funktionen definiert, durch die die neue Klasse registriert und »unregistriert« (vergessen) wird. Mit den Zeilen 37–38 wird dann auch die Funktion `register()` aufgerufen, wenn das Skript per [Alt]-[P] gestartet wird.

Funktionsplotter GUI

Laden Sie die Datei `Python/FPlotGUI.blend` von meiner Site und führen Sie das Skript `FPlotGUI.py` im geöffneten Textbuffer aus. Im Object Context erscheint das Plot Function-Panel.

Auch die GUI für den Funktionsplotter lassen wir als Panel im Object Context erscheinen. Dies ist nicht ganz ideal, denn wir erzeugen ja auch ein Mesh. Also wäre es wohl besser im Add→Mesh-Menü auf-

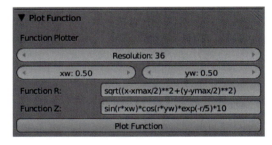

gehoben, aber dort könnten wir ja nach dem Erstellen nur noch sehr begrenzt (bis ein neues Objekt erstellt wurde oder etwas verschoben wird) Änderungen vornehmen, was dem Spieltrieb, neue Formeln einzugeben, sehr entgegensteht. Die Lösung wäre ein eigener Context für Benutzer-Skripte, aber den gibt es leider noch nicht.

```
1   import bpy
2   from math import sin,cos,sqrt,exp
3
4
5   class OBJECT_PT_fplot(bpy.types.Panel):
6       bl_label = "Plot Function"
7       bl_space_type = "PROPERTIES"
8       bl_region_type = "WINDOW"
9       bl_context = "object"
10
11      def draw(self, context):
```

```
12          layout = self.layout
13          scn = bpy.context.scene
14
15          row = layout.row()
16          row.label(text="Function Plotter")
17
18          layout.prop(scn, "resol")
19          row = layout.row()
20          row.prop(scn, "xw")
21          row.prop(scn, "yw")
22          layout.prop(scn, "funca")
23          layout.prop(scn, "funcb")
24          layout.operator( "fp.draw_op" )
25
26
27 class DrawOperator(bpy.types.Operator):
28     bl_idname = "fp.draw_op"
29     bl_label = "Plot Function"
30
31     def execute(self, context):
32         scn = bpy.context.scene
33         plotit(scn.funca,scn.funcb,scn.xw,scn.yw,scn.
           resol,scn.resol)
34         return {'FINISHED'}
35
36
37 def plotit(rfunc,zfunc,xw,yw,xmax,ymax):
38     try:    # Objekt schon vorhanden?
39         ob = bpy.data.objects["Funktionsplot"]
40         me = bpy.data.meshes.new('Funktion')
41         ob.data=me
42     except: # Objekt neu machen
43         me = bpy.data.meshes.new('Funktion')
44         ob = bpy.data.objects.new('Funktionsplot', me)
45         bpy.context.scene.objects.link(ob)
46         # Mesh verschoenern
47         ob.modifiers.new(name="Subsurf",type="SUBSURF")
48         ob.modifiers["Subsurf"].levels=2
49
50     verts=[]
51     faces=[]
52
53     # Vertices erzeugen
54     for y in range(0,ymax):
```

```
55              for x in range(0,xmax):
56                  r=eval(rfunc)
57                  z=eval(zfunc)
58                  verts.append([x,y,z])
59
60          #Vertices mit Flaechen verbinden
61          for y in range(0,ymax-1):
62              for x in range(0,xmax-1):
63                  a=x+y*ymax
64                  faces.append([a,a+xmax,a+ymax+1,a+1])
65
66          # Mesh mit Daten fuellen
67          me.from_pydata(verts, [], faces)
68          # Set Smooth
69          for f in me.tessfaces:
70              f.use_smooth = True
71          me.update()
72
73
74  def register():
75      bpy.utils.register_class(OBJECT_PT_fplot)
76      bpy.utils.register_class(DrawOperator)
77
78
79  def unregister():
80      bpy.utils.unregister_class(OBJECT_PT_fplot)
81      bpy.utils.unregister_class(DrawOperator)
82
83  if __name__ == "__main__":
84      bpy.types.Scene.xw = bpy.props.FloatProperty (name="xw",
        default=0.5 ,description = "Phase X")
85      bpy.types.Scene.yw = bpy.props.FloatProperty (name="yw",
        default=0.5 ,description = "Phase Y")
86      bpy.types.Scene.resol = bpy.props.
        IntProperty(name="Resolution", default=36,description =
        "Resolution of Grid")
87      bpy.types.Scene.funca = bpy.props.StringProperty(name=
        "Function R", default="r=sqrt((x-xmax/2)**2+(y-ymax/2)
        **2)", description = "Function A")
88      bpy.types.Scene.funcb = bpy.props.StringProperty(name=
        "Function Z", default="z=sin(r*xw)*cos(r*yw)*exp(-r/5)
        *10",description = "Function  B")
89      register()
```

Die Erstellung der GUI-Klasse kennen Sie schon aus dem letzten Abschnitt, nur die Namen wurden geändert. Vergleichen Sie es einmal mit dem Skript aus dem letzten Abschnitt, dann wird Ihnen die Struktur klar.

Datenspeicher

Statt eines Objekts holen wir in Zeile 13 die Szene als Context. Nachdem einige GUI-Elemente definiert wurden, wird auch klar, warum: Wir benutzen Properties, die in der Szene definiert sind (und damit auch beim Speichern der `.blend`-Datei erhalten bleiben). Die Anweisungen wie z. B. ab Zeile 18 erstellen dann einen Number Button, der die Resolution:, also die Auflösung, abfragt. Wechseln Sie doch einmal, nachdem Sie das Skript gestartet haben, in den Scene Context: Hier im Custom Properties-Panel finden Sie die Properties wieder. Wir hätten sie dort auch per Add erstellen können, ich habe dies aber in den Zeilen 84–88 im Skript erledigt.

Der Plotter

In Zeile 24 wird dann der Button Plot Function erstellt, der einen Operator aufruft, den wir in den Zeilen 27–34 definieren. Wichtig zur korrekten Funktion sind hier wieder die Variablen `bl_name` und `bl_label`. Viel macht der Operator nicht, er holt sich nur den Scence Context und ruft dann die eigentliche Plot-Routine `plotit()` mit den passenden, aus den Scene Properties geladenen Parametern auf und meldet »FINISHED«.

`plotit()` in den Zeilen 37–71 kennen Sie im Prinzip schon. Neu ist, dass wir mit dem `try: except:`-Block ein eventuell vorhandenes Objekt wiederverwerten oder, falls es noch nicht existiert, ein neues erstellen.

Funktionseingabe

In den Zeilen 56 und 57 steht dann nicht eine feste Funktion, sondern es wird die vom User eingegebene Funktion per `eval()` ausgewertet. Richtig flexibel (aber für diese Demonstration zu aufwändig) würde es mit `exec()` werden, denn damit können wir komplette Python-Skripte auswerten.

Ab Zeile 74 folgen dann wieder die obligatorischen `register()`- und `unregister()`-Funktionen. Hier registriert `register()` aber sowohl die GUI-Klasse als auch den Operator.

10.6 Eine praktische Aufgabe: Gitarrenbünde

Bei der Modellierung der Gitarre für das Titelbild von Auflage 4 dieses Buches stand ich vor der Aufgabe, die Bünde auf dem Hals in den korrekten Abständen zu verteilen. Sicher wäre dies auch über das Referenzfoto gegangen oder per Tabellen, die man in einschlägigen Fachbüchern über den Gitarrenbau findet. Die Fotomethode schien mir aber zu ungenau und die Methode, 20 Bünde per Eintippen von Koordinaten zu platzieren, fand ich zu langweilig. Besser gefiel mir, was ich bei einer Internetrecherche fand, nämlich die folgende Formel:

```
Abstand Sattel zu n-ten Bund = Mensur - ──────────
                                         1.059461ⁿ
```

$$\text{Abstand Sattel zu n-ten Bund} = \text{Mensur} - \frac{\text{Mensur}}{1.059461^n}$$

Damit kann man jetzt die Bundabstände ausrechnen. Die Mensur ist der Abstand zwischen Sattel (der Saitenauflage am Kopf der Gitarre) und Steg (Saitenauflage am Körper der Gitarre), mithin die Saitenlänge.

Die oben genannte Konstante 1.059461 ist die 12. Wurzel aus 2. Dies rührt aus der Musiktheorie her: Eine Oktave hat ja 12 Halbtonschritte. Will man eine Oktave höher, d. h. die Tonfrequenz verdoppeln, so greift man zwölf Bünde tiefer. Aus diesen Infos kann man (mit etwas Mathe und Physik) auf die oben genannte Formel kommen. Sehr anschaulich und unterhaltsam hat das Norbert Roth in einem Artikel [ROTH] für 10. Klassen beschrieben.

Abb. 10.5
Gitarre mit Maßen

Das Skript

Das Skript verteilt alle »Bund.xxx« genannten Objekte entsprechend der Formel in Zeile 14. So können Sie Gitarren jeglicher Bundlänge damit berechnen. In meinem Beispiel habe ich also 20 Objekte mit dem Namen »Bund.001«, »Bund.002« bis »Bund.020« angelegt. Diese Objekte können einfache Stellvertreterobjekte sein, die später mit dem wirklichen Mesh der Bundstäbe verlinkt werden.

```
1  import bpy
2
3  steg     = bpy.data.objects["Steg"].location.z
4  sattel   = bpy.data.objects["Sattel"].location.z
5
6  # Abstand Sattel zu n. bund = mensur - mensur/1.05...**n
7
8  mensur = sattel - steg
9
10 for obj in bpy.data.objects:
11     if obj.name.startswith("Bund."):
12         n = float(obj.name[-3:])
13         print(obj.name,"  ",mensur - mensur/1.059461**n)
14         obj.location.z = steg + mensur/1.059461**n
```

In den Zeilen 3–4 werden die Z-Koordinaten zweier Objekte (bei mir Empties) mit den Namen `Steg` und `Sattel` aus der Szene geholt, die als Referenzobjekte für die Berechnung gelten. Dies zeigt aber auch, dass das Skript nur funktioniert, wenn die Gitarre mit dem Hals entlang der z-Achse steht. Die Hilfsobjekte werden dann in der Szene zu Steg und Sattel bewegt und anschließend das Skript aufgerufen, welches dann die Bünde verteilt. Dies hat den Vorteil, dass es egal ist, in welchem Maßstab die Gitarre modelliert wurde – die Bünde werden immer korrekt zwischen Sattel und Steg verteilt.

In Zeile 8 wird dann noch der Hilfswert `mensur` berechnet. Dies dient aber eher der Kosmetik, um das Skript lesbarer zu machen, und weniger der Performancesteigerung.

In Zeile 10 wird über alle Szenenobjekte iteriert und durch die `if`-Abfrage in Zeile 11 werden nur die entsprechenden `Bund.xxx`-Objekte bearbeitet. Da wir nicht von einer festen Reihenfolge der Objekte ausgehen können, wird die entsprechende Bundnummer in Zeile 12 aus dem Namen des aktuellen Objekts extrahiert und in eine Fließkommazahl umgewandelt. Dies ist dann der Wert `n` für die folgende Formel.

11 Anhang

In diesem Anhang habe ich einige Informationen und Tipps zusammengetragen, die sich bei der Arbeit mit Blender als nützlich erwiesen haben. Die
Auswahl ist natürlich subjektiv und kann nicht die ganze Vielfalt der möglichen Lösungen präsentieren.

Für weitere Informationen und zum Download der genannten Programme sind einige Internetlinks genannt. Sollten Sie auf einen nicht mehr
existierenden Link treffen, so schauen Sie bitte auf die Seiten unter *http://
blenderbuch.de/* oder auf meinen Google Plus (g+)-Channel [GPLUS], wo
ich dann den aktuellen Link zur Verfügung stellen werde.

11.1 Wichtige Tastaturkommandos

Im Gegensatz zu den Tastaturkommandos anderer Programme sind viele
Funktionen in Blender durch einzelne Tastendrücke aufzurufen. Dies erspart komplizierte Verrenkungen der Hand. Die allermeisten und am
häufigsten benutzten Tastenkommandos werden zudem nur durch einen
kurzen Tastendruck aufgerufen. Das sorgt dafür, dass die Hand nicht verkrampft und schon über der nächsten Taste positioniert werden kann, während der letzte Bearbeitungsschritt noch ausgeführt wird. Weiterhin sind
auch die Funktions- und Sondertasten mit wichtigen Funktionen belegt.
Die folgende Liste ist natürlich bei Weitem nicht vollständig. Wenn Sie die
genannten Kommandos aber verinnerlicht haben, so geht Ihnen ein Groß-
teil der Arbeiten in Blender schon »leicht von der Hand«.

Allgemeine Tastenkürzel:

`Esc`	Die Escape-Taste (Abbruch) bricht Aktionen ab.
`⏎`	Bestätigt Auswahlen oder Befehle.
`Leerz.`	Die Leertaste ruft das Such-Fenster von Blender auf, in dem Sie durch Eingabe von Begriffen die dazugehörige Funktion und damit auch das Tastenkürzel finden können.
`⇥`	Die Tabulatortaste startet oder beendet den Edit Mode.

[F1]	Laden einer Szenendatei; es öffnet sich ein Dateifenster.
[⇧]-[F1]	Lädt einzelne Elemente aus einer Szenendatei hinzu. Hierzu kann in den Szenen wie in Verzeichnissen navigiert werden. Weiterhin kann auch die Library-Funktion verwendet werden, die nur einen Verweis (»Link«) auf die externe Szene generiert.
[F2]	Speichert die Szene; das komplette Fenster wird zum Dateifenster, in dem der Pfad und der Dateiname angegeben werden können.
[Strg]-[S]	Schnelles Speichern ohne Dateifenster Aus dem Render-Fenster speichert [F3] ein berechnetes Einzelbild in dem in den Render Properties eingestellten Format. Das gesamte Fenster wird zum Dateifenster.
[⇧]-[F2]	Schaltet das aktuelle Fenster auf einen Logic Editor um.
[⇧]-[F3]	Schaltet das aktuelle Fenster auf den Node Editor um.
[⇧]-[F4]	Schaltet das aktuelle Fenster auf die Console um.
[⇧]-[F5]	Schaltet das aktuelle Fenster auf ein 3D-Fenster um.
[⇧]-[F6]	Schaltet das aktuelle Fenster auf einen Graph Editor um.
[⇧]-[F7]	Schaltet das aktuelle Fenster auf ein Properties-Fenster um.
[⇧]-[F8]	Schaltet das aktuelle Fenster auf einen Sequenzer um.
[⇧]-[F9]	Schaltet das aktuelle Fenster auf einen Outliner um.
[⇧]-[F10]	Schaltet das aktuelle Fenster auf einen UV/Image Editor um.
[⇧]-[F11]	Schaltet das aktuelle Fenster auf einen Texteditor um.
[⇧]-[F12]	Schaltet das aktuelle Fenster auf einen Dope Sheet Editor um.
[F12]	Berechnet das aktuelle Bild.
[Strg]-[F12]	Berechnet die Animation.
[F11]	Zeigt das letzte berechnete Bild.
[Strg]-[F11]	Zeigt die letzte berechnete Animation.
[→]	Schaltet ein Bild in der Animation weiter.
[⇧]-[→]	Schaltet zum letzten in den Render Properties eingestellten Bild.
[←]	Schaltet ein Bild zurück.
[⇧]-[←]	Schaltet zum ersten Bild.
[⇧]-[↑]	Schaltet zehn Bilder weiter.
[⇧]-[↓]	Schaltet zehn Bilder zurück.
[⇧]-[↑]	Schaltet zum nächsten Keyframe des selektierten Objekts.
[⇧]-[↓]	Schaltet zum vorhergehenden Keyframe des selektierten Objekts.

[Strg]-[↑] oder [⇧]-[Leerz.] Maximiert aktuelles Fenster.

[Strg]-[←]   und [Strg]-[→] Schaltet zwischen den Bildschirmen (Screens) von Blender um.

[Alt]-[A]   Spielt die Animation ab. Mit [Esc] oder nochmaligem [Alt]-[A] wird dieser Modus beendet. Während die Animation abgespielt wird, kann weitergearbeitet werden.

[Strg]-[Q]   Beendet Blender nach einer Sicherheitsabfrage.

[Strg]-[U]   Sichert die aktuelle Szene als Voreinstellungsdatei (siehe Abschnitt 5.12) für neue Szenen oder für den Start von Blender im Heimverzeichnis.

[Strg]-[N]   Löscht die aktuelle Szene komplett, startet mit der Voreinstellungsszene neu.

[Strg]-[Z]   Globales Undo, macht den letzten Arbeitsschritt rückgängig.

[Strg]-[⇧]-[Z] Globales Redo, macht den letzten Undo-Schritt rückgängig.

Tastenbefehle, die den Arbeitsfluss verbessern:

[N]   Schaltet in vielen Fenstern das Properties Shelf ein und aus.

[T]   Blendet das Tool Shelf ein und aus.

[G], [S], [R] Grab, Scale, Rotate – Funktionen, die Sie nie anders aufrufen sollten.

[⇥]   Schaltet in den Edit Mode für Objekte, die dies unterstützen (3D-Objekte, aber auch F-Curves).

[Z], [Alt]-[Z] Umschaltung zwischen den verschiedenen Shading-Systemen im 3D View (Wire, Shaded, Textured)

[Pad 1] bis [Pad 0] Schnelles Umschalten von Views

[Pad ÷]   Nur die selektierten Objekte anzeigen

[1] bis [0], [Alt]-[1] bis [Alt]-[0] Layer-Umschaltung.
       Mit gehaltener [⇧]-Taste ist eine Mehrfachwahl möglich.

[I]   Animations-Keyframe einfügen

[B]   Border Select

[C]   Circle Select

[A]   Alles seleketieren/deselektieren

[X], [Entf] Selektion löschen

[W]   Specials-Menü, das einige oft benötigte Funktionen enthält

11.2 Texturfotos erstellen

Eine gute Digital(kompakt)kamera, möglichst mit vielen manuellen Ein-
stellmöglichkeiten, ist sicherlich die schnellste und einfachste Methode, an
Texturfotos zu gelangen. Durch die geringen Kosten pro Bild ist es möglich,
viele Bilder zu machen, aus denen dann das beste ausgesucht oder sogar aus
mehreren kombiniert wird. Die Königsklasse für die Erstellung von Fotos
sind derzeit digitale Spiegelreflexkameras, die aber auch immer mit einem
hochwertigen Objektiv bestückt sein sollten.

Hier ein paar Daumenregeln für gute Texturfotos:

- Gut ausleuchten. Beim Fotografieren von Texturen ist meistens eine
  möglichst gleichmäßige Ausleuchtung vorzuziehen, weil Highlights später durch die Berechnung ergänzt werden. Ein oder besser mehrere Stu-
  dioblitze, idealerweise mit Softbox oder Lichtzelt, stellen das Nonplus-
  ultra dar. Auch ein leicht bedeckter Himmel ist gut geeignet.
- Bei Mischlicht oder sehr farbigen Objekten kann der automatische Weiß-
  lichtabgleich der Kamera nicht optimal arbeiten, hier sollten Sie falls
  möglich einen manuellen Abgleich in der Kamera machen. Zur Not kann
  das auch in der Bildbearbeitung erfolgen.
- Einfarbiger Hintergrund, möglichst neutral grau oder weiß. Wenn das
  Objekt freigestellt werden soll, kann man auch einen einfarbig bunten
  Hintergrund verwenden (Green- oder Bluebox).
- Verwenden Sie ein Stativ und einen Fernauslöser (alternativ den Selbst-
  auslöser benutzen), wenn nicht genug Licht zur Verfügung steht.
- Große Blenden (geringe Blendenöffnung) gewährleisten hohe Tiefen-
  schärfe bei voluminösen Objekten.
- Eher große Brennweiten verwenden. Weitwinkelobjektive verzerren das
  Bild an den Rändern, daher weiter weg vom Objekt und heranzoomen
  (sofern es sich um ein Zoomobjektiv handelt).
- Lassen Sie am Rand des Fotos noch etwas Platz zum Objekt, dies vermei-
  det Fehler durch Vignetierung und Objektivverzeichnungen.
- Beim Bilderbeschneiden und -skalieren auf möglichst gleich bleibende
  Seitenverhältnisse achten. Für Echtzeitszenen sollten die Bilddimensio-
  nen ein Vielfaches von 8 haben (z. B. 1024 × 768 Punkte).
- Nach dem Skalieren einen Schärfefilter benutzen.

Scanner   Auch ein Scanner taugt gut für kleinere flache Objekte (!) sowie für die Di-
gitalisierung von Fotos und Dias. Insbesondere beim Scannen von Objekten
entstehen keine perspektivischen Verzeichnungen, wie sie bei der Fotografie am Rand der Bilder schon mal auftreten können, und die Ausleuchtung
ist immer gleich, auch wenn sie sehr frontal ist. Ein Nachteil ist die geringe
Tiefenschärfe (bei LED-Zeilenscannern besonders) und die Tatsache, dass
die zu scannenden Objekte in der Größe beschränkt sind.

11.3 2D-Werkzeuge

Auch der reine 3D-Künstler muss seine berechneten Bilder oft nachbearbeiten oder Texturen für den Einsatz in Blender vorbereiten. Diesen Bereich darf man nicht vernachlässigen, da diese 2D-Nachbearbeitung auch in Filmen mit neuesten Spezialeffekten noch einen sehr großen Teil ausmacht.

GIMP, das »GNU Image Manipulation Program« [GIMP], ist eine komplette, sehr ausgereifte Bildbearbeitung und eine ideale Ergänzung zu Blender. In seinen Funktionen durchaus mit kommerziellen Programmen vergleichbar, ist GIMP eine Software, die der GNU General Public License (GPL) unterliegt. Somit ist GIMP kostenlos und auf Wunsch auch im Quellcode erhältlich. GIMP wurde zwar unter Linux entwickelt, ist aber mittlerweile auf verschiedene Unix-Plattformen portiert worden, auch eine Windows- sowie eine Mac-OS-X-Version werden kontinuierlich gepflegt.

GIMP

Die Anzahl von Bildbearbeitungen und Tools für Windows und Mac ist nahezu unüberschaubar. Die Palette reicht hier von absolut professionellen Programmen für Tausende von Euro bis hin zu Shareware, Freeware und natürlich Open-Source-Programmen.

Große Preisspanne

Sinnvolle Funktionen sind auf jeden Fall die Unterstützung von mehreren Ebenen bei der Texturerstellung, die Verarbeitung von Alphamasken (Transparenzinformation bzw. Kanäle) und natürlich die Beherrschung der von Blender unterstützten Dateiformate.

Auch für die Vektorgrafik, die für die Texturerstellung sehr hilfreich sein kann, bietet der Open-Source-Werkzeugkasten eine Lösung: Inkscape [INKSCAPE]. Natürlich können Sie es wie ich halten und 2D-Grafik in Blender erstellen oder Sie benutzen ein kommerzielles Vektorgrafikprogramm.

Vektorgrafik

11.4 Kommandozeilenargumente

Startet man Blender über die Kommandozeile (Eingabeaufforderung in Windows), so kann man Blender beim Start Argumente übergeben. Unter Windows kann man auch eine Verknüpfung zu Blender erstellen, in deren Eigenschaften (⊞→Eigenschaften) dann die Argumente hinter dem Eintrag in Ziel: angegeben werden. Somit kann Blender beispielsweise eine Animation berechnen, ohne dass Sie die grafische Oberfläche aufrufen müssen. Außerdem kann Blender z. B. mehrere Animationen hintereinander bei längerer Abwesenheit berechnen oder Python-Skripte (ganz ohne GUI) Aufgaben erledigen lassen.

Mit dem Parameter »-h« wird eine kurze (englische) Übersicht der Parameter angefordert (hier leicht gekürzt):

```
Blender 2.69
Usage: blender [args ...] [file] [args ...]

Render Options:
-b or --background <file>
      Load <file> in background (often used for UI-less
      rendering)

-a or --render-anim
      Render frames from start to end (inclusive)

-S or --scene <name>
      Set the active scene <name> for rendering

-f or --render-frame <frame>
      Render frame <frame> and save it.
      +<frame> start frame relative, -<frame> end frame
      relative.

-s or --frame-start <frame>
      Set start to frame <frame> (use before the -a argument)

-e or --frame-end <frame>
      Set end to frame <frame> (use before the -a argument)

-j or --frame-jump <frames>
      Set number of frames to step forward after each rendered
      frame

-o or --render-output <path>
      Set the render path and file name.
      Use // at the start of the path to
      render relative to the blend file. […]

-E or --engine <engine>
      Specify the render engine use -E help to list available
      engines

Format Options:
-F or --render-format <format>
      Set the render format. Valid options are...
         TGA IRIS JPEG MOVIE IRIZ RAWTGA
         […]
```

```
-x or --use-extension <bool>
     Set option to add the file extension to the end of the
     file

-t or --threads <threads>
     Use amount of <threads> for rendering in background
     [1-64], 0 for systems processor count.

Animation Playback Options:
-a <options> <file(s)>
     Playback <file(s)>, only operates this way when not
     running in background.
         -p <sx> <sy>  Open with lower left corner at <sx>,
         <sy>
         -m            Read from disk (Don't buffer)
         -f <fps> <fps-base>       Specify FPS to start with
         -j <frame>    Set frame step to <frame>
         -s <frame>    Play from <frame>
         -e <frame>    Play until <frame>


Window Options:
-w or --window-border
     Force opening with borders (default)

-W or --window-borderless
     Force opening without borders

-p or --window-geometry <sx> <sy> <w> <h>
     Open with lower left corner at <sx>, <sy> and width and
     height as <w>, <h>

-con or --start-console
     Start with the console window open (ignored if -b is
     set), (Windows only)


Game Engine Specific Options:
-g Game Engine specific options
         -g fixedtime    Run on 50 hertz without dropping frames
         -g vertexarrays Use Vertex Arrays for rendering
         -g nomipmap     No Texture Mipmapping
         -g linearmipmap Linear Texture Mipmapping instead of
                         Nearest
```

```
Misc Options:
-d or --debug
      Turn debugging on
      * Prints every operator call and their arguments
      * Disables mouse grab (to interact with a debugger in
      some cases)
      * Keeps python sys.stdin rather than setting it to None

--debug-fpe
      Enable floating point exceptions

--disable-crash-handler
      Disable the crash handler

--debug-ffmpeg
      Enable debug messages from FFmpeg library

--debug-libmv
      Enable debug messages from libmv library

--factory-startup
      Skip reading the "startup.blend" in the users home
      directory

--env-system-datafiles
      Set the BLENDER_SYSTEM_DATAFILES environment variable

--env-system-scripts
      Set the BLENDER_SYSTEM_SCRIPTS environment variable

--env-system-python
      Set the BLENDER_SYSTEM_PYTHON environment variable

-nojoystick
      Disable joystick support

-noglsl
      Disable GLSL shading

-noaudio
      Force sound system to None
```

```
-setaudio
      Force sound system to a specific device
      NULL SDL OPENAL JACK

-h or --help
      Print this help text and exit

-y or --enable-autoexec
      Enable automatic python script execution. (default)

-Y or --disable-autoexec
      Disable automatic python script execution (pydrivers &
      startup scripts)

-P or --python <filename>
      Run the given Python script file

--python-text <name>
      Run the given Python script text block

--python-console
      Run blender with an interactive console

--addons
      Comma separated list of addons (no spaces)

-v or --version
      Print Blender version and exit

--
      Ends option processing, following arguments passed
      unchanged. Access via python's sys.argv

Other Options:
/?    Print this help text and exit (windows only)

--debug-python
      Enable debug messages for python

--debug-events
      Enable debug messages for the event system

--debug-handlers
      Enable debug messages for event handling
```

```
--debug-wm
     Enable debug messages for the window manager

--debug-all
     Enable all debug messages (excludes libmv)

--debug-value <value>
     Set debug value of <value> on startup

--debug-jobs
     Enable time profiling for background jobs.

--verbose <verbose>
     Set logging verbosity level.

-R
     Register .blend extension, then exit (Windows only)

-r
     Silently register .blend extension, then exit (Windows
     only)

--no-native-pixels
     Do not use native pixel size, for high resolution
     displays
[...]
```

Als letztes Argument wird die zu ladende oder berechnende Blender-Datei angegeben ([file]). Die Optionen im Einzelnen sind:

Optionen zur Berechnung im Hintergrund

-b <datei> Berechnet die Blenderdatei im Hintergrund, so wie in der Datei eingestellt.

-S <name>   Wählt eine Szene aus der Datei zum Berechnen aus.

-f <bildnr>   Berechnet das Bild <bildnr> und speichert es.

-s <bildnr>   Start der Berechnung bei Bild <bildnr>

-e <bildnr>   Ende der Berechnung bei Bild <bildnr>

-a   Berechnet die Animation und speichert die Bilder ab.

Dieser Aufruf von Blender aus einer Kommandozeile heraus berechnet die
gesamte Animation, wie im Render Context eingestellt:

```
cw@swordfish:~/$ blender -b ~cw/Desktop/Hirni.blend -a
found bundled python: /home/cw/bdev/trunk/install/linux2/2.67/
python
read blend: /home/cw/Desktop/Hirni.blend
Fra:1 Mem:26.86M (0.10M, peak 26.96M) | Preparing Scene data
Fra:1 Mem:63.55M (0.10M, peak 79.03M) | Preparing Scene data
Fra:1 Mem:63.55M (0.10M, peak 79.03M) | Creating Shadowbuffers
Fra:1 Mem:63.55M (0.10M, peak 79.03M) | Raytree.. preparing
Fra:1 Mem:122.19M (0.10M, peak 122.29M) | Raytree.. building
Fra:1 Mem:119.23M (0.10M, peak 210.88M) | Raytree finished
Fra:1 Mem:119.23M (0.10M, peak 210.88M) | Creating Environment
maps
Fra:1 Mem:119.23M (0.10M, peak 210.88M) | Caching Point
Densities
Fra:1 Mem:119.23M (0.10M, peak 210.88M) Sce: Scene Ve:231714
Fa:427066 La:0
Fra:1 Mem:119.23M (0.10M, peak 210.88M) | Loading voxel
datasets
Fra:1 Mem:119.23M (0.10M, peak 210.88M) Sce: Scene Ve:231714
Fa:427066 La:0
Fra:1 Mem:119.23M (0.10M, peak 210.88M) | SSS preprocessing
Fra:1 Mem:119.23M (0.10M, peak 210.88M) Sce: Scene Ve:231714
Fa:427066 La:0
Fra:1 Mem:119.23M (0.10M, peak 210.88M) Sce: Scene Ve:231714
Fa:427066 La:0
Fra:1 Mem:128.45M (11.65M, peak 210.88M) | Scene, Part 2-16
[…]
```

Als Ausgabe erscheint das jeweils berechnete und gespeicherte Bild mit der
Angabe der Rechenzeit zusammen. Die Bilder werden an dem in der Datei
eingestellten Pfad gespeichert.

Weitere wichtige Optionen

`-p sx sy w h`
Öffnet das Blender-Fenster mit den Abmessungen `w` in der Breite und `h` in
der Höhe an den Koordinaten `sx`, `sy`, gemessen von links unten am Bildschirm.

`-Y`
Verhindert die Ausführung von Python-Skripten beim Laden der Datei.

Literaturverweise

[3DNP]	http://www.thoro.de/page/3dnp-einleitung-de
[BA]	http://blenderartists.org/forum/
[BB]	http://blenderbuch.de/
[BFFUND]	http://www.blender.org/blenderorg/blender-foundation/development-fund/
[BP]	http://www.blendpolis.de/
[BRUGGER]	Brugger, Ralph: Professionelle Bildgestaltung in der 3D-Computergrafik, Addison Wesley, Reading 1995
[BULLET]	http://bulletphysics.org/wordpress/
[COLLADA]	https://collada.org/mediawiki/index.php/COLLADA_-_Digital_Asset_and_FX_Exchange_Schema
[CYCLES]	http://wiki.blender.org/index.php/Doc:2.6/Manual/Render/Cycles
[DEBEVEC]	http://ict.debevec.org/~debevec/Probes/
[DVD]	http://blenderbuch.de/DVD.php
[EBOOK]	http://dpunkt.de/buecher/4784.html
[ELE]	http://orange.blender.org/
[FREESTYLE]	http://wiki.blender.org/index.php/Doc:2.6/Manual/Render/Freestyle
[GIMP]	http://www.gimp.org/
[GNU]	http://www.gnu.de/documents/gpl.de.html
[GOLDEN]	http://de.wikipedia.org/wiki/Goldener_Schnitt#Anwendungen_des_Goldenen_Schnitts
[GPLUS]	https://plus.google.com/107889176948161538950/posts
[HDRLABS]	http://www.hdrlabs.com/sibl/archive.html
[INKSCAPE]	http://inkscape.org/?lang=de
[IRREG]	http://www.blender.org/development/release-logs/blender-243/irregular-shadow-buffer/
[LIBERTINE]	http://www.linuxlibertine.org/index.php?id=86
[MATERIAL]	http://www.opensourcepress.de/de/produkte/Materialgestaltung-mit-Blender/285/978-3-941841-54-3
[NETWORK]	http://www.blendernetwork.org/member/carsten-wartmann

[OSL]	http://code.google.com/p/openshadinglanguage/
[PARENT]	http://www.siggraph.org/education/materials/ HyperGraph/animation/rick_parent/Outline.html
[PEP8]	http://www.python.org/dev/peps/pep-0008/
[PIPELINE]	http://wiki.blender.org/index.php/Dev:Source/Render/ Pipeline
[PYTHON]	http://python.org/
[ROTH]	http://www.brd.nrw.de/lerntreffs/mathe/pages/magazin/ allerlei/magaufg3.pdf
[SHOP]	http://blender3d.org/e-shop/
[SIGGRAPH]	http://www.siggraph.org/
[SINTEL]	http://www.sintel.org/
[SKYMAPS]	http://blenderartists.org/forum/showthread.php?24038-Free-high-res-skymaps-%28Massive-07-update!%29
[TOS]	http://www.tearsofsteel.org/
[TRAINING]	http://blenderbuch.de/Training.php
[VECBLUR]	http://www.blender.org/development/release-logs/ blender-242/vector-blur/
[WIKI]	http://wiki.blender.org/index.php/Doc:2.6/Manual
[YT]	http://www.youtube.com/user/DasBlenderBuch

Glossar

Add-on

Softwareerweiterung, mit der man ein Programm um neue Funktionen erweitern kann, ohne das Hauptprogramm zu ändern.

(Anti-)Aliasing

Unter Aliasing versteht man störende Bildeffekte, hervorgerufen durch zu niedrige Sample-Frequenzen oder zu geringe Auflösungen. Dies kann z. B. durch die Überlagerung von Strukturen (Texturmuster und Bildschirmraster) oder an Kanten von berechneten Objekten auftreten. Das Anti-Aliasing versucht diese Effekte zu begrenzen. Eine Möglichkeit dazu ist das von Blender verwendete →Oversampling.

Alphakanal

Der Alphakanal enthält die Transparenzinformation eines Bildes. Somit kann der Alphakanal zur (nachträglichen) Kombination von berechneten Szenen genutzt werden. Im Prinzip ist ein Alphakanal ein Graustufenbild, wobei schwarze Stellen im Bild völlig durchsichtig sind. Weiße Stellen sind undurchsichtig und Grautöne bilden entsprechende Zwischenstufen.

Ambientes Licht

Umgebungslicht, das durch diffuse Reflexion an Objekten entsteht und z. B. Schatten aufhellt oder die Umgebung einfärbt, wenn es von farbigen Objekten reflektiert wird. In den gängigen Berechnungsverfahren wird das ambiente Licht nicht berechnet und kann nur durch eine globale Erhöhung des Lichtniveaus oder geschickt platzierte weitere Lichtquellen simuliert werden. Ein Berechnungverfahren, das auch ambientes Licht berücksichtigt, ist das →Radiosity-Verfahren und Environment Lighting.

ASCII

American Standard Code for Information Interchange. Dieser Code legt fest, wie die Buchstaben des Alphabets als digitale Information gespeichert werden. Es sind im ASCII-System nur 127 Zeichen definiert, so dass es mit nationalen Sonderzeichen immer wieder Probleme gibt, wenn Dateien zwischen verschiedenen Computersystemen ausgetauscht werden sollen. Daher setzt sich die Alternative UTF-8 immer mehr durch.

AVI

Audio **V**ideo **I**nterleave. Containerformat für Ton und Bewegtbild, von Microsoft eingeführt. Eine AVI-Datei kann unterschiedlich komprimierte Ton- und Videoströme enthalten. Dabei sind Ton- und Videoinformationen ineinander verschachtelt, um bildsynchronen Ton zu erzielen.

Beveling

Methode, um mit Querschnitten komplizierte Objektkanten (Fasen, Rundungen bis hin zu ornamentalen Strukturen) zu erzeugen oder den Querschnitt entlang eines Pfades zu extrudieren, damit Objekte wie Schienen oder Profile entstehen.

Bézier-Kurve

(eigentlich Bézier-Kurve nach Pierre Bézier): Eine parametrisch modellierte Kurve, die eine Unterklasse der →NURBS-Kurven ist.

Blinn

James F. Blinn ist weltweit bekannt für seine Arbeiten über Modelle zur Lichtreflexion für Computergrafik.

Bluebox

Häufig verwendete Variante des →Chroma-Key-Verfahrens mit Blau als Stanzfarbe.

BSDF

Die in Blender verwendeten Rechenvorschriften nennen sich BSDF, Bidirectional Scattering Distribution Functions, auf Deutsch etwa Bidirektionale Streuungsverteilungsfunktionen, die angeben, wie Licht auf einer Oberfläche diffus gestreut und gebeugt wird. Erweiterungen dieser Funktionen sorgen dafür, dass auch Reflexion, Transmission und Beugung berechnet werden können.

Bump Map

In Blender auch Normap genannt. Durch einen Trick bei der Berechnung erscheinen Strukturen auf dem Objekt, die nicht wirklich modelliert sind. Weiße Stellen der Bump Map wirken erhaben, schwarze Stellen eingelassen, Graustufen produzieren entsprechende Zwischenschritte. →Displacement Map

Catmull-Clark

Nach Edwin Catmull und Jim Clark benanntes Verfahren, ein Mesh automatisch zu verfeinern. Grundlage des Subdivision Surface Modifier.

Chroma Keying

Farbstanze. Eine Farbe im Videobild wird durch eine weitere Szene (z. B. auch Computergrafik) ersetzt. Häufige Stanzfarben sind Blau (→Bluebox) und Grün. Diese Farben dürfen natürlich ansonsten in der zu stanzenden Szene nicht vorkommen.

Compiler

Ein Compiler (auch Kompilierer oder Übersetzer) ist ein Computerprogramm, das ein in einer Quellsprache geschriebenes Programm, genannt Quellprogramm, in ein semantisch äquivalentes Programm einer Zielsprache (Zielprogramm) umwandelt. Erst durch diesen Prozess wird ein Programm für den Computer »verständlich« und benutzbar.

Compositing

Ineinanderfügen von zwei oder mehreren Szenen (real oder computergeneriert). Hierbei kommt oft der →Alphakanal zum Einsatz.

Cook-Torrance

Robert L. Cook (Lucas Film) und Kenneth E. Torrance (Cornell University) beschreiben in ihrer Arbeit »A Reflectance Model for Computer Graphics« ein Verfahren zur Simulation von Metall und Plastik in der Computergrafik.

Displacement Map

Durch eine Graustufentextur wird während der Berechnung die Geometrie des Objekts verformt. Ein ähnlicher Effekt ist mit der Noise-Funktion von Blender zu erreichen. →Bump Map

Field

→Halbbild

Flächennormale

Eine Fläche hat eine Ausrichtung im Raum, die durch die Normale der Fläche definiert wird. Die Flächennormale zeigt lotrecht aus der Fläche heraus. Prinzipiell gibt es zu jeder Fläche zwei Normalen. Die Auswahl der richtigen, d. h. in fast allen Fällen der vom Objekt nach außen zeigenden, ist insbesondere für die Beleuchtungsberechnung wichtig.

Frame

→Vollbild

Fresnel

Augustin-Jean Fresnel (1788–1827) war ein französischer Physiker, der substanzielle Beiträge zur Wellenoptik geleistet hat. In Blender finden sich diverse Fresnel-Einstellungen, die steuern, aus welchem Betrachungswinkel Objekte durchsichtig oder reflektierend erscheinen.

Gimbal Lock

Das Gimbal Lock ist ein geometrisch mathematisches Problem, das bei Transformationen in Verbindung mit Eulerwinkeln (also Rotationen ausgedrückt in Drehungen um die drei Hauptachsen des Koordinatensystems) auftreten kann. Dabei kommt es zu Situationen, in denen entweder die Lage im Raum nicht eindeutig definiert ist oder das Objekt nicht mehr aus dieser Lage rotiert werden kann.

Glanzpunkt

Diffuse Reflexion einer Lichtquelle auf einer Oberfläche. Aus der Größe und Intensität des Glanzpunktes lassen sich Rückschlüsse auf die Oberflächenrauheit eines Materials ziehen. Um realistisch wirkende Materialien zu erzeugen, sollte deshalb die Einstellung des Glanzpunktes in Computeranimationen mit entsprechender Sorgfalt durchgeführt werden.

Greenbox

Häufig verwendete Variante des →Chroma Keying mit Grün als Stanzfarbe, besser als Blau (Bluebox) geeignet, um Hauttöne vom Hintergrund freizustellen.

H.264

H.264/MPEG-4 AVC ist ein Standard zur hocheffizienten Videokompression und Nachfolger von MPEG-4.

Halbbild

TV-Videobilder (→PAL, NTSC, SECAM) werden aus zwei schnell hintereinander folgenden, ineinander verschachtelten (Interlace-)Halbbildern zusammengesetzt. Ein Halbbild enthält die ungeraden Bildzeilen, das andere Halbbild die geraden. Dieses Halbbildverfahren ist ein Trick, um mit möglichst geringen Vollbildfrequenzen ein flimmerfreies Bild zu erhalten, und entstand aufgrund der technischen Einschränkungen bei der Entwicklung des Fernsehens.

HDR-Bilder

HDR-Bilder (**H**igh **D**ynamic **R**ange) besitzen einen höheren Dynamikbereich (Kontrastumfang), als man am Bildschirm oder auf Papier darstellen kann, und bieten so genügend Reserve für nachträgliche Berechnungen und Korrekturen, Änderung der Lichtstimmung und dienen als Welthintergrund.

JPEG

Joint **P**hotographic **E**xperts **G**roup. Diese Expertengruppe entwickelte das JPEG-Verfahren zur Kompression von fotorealistischen (Einzel-)Bildern. Dabei findet eine verlustbehaftete Komprimierung statt, die dem Auge nicht oder nur wenig auffällt, aber sehr kleine Dateigrößen produziert. Aus diesem Grund ist das JPEG-Verfahren nicht für Bilder geeignet, die noch weiterverarbeitet werden sollen.

Keyframe

Punkte einer Animation, die bestimmte Zustände der Animation kennzeichnen (Position, Rotation, Farbe etc.). Für eine Keyframe-Animation sind mindestens zwei Keyframes nötig, zwischen denen das Programm dann automatisch interpoliert.

Lambert

Johann Heinrich Lambert (1728–1777) war ein Schweizer Mathematiker, Physiker und Astronom, der Arbeiten auf dem Gebiet der Lichtreflexion veröffentlichte. Besonders bekannt ist das Beer-Lambertsche Gesetz, das die Lichtabsorption beschreibt und Grundlage vieler in der 3D-Grafik verwendeter Shader ist.

Library

Eine Library in Blender ist nichts weiter als eine.blend-Datei, aus der Objekte, Materialien, Animationen etc. geholt werden. Hierbei können die Daten entweder direkt hinzugeladen oder verlinkt werden. Letzteres ist die Grundlage von großen Projekten, in denen mehrere Grafiker zusammenarbeiten.

Library

Eine Library (Programmbibliothek, DLL) bezeichnet in der Programmierung eine Sammlung von Programmfunktionen für zusammengehörende Aufgaben.

Linker

Unter einem Linker (engl. to link, verbinden) versteht man ein Programm, das einzelne Programmmodule (die vorher kompiliert wurden →Compiler) zu einem ausführbaren Programm zusammenstellt (verbindet). Die meisten Programme enthalten Bestandteile oder Module, die auch in anderen Programmen Verwendung finden können. Mehrere kompilierte Module mit Funktionen (sogenannte Objektdateien) können zu Funktionsbibliotheken (Programmbibliotheken, →Libraries) zusammengefasst werden. Der Code wird vom Linker zum Hauptprogramm hinzugefügt, falls die entsprechende Funktion benötigt wird.

Mesh

Der Unterbau eines polygonalen Objekts, bestehend aus Punkten (Vertices), die dann Kanten (Edges) bilden, die wiederum Flächen (Faces) aufspannen.

Minnaert

Marcel Minnaert (1893–1970) war ein belgischer Astronom, aus dessen Arbeiten der Minnaert-Shader hervorging.

MPEG

Moving **P**ictures **E**xpert **G**roup. Expertengremium, das einige sehr gut komprimierende Formate zur digitalen Speicherung von Videodaten entwickelt hat.

MPEG-1

MPEG-Standard, beschreibt die Komprimierung und digitale Speicherung von Videodaten. Weitere Standards sind z. B. MPEG-1 Layer 3 zur Audiokompression (*.mp3).

MPEG-2

MPEG-Standard, beschreibt die Komprimierung und digitale Speicherung von Videodaten. Im Gegensatz zu MPEG-1 wird die Speicherung von Videodaten in Halbbildern (→Halbbild, Interlace) für Fernsehformate unterstützt. Es existieren verschiedene Level, um unterschiedlichen Anforderungen gerecht zu werden (z. B. DVD oder Videoschnitt).

MPEG-4

MPEG-Standard, der Verfahren zur Video- und Audiodatenkompression beschreibt. Die bekanntesten Vertreter dieser Kompressionsverfahren sind DivX und Xvid. Direkter Nachfolger ist →H.264.

NTSC

National Television Standards Comittee. NTSC ist ein in den USA entwickelter Fernsehstandard für die Farbbildübertragung. Er arbeitet mit 60 Hz Bildfrequenz bei 525 Zeilen und 60 →Halbbildern pro Sekunde, also 30 →Vollbildern pro Sekunde.

NURBS

Non-**U**niform **R**ational **B**-Splines sind mathematisch definierte Kurven oder Flächen. Die Darstellung der Geometrieinformation erfolgt über stückweise funktional definierte Geometrieelemente. Im Prinzip kann jede beliebige technisch herstellbare oder in der Natur vorkommende Form mithilfe von NURBS dargestellt werden. Eine Unterform von NURBS sind →Bézier-Kurven.

OpenGL

(Open Graphics Library) ist eine Spezifikation für ein API (**A**pplication **P**rogramming **I**nterface) zur Entwicklung von 3D-Computergrafik. Der OpenGL-Standard beschreibt etwa 250 Befehle, die die Darstellung komplexer 3D-Szenen in Echtzeit erlauben. Die Implementierung des OpenGL-API wird in der Regel als Teil der Grafikkartentreiber ausgeliefert. Diese führen entsprechend Befehle der Grafikkarte aus, was es ermöglicht, in Echtzeit komplexe Grafiken darzustellen. Da Blender komplett auf OpenGL basiert (Bedienoberfläche, 3D-Fenster, Game Engine), sind gute und fehlerfreie OpenGL-Treiber für Blender wichtig.

Oren-Nayar

Michael Oren und Shree K. Nayar entwickelten in den 1990er-Jahren ein Modell, das das Lambertsche Gesetz generalisiert und heute sehr weit in der Computergrafik verbreitet ist.

Orthogonale Ansicht

Eine orthogonale Ansicht verzichtet auf die Berechnung von Perspektive, d. h., weiter entfernt liegende Objekte werden nicht kleiner dargestellt. Der 3D-Eindruck dieses Projektionsverfahrens ist nur schwach, ermöglicht aber ein gutes Ablesen von Entfernungen zwischen Punkten. Aus diesem Grunde wird die orthogonale Projektion auch für die Dreiseitenansicht bei technischen Zeichnungen und in CAD-Programmen benutzt. Maße lassen sich direkt aus der Zeichnung abnehmen.

Oversampling

Berechnungsart, bei der zuerst mit einer lokal erhöhten Auflösung gerechnet wird. Anschließend wird entsprechend skaliert, so dass ein Ergebnispixel aus mehreren Ausgangspixeln entsteht. Dies vermeidet →Aliasing.

Overscan

Bereich, der bei alten Fernsehern oftmals durch die Ränder der Röhre und des Gehäuses verdeckt war. Durch moderne Flachbildschirme kaum noch ein Problem.

PAL

Phase **A**lternating **L**ine. PAL ist der in Europa vorherrschende Fernsehstandard. PAL arbeitet mit einer Frequenz von 50 Hz. Das entspricht 25 →Vollbildern und 50 →Halbbildern pro Sekunde. Die Zeilenauflösung beträgt 625.

Parenting

Prozess, um Objekthierarchien zu erzeugen. Dabei wird ein Objekt zum übergeordneten des anderen und vererbt dann bestimmte Eigenschaften wie z. B. Position oder Rotation an das untergeordnete Objekt. Wird das Parent-Objekt animiert, so folgt das untergeordnete Objekt entsprechend der Hierarchie.

Pixel

Bildelement, Bildpunkt. Kleinste Einheit bei gerasterten Bildern, trägt die Farbe und manchmal auch den Transparenzwert (→Alphakanal). Bei Computermonitoren werden quadratische Pixel verwendet, bei den Fernsehnormen aber oft rechteckige Pixel, was beachtet werden muss, um Verzerrungen zu vermeiden.

Phong

Bui Tuong Phong (1942–1975) war ein vietnamesischer Computergrafikpionier, der das erste Verfahren zur Berechnung von Glanzlichtern auf Oberflächen, aber auch der diffusen Reflexion entwickelt hat.

Plug-in

Softwareerweiterung, mit der ein Programm um neue Funktionen erweitert werden kann, ohne das Hauptprogramm zu ändern. In Blender 2.5x praktisch durch Add-ons die in Python geschrieben sind ersetzt.

Postproduction

Postproduction ist die Nachbearbeitung des aufgezeichneten oder berechneten Materials. Die Postproduction umfasst z. B. Schnitt, Effekte (Blenden, Titel etc.), Farbkorrektur, Nachvertonung und Grafikbearbeitung.

QuickTime

Von Apple entwickeltes Format zur Speicherung von Video- und Audioströmen, inzwischen auch für Windows erhältlich und im Funktionsumfang stark erweitert (→Virtual Reality, netzfähig etc.).

Radiosity-Verfahren

Das Radiosity-Verfahren berücksichtigt bei der Berechnung auch von Objekten diffus reflektiertes Licht. Somit entstehen sehr realistische Beleuchtungen. Das Radiosity-Verfahren geht einher mit hohen Berechnungszeiten und ermöglicht im Allgemeinen keine Animation der dargestellten Objekte. Allerdings können nach der Radiosity-Lösung ohne Neuberechnung Kameraanimationen durchgeführt werden. Das macht das Radiosity-Verfahren ideal für die Architekturvisualisierung, wo es auf die Beurteilung von Lichtverhältnissen in den Gebäuden ankommt. In Blender 2.5 wird das Radiosity-Verfahren nicht mehr unterstützt und in Zukunft durch das Global-Illumination-Verfahren ersetzt.

Raytracing

Berechnungsverfahren, das durch Strahlenrückverfolgung fotorealistische Bilder berechnet. Raytracing erfordert einen hohen Rechenaufwand, simuliert Spiegelung und Lichtbrechung sehr gut.

Rendering

Bezeichnet allgemein die Berechnung eines Bildes oder einer Animation aus den 3D-Daten. Beim Rendering können verschiedene Verfahren wie →Raytracing, →Scanline-Rendering oder →Radiosity zum Einsatz kommen.

Renderpipeline

Die Renderpipeline ist eine Schleife, die bei der Berechnung eines Bildes oder einer Animation gestartet wird und alle für das Bild nötigen Berechnungen in einer festgelegten Reihenfolge ausführt. Dies sind z. B. die Schattenberechnung oder die Berechnung von Spiegelungen, aber auch das Compositing. Für eine genaue Beschreibung siehe [PIPELINE].

RLE-Kompression

Run **L**ength **E**ncoding, komprimiert farbgleiche Bildpunkte, indem z. B. nur »100-mal Rot« gespeichert wird. Das Verfahren versagt bei Fotos und ähnlichen Bildern mit vielen Details. Im Gegensatz zu →JPEG ist diese Art der Kompression verlustfrei.

Rotoscoping

Aus der Trickfilmtechnik stammendes Verfahren, bei dem Einzelbilder aus Realaufnahmen als Vorlage für Trickfilme genutzt werden. 2D- und 3D-Programme unterstützen den Anwender mit zahlreichen halbautomatischen Funktionen zum Rotoscoping. Rotoscoping kann auch zur manuellen Bildstabilisierung (→Tracking) verwendet werden.

Scanline-Rendering

Zeilenweise Abtastung der 3D-Szene in Bezug auf die Bildauflösung. Schnelles Verfahren, das sich insbesondere für die Animationsberechnung anbietet. Spiegelungen und Lichtbrechung sind nur durch Näherungen möglich.

SECAM

Séquentiel **C**ouleur **à M**émoire, in Frankreich entwickelte Fernsehnorm. SECAM ähnelt →PAL, verwendet aber ein anderes Farbverfahren.

Shader

Shader sind Funktionen, die, in Hard- oder Software, implementiert Bildeffekte in der Computergrafik erzeugen. So enthält ein Shader, der ein bestimmtes Material simulieren soll, dann einen oder mehrere →BSDFs, Mix-Shader etc.

Softbox

Mit einer Softbox erreicht man eine gleichmäßigere Ausleuchtung von Motiven und vermindert die Schattenbildung. Durch den Einsatz mehrerer Softboxes erreicht man eine sehr gute Ausleuchtung und kann Schatten nahezu vollständig vermeiden. In Blender ist das Area Light ein gutes Licht, um eine Softbox zu simulieren.

Stencil

Wörtlich »Schablone«. Wirkt eine Textur als Stencil, so deckt sie weitere Texturen ab. Damit können Bereiche in Materialien abgedeckt werden. Eine Erweiterung des Stencil ist der →Alphakanal.

Title Safe

Ein Bereich, der laut Definition auf allen Fernsehgeräten sichtbar sein sollte, ohne dass Schriften abgeschnitten werden. Wie →Overscan durch Flachbildschirme nahezu bedeutungslos geworden.

Topologie

Grundlegender Aufbau eines Mesh, der wesentlich die spätere Texturierung, Animierbarkeit und Verfeinerung durch z. B. Subdivision Surfaces beeinflusst.

Tracking

Als Tracking bezeichnet man Verfahren, um aus Video- oder Filmsequenzen Informationen für die Integration von 3D-Objekten zu gewinnen. Realszenen sind trotz guter Stative leider nie völlig ruhig und oft soll auch eine Szene mit Kameraschwenk benutzt werden. Zur reinen Bildberuhigung kann ein 2D-Tracking (manuell →Rotoscoping) benutzt werden. Sollen 3D-Objekte integriert werden, so muss 3D-Tracking eingesetzt werden, das (halb-)automatisch die Lage markanter Punkte in der Szene bestimmt und dem 3D-Programm zur Verfügung stellt.

Virtual Reality

Englisch für »scheinbare Realität«. Bei der Virtual Reality geht es darum, dem Gehirn eine weitere Realität glaubhaft zu machen. Je mehr Sinne angesprochen werden, umso stärker ist der »Eintaucheffekt« in die virtuelle Realität.

Vollbild

Kombination aus zwei Halbbildern bei Video oder einem Einzelbild beim Film. Wird ein Vollbild aus einem (Interlaced) Video extrahiert, so ergeben sich bei schnellen horizontalen Bewegungen kammartige Strukturen an Objekten, da die Halbbilder zeitlich unterschiedlich sind und sich das Objekt in dieser Zeit (1/50s bei →PAL) schon weiterbewegt hat.

Ward-Iso

Gregory J. Ward entwickelte eine »Bidirectional Reflectance Distribution Function« (BRDF, oft Ward-Iso genannt), die in der Computergrafik überall benutzt wird und durch die wenigen Parameter einfach zu beherrschen ist, aber dennoch gute Ergebnisse für Shader bietet.

Z-Buffer

Um festzustellen, ob ein Element beim →Rendering vor oder hinter schon berechneten Elementen liegt, müssten für jedes Element aufwändige und zeitintensive Berechnungen erfolgen. Ein schnelles Verfahren arbeitet mit einem Z-Buffer: Darin werden die Tiefeninformationen für die Bildpunkte des berechneten Bildes gespeichert und können dann schnell mit den z-Koordinatenwerten neuer Elemente verglichen werden.

Stichwortverzeichnis

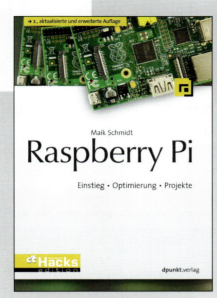
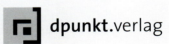

2. Quartal 2014, ca. 260 Seiten,
komplett in Farbe, Broschur
ca. € 26,90 (D)
ISBN 978-3-86490-126-3

Maik Schmidt

Arduino

Ein schneller Einstieg in die Microcontroller-Entwicklung

2., aktualisierte Auflage

Leser finden rasch einen Einstieg
sowohl in die Software als auch in die
Hardware des Arduino-Projekts. Bereits
nach kurzer Zeit erstellen sie Schaltun-
gen und Code für erste Projekte und er-
wecken sie zum Leben. Von da an geht
es mit anspruchsvolleren Projekten
weiter, bei deren Umsetzung die Leser
immer mehr dazu lernen. Nach der
Lektüre können Sie sich im Arduino-
Umfeld orientieren und eigene Ideen
sicher umsetzen.

Wenn Sie an Elektronik interessiert
sind und besonders daran, Ihre eigenen
Ideen umzusetzen, haben Sie das
richtige Buch gekauft. Ideal für C/C++-
oder Java-Programmierer!

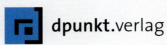

Wieblinger Weg 17 · 69123 Heidelberg
fon 0 62 21/14 83 40
fax 0 62 21/14 83 99
e-mail hallo@dpunkt.de
http://www.dpunkt.de

*In der »Hardware Hacks Edition«
erscheinen Titel, die vom dpunkt.verlag
gemeinsam mit der Redaktion der
Zeitschrift »c't Hardware Hacks«
ausgewählt werden. Inhaltliche
Schwerpunkte dieser Reihe sind
»Maker«-Themen.*

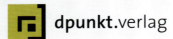